中國學術思想 研究輯刊

三一編

林慶彰 主編

第22冊

「九江學派」研究（上）

張紋華 著

花木蘭文化事業有限公司

國家圖書館出版品預行編目資料

「九江學派」研究（上）／張紋華 著 — 初版 — 新北市：花木
蘭文化事業有限公司，2020〔民 109〕
目 4+270 面：19×26 公分
（中國學術思想研究輯刊 三一編：第 22 冊）
ISBN 978-986-518-012-6（精裝）
1. 經學 2. 史學 3. 研究考訂
030.8   109000280

ISBN-978-986-518-012-6

中國學術思想研究輯刊
三一編　第二二冊　　　　　　ISBN：978-986-518-012-6

「九江學派」研究（上）

作　　　者　張紋華
主　　　編　林慶彰
總　編　輯　杜潔祥
副總編輯　楊嘉樂
編　　　輯　許郁翎、張雅淋　美術編輯　陳逸婷
出　　　版　花木蘭文化事業有限公司
發 行 人　高小娟
聯絡地址　235 新北市中和區中安街七二號十三樓
　　　　　　電話：02-2923-1455／傳眞：02-2923-1452
網　　　址　http://www.huamulan.tw 信箱 hml810518@gmail.com
印　　　刷　普羅文化出版廣告事業
封面設計　劉開工作室
初　　　版　2020 年 3 月
全書字數　514344 字
定　　　價　三一編 25 冊（精裝）新台幣 50,000 元　　版權所有・請勿翻印

「九江學派」研究（上）

張紋華　著

作者簡介

　　張紋華（1974～），女，廣東南海人，廣東石油化工學院副教授、文學博士，中國史博士後。碩士、博士都畢業於華南師範大學。

　　主要從事近代廣東經學、廣東文學研究，已經出版《朱次琦研究》《簡朝亮研究》2 本專著，發表學術論文 60 多篇。

提　要

　　本著作主要簡介了近代廣東著名的儒家學派──「九江學派」，由建立、發展、嬗變到消亡的近 80 年歷程，包括五大塊內容：一是探討「九江學派」三大學術群體的學術人生與著述遺傳；二是分析朱次琦建立「九江學派」的地緣、學緣與學術思想的內容、特點與學術史地位；三是探討簡朝亮以學術生涯、專題文章與學術專著壯大「九江學派」的三種途徑的具體內容；四是分析康有為、梁啓超、黃節、鄧實嬗變「九江學派」的五個階段與一條主線，包括康、梁、黃、鄧援西入儒、以西化儒、儒西並尊等幾個過程；五是探討「九江學派」是廣東實學、理學與經學近代轉型的縮影。研究「九江學派」的發展歷程及其學術思想，對於弄清近代廣東經學、近代廣東儒家學派具有十分重要的意義。

上冊

引言 …………………………………………………………… 1

第一章 「九江學派」的學術群體與著述遺存 …… 29

　第一節 朱次琦門人與著述遺存 ……………………… 29

　　一、地域來源與門人家族 ………………………… 30

　　二、仕宦人生與講學生涯 ………………………… 33

　　三、知識結構與著述遺存 ………………………… 35

　第二節 簡朝亮門人與著述遺存 ……………………… 40

　　一、四期門人、地域來源與陽山黃氏家族 …… 40

　　二、科場不顯、教育活動與新式人生 ………… 44

　　三、知識結構與著述遺存 ………………………… 48

　第三節 康有爲弟子與著述遺存 ……………………… 52

　　一、《康門弟子述略》補正 …………………… 52

　　二、地域來源與維新事業 ………………………… 56

　　三、知識結構與著述遺存 ………………………… 62

第二章 朱次琦創立「九江學派」 ………………… 67

　第一節 朱次琦的地緣與學緣 ………………………… 67

　　一、朱次琦與廣東南海九江「儒林鄉」 …… 67

　　二、朱次琦與廣東理學家傳統 ………………… 73

　　三、朱次琦與廣東近代漢學 …………………… 82

　第二節 朱次琦學術思想的內容 ……………………… 91

　　一、倫理思想 ……………………………………… 91

　　二、經學與史學思想 ……………………………… 100

　　三、文藝思想 ……………………………………… 110

　第三節 朱次琦學術思想的特點與地位 …………… 121

　　一、不入儒學主流 ………………………………… 121

　　二、平實敦大 ……………………………………… 125

　　三、廣東舊學之殿 ………………………………… 139

第三章 簡朝亮壯大「九江學派」的三種途徑 … 143

　第一節 簡朝亮的學術生涯 …………………………… 143

　　一、學術格局與運行軌跡 ………………………… 144

目 次

　　二、經學生涯的內在主線 ……………………… 150

　　三、講學生涯的主要特色 ……………………… 168

　第二節　簡朝亮的專題文章 …………………………… 176

　　一、重塑朱次琦經師人師的地位 ……………… 177

　　二、從早期論兵到《三言兵書》……………… 181

　　三、從早期論學到《病言》《禮說》 ………… 189

　第三節　簡朝亮的學術專著 …………………………… 198

　　一、制《尚書》新注新疏 ……………………… 198

　　二、疏《論語集注》…………………………… 218

　　三、自注自疏《孝經》………………………… 236

　　四、世變修譜 …………………………………… 248

　　五、非宗經無以明詩 …………………………… 261

下　冊

第四章　康有為、梁啓超、黃節、鄧實嬗變
　　　　「九江學派」的五個階段與一條主線 …… 271

　第一節　咸同年間至中法戰爭前 …………………… 272

　　一、儒學奠基 …………………………………… 272

　　二、懷疑儒學 …………………………………… 284

　　三、西學萌芽 …………………………………… 286

　第二節　中法戰爭至甲午國恥 ……………………… 289

　　一、重建今文經學 ……………………………… 289

　　二、嬗變孔學、反動程朱、乾嘉與援西入儒 295

　第三節　甲午戰爭至出亡海外前期 ………………… 307

　　一、以西漢以前的儒學為真儒學 ……………… 308

　　二、強化、總結康有為的學術思想與梁啓超
　　　　倫理學、史學、子學新變的第一期 …… 320

　　三、以西化儒與儒西並尊的開始 ……………… 331

　第四節　出亡海外後期 ……………………………… 349

　　一、平滿漢之界與種族革命 …………………… 349

　　二、倫理學、史學、子學新變第二期 ………… 357

　　三、儒西並尊 …………………………………… 369

　　第五節　歸國後至 1929 年 …………………………… 378
　　　一、史學、子學新變第三期 ………………………… 379
　　　二、以儒化西 ………………………………………… 393
　　第六節　尊儒——康有爲、梁啓超、黃節、鄧實
　　　　　　儒西學關係的主線 ……………………………… 400
　　　一、康有爲、梁啓超之尊本土學術文化 …… 400
　　　二、黃節、鄧實之尊本土學術文化 ………… 411
第五章　「九江學派」是廣東儒學近代轉型的
　　　　縮影 ………………………………………… 419
　　第一節　「九江學派」是廣東實學近代轉型的
　　　　　　縮影 …………………………………………… 419
　　　一、朱次琦、簡朝亮強化廣東實學傳統 …… 420
　　　二、康有爲與廣東實學近代轉型的發生 …… 430
　　　三、梁啓超與廣東實學近代轉型的階段性
　　　　　終結 ……………………………………… 444
　　第二節　「九江學派」是廣東理學近代轉型的
　　　　　　縮影 …………………………………………… 447
　　　一、朱次琦、簡朝亮沿承廣東理學傳統 …… 447
　　　二、康有爲與廣東理學近代轉型的發生 …… 455
　　　三、梁啓超與廣東理學近代轉型的階段性
　　　　　終結 ……………………………………… 471
　　第三節　「九江學派」是廣東經學近代轉型的
　　　　　　縮影 …………………………………………… 475
　　　一、「九江學派」與廣東經學格局的近代
　　　　　轉型 ……………………………………… 476
　　　二、「九江學派」與廣東《春秋》學的近代
　　　　　轉型 ……………………………………… 485
結　語 ……………………………………………………… 509
參考文獻 …………………………………………………… 515
後　記 ……………………………………………………… 523

引　言

　　「九江學派」是由朱次琦（1807～1882）在 1858 年建立，簡朝亮（1852～1933）發展，康有爲（1858～1927）嬗變，黃節（1873～1935）、鄧實（1877～1951）、梁啓超（1873～1929）促其消亡，隨著儒學獨尊地位的終結與康、梁、簡、黃在 1930 年前後相繼去世而結束其時代使命的廣東近代儒家學派。「九江學派」因其創立者朱次琦人稱「九江先生」而得名，也因朱次琦臨終前自焚 7 本專著，故朱次琦與他創立的「九江學派」一度爲學術史、思想史、文學史所忽略甚至遭到質疑。最早見於 1895 年黃節《謁九江朱先生祠》中的「九江儒學派」，100 多年來並沒有得到學界充分的關注與研究，既影響朱次琦、簡朝亮、康有爲、黃節、鄧實、梁啓超等廣東近代學術核心人物的深入研究，也嚴重制約廣東近代儒家學派研究的順利開展。因此，「九江學派」研究亟需世人給予足夠的重視。

一、「九江學派」是否成立

　　一般認爲，判斷一個學派是否成立的條件有 4 個：是否有其宗師；是否形成獨特的學術思想體系，並爲該學派的成員所認同；是否有明確的師承關係；是否具有一定的學術史地位。茲以此對「九江學派」是否符合學派的成立條件進行闡述，以期「九江學派」研究最基礎的問題得到徹底解決，使其後續研究具有可信性、科學性。

首先，朱次琦是「九江學派」的宗師

　　1858 年朱次琦歸隱家鄉廣東南海九江，開館禮山草堂，講學 24 年，從學者眾，知其姓名出其門者 43 人。梁耀樞、何屏山、簡朝亮、康有爲等是「九

江學派」的第 1 代重要成員，他們均終其一生視朱次琦爲宗師。簡氏門人黃節、鄧實、鄧方，康氏門人梁啓超是「九江學派」的第 2 代主要成員，他們都以朱次琦的再傳弟子自居。

1. 簡朝亮、康有為奠定朱次琦的研究基礎

朱次琦刊刻於 1861 年的《朱氏傳芳集》是由其門人廣東最後一名狀元梁耀樞撰寫序言的，可惜除此序文以外，梁氏並未留下與朱次琦其人其學相關的著述。由何屏山等編纂的《南海縣志》則有出其筆下的《朱次琦傳》。一直到 1874 年、1876 年簡朝亮、康有爲先後來到禮山草堂，朱次琦臨終自焚所著留給後世研究者的巨大困擾才得到最大限度的解決。

1879 年簡朝亮撰寫《朱次琦行狀》，成爲朱次琦首篇人物傳記，惜已佚。1882 年朱次琦去世，簡朝亮、康有爲、胡景棠、梁巨川、何屏山等前往九江拜祭朱次琦，這在他們的著作中均有提及。簡朝亮說：「巨川從先生學則在其去官歸里初矣，……再見即在師喪會中。」〔註 1〕康有爲說：「奔視與諸子營喪視葬焉。吾故夙事三《禮》者，故與簡君竹居（按：即簡朝亮）議之爲多。」〔註 2〕面對朱次琦臨終所著幾盡焚的事實，從 1882 年開始，簡、康著手奠定朱次琦的研究基礎。1882 年康有爲撰寫《南海朱先生墓表》，成爲朱次琦去世後首篇憶述之文。1897 年簡朝亮撰寫《朱九江先生講學記》《朱九江先生年譜》，編纂《朱九江先生集》，奠定朱次琦研究的基礎。1900 年康有爲赴新加坡，居邱煒菱家的恒春園南華樓。正是這一年，邱煒菱整理、編校《朱九江先生論史口說》，留下《朱九江先生講學記》以外朱次琦史學的重要記載。康有爲作詩《邱菽園孝廉刻先師〈朱九江先生論史口說〉，書成見賜。賦謝》，故筆者以爲康有爲是促使邱煒菱整理、刊刻《朱九江先生論史口說》的主人公。1908 年康有爲編注《康氏先世遺詩·朱師九江佚文合集》，撰寫《朱九江先生佚文序》，留下最早點評朱次琦文章創作的記載與有別於簡朝亮編纂的《朱九江先生集》的詩文刊錄。1929 年簡朝亮撰寫《朱九江先生傳》，成爲迄今以來朱次琦最重要的人物傳記。1930 年簡朝亮命令門人張啓煌注《朱九江先生集》《朱九江先生年譜》。從朱次琦年譜到其學術思想，到詩文集及其注解，歷經近 40 年，朱次琦研究的基礎文獻就是在簡、康手中得到不斷完善的，

〔註 1〕 簡朝亮著，梁應揚注：《讀書堂集》卷四，廣州松桂堂，1930 年刻本，第 24 頁。

〔註 2〕 樓宇烈著：《康南海自編年譜》（外二種），中華書局，1992 年版，第 10 頁。

由此朱次琦從位居《清史稿・循吏傳》而轉入《清史稿・儒林傳》，故朱次琦的經師人師地位是早有定論的。

2. 簡朝亮、康有爲對朱次琦的一生怗記

朱次琦對簡朝亮的禮山草堂習作均有定批，反映他對簡朝亮詩文創作、經學思想的肯定。簡朝亮在《婚禮上朱先生書》《寄胡少愷明經，即呈朱九江先生》《師喪致朱世兄書》《予課文〈治盜論〉九江先生添一語云：「呼指盜紳民對簿。」既而予爲宗人控盜，果然》《在滬寄粵東諸學子書》《論語集注補正述疏》《粵東簡氏大同譜》等都表達了他對朱次琦收入門下之深恩與對朱次琦學說的終其一生推崇。簡朝亮在 1917 年撰寫的《論語集注補正述疏序》中憶及朱次琦對學分漢宋的指斥，「昔聞之九江朱先生曰：『古之言異學者，畔之於道外，而孔子之道隱。今之言漢學、宋學者，呶之於道中，而孔子之道歧，何天下之不幸也。』今念斯言，道中既不安，豈不由道外而他求歟？則道中呶者過矣。」〔註3〕簡朝亮在 1929 年撰寫的《在滬寄粵東諸學子書》一文對分別出自清國史館系統與朱次琦門人、友人筆下的諸種《朱次琦傳》表示不滿，體現在朱次琦著述幾盡焚毀的情況下簡朝亮對恢復朱次琦其人其學面貌的重視，簡朝亮還將學界對朱次琦學術存有的歧義歸因於康有爲打亂中國古代經學傳統，以朱次琦對《公羊》的指斥批評康有爲《新學僞經考》，並將康有爲逐出師門。

康有爲在《述德詩五十首》《哭亡友烈俠梁鐵君百韻》《開歲忽六十》《題犬養毅木堂藏定武本蘭亭序跋》《〈古今圖書集成〉跋》《我史》《大同書》《長興學記》《論語注》《孟子微》《致朱慶瀾書》《致廣東朱慶瀾書》等憶及朱次琦。從「摳衣冠歲曾聞道，厲志傳薪嗟焚書」〔註4〕「吾冠遊禮山，矩步事禮學」〔註5〕「吾少學於朱九江先生，假得定武本蘭亭臨學」〔註6〕「昔先師朱九江先生語我嘗假讀，館孔氏三月焉」〔註7〕等康有爲在禮山草堂師從朱次琦

〔註3〕 簡朝亮撰，趙友林、唐明貴校注：《論語集注補正述疏——附〈讀書堂答問〉》，華東師範大學出版社，2013 年版，第3～4 頁。

〔註4〕 康有爲撰，姜義華、張榮華編校：《康有爲全集》（第十二集），中國人民大學出版社，2007 年版，第 299 頁。

〔註5〕 康有爲撰，姜義華、張榮華編校：《康有爲全集》（第十二集），中國人民大學出版社，2007 年版，第 281 頁。

〔註6〕 康有爲撰，姜義華、張榮華編校：《康有爲全集》（第九集），中國人民大學出版社，2007 年版，第 352 頁。

〔註7〕 康有爲撰，姜義華、張榮華編校：《康有爲全集》（第十集），中國人民大學出

的場景，到將禮山草堂所學存活心中，如釋「孔子曰：『我欲仁，斯仁至矣』」時，康有為云：「先師朱先生曰：『伯夷之清易，伊尹之任艱，故學者為仁而已。若不行仁，則不為人，且不得為知愛同類之鳥獸，可不聳哉！』」〔註 8〕釋「講學」時，康有為云：「先師朱先生曰：『古之學術歧於道外，今之學術歧於道中。』」〔註 9〕再到一個甲子後目睹朱次琦肖像時的「瞻仰旁徨，既駭既喜」〔註 10〕，無不道出朱次琦在康有為心中的崇高地位。尤其值得注意的是，康有為留下後人難以逾越的關於朱次琦書藝的點評。「先師朱九江先生於書道用工至深，其書導源於平原，蹀躞於歐、虞，而別出新意，相斯所謂有鷹隼攫搏，握拳透爪，超越陷阱，有虎變而百獸跧氣象。」〔註 11〕在闡述朱次琦執筆法時，康有為溯源朱次琦的書學傳承。「將冠，學於朱次琦，執筆主平腕豎鋒，虛拳實指，蓋得之謝蘭生，為黎山人二樵之傳。」〔註 12〕100年後，《嶺南書法史》的朱次琦部分在很大程度上就是對康有為觀點的沿承與深化。

3. 黃節、鄧方、鄧實、梁啟超對朱次琦的追思

在 1895 年師從簡朝亮的這一年，黃節作《謁九江朱先生祠》，自言：「接地吾私淑，登堂識本師。九江儒學派，三晉使君碑。」〔註 13〕「九江學派」之名由此首次出現。與此同時，鄧方作《謁朱子襄先生祠》，詩云：「鹿洞朱夫子，神仙謗不傷。史書黃霸傳，州里鄭公鄉。學北門人奉，天西國命張。望廬同父老，落日哭山堂。」〔註 14〕鄧實撰寫批語云：「四十字可作一篇先生行狀。」〔註 15〕1898 年去世的鄧方作《九江書事二首》，其二云：「崔陳以降

版社，2007 年版，第 180 頁。

〔註 8〕 康有為撰，姜義華、吳根梁編校：《康有為全集》（第一集），上海古籍出版社，1987 年版，第 549 頁。

〔註 9〕 康有為撰，姜義華、吳根梁編校：《康有為全集》（第一集），上海古籍出版社，1987 年版，第 560 頁。

〔註 10〕 康有為撰，姜義華、張榮華編校：《康有為全集》（第十集），中國人民大學出版社，2007 年版，第 336 頁。

〔註 11〕 康有為撰，姜義華、張榮華編校：《康有為全集》（第一集），中國人民大學出版社，2007 年版，第 506 頁。

〔註 12〕 康有為撰，姜義華、張榮華編校：《康有為全集》（第一集），中國人民大學出版社，2007 年版，第 297 頁。

〔註 13〕 馬以君編：《黃節詩集》，中國人民大學出版社，1989 年版，第 2 頁。

〔註 14〕 鄧實、黃節主編：《國粹學報》（二），廣陵書社，2006 年版，第 274 頁。

〔註 15〕 鄧實、黃節主編：《國粹學報》（二），廣陵書社，2006 年版，第 274 頁。

斯文在，漢宋無分大義先。我幸朱門私淑者，依稀碩果道東傳。」〔註16〕
1905～1911 年黃節、鄧實編纂《國粹學報》，鄧實在此報刊上發表《論朱九江
之書法》《朱九江先生聯》，刊載鄧方撰寫的《謁朱子襄先生祠》與載錄《格
物說跋》《澹泊齋記》《南海九江朱氏家譜序》《又答王菉友書》《去襄陵後
答王菉友書》等朱次琦文章。在刊載朱次琦幾幅墨蹟後，鄧實云：「此遺墨六
幅爲先生暮年講學時所手書以示門人者，同學黃生晦聞向順德馬氏借得遺
予，而予適得先生畫像合之鏤銅公世以誌景仰，私淑弟子順德鄧實謹記。」
〔註17〕鄧實別署「枚子」，故在刊錄朱次琦幾篇文章之後，一篇以「枚」署名
的詳盡介紹朱次琦學術人生的案語即出自鄧實筆下，鄧實不僅再次強調朱次
琦創建「九江學派」，而且直言將朱次琦墨寶、文章載於《國粹學報》的原因
是「使海內想望先生之風者，有可考焉」〔註18〕。1902～1908 年，鄧實、黃
節創辦《政藝通報》，鄧實不僅將簡朝亮首本未成之著述《述十三經大義》的
《序》一篇載於《政學文編》卷 4，而且撰寫案語云：「今謹錄其所相示者，
著於九江學說之後，亦可見二先生之學風矣。」學界一般認爲，撰寫於 1902
年的《新中國未來記》的主人公黃克強就是梁啓超本人，而在小說中梁啓超
指出黃克強的父親黃群自小受業於朱次琦門下，且爲朱次琦數一數二的門人
〔註19〕。以此可見梁啓超對已經去世 20 年的朱次琦的思念。在溯源學術源頭
時，梁啓超明確指出：「啓超幼而學於學海堂，師南海陳梅坪先生瀚，東塾弟
子也，稍長乃奉手於長素先生之門。蓋於陳朱兩先生皆再傳弟子云。」〔註20〕
「即以我自己而論，對於各家都很尊重，朱程的儒學固然喜歡，考據學亦有
興趣，就是受陳朱（按指陳澧、朱次琦）兩先生的教訓。」〔註21〕從黃群到
黃克強，一脈相連的就是梁啓超以家學淵源的方式體現他對朱次琦學說的
體認。

　　綜上，分別在 1874 年、1876 年師從朱次琦的簡朝亮、康有爲均終其一生
視朱次琦爲其宗師，而在 1895 年、1891 年分別師從簡朝亮、康有爲的黃節、

〔註16〕 鄧方著：《小雅樓詩文集》卷五，1900 年刊行，香港，1962 年重刊，第 21 頁。
〔註17〕 鄧實、黃節主編：《國粹學報》（二），廣陵書社，2006 年版，第 308 頁。
〔註18〕 鄧實、黃節主編：《國粹學報》（八），廣陵書社，2006 年版，第 4231 頁。
〔註19〕 梁啓超著：《飲冰室合集》專集之八十九，中華書局，1989 年版，第 14～15
　　　　頁。
〔註20〕 梁啓超著：《飲冰室合集》文集之四十一，中華書局，1989 年版，第 79 頁。
〔註21〕 梁啓超著：《清代學術概論　儒家哲學》，天津古籍出版社，2004 年版，第 176
　　　　頁。

鄧方、鄧實、梁啓超也終其一生以朱次琦的再傳弟子自居。

其次，「四行」、「五學」是「九江學派」學術思想的基石，有其獨特性，並得其成員的認同

「四行」修身條即敦行孝悌、崇尚名節、變化氣質、檢攝威儀，反映朱次琦對「內聖」之學的重視。儒家講求學與仕的統合，故由經學、史學、掌故之學、性理之學、辭章之學組成的「五學」治學章不僅是朱次琦對儒學千年發展的有意整合，體現他對道咸年間廣東儒學乃至中國儒學發展大勢的不滿，而且反映朱次琦對於「外王」的重視。一般認為，「四行」、「五學」形成於朱次琦開館禮山草堂期間（1858～1882 年）。因此「四行」、「五學」與道光、咸豐、同治、光緒年間廣東學術的聯繫比較，禮山草堂學人如何體認「四行」、「五學」，則成為分析「九江學派」是否成立的又一條件。

1.「四行」、「五學」是「九江學派」學術思想的基石

由簡朝亮撰寫的《朱九江先生講學記》，被學界公認為是朱次琦學術思想的重要文本。簡朝亮在《朱九江先生講學記》中將朱次琦的學術思想分為四行修身之實、五學治學之實進行闡述，且全文即是對這 2 個內容的闡述。而《三言兵書》《述十三經大義序》《朱九江先生講學記書後》《病言》等最能反映簡朝亮學術思想的文章都是在「四行」、「五學」基礎上的發微與發展，故「四行」、「五學」即是朱次琦學術思想的基石，也必然成為由朱次琦建立的「九江學派」的學術思想基石。

2.「四行」、「五學」的獨特性

道光、咸豐、同治、光緒年間是廣東傳統儒學發展的重要時期。以學海堂、禮山草堂、菊坡精舍為中心，廣東近代在阮元、朱次琦、陳澧周圍湧現一批著名的經史學家，出現一批頗具份量的經史著述，由此形成廣東近代「廣東學派」、「九江學派」與「東塾學派」三足鼎立的學術格局。

在朱次琦開館禮山草堂之前，以倡導實學與研治《十三經》為旗幟的學海堂已經在廣東走過 39 年，學海堂不僅湧現吳蘭修、曾釗、侯康等學問家，而且出版《學海堂經解》《學海堂集》與編纂《廣東通志》等，學海堂成為道光年間廣東學術中心與中國近代漢學重鎮，「廣東學派」由此形成。1835 年朱次琦被選為學海堂第一屆專課肄業高材生之首，朱次琦以疾辭。1859 年朱次琦補為學海堂學長，不就。根本原因在於朱次琦反對學海堂重漢學、治專經。「漢制治經，專經也。國朝初制未改專經，今之者師焉，或拘而失矣，以視

荒經，不猶愈乎？」〔註22〕「內聖」、「外王」並重，提倡通經致用，重視程朱理學，不否定心學，主張去漢宋學之別，使學術回歸先秦孔學，是朱次琦「四行」、「五學」所包含的主要內容。故「四行」、「五學」既不屬於以首重漢學、治專經爲主旨的學海堂人的思想，也有別於宋明清廣東理學家一般意義上的推崇程朱與否定陸王，而是提出廣東理學史上首個自成體系的理學思想並以此實現對廣東儒學千年發展史的融合，以期拯治當下的世道人心、道德淪喪與學非所學。1885 年學海堂叢刻之十二收錄朱次琦《是汝師齋遺詩》，已經去世 3 年的朱次琦當然無法阻擾學海堂人之舉。1897 年簡朝亮編纂《朱九江先生集》時說：「朱先生既歿十有六年而未有集」〔註23〕，即是對學海堂編纂《是汝師齋詩集》的否定。

　　1867 年，陳澧在主講學海堂 27 年後開館菊坡精舍，桂文燦、梁鼎芬等出其門下，「東塾學派」由此形成。「而東塾特善考證，學風大類皖南及維揚。九江言理學及經世之務，學風微近浙東。然其大恉皆歸於溝通漢宋，蓋阮元之教也。」〔註24〕梁啓超認爲對於漢學、理學的抉擇是陳澧、朱次琦學術思想的根本區別，而溝通漢宋學則是朱、陳、阮學術思想的一致性，即「廣東學派」、「東塾學派」與「九江學派」的共同之處。其實，朱次琦雖然在 13 歲由鄉人曾釗帶著謁見阮元，並得阮元「老夫當讓此子出一頭地，過予《彩旗門》作矣」〔註25〕之歎，但他是極力否定阮元的，朱次琦宗尚的不僅是溝通漢宋學，而且是去漢宋學之別，這就大異於阮元、陳澧諸人，成爲道咸同年間廣東儒學之另類聲音。故錢穆說：「是子襄雖亦主融漢、宋，而與陳東塾之見復異。東塾之旨，在融朱子於康成；九江之論，則在納康成於朱子。」〔註26〕孫海波指出，九江之學偏尊朱子，實學、德學並重，東塾之學偏尊博，未嘗修身之目〔註27〕。1824 年、1825 年朱次琦、陳澧先後肄業羊城書院，師

〔註22〕　朱次琦著，簡朝亮編，關殊鈔點校：《朱九江先生集》卷首，旅港南海九江商會，1962 年版，第 17 頁。
〔註23〕　朱次琦著，簡朝亮編，關殊鈔點校：《朱九江先生集》卷首，旅港南海九江商會，1962 年版，第 3 頁。
〔註24〕　梁啓超著：《飲冰室合集》文集之四十一，中華書局，1989 年版，第 79 頁。
〔註25〕　朱次琦著，簡朝亮編，關殊鈔點校：《朱九江先生集》卷首，旅港南海九江商會，1962 年版，第 6 頁。
〔註26〕　錢穆著：《中國學術思想史論叢》（卷八），安徽教育出版社，2005 年版，第 314 頁。
〔註27〕　孫海波：《朱九江學記》，《中和》1940 年第 2 期。

從謝蘭生。1832 年朱次琦、陳澧同時肄業越華書院，分別師從陳繼昌、陳鴻墀。1835 年朱次琦、陳澧均名列學海堂第一屆專課肄業高材生。1861 年陳澧爲朱次琦編纂的《朱氏傳芳集》親題書名。1863 年，朱次琦、陳澧得廣東巡撫郭嵩燾求見之請。1882 年朱次琦、陳澧先後去世，兩廣總督張樹聲請奏，朱、陳均著加恩賞給五品卿銜。相似的生卒年與比較一致的地緣、學緣沒有讓朱、陳走近，在陳澧留下的豐富著述中隻字不及朱次琦，很有可能就是如梁鼎芬所說的「菊坡接學海」〔註28〕，即朱、陳迥異的學術思想。

3.「九江學派」成員對「四行」、「五學」的體認

康有爲在《南海朱先生墓表》一文中首次指出朱次琦的學術思想即四行修身條、五學治學章。「其治身之條目，敦行孝悌，崇尚氣節，變化氣質，檢樹風儀。其治用之章，曰經，曰史，曰掌故，曰義理，曰文詞。」〔註29〕自此，「四行」、「五學」成爲朱次琦學術思想的一面旗幟。1897 年簡朝亮以近 5 萬字闡述何謂「四行」、「五學」，撰寫《朱九江先生講學記》，留下目前可知的朱次琦學術思想的最詳盡記載。因此，簡、康對「四行」、「五學」記憶猶新，並試圖以其憶述使朱次琦的學術思想立言不朽。

1891 年簡朝亮開館順德簡岸讀書草堂，「簡岸先生」之名由是開始。1897 年、1898 年，簡朝亮先後撰寫《朱九江先生講學記》《朱九江先生講學記書後》，既重點闡發「四行」、「五學」，也結合西學東漸、子學復興等爲朱次琦學術增添反對西學、子學的內容。1901 年在離開簡岸讀書草堂一年後，簡朝亮對不在陽山山堂的門人提出以下學習要求：「凡予言學，素爲之書以相告者，若《講學記》（按：即《朱九江先生講學記》）及《書後》（按：即《朱九江先生講學記書後》）《三言兵書》，衷之先聖，箴之先師，適欲以救時，皆百世大義也。」〔註30〕鄧實亦指出：「簡先生今居陽山山中，山居著書以成先生（按：指朱次琦）之志。近所成書者，曰《尚書大注述疏》（按：即《尚書集注述疏》）都三十五卷。」〔註31〕徐世昌認爲：「從遊甚眾，順德簡竹居最守

〔註28〕梁鼎芬著：《節庵先生遺詩》卷五，華東師範大學出版社，2012 年版，第 173 頁。

〔註29〕康有爲撰，姜義華、張榮華編校：《康有爲全集》（第一集），中國人民大學出版社，2007 年版，第 8 頁。

〔註30〕簡朝亮著，梁應揚注：《讀書堂集》卷二，廣州松桂堂，1930 年刻本，第 22 頁。

〔註31〕鄧實、黃節主編：《國粹學報》（八），廣陵書社，2006 年版，第 4231 頁。

師法。」〔註 32〕因此，「以著述實踐朱氏學說」成爲學界對簡朝亮學術生涯的
共識。

　　1891 年康有爲開館廣州萬木草堂，從學者眾。梁啓超在《南海康先生傳》
中指出志於道、據於德、依於仁、游於藝與義理之學、考據之學、經世之學、
文字之學分別是萬木草堂的學綱與學科。關於康有爲其時講學的獨特性與淵
源，錢穆在《中國近三百年學術史》中指出：「當時長興講學，卓然與乾嘉以
來學風劃一新線之情景與其意義及影響，亦俱見矣。然長素長興規模，蓋有
所受之，受之其師朱次琦也。」〔註 33〕錢穆進一步指出萬木草堂學綱、學科
是取法朱次琦禮山草堂講學之「四行」、「五學」。「此四行五學，即長興學記
之所本。節目之間，大同小異，要之萬木草堂之規模，襲取之於禮山，其事
甚顯。」〔註 34〕無疑，長興學綱中的敦行孝悌、變化氣質、檢攝威儀即是「四
行」修身中的 3 條，長興學科中的經世之學、義理之學即是「五學」治學章
中的 2 條，康有爲還將朱次琦重實學、推崇程朱理學的學術特點突顯了出來。
但是，這些細節之雷同絲毫不能掩蓋康有爲旨在推翻包括朱次琦學說在內的
中國古代儒學傳統的決心。因此，錢穆在《朱九江學述》中指出：「康有爲則
登其門而未能受業，轉主今文經學，又旁騖於佛典，其去稚圭論學之意益遠
矣。」〔註 35〕筆者以爲，康有爲終其一生並無隻字否定「四行」、「五學」，而
且有力地弘揚朱次琦學說所具有的志在經世、崇尚名節等特徵。退一步說，
加入朱次琦沒有說過的學術思想並使其發生嬗變以促使它與嶄新的時代相接
連，這也是學術傳承的一種方式。

　　黃節在《嶺學源流》中將陳獻章、廣東陽明後學、湛若水 3 家之學作爲
嶺學的淵源，指出篤守理學、重視講學和名節道德是陳、王、湛 3 家之學的
主要特徵，嶺學由於阮元在廣東創建學海堂、以經史課士與有課作而無講學
而衰竭。「嘉道之際，儀徵阮元雲臺督粵，創學海堂，導學者以漢學。一時候
康、林伯桐、陳澧皆以著書考據顯，嶺外遂無有言三家之學者。……故由今
論之，陳、王、湛三家之學盡於阮元，惟其著書考據之風盛，則講學之事亦

〔註 32〕徐世昌著，陳祖武點校：《清儒學案》第一百七十一卷，河北人民出版社，2008
　　　　年版，第 5965 頁。
〔註 33〕錢穆著：《中國近三百年學術史》，商務印書館，2005 年版，第 709 頁。
〔註 34〕錢穆著：《中國近三百年學術史》，商務印書館，2005 年版，第 710 頁。
〔註 35〕錢穆著：《中國學術思想史論叢》（卷八），安徽教育出版社，2005 年版，第
　　　　322 頁。

微，講學之事微而名節道德遂不可復問。」〔註36〕黃節的這種論斷無論是否出於晚清士人反滿或支持革命的意識〔註37〕，都與朱次琦在學理上指斥阮元漢學是並不相符的，但黃節無疑還是與朱次琦站在了同一陣營上，而且更爲重要的是，黃節將朱次琦開館禮山草堂作爲清代嶺學的崛起，充分說明他對「四行」、「五學」的重視。「南海朱九江先生，於舉國爭言著書之日，乃獨棄官講學，舉修身讀書之要以告學者。其言修身之要，曰敦行孝悌、崇尚名節、變化氣質、檢攝威儀。其言讀書之要，曰經學、史學、掌故之學、性理之學、詞章之學，其學不分漢宋，而於白沙陽明之教皆有所不取，斯而國朝嶺學之崛起者也。」〔註38〕

鄧實在《國粹學報》刊載一篇出其筆下的「案語」，表達他對朱次琦學說的體認。「先生生平講學，尊朱子而不廢陸王，……先生於舉世排擊陸王之日，而已獨見先識，不爲苟同如此。以經、史、掌故、性理、辭章五學教人，而歸本於修身。」〔註39〕由於朱次琦臨終自焚所著，鄧實更加自覺傳播朱次琦劫後餘生的文章，並道出他對朱次琦學說日漸消亡的傷痛之感。「即其著述亦不可見，其憂世之衷隱然莫白。流風日衰，師儒凋謝，正學一線，後起何人，能毋恫哉？」〔註40〕鄧方作《九江書事二首》，其二詩云：「三晉地爭防守日，一官人切去思年。崔陳以降斯文在，漢宋無分大義先。我幸朱門私淑者，依稀碩果道東傳。」〔註41〕鄧方清晰指出朱次琦學術思想的特點，也以私淑者自居。

梁啓超在《南海康先生》《論中國學術思想變遷之大勢》《近代學風之地理的分布》等論及朱次琦學說的特點與指出康有爲理學、政學均奠基於朱次琦。「其（按：指朱次琦）學根柢於宋明而以經世致用爲主，研究中國史學、歷代政治沿革得失最有心得。……先生（按：指康有爲）從之遊凡六年，而九江卒。其理學政學之基礎，皆得諸九江。」〔註42〕「朱先生講陸王學於舉世不講之日，而尤好言歷史法制得失，其治經則綜糅漢宋今古，不言家法。」

〔註36〕鄧實、黃節著：《國粹學報》（八），廣陵書社，2006年版，第4491頁。
〔註37〕廣東炎黃文化研究會編：《嶺嶠春秋——廣府文化與阮元論文集》，中山大學出版社，2003年版，第237頁。
〔註38〕鄧實、黃節著：《國粹學報》（八），廣陵書社，2006年版，第4491頁。
〔註39〕鄧實、黃節著：《國粹學報》（八），廣陵書社，2006年版，第4230頁。
〔註40〕鄧實、黃節著：《國粹學報》（八），廣陵書社，2006年版，第4231～4232頁。
〔註41〕鄧方著：《小雅樓詩文集》卷五，1900年刊行，香港，1962年重刊，第21頁。
〔註42〕梁啓超著：《飲冰室合集》文集之六，中華書局，1989年版，第60～61頁。

〔註43〕梁啓超指出朱次琦不廢陸王心學，與前述之鄧實的觀點一致。在《近代學風之地理的分布》一文中梁啓超將朱次琦、陳澧作爲咸同年間廣東 2 大儒。「咸同之間，粵中有兩大師。其一番禺陳東塾先生澧，其一南海朱九江先生次琦也」〔註44〕。

　　綜上，無論是簡朝亮以傳承、發展朱次琦學說爲己任，康有爲以「康學」使朱次琦學說發生嬗變，還是黃節、鄧實、梁啓超從經學、史學、子學 3 方面使朱次琦學說走向消亡，他們均無一語否定、指斥朱次琦學說，相反給予朱次琦其人其學較高的評價。

第三，朱次琦──簡朝亮──簡氏門人，朱次琦──康有為──康氏門人，是「九江學派」師承關係的重要兩脈

　　除官山西襄陵 190 天，教育家是朱次琦的重要身份，開館禮山草堂則是朱次琦教育生涯最重要的時期，梁耀樞、梁巨川、胡景棠、何屏山、簡朝亮、康有爲等 43 人出其門下，形成以科舉顯赫、執教鄉土爲主的人生軌跡，書寫以舊學爲主的知識結構，留下一批涉及經學、理學、史書、譜書、詩文類等領域的學術著述，對廣東近代學術產生深遠影響。與朱次琦相當一致的是，布衣一生的簡朝亮終其一生未離講學，將治術寓於講學的康有爲，其重要的身份亦是教育家，故簡、康不僅成爲朱次琦的重要門人，而且以其顯著的教育生涯使「九江學派」繁衍出重要 2 支。

　　簡朝亮門人由六榕寺門人、順德簡岸讀書草堂門人、清遠陽山山堂門人、佛山忠義鄉族人等 113 人組成。與朱氏門人相比，簡氏門人特點有三：一是在朱氏門人以南海、順德爲主的基礎上，簡氏門人呈現以南海、順德爲主而向周邊地區擴散的趨勢。二是在朱氏門人以執教鄉土爲人生主要軌跡的前提下，簡氏門人既講學澳門、香港、越南，也科場不顯與人生行跡多變。三是嬗變朱氏門人以舊學爲主的知識結構與著述遺存，呈現或以舊學爲主，或以新學爲主的 2 種新舊學雜糅。從朱氏門人到簡氏門人，以上 3 點成爲審視廣東學人與學術近代轉型的一個方面。

　　1972 年蘇雲峰《康有爲主持下的萬木草堂》、1991 年陳漢才《康門弟子述略》，奠定康門弟子研究的基礎。其中，陳漢才將康氏門人分爲受業弟子、拜門弟子、私淑弟子 3 類，詳略有次地記載 216 名康門弟子的生平事蹟。在

〔註43〕梁啓超著：《飲冰室合集》文集之七，中華書局，1989 年版，第 98～99 頁。
〔註44〕梁啓超著：《飲冰室合集》文集之四十一，中華書局，1989 年版，第 79 頁。

此基礎上，2011 年王明同著《草堂萬木森‧變法維新政：康有爲和他的弟子》，重點論述梁啓超、徐勤、王覺任、韓文舉、梁朝傑、陳千秋、曹泰、麥孟華、潘之博等康門十大弟子，故表面而言，學界對於康氏門人尤其是康有爲主要門人的研究是比較充分的。若將康門弟子作爲「九江學派」第 2 代群體，康門弟子研究自然獲得一定的拓展。與簡氏門人相比，康門弟子特點有四：一是雖然康門弟子仍以廣東籍爲主，但一方面其地域廣及廣東信誼、高州、寶安、潮州、歸善、梅縣、新寧等，另一方面出現廣西、江蘇、湖南等 13 省甚至朝鮮、日本門人。二是中西學結合成爲康門弟子知識結構不變的中心。三是維新事業將康門弟子緊密地拴在了一起，與此相關的辦學會、報刊、學校、企業與書局等成爲康門弟子的主要活動。四是康門弟子留下嬗變廣東舊學，啓引廣東新學的學術著述。康門弟子的這些特點成爲審視廣東學人與學術近代轉型的又一個方面。

最後，「九江學派」的學術史地位

1882 年「咸同兩大儒」朱次琦、陳澧先後去世，朱、陳後人均不顯，禮山草堂無人後繼，菊坡精舍也隨之轉爲學長制，有課作而無講學，聲名日下。由於簡朝亮、康有爲出自朱次琦門下，簡、康又分別培育黃節、鄧實、梁啓超等有影響力的門人，故梁啓超說：「東塾弟子遍粵中，各得其一體，無甚傑出者，九江弟子最著者則順德簡竹居朝亮、南海康長素先生有爲。」〔註45〕桑兵在《近代中國學術的地緣與流派》〔註46〕中認爲，康有爲、簡朝亮與鄧實、黃節等朱次琦門人、再傳弟子等使朱次琦一脈對於中國近代思想界的影響力高於陳澧「東塾學派」。

筆者以爲，「九江學派」的學術史地位表現爲它是廣東儒學近代轉型的縮影，具體表現爲以下 4 個方面：一、「九江學派」是廣東實學近代轉型的縮影。朱次琦是廣東儒學史上首個明確將「實學」作爲儒學根本特徵的儒學家，簡朝亮則是其追隨者。朱次琦、簡朝亮既強化廣東實學就是理學、孔學的傳統，也以道德實踐之學、經世實學強化廣東實學作爲正統儒學的表現形式。康有爲則將傳統經世實學與近代西學相結合，既以孔學、理學、佛學爲虛實相兼之學，將廣東實學拓展至周公之學、子學，也以啓蒙實學、實測實學、殊非傳統的道德實踐之學、經世實學、考據實學顛覆廣東實學的表現形式，廣東

〔註45〕梁啓超：《飲冰室合集》文集之四十一，中華書局，1989 年版，第 79 頁。
〔註46〕桑兵：《近代廣東學術因緣——欄目解說》，《學術研究》2010 年第 7 期。

實學近代轉型由此發生。梁啓超則既將實學與理學相對立，也使實學脫離包括理學、孔學在內的任何一種學術，將本來紛繁複雜的實學指向實實在在的純學術研究，標誌廣東實學近代轉型的階段性終結。

二、「九江學派」是廣東孔學近代轉型的縮影。推崇孔學向來是廣東儒學家的傳統，朱次琦、簡朝亮則將此具體爲「四行」修身、「五學」治學，將廣東儒家宗孔學傳統延至民國時期。反之，康有爲將維新思想附會孔子，以西學、佛學改造孔學，嬗變廣東千年宗孔傳統。梁啓超則打破廣東千年依傍孔學的傳統，將孔子與諸子並列，開展孔學的純學術研究，標誌廣東孔學近代轉型的終結。

三、「九江學派」是廣東經學近代轉型的縮影。經學是廣東儒學的重要組成部分，形成以古文經學爲主，兼治今文經學的經學傳統。一方面，朱次琦沿承廣東以古文經學爲主、兼治今文經學的經學體系，簡朝亮、鄧實不入廣東以古文經學爲主、兼治今文經學的經學體系。另一方面，康有爲、黃節、鄧實、梁啓超等使廣東經學傳統偏離其原來的軌道，並終使廣東經學傳統與其母體相分離而在新時代中獲得新的生命。與此同時，康有爲打破廣東以古文經學爲主、兼治今文經學的經學體系，梁啓超跳出廣東以古文經學爲主、兼治今文經學的經學體系，由此標誌廣東後經學時代的到來。

四、「九江學派」是廣東理學近代轉型的縮影。在朱次琦《四書講義殘稿不分卷》之前，廣東近代產生勞潼《四書本注擇粹》、陸殿邦《四書講義》、何文綺《四書講義》等理學著述，朱次琦則以《四書講義殘稿不分卷》作爲個人開館講學的教材，以學術著述與門人群體推動廣東近代理學的復興。簡朝亮以注解《五經》體現漢宋學結合，既實踐朱次琦強調的去漢宋學之別，也在很大程度上減弱朱次琦重理學的特徵，但朱、簡都沿承廣東無視理學儒道釋相兼、哲學思辨化不強的理學特點。雖然康有爲重視朱熹，但其細辨理學的儒道釋相兼，嬗變廣東理學格致說、理氣論、人性論，近承黃宗羲、戴震、焦循等諸儒，都標誌廣東理學近代轉型的發生。梁啓超則將理學的儒道釋相兼轉入純學術研究，梳理理學的發展概況及其主要問題，不入其中而高出其中，標誌廣東理學傳統近代轉型的階段性終結。

二、「九江學派」研究滯後的成因

「九江學派」研究可以分爲 2 個時期：一是從 1895 年黃節率先提到「九

江儒學派」至 20 世紀 50、60 年代，屬於「九江學派」留其名的階段。簡朝亮《因南歸者偶寄十絕句》其二《南海朱拔群》，詩云：「自有此間佳士在，九江學派未芒芒。」〔註47〕鄧實在《選錄》中說：「蓋先生學術直追晚明，不落乾嘉諸儒之下，巍然而自成其九江學派者也。」〔註48〕孫璞在《粵風》說：「咸豐、同治以還，朱九江傳其九江學派而外」〔註49〕。盧子駿在《康簡知名》中說：「宜夫論者謂廣東近代學術，以陳東塾朱九江為兩大派，而九江之學，又有簡康兩支云。」〔註50〕李蟠在《嶺南書風》中說：「萬木讀書兩草堂，清季之傑，當時師友皆九江派衍，如燕蓀（按：指梁士詒）、卓如（按：指梁啓超）、晦聞（按：指黃節）皆卓爾不群。」〔註51〕

　　二是近 10 多年來，學界開始對「九江學派」進行深入研究。由冼劍民、葉蘭美撰寫的《「九江學派」及其影響》是迄今以來首篇「九江學派」研究專文，但文章有以朱次琦代替「九江學派」的不足。由筆者撰寫的《「九江學派」研究——從朱次琦到簡朝亮》《「九江學派」與嶺南學術傳統》《「九江學派」經學與史學論》《「九江學派」考辨》《廣東〈春秋〉學的近代轉型——以「九江學派」為中心》及其專著《朱次琦研究》《簡朝亮研究》中的相關章節則代表當今「九江學派」研究的最新成果。但是，迄今以來仍然未能出現「九江學派」研究的專書成果，這依然未能改變「九江學派」研究滯後性的局面。「九江學派」研究的滯後性，既有廣東地域學術的原因，也有「九江學派」成員自身的主觀原因與「九江學派」生存環境的客觀原因，更與廣東學界的研究現狀密不可分，故分析「九江學派」研究的滯後性是一個具有學術史意義的問題。

　　1. 廣東人的宗派意識不強

　　春秋戰國時期為南越族、秦以後南越族與中原民族雜處，此為梁啓超筆下的廣東民族「史」的大致進程。由於五嶺阻隔，在唐相張九齡主持修築大

〔註47〕簡朝亮著，梁應揚注：《讀書堂集》卷十二，廣州松桂堂，1930 年刻本，第 4 頁。

〔註48〕黃節、鄧實主編：《國粹學報》（八），廣陵書社，2006 年版，第 4230 頁。

〔註49〕許衍董等編纂：《廣東文徵續編》（第二冊），廣東文徵編印委員會刊行，1986 年版，第 527 頁。

〔註50〕許衍董等編纂：《廣東文徵續編》（第一冊），廣東文徵編印委員會刊行，1986 年版，第 433 頁。

〔註51〕許衍董等編纂：《廣東文徵續編》（第二冊），廣東文徵編印委員會刊行，1986 年版，第 540 頁。

庾嶺之前，落後的交通、偏遠的地理位置使廣東難以傳承中原教化，而在較長的一段時期內，廣東政治相對比較穩定，故廣東人在其範圍內可以獨自發展，由此形成相對獨立的本土文化。從宋代 3 次移民潮、宋制設兩廣路以來，廣東政治、經濟、文化得到明顯的發展，至近代，廣東成爲北京、上海以外又一個政治、學術中心，成爲兵家逐鹿中原之地。加之獨特的亞熱帶、熱帶氣候、深長的海岸線，使長期以來廣東形成迥異於中原的鄉土風俗、民情習慣。其中，崇尚自由，不重宗派，成爲廣東人的精神氣貌之一。這就是梁啓超所強調的廣東民族的獨立性。梁啓超認爲，民族意識之發現與確立是民族成立的唯一要素，而嶺南民族意識始見於漢文帝時南越趙佗自稱「蠻夷大長」，由於言語異、風俗異、性質異等，廣東人頗有獨立之想，有進取之志，加之自香港隸屬於英，白人之足跡益繁，故廣東言西學最早，其民習與西人遊，故不惡之，亦不畏之，故中國各部之中，其具國民之性質，有獨立不羈氣象者，惟廣東人爲最〔註52〕。

　　以文學流派爲例，由明初「南園前五先生」孫蕡、王佐、黃哲、李德、趙介組建的南園詩社，形成廣東本土首個詩派——「南園詩派」。至明中葉，「南園後五先生」歐大任、梁有譽、黎民表、吳旦、李時行重建「南園詩社」，從詩人隊伍到詩歌創作，「南園詩派」都得到發展與壯大。從文人聚會、同題共詠到詩作流傳，南園詩社已經符合文學流派的條件。但是，以上南園詩人並未提及「南園詩派」之名，也並未以創建、發展「南園詩派」自居。近代學者汪辟疆在《近代詩派與地域》中首先提出並詳細論述「嶺南詩派」。其中，汪辟疆將張九齡——鄺露——陳恭尹——屈大均——梁佩蘭——黎遂球——黎簡——馮敏昌——張維屛——宋湘一脈作爲近代以前嶺南派詩人的代表人物，並以「雄直」2 字作爲嶺南詩派的特徵。同時，汪辟疆將朱次琦、康有爲、黃遵憲、邱逢甲、譚宗浚、潘飛聲、丁惠康、梁啓超、麥孟華、何藻翔、鄧方作爲近代嶺南派主要詩家，並進行詳細論述。比較一致且有別於中原的詩風，是汪辟疆將以上詩人納入嶺南詩派考量並首標嶺南派的原因。因此，汪辟疆更多地是從形而上的層面指出嶺南詩派的存在，殊非嚴格意義上的文學流派研究。其實，汪辟疆退而求其次的考慮，正道出長期以來嶺南詩歌以同氣連枝作爲其主要的生存態的特點。嶺南詩歌的生存態，即是嶺南人的生存態。「南人無黨」，宋理宗對李昂英的評價，可以視爲對世代

〔註52〕梁啓超著：《飲冰室合集》專集之一，中華書局，1989 年版，第 29 頁。

嶺南人的評價。

　　以學派爲例，由崔與之建立、李昴英發展、壯大的「菊坡學派」，是宋代廣東最早的以標榜經世實學爲內容的學術流派。但崔、李隻字未及「菊坡學派」之名。與此相似的是，明中葉以後廣東出現「白沙學派」、「甘泉學派」、「廣東學派」、「九江學派」、「東塾學派」等儒家學派，其創立者陳獻章、湛若水、阮元、朱次琦、陳澧也並未以學派的創立者自居，這些學派之名都是後人命之。一方面，在近代以前廣東經學從來就欠發達，除兩漢之際出現廣信「三陳」、東漢末年士燮、晉黃穎、中唐劉軻，明末黎遂球，雍正年間陳昌齊、馮龍官等以外，廣東少有經學世家尤其是有影響力的經學家。崔與之、李昴英、陳獻章、湛若水、朱次琦、陳澧、簡朝亮、康有爲等均欠缺對於經學研究比較看重的家學淵源，崔與之出生於醫學之學，李昴英出自仕宦之家，朱次琦出生於農商之家，簡朝亮則出生於無讀書人之家，崔、朱、二陳、簡之子亦未能較好地傳承其學。因此，以上諸人缺乏主客觀的在一個學派內的學術傳承意識，也欠缺經學家當有的淋漓大氣，更多的充其量的是一己獨創。另一方面，長期且顯著的教育生涯，使從學派的宗師到獨特的學術思想體系，到清晰的傳承關係乃至重要的影響力，由後人命名的以上學派均具備學派的成立條件。但是，長期以來，學界尤其是廣東學界專注於文學研究，疏於研究廣東經學，因此，以上學派未能獲得如嶺南詩派的學術命運。而一直以來欠發達的廣東經學研究，在很大程度上即是對以上學派的研究。

2. 非主流人物的學術命運

　　綜觀中國古代文學史、學術史，凡一人物、一流派或一種觀念的被接受與日漸受到學界的重視，往往與其是否受到某一主流人物的關注與重視密不可分。對於地處偏遠的廣東學者來說，在近代康有爲、梁啓超、黃節、鄧實等名家出現以前，非主流一直都是廣東學人的命運，即使被尊爲「大手筆」的唐相張九齡、有「完人」之譽的崔與之，被譽爲「眞儒復出」的陳獻章與其門徒湛若水、「明代廣東三大學者」之一黃佐等的命運也如此。因此，非主流的人生在很大程度上決定了廣東學術的非主流命運。

　　以「九江學派」爲例，一方面，朱次琦雖然與山西士人有論學往來，但沒有旗幟鮮明地開館講學，也在官襄陵 190 天即歸隱鄉土，這些都不利於朱次琦其人其學受到更多的關注。南歸後，朱次琦歸隱南海九江，在與省會廣

州有百多里之隔的禮山草堂開館講學，先後拒絕 1862 年同治下詔召用與 1863 年郭嵩燾的求見，足不出九江。這必然極大影響朱次琦的個人威望、學生來源與學術思想的影響力。同時，立言不朽殊非朱次琦所願，朱次琦在臨終前夕焚毀獨出其筆下的著述，使本已非主流的學術人生遭至後人無法接近、難以研究的地步。與此驚人相似的是，平民一生的簡朝亮從開館順德簡岸到移居僻壤清遠陽山開館講學，到閉門佛山忠義鄉講學著述，一步步透露出他作為隱者的生命底色，使作為其時廣東 4 大書院之一的簡岸讀書草堂、清遠陽山山堂，沒有達到應有的影響力。

另一方面，身處社會政治、思想文化急促發展、變化的中國近代，朱、簡殊非主流、欠缺大氣、有違時代前進方向的學術人生，卻培育了在一定時期內代表時代前進方向的主流人物康有為、黃節、鄧實，而梁啟超又出自康有為門下，此 4 人對朱次琦的「四行」、「五學」作出嬗變，動搖「九江學派」學術思想的基石，使「九江學派」從建立、發展走向嬗變乃至消亡。同時，多變的中國近代使一批恪守師訓的簡氏門人繼續處於學術邊緣，或扎根廣東鄉土，或遠涉香港、澳門、越南，開館講學依然是他們主要的職業選擇。但是，複雜多變的環境使他們無法在簡朝亮去世後進一步整理、研究簡朝亮完整保留下來的著述，簡氏其人其學乃至其學代表的「九江學派」一脈的重要傳承，即隨之淹沒於不斷前行的學術環境之中。

3.「九江學派」存在於一個不利於儒學生存的時空

封建宗法制是儒學賴以生存的社會基礎。作為率先遭受西方列強侵入與西學首先東漸的地方，廣東近代在思想、學術與教育等領域發生了一系列新變，一步步削弱儒學能夠存在與發展的時空，而「九江學派」的主要成員在很大程度上就是這些新變的參與者、推動者，由此加促「九江學派」的被邊緣化乃至消亡。

在思想上，廣東近代出現舊民主主義改良思潮、新民主主義改革思潮與早期馬克思主義的傳播，封建統治終於退出廣東歷史舞臺。其中，洪仁玕、容閎、何啟、胡禮垣、鄭觀應、康有為是廣東近代舊民主主義改良思潮的主要人物，孫中山是新民主主義思潮的代表人物，楊匏安、陳獨秀、譚平山、廖仲凱等則成為廣東近代宣傳早期馬克思主義的重要人物。在不足 100 年出現的上述 3 種社會思潮，體現「多變」且變其社會的統治基礎是廣東近代思想新變的根本特色。「九江學派」從朱次琦到簡朝亮一支所提倡的恢復孔學與反

對西學顯然有違此時代潮流，而黃節、鄧實所倡導的種族革命雖然最終推翻清朝統治，也未能爲已經瓦解的封建統治引向一個嶄新的方向，黃、鄧的活動由此也淹沒於時代洪流之中。「九江學派」從朱次琦到康有爲一支雖然成爲廣東近代舊民主義改良思潮的集大成者，但無論是康有爲、梁啓超的維新變法事業，還是梁啓超後期的學術活動，都未能緊跟時代的前進步伐。當然，盲目追蹤時代潮流尤其是學術潮流很多時候殊非好事，梁啓超所啓引的一個時代的學術事業就是很好的證明。故「九江學派」是未能或只能在短期內代表社會的前進方向。

在學術上，由學海堂、禮山草堂、菊坡精舍、簡岸讀書草堂、萬木草堂、清遠陽山山堂等廣東近代著名學府推動的廣東近代學術，除學海堂、菊坡精舍、廣雅書院以外，其創建者都是「九江學派」成員，故「九江學派」就是其學術思想的掘墓人。以治《十三經》爲口號的學海堂，由於編纂《廣東通志》與積極參與兩次鴉片戰爭，形成嘉道年間廣東經學派，使廣東儒學趨於實學；由於學海堂人與龔自珍、魏源等緊密關係，學海堂出現以治《公羊》爲中心的今文經學「熱」；由於西學東漸的強大威脅，吳蘭修、梁廷枏、陳澧等學海堂人開始注意西學，鄒伯奇更成爲廣東近代第一位精於研究幾何光學、測繪學、地圖學等領域的自然科學家。故梁啓超說：「梁啓超之友嘉應黃公度遵憲著《日本國志》，有史才，其學略可比郭筠仙，而番禺朱執信亦學海堂舊人，能以學術輔革命。」〔註53〕在旨在恢復孔學的禮山草堂，走出了將中國古代傳統學術幾乎土崩瓦解的康有爲。在致力於傳承朱次琦學說的順德簡岸讀書草堂，走出了既要反思中學，更要鼓吹西學，並以推翻清朝爲學術使命的黃節、鄧實。旨在宣傳維新變法思想的萬木草堂，不僅由康有爲肩負起開闢廣東儒學近代轉型的使命，而且由於梁啓超無復依傍的學術研究，廣東儒學近代轉型走向成熟乃至階段性的終結，擁有了與「五四」相接連的先進性。

在教育領域，鴉片戰爭前後的教會學校、洋務運動時期的新式學堂與清政府推行學制改革時的新式學堂是廣東近代教育新變的 3 個主要時期，宣揚、學習西方宗教、科學、文化與引入西方教育制度是廣東近代教育新變的主要方面。1903 年，學海堂、菊坡精舍、越華書院、羊城書院、粵秀書院等廣東古代書院或自行關閉，或捲入書院改學堂的教育改革潮。1908 年，

〔註53〕梁啓超著：《飲冰室合集》文集之四十一，中華書局，1989 年版，第 79 頁。

簡朝亮結束長達 8 年的陽山講學生涯，陽山山堂隨之關閉。自此以後，注疏經典，編纂族譜成爲簡朝亮主要的學術活動，而教授族人則成爲簡朝亮偶有之舉。廣東古代書院既是形成廣東學術傳統與傳承廣東學術傳統的搖籃，一旦失卻此有力支撐，以儒學爲基礎的廣東學術傳統即陷入必然消亡的境地。

4. 學界疏於關注廣東經學與廣東學界疏於經學研究

除六朝以前的廣信「三陳」、士燮以外，在明中葉陳獻章創立「白沙學派」以前，廣東儒學從來就欠發達。至近代，「得風氣之先」的廣東憑藉地理優勢，將其積累千年的地域文化匯入時代風雲，成爲影響中國近代政治、經濟、學術、文化的重要地方。毫無疑問，最能代表廣東經學成就的是在近代，但是，包括中原學者在內的所有中國人，在此學術多變與時代動盪的社會環境下，均無閒關注中國古代經學瓦解的歷史進程。當研究者終可潛心研治廣東近代學術時，容閎、鄭觀應、康有爲、梁啓超、黃節、孫中山等也許就是他們認爲的廣東近代學術的全部。朱次琦、簡朝亮與「九江學派」對於他們來說畢竟太陌生了。

「菊坡學派」、「白沙學派」、「甘泉學派」、「廣東學派」是在「九江學派」建立前的廣東儒家學派。除「白沙學派」、「甘泉學派」受到比較充分的關注以外，學界尤其是廣東學界對它們的研究是比較欠缺的。「菊坡學派」是廣東本土第一個學派，除《菊坡學派：南宋嶺南學術的主流——再論宋代嶺南三大家》《論「菊坡學派」》《菊坡學派與嶺南史學》《宋代廣東理學的特點與影響》以外，筆者並未發現相關的研究成果。出現這種研究現狀，與「菊坡學派」的創建者崔與之不重立言與著述散佚，重要門人李昴英的著述散佚等有緊密的關係，而其實，陳獻章、湛若水、黃佐、黎貞等明代廣東學者都給予崔與之、李昴英極高的評價，「菊坡學派」的學術思想、菊坡門人的群體人文精神均對明清廣東理學與理學家產生深遠影響。「廣東學派」是道光年間廣東學術的中心，除李緒柏在《清代廣東樸學研究》一書中以「廣東學派的崛起」爲題進行闡述以外，迄今以來筆者則並未發現對此有所深化與拓展的研究成果。一方面，近代史距離現在的時間比較短，學術研究需要長期的積累。另一方面，在詩、文、詞、歷史、學術史（文學史、思想史、俗文學史）等領域，廣東學界在上個世紀 90 年代初已經出版一批相關的書籍。細至廣東近代，1996 年、2004 年，廣東人民出版社分別出版《廣東近代文學史》

《晚清嶺南文學研究》，2010 年，廣東高等教育出版社出版《廣東通史》（近代卷）。但是，一本關於廣東經學或者廣東近代經學的著述至今依然沒有出現，這無疑是廣東學術研究的明顯不足。

三、「九江學派」研究的必要性

朱次琦、簡朝亮、康有爲、黃節、鄧實、梁啓超等「九江學派」成員均爲廣東近代學術的核心人物，一本廣東近代儒學史在很大程度上即是由「廣東學派」、「九江學派」、「菊坡學派」構建的歷史，故「九江學派」是深化與拓展「九江學派」個體成員研究必要環節，是廣東近代儒學史研究不能繞開的內容。

1.「九江學派」是深化朱次琦、簡朝亮、康有為、黃節、鄧實、梁啟超研究的主要環節

一直以來，學界對於朱、簡、黃、鄧的研究遠遠遜色於康、梁。但近 10 多年來朱、簡、黃、鄧研究取得了顯著進展，表面而言已經相當成熟的康、梁研究也在經學、史學、子學方面取得了明顯的突破，二者結合既使「九江學派」研究成爲可能，也有其研究的必要性。

（1）有助於明確朱次琦的研究中心

朱次琦臨終自焚《國朝名臣言行錄》《國朝逸民傳》《性學源流》《五史徵實錄》《晉乘》《論國朝儒宗》《紀蒙古》等 7 本著述，今僅存《四書講義殘稿不分卷》和由他參與編纂的《南海九江朱氏家譜》、《朱氏傳芳集》及由學海堂編纂的《是汝師齋遺詩》、簡朝亮編纂的《朱九江先生集》、康有爲編注的《康氏先世遺詩　朱師九江佚文合集》、邱煒菱編校的《朱九江先生論史口說》、朱傑勤整理的《朱九江先生經說》，雖然《南海九江朱氏家譜》、《朱氏傳芳集》引起相關研究者的關注，但顯然未能從根本上反映朱次琦的學術成就。與此同時，朱次琦手稿《四書講義殘稿不分卷》從未進入研究者的視野。反之，出自門人、後學筆下的上述劫後餘生的著述則成爲朱次琦研究的關鍵文獻，並引起一批研究者的重視。但無論是錢穆將朱次琦作爲中國古代舊學之殿，還是蔣志華將朱次琦視作一箇舊學的符號，他們都未能充分反映朱次琦在廣東近代儒學史上的地位——「咸同間嶺南兩大儒」之一。

其實，由於存世著述的欠缺所出現的朱次琦研究多未能抓住其中心的現象，從朱次琦去世之初就出現。其中，如何撰寫《朱次琦傳》、將朱次琦置於

《清國史・循吏卷》還是《清國史・儒林卷》的論爭中一直存在〔註54〕。爲了確立朱次琦的儒學史地位，黃節、簡朝亮等以開館講學、學術著述來解決其著述幾盡焚而學界對其難以定位的問題〔註55〕，梁啓超將朱次琦、陳澧作爲「咸同間嶺南兩大儒」在很大程度上是基於朱、陳分別建立「九江學派」、「東塾學派」。這說明只有將朱次琦作爲「九江學派」的建立者才能從根本上彰顯其學術地位，可惜這種以學派視角介入朱次琦個案研究的方法，未能引起後世朱次琦研究者的重視。朱次琦是學界公認的「九江學派」的建立者，迄今以來朱次琦研究所運用的基礎文獻多出自其門人、再傳弟子筆下，因此，將朱次琦作爲「九江學派」的建立者，在朱次琦研究之初就是一個公開的事實。筆者以爲，在朱次琦存世文獻嚴重欠缺之下，聯繫比較是朱次琦研究的必要方法。一方面，朱次琦是廣東南海九江「儒林鄉」培育出來的最著名的儒學家，朱次琦的生平卓然體現崔與之、李昴英、丘濬、霍韜、黃佐、馮成修等宋明清廣東理學家傳統，其學術思想則是在與廣東近代漢學的博弈中形成的。朱次琦由倫理、經學、理學、史學與文藝思想組成的學術思想具有不入儒學主流、平實敦大的特點，是廣東舊學之殿。另一方面，朱次琦開館講學24年，培育超過40名門人，產生一批厚重的學術著述，創建廣東近代第一個理學學派，此爲朱次琦最有功於廣東近代學術之處，也即黃節、簡朝亮、梁啓超所設想的以創派之功確立朱次琦學術史地位的主要方面，故「九江學派」才是朱次琦研究的中心。

（2）扭轉簡朝亮研究的滯後局面

作爲「九江學派」的核心成員，簡朝亮留下《尚書集注述疏》《論語集注補正述疏》《孝經集注述疏》《禮記子思子言鄭注補正》《粵東簡氏大同譜》《讀書草堂明詩》《毛詩說習傳》等有「以著述實踐朱氏學說」之譽的學術專著，

〔註54〕 一直到1929年，簡朝亮仍對存世諸種《朱次琦傳》表示不滿。《清國史》編纂者以朱次琦沒有著述遺存爲由，將其置於《清國史・循吏卷》，後來由於簡朝亮、梁耀樞、梁濟、胡景棠等門人反對，朱次琦得入《清史稿・儒林卷》。

〔註55〕 黃節著：《蒹葭樓自定詩稿原本》，廣東人民出版社，1998年版，第274頁，黃節詩云：「不必遺書在，開風百世思」。簡朝亮對黃節詩作點評云：「吏治、學術寫盡生平，結意尤出近人尋常見解之外。」朱次琦著，簡朝亮編，關殊鈔點校：《朱九江先生集》卷首，旅港南海九江商會，1962年版，第3頁。簡朝亮指出：「雖然，先生之書未傳於人，而先生之行之言，人固得而見聞者矣，況其暮年講學，上辨古人，下窮今日，其所以勤告者，必其所以欲爲書之精意，豈猶有隱而不宜者乎？」

簡朝亮研究不僅自有天地，而且它天然必須與朱次琦研究聯繫在一起。從 2008 年 11 月廣東順德首次召開「簡朝亮學術會議」正式揭開比較大規模的簡朝亮研究序幕至今，隨著專著《簡朝亮學術研討會論文集》《簡朝亮研究》與點校本《尚書集注述疏》《論語集注補正述疏》《孝經集注述疏》的出版，沈寂 100 年的簡朝亮研究在生平與學術思想、學術專著研究、文學創作與詩歌理論等領域自成其系統，也能在最根本的環節突出簡朝亮的學術成就。但無論是《簡朝亮學術研討會論文集》《簡朝亮研究》遺留的草創性的學術印跡〔註 56〕，是《尚書集注述疏》《論語集注補正述疏》《孝經集注述疏》仍未獲得深入研究，還是《簡朝亮年譜》《讀書堂集》《毛詩說習傳》等著述仍未得到整理、出版，都反映簡朝亮研究依然廣有空間，而若能將簡朝亮介入「九江學派」研究，即能在短時期內扭轉其研究相對滯後的局面。

　　簡朝亮經歷朱次琦未曾經歷的甲午戰爭、維新變法、清朝新政、清朝覆亡、軍閥混戰、「五四」運動等幾乎一部完整的晚清民國史，其學術生涯必然呈現有別於朱次琦的運行軌跡，在不可能完全照搬朱次琦學說的同時，簡朝亮形成「遙宗孔學、中取漢唐經學，近承朱熹理學」的注經的內在主線，在很大程度上體現朱次琦推崇孔學、朱熹理學與去漢宋學之別的學術思想。專題文章、學術專著、開館講學是簡朝亮壯大「九江學派」的 3 種途徑。從早期兵論到甲午戰爭前後撰寫《三言兵書》，從早期撰寫《朱次琦行狀》到甲午戰爭後撰寫《朱九江先生講學記》、《朱九江先生講學記書後》，成為簡朝亮學問獨立的重要時期；1908 年撰寫《病言》，則標誌簡朝亮學問獨立的完成。簡朝亮以東晉偽古文、《書序》孔子作、執漢學之失作為《尚書》研究「三誣」，並以此作為他著《尚書集注述疏》的總綱，所體現的仍然是朱次琦去漢宋學之別、經世致用的學術思想。簡朝亮旨在修正、申明朱熹《論語集注》，不僅反映他對朱熹理學的重視，而且成為朱次琦《四書講義殘稿不分卷》的重要補充。簡朝亮注疏《孝經》與《禮記》中的《坊記》《表記》《緇衣》及《大

〔註 56〕廣東省順德區人民政府等主編：《簡朝亮學術研討會論文集》，2008 年印行，以生平研究、學術脈絡、著作分析、文化建設為綱，共收錄簡朝亮研究專文 24 篇，其中《居家憂國的簡朝亮》、《簡朝亮著述及研究資料總索引》等文章中注明的「初稿」、「初編」字樣以及就所收錄的絕大部分文章的論述深度而言，都明顯體現了研究者們有急就章的性質。張紋華著：《簡朝亮研究》，廣東高等教育出版社，2013 年版，對簡朝亮的生平、學術思想、主要經學著述、文學創作等有專門論述，其中如簡朝亮兵學思想、經學思想與對相關簡著的研究等都能體現作者的論述有欠深入與精準。

戴禮》中的若干篇，沿承鄭玄、孔穎達的學術思想，說明簡朝亮對漢唐諸儒的重視，體現簡朝亮旨在去漢宋學之別的決心。簡朝亮編纂《順德簡岸簡氏家譜》《粵東簡氏大同譜》，是將朱次琦的譜學思想、譜書編纂延續至民國時期。從朱次琦詩論到簡朝亮《讀書草堂明詩》《毛詩說習傳》，可以看到師徒二人對儒家詩論的恪守，也能窺見簡朝亮對《詩序》的推崇，而有別於朱熹《詩集傳》。順德簡岸讀書草堂、清遠陽山山堂是簡朝亮比較重要的講學活動，由此形成簡朝亮的教育思想。簡朝亮培育黃節、鄧實、簡又文、張子沂、張啓煌等門人，產生一批重要的學術著述，壯大「九江學派」。故無論是學術著述的內在主線，是出自《讀書草堂》的專題文章，是留下的一批經學專著，還是形成的門人群體，簡朝亮的學術生涯即是沿承、發展朱次琦的學術思想，即是壯大「九江學派」。因此，將簡朝亮置於「九江學派」研究，不僅能扭轉其研究的落後局面，而且能提升其研究的規格。

（3）深化康有爲、黃節、鄧實、梁啓超的研究

一直以來康、黃、鄧、梁研究多是以全國性、全域性的視野進行，但粵人是他們終其一生的身份定位，故康、黃、鄧、梁研究天然必須立足廣東近代學術。康有爲首先就是學界公認的朱次琦的門人，是「九江學派」的第 1 代成員。黃節、鄧實、梁啓超分別是簡、康門人，是「九江學派」第 2 代成員，而「九江學派」成爲廣東儒學近代轉型的縮影在很大程度上體現於康有爲嬗變「九江學派」與黃、鄧、梁促其消亡，而這一切又體現爲下述 2 個方面：一是康有爲在中法戰爭前後、甲午戰爭前後嬗變「九江學派」，二是黃節、鄧實、梁啓超以中西學結合、發動種族革命與純學術研究加促「九江學派」的消亡。

宣傳西學、推翻古文經學傳統，是康有爲在中法戰爭前後、甲午戰爭前後兩期的主要活動，因此，康有爲一生都在儒西學、今古文經學與儒子學之間遊走，康有爲是以此成爲廣東儒學近代轉型的代表，康有爲嬗變「九江學派」亦由此展開。朱次琦、簡朝亮一生都反對西學，故康有爲在尊儒爲主線下形成的或援西入儒，或以西化儒，或儒西並尊，其實都迥異於朱、簡，即大異於由朱次琦奠定的「九江學派」的學術基石。即使朱次琦、簡朝亮主張今古文經學結合，但他們弘揚的都是傳統孔學、傳統經學，殊非康有爲將維新思想置於其中而出現的又一種假孔學、假經學。朱次琦推崇儒學，簡朝亮力辨儒子學之別，康有爲卻儒子學結合，開啓子學大解放之門。因此，以「九

江學派」的嬗變爲切入點，康有爲的學術人生、學術思想研究必然獲得一定的深化。

中西學結合、或發動維新變法或發動種族革命與純學術研究是黃節、鄧實、梁啓超學術人生的重要幾筆。黃、鄧、梁既接續康有爲啓引的廣東儒學近代轉型的進程，也將此推至階段性終結，他們加促「九江學派」的消亡亦由此呈現出來的。黃節、鄧實以《國粹學報》《政藝通報》爲陣地，宣揚中西結合與種族革命，完全走向朱次琦、簡朝亮學術思想的對立面。與康有爲的儒西學關係而固守君主立憲不同，黃、鄧宣揚種族革命，致力推翻清王朝，是從封建體制的層面剝奪傳統儒學生存的可能。由於這是一場以推翻封建統治爲目標的運動，故即使黃、鄧仍然以史學、子學研究服務於其政治活動，但黃、鄧所從事的史學、子學研究殊非純學術研究。反之，黃節《詩學》則屬於純學術研究。與康有爲、黃節、鄧實的史學、子學研究都服務於政治運動很不同，梁啓超將史學、子學研究推向純學術研究的領域，標誌數千年來儒家思想對於學術思想的束縛的結束。因此，以「九江學派」有消亡爲視角，黃、鄧、梁的學術人生、學術思想研究必然獲得一定的推動。

2.「九江學派」是廣東近代儒學史研究不能繞開的內容

從 1993 年至今，《嶺南文庫》《廣東歷史名人研究叢書》《嶺南文化知識書系》等已出版圖書超過 400 種，在廣東內外引起廣泛反響，受到季羨林、邢賁思、張岱年等高度評價，被譽爲「研究嶺南歷史文化的百科文庫」。但無論是廣東儒學史的研究專書還是廣東儒學史斷代研究專著都並未躋身其中，這與廣東文學史、廣東歷史研究繁興的現狀相比是相當遜色的〔註57〕，也極大影響廣東建設文化強省目標的實現。與漢唐、宋明、清中葉以前廣東儒學的發展態勢很不相同，由 1819 年阮元督粵創建學海堂而揭開廣東近代儒學史的序幕，既徹底改變廣東儒學長期以來的欠發達狀態，使廣東傳統儒學步入它發展的最輝煌時期的同時，傳統儒學亦由此逐漸退出歷史舞臺並別出廣東近現代新儒學。在學派鼎立、學術新舊雜糅、政治與學術關係撲朔迷離的廣

〔註57〕嶺南文學史研究專著有：陳永正主編：《嶺南文學史》，廣東高等教育出版社，1993 年版。汪松濤等著：《廣東近代文學史》，廣東人民出版社，1998 年版。管林等著：《嶺南晚清文學研究》，廣東人民出版社，2003 年版。嶺南歷史研究專著有：胡守爲著：《嶺南古史》，廣東人民出版社，1999 年版。蔣祖緣、方志欽主編：《簡明廣東史》，廣東人民出版社，1993 年版。方志欽、蔣祖緣主編：《廣東通史》（近代卷），廣東高等教育出版社，2010 年版。

東近代儒學史上，最爲精彩與異常複雜的莫過於「九江學派」，故「九江學派」研究直接影響廣東近代儒學史研究的順利開展。

（1）「九江學派」是廣東近代儒學史研究的重點

　　無論是「廣東學派」、「東塾學派」、「九江學派」產生的儒學名家還是他們留下的儒學著述，都使一部廣東近代儒學史在很大程度上就是由此構成的三足鼎足的歷史〔註58〕。陳澧、朱次琦都是學海堂第一屆專課肄業生，陳澧任學海堂學長 27 年後自創「東塾學派」，朱次琦則不就學海堂學長之位而自創「九江學派」，因此，徐世昌在《清儒學案》中列有林伯桐學案、朱九江學案、陳東塾學案，並認爲這 3 個學案都受到阮元督粵創建的「廣東學派」的影響。廣東近代儒學史上的 3 個學派有千絲萬縷的關係，「九江學派」研究在某種程度上也必將呈現「廣東學派」與「東塾學派」的若干內容與根本特色。這 3 個學派實際上就是「廣東學派」、「東塾學派」1 支與「九江學派」1 支。「九江學派」就成爲廣東近代儒學史研究的半壁江山，而廣東近代儒學史在很大程度上就是一本廣東儒學近代轉型史。

　　與近 10 多年來出現的儒學近代轉型研究「熱」相比，廣東儒學近代轉型是一個嶄新領域。筆者以爲，廣東儒學近代轉型由 5 期組成。嘉道、道光、咸豐、同治與光緒初年是廣東傳統儒學大繁興與傳統儒學孕育嬗變的時期，朱次琦與他創立的「九江學派」體現了此時代學術大勢。一方面，朱次琦提倡通經致用，以孔學概括天下一切學術，主張去漢宋學之別，並以創「九江學派」標誌廣東近代理學復興，成爲廣東近代儒學趨於實用、從調和漢宋到不分漢宋學的重要推動者。另一方面，朱次琦重視掌故學、蒙古史，成爲道咸廣東新學的組成部分。

　　中法戰爭前後是廣東傳統儒家大換班與西學進一步進入儒學的關鍵時期，「九江學派」的簡朝亮、康有爲隨之登場。隨著吳蘭修、曾釗、張維屏、朱次琦、陳澧等廣東儒家相繼去世，加之中法戰爭前後遭遇更加深沉的統治危機與「洋務運動」所產生的影響力，簡朝亮開始形成反對西學與以義民、

〔註58〕 「廣東學派」的李黼平、曾釗、林伯桐、侯康、侯度載入《清史稿》列傳269，「廣東學派」的林伯桐、「東塾學派」的陳澧、「九江學派」的朱次琦列入徐世昌編纂的《清儒學案》，毛慶耆主編的《嶺南學術百家》收入「廣東學派」、「東塾學派」、「九江學派」成員分別10人、1人、2人，駱偉主編的《廣東文獻綜錄》收錄「廣東學派」、「東塾學派」、「九江學派」成員的著述分別40種、21種、24種。

死士、冷兵器爲主的兵學思想，康有爲則出遊香港、澳門、上海與購置大量西書，爲他「援西入儒」儲備力量。

甲午戰爭前後是廣東傳統儒學繼續發展與儒學近代轉型的發生期。1891年，簡、康同時開館講學，「九江學派」同時進入發展與嬗變的關鍵時期，形成簡派舊學與康派新學 2 支。正因爲有簡朝亮舊學爲依託，康有爲開闢的廣東儒學近現代轉型才顯得複雜且精彩，「九江學派」在此期廣東儒學史上獨領風騷的地位也得到充分體現。

戊戌政變後，廣東傳統儒學面臨嚴峻的危機與廣東儒學近代轉型出現第一次新變。1903 年，廣東傳統書院紛紛捲入書院改學堂運動，5 年後，簡朝亮也結束陽山講學之旅，以注疏群經、編纂族譜、撰寫詩論守護傳統儒學。流亡海外的康有爲則步入「儒西並尊」的重要時期。黃節、鄧實以倡導種族革命與古學爲主旨，提倡中西學結合，並打亂中國傳統經學、史學、子學的格局。梁啓超則跳出千年治學圍城，將傳統經學、史學、子學導向純學術研究。

從辛亥革命至民國中後期，廣東傳統儒學獨尊地位終結與廣東儒學近代轉型出現又一次新變。無論是簡朝亮仍然固守舊學，康有爲試圖「以儒化西」，還是鄧實在辛亥革命後以文物古玩自娛，他們都早已逐出了時代主流。相反，梁啓超繼續將經學、史學、諸子學導向純學術研究，並使已經失去生存空間的儒學在擺脫幾千年來的政治枷鎖後以一種嶄新的形式走向大學課堂，獲得生生不息的生命，「九江學派」也以此落幕。

尋繹有朱次琦、簡朝亮、康有爲、黃節、鄧實、梁啓超等參與其中的由 5 期組成的廣東近代儒學史，它在很大程度上就是「九江學派」的變遷史，「九江學派」對於廣東近代儒學史研究的重要性也不言而喻。

（2）「九江學派」是廣東近代儒學史研究的難點

朱次琦研究一直以來偏離其中心，簡朝亮研究長期滯後，康有爲、黃節、鄧實、梁啓超研究則未能立足於廣東近代學術尤其是將他們作爲「九江學派」成員進行研究。這些研究誤區與盲點無不說明學界對「九江學派」疏於關注，要從根本上扭轉人們對於「九江學派」的認識，既要立足於對朱、康、黃、鄧、梁的存世學術著述的細緻研閱，也要消化學界對其研究的大量成果，這就必須進行持之以恆、紮實有力的研究。由於簡朝亮是上承朱次琦，中連康有爲，下接黃節、鄧實的關鍵人物，故如何突破長期滯後的簡朝亮研究則成

為「九江學派」研究的重點。因此從主觀上來看,「九江學派」研究出現的這些怪象必然加劇其研究難度。

　　從客觀上來看,無論是時間跨度、學術思想的複雜性、學術著述的重要性,還是學派的影響力,「九江學派」都勝於與它並存的「廣東學派」、「東塾學派」,這也勢必增加其研究難度。「廣東學派」、「九江學派」、「東塾學派」的存在時間分別為 1819～1903 年、1858～1935 年、1867～1903 年,「東塾學派」在 1882 年陳澧去世後其實是借廣雅書院而異地發展,但無論是已經名存實亡的菊坡精舍,還是多由陳澧門人任教習的廣雅書院,其實都與學海堂有課作而無講學一樣,這使得「廣東學派」、「東塾學派」欠缺「九江學派」學術思想嚴謹性、一貫性。由於廣東近代舊學、新學的主要代表人物簡朝亮、康有為分別出自朱次琦門下,簡、康又分別培育黃節、鄧實與梁啓超如此聲名顯赫的人物,而朱、簡、康、黃、鄧、梁的學術思想既有關聯性又有其差異性,並由此勾連起了廣東近代學術的近 80 年歷程,故「九江學派」學術思想的複雜性是「廣東學派」、「東塾學派」難以比擬的。朱次琦的理學殘本、譜學著述,簡朝亮涉及經學、譜學、詩論的著述,康有為的經學、史學著述,黃節的史學、詩學著述,鄧實的史學、子學著述,梁啓超的經學、史學、子學、詩學著述,都是廣東近代學術研究不能繞開的學術遺產。一個學派產生如此豐富的學術著述,這是廣東近代乃至廣東任何一個學派所不曾出現的。由於沒有受制於政治壓力而屬於私人開館講學與重視講學,「九江學派」在其最後一名主要成員黃節於 1935 年去世而自然地走向歷史的終結,故「九江學派」擁有「廣東學派」、「東塾學派」未能具有的引領、主導廣東儒學近代轉型的發生、發展的歷史,「九江學派」的研究份量也得到明顯加強。「廣東學派」的曾釗、李黼平、林伯桐、侯康、梁廷枏、鄒伯奇、「九江學派」的朱次琦、簡朝亮與「東塾學派」的陳澧、廖廷相、桂文燦、馬貞榆等都是廣東近代儒學史的重要人物,他們的影響力多不離廣東鄉土,反之,康有為、黃節、鄧實、梁啓超等「九江學派」成員則具有學界公認的全國性、全域性的社會影響力。故「九江學派」研究既必須立足廣東近代學術,也必須放眼全國,其研究的難度自不待言。

第一章 「九江學派」的學術群體與著述遺存

　　由於長期以來疏於關注朱次琦最重要的門人簡朝亮，學界往往以爲朱次琦的學術思想僅限於簡朝亮、康有爲等第 1 代成員之內傳承，欠缺衡量一個學術流派成立的至少「二代」傳承的基本條件。其實，即使康有爲與其弟子和黃節、鄧實等簡氏門人都嬗變「九江學派」，但「尊儒」仍然是他們學術思想的主線。出自簡朝亮門下的張子沂、張啓煌、伍莊等都傳承乃師之學，只是他們並未進入學術研究視野。故在「九江學派」符合學界規定的「二代」傳承的同時，「九江學派」的學術群體由朱氏門人、簡氏門人、康門弟子組成。朱、簡、康的教學活動、學術思想與近代風雲影響其門人的地域來源、知識結構、人生軌跡與著述遺存。延續近 80 年（1858～1935），由朱氏門人、簡氏門人、康門弟子 3 大群體勾連起來的「九江學派」，成爲分析廣東學人與學術近代轉型的具體、生動的素材，成爲廣東學人與學術近代轉型的縮影。

第一節　朱次琦門人與著述遺存

　　朱次琦開館禮山草堂的 24 年，廣東先後經歷第 2 次鴉片戰爭、太平天國運動與即將發生中法戰爭，西學已經伴隨西方列強發動的侵略戰爭與洋務派發動的自強運動一起進一步在中國扎根，加之太平天國運動對中國儒學產生的衝擊，儒學已經成爲強弩之末。即使朱次琦在人生最後的這 24 年足不入城市，但彌漫於鄉土的硝煙戰火與儒學危機必然觸動著朱次琦的神經，以回歸先秦孔學體現儒學本有的經世致用，以此化解社會危機與儒學危機，成爲朱次琦禮山講學的根本目標，由「四行」、「五學」組成的朱次琦學術思想的兩

翼亦是以此產生的。朱次琦的講學活動決定出其門者多以南海、順德等地區為主；朱次琦對於科舉考試的重視使出其門者多科場顯赫，由士而仕成為朱氏門人有別於簡氏門人、康門弟子的最根本特徵；朱次琦留下的《四書講義殘稿不分卷》與由簡朝亮編纂的《朱九江先生講學記》反映無視西學與留住中學就是朱氏門人成長的重要一課，極大影響朱氏門人的知識結構與著述遺存。

一、地域來源與門人家族

從 1976 年關殊鈔、余敏佳等編纂《朱九江先生行誼輯述》到 2007 年蔣志華著《晚清醇儒——朱次琦》，到 2012 年拙著《朱次琦研究》，朱氏門人研究不斷獲得深化。但是，據《簡朝亮年譜》，門人一般從學朱次琦以 3 年為期，故禮山草堂共迎來的 8 批學生數量顯然多於現在我們所知道的 43 人。

1. 兩大地域來源

順德龍江毗鄰九江，九江在其揭開歷史第一頁之時即屬於南海郡管轄，故南海、順德成為朱氏門人主要的地域來源。此外，與南海毗鄰的三水、番禺，與南海相距較遠的新會、高要偶有學子師從朱次琦，廣西朱方輝更不遠數百里從學朱次琦。據筆者研閱，除黃鶴雲、陳志澄、譚則贄、方拱垣不知其具體地域來源以外，朱氏門人南海 23 人，順德 8 人，三水 3 人，新會 2 人，番禺、高要、廣西各 1 人。朱氏門人的地域來源具體見表 1：

表 1　朱氏門人的地域來源

地域	姓　　　名
南海	康達初、康達節、康達棻、康有霖、康有為、梁金韜、朱拔群、羅傳瑞、何屏山、老鶴年、胡景棠、胡幹笙、羅傳瑞、黃增榮、潘譽徵、陳如岳、梁爾煤、黃魯逸、方啟華、朱法廬、羅聘臣、羅嘯璈、梁巨川、梁紹熙
順德	梁耀樞、梁耀藜、梁耀宸、簡朝亮、曾壽南、韓翰芸、鄧驥英、盧慶雲
三水	梁知鑒、梁士詒、劉秉文
新會	區德霖、盧達渠
番禺	凌鶴書
高要	梁開棣
廣西	朱方輝

2. 三大門人家族

由於長期、穩定的講學活動，朱次琦在南海、順德等地獲得較高的威望，形成若干同一家族成員接連師從朱次琦的現象，如順德梁氏家族、三水梁氏家族、南海康氏家族等。

（1）順德梁氏家族

順德梁氏家族與朱次琦的情緣始於梁介眉。梁介眉素仰朱次琦德才兼備，將堂弟梁耀樞、梁耀藜、梁耀宸送往禮山草堂。其中，朱次琦將女兒朱仲姬嫁與梁耀宸。自此，朱、梁二家並成姻親。梁耀樞（1832～1888），字冠棋，號斗南，晚號叔簡。梁耀樞年幼父母雙亡，由堂兄梁介眉撫養成人，是禮山草堂的早年學子。最能反映朱次琦、梁耀樞的師生情義的有二：一是1861 年梁耀樞受朱次琦所託撰寫《朱氏傳芳集序》，留下梁耀樞並不多見的文字記載，反映梁氏卓著的文學才華。「美矣，世家喬木；洵兮，南海明珠。……是集總妙，門以彌羅，仰謨觴而斟酌。銘贊傳序，包亮美於錙豪；騷賦歌吟，導幽悰於篇什。傷往則情遙於祭狀，切今則義蔚於論奏。」〔註1〕二是1882 年朱次琦去世，門人對由誰執筆撰寫《朱次琦傳》產生分歧，簡朝亮遂將 2 種《朱次琦傳》交予梁耀樞，梁耀樞不敢自行定奪，請翰林教習周杏農決定。

（2）三水梁氏家族

梁知鑑（1843～1929），字保三，是朱次琦禮山草堂早年學生。其子梁士詒（1869～1933），字翼天，號燕孫，幼年隨父從學於朱館。朱館是九江朱氏家族教授族中子弟的地方，梁士詒從學於朱館，反映朱氏家族、梁氏家族的密切關係。咸豐年間，朱館的執教者是朱宗琦、朱晉度父子。1858 年朱次琦歸隱後，與朱宗琦籌劃以朱館為基地，開館禮山陳氏宗祠，即禮山草堂，由朱次琦執教。因此，朱館與禮山草堂可謂一脈相連。梁士詒雖然不能直接師從朱次琦，但無疑受到朱次琦學術思想一定的影響。較能反映三水梁氏家族對朱次琦的敬仰之情的有三：一是據何屏山撰寫《清故京卿朱九江先生祠堂之碑》，其碑由梁知鑑選石。二是梁知鑑任三水師範學堂校長 30 年，以傳承朱次琦的學術思想為己任。三是梁士詒在《敬述朱九江先生學行政績之大概》

〔註 1〕 朱次琦等修，朱宗琦編纂：《南海九江朱氏家譜》卷十，同治八年（1869）南海朱氏刻本，《北京圖書館藏家譜叢刊》，北京圖書館出版社，2000 年版，第1884～1890 頁。

一文中稱許朱次琦其人其學。如朱次琦以神童應試，學使出「伊尹」二字，朱次琦以「陳東」作答。朱次琦反對八股文，主張讀書通大義，學貴知本，治學以宋學爲體，以漢學爲用。

(3) 南海康氏家族

朱次琦與南海康氏家族的情緣始於康贊修。康贊修，又名以乾，號述之，1846 年舉人，師從何文綺。何文綺是朱次琦的友人，著《四書講義》，朱次琦亦著《四書講義殘稿不分卷》。朱次琦、康贊修交往的文獻記載有《贈徐佩韋徵君兄兼呈朱子襄徵君兄附札》《答康述之書》。康贊修視朱次琦爲「畏友」，不僅以「雲中白鶴」〔註2〕頌揚朱次琦、徐佩韋，更對朱次琦官襄陵除狼患等政績給予高度評價。「秋風劍氣挺干將，宦海風波歎渺茫。濟世有才狼遁跡，遭時不偶鳳高翔。好探著作群爭蠹，莫說兵氣煽五羊。月落樵西千里路，寒氈曾否憶廉陽？」〔註3〕朱次琦則在《答康述之書》中坦誠相告心中所悟，表達對仕途近乎釋者的心態，成爲日後朱次琦急流勇退的一種自述。據康有爲《延香老屋率幼博弟曝書》的詩注，「先師朱九江先生代購全史、杜詩皆佳本，多遭蠹食。」〔註4〕延香老屋的藏書樓就是康達初、康達節、康達棻、康有霖、康有爲等兒時閱讀之地，如康有爲云：「萬松亂石著仙居，絕好青山畫不如。我愛登樓最高處，日看運氣夜看書。」〔註5〕

由於欠缺文獻記載，我們不知道康贊修是在哪一年下令其子康達初、侄康達節、康達棻師從朱次琦。康達初（1839～1868），字植謀，號少農，又名致祥，人稱知縣公，作《越王臺賦》，有朱次琦評定，已佚。康達初後隨叔父康國器服務軍中，康國器與朱次琦友。康達節，人稱竹蓀公，詩學李白，善畫梅竹，尤精於棋。朱次琦有《答門人康達節書》存世，該文作於 1875 年，表達朱次琦 20 年未見康達節的懷想之情，對康有爲等來學禮山的熱切期盼。康達棻，人稱彝仲公，能詩文，善牡丹，有「康牡丹」之目。1876 年，康有爲與從兄康有霖同時從學朱次琦。康有霖著《自怡堂詩集》。康有爲則在師從

〔註2〕 康有爲編注，蔣貴麟輯：《康氏先世遺詩　朱師九江佚文合集》，臺北成文出版社，1983 年版，第 58 頁。

〔註3〕 康有爲編注，蔣貴麟輯：《康氏先世遺詩　朱師九江佚文合集》，臺北成文出版社，1983 年版，第 58 頁。

〔註4〕 康有爲著，上海市文物保管委員會文獻研究部編：《萬木草堂詩集》，上海人民出版社，1996 年版，第 12 頁。

〔註5〕 康有爲著，上海市文物保管委員會文獻研究部編：《萬木草堂詩集》，上海人民出版社，1996 年版，第 11 頁。

朱次琦 3 年，奠定一生理學、政學的根基，康有爲亦以其影響力，使朱次琦門人及其學術思想受到更多的關注。1908 年，康有爲編注《康氏先世遺詩　朱師九江佚文合集》，奠定南海康氏一門與朱次琦的緊密關係。

二、仕宦人生與講學生涯

官山西襄陵 190 天的十大政績、開館講學 24 年，是朱次琦主要的人生軌跡也是自南宋崔與之歸隱開館增城菊坡書院以來，廣東傳統學人的人生範式。出其門者亦較好地體現了此人生兩翼，但朱氏門人的仕宦人生、講學生涯都不可避免地受到政局、時局的影響，在傳統中產生近代化的徵兆。

1. 仕宦人生

收錄於《廣州大典》的《四書講義殘稿不分卷》是 100 多年來朱次琦研究文獻的首次發現，摘錄道光、咸豐、同治年間的科舉考試卷子中的首對、中對、尾對，就是該書的內容，它首次解答了緣何朱氏門人多科場顯赫者。據統計，朱氏門人成狀元 1 人：梁耀樞；中進士 7 人：盧慶雲、朱方輝、羅傳瑞、黃增榮、區德霖、陳如岳、梁士詒；中舉人 11 人：凌鶴書、梁金韜、梁紹熙、潘譽徵、梁爾煤、何屏山、梁巨川、梁耀藜、梁耀宸、梁知鑒、康有爲；成邑學稟生 4 人：劉秉文、盧達渠、胡景棠、簡朝亮。其中，梁耀樞、梁耀藜、梁耀宸 3 人同時中式舉人，梁耀樞更成爲廣東最後一名狀元。

雖然科舉而仕是朱氏門人踏入仕宦的根本途徑，但由於朱氏門人都是在咸豐年間以後中舉的，自身個性與動盪時局使重走傳統仕宦、疏於入仕、新式仕宦成爲朱氏門人仕宦人生的 3 種形式。分別在 1871 年、1880 年、1889 年中舉的梁耀樞、盧慶雲、羅傳瑞是朱氏門人中踐履傳統仕宦人生的代表。1871 年梁耀樞任翰林院編修，掌修國史。1873～1888 年，梁耀樞先後任順天鄉試同考官、湖北學政、入值南書房、山東學政、詹事府詹事等，1888 年卒於任上，成爲朱氏門人中仕途最爲顯赫的一人。盧慶雲（1842～1902）先後任福建屏南、侯官、晉江、浦城等縣與龍巖州知州。盧慶雲個性豪邁，勇於任事，興利除弊，造福民生，政績顯著。1889 年羅傳瑞任兵部主事，甲午戰爭爆發，羅傳瑞上書李鴻藻、廖壽恒條陳時事。1898 年，羅傳瑞致鄉人戴鴻慈，條列興學事宜。又以酌改疆輿、分鎮練兵、變革官制、整理財政、審定學章 5 項上書當局，惜未果。

即使梁金韜、朱方輝、陳如岳、梁紹熙分別在 1867 年、1880 年、1883

年、1889 年中舉,但以上諸人均疏於入仕。梁金韜一生醉心研究石灣陶器、陶釉施彩、爐窯煆燒與南海風土人情。朱方輝(1853～1916)一生 3 度入仕,但共不及 5 年。1880 年朱方輝任刑部主事,1 年後歸。1907 年,朱方輝任貴州下江廳通判,旋歸。1911 年,朱方輝任桂林縣知事,3 年後辭官。1883 年陳如岳任翰林院編修,不久,任貴州主考官,後辭官歸里。梁紹熙一生嗜書畫、古泉,收藏極豐,亦以作山水畫為樂。

與此同時,康有為、梁士詒等朱氏門人啓引廣東近代學人的新式仕宦。即使康有為成舉人,也在未授予官職時得到光緒接見,並上維新變法期間任為總理衙門章京,但康有為藉此仕宦所旨在的是將傳統仕宦摧毀。1894 年,梁士詒中進士,授翰林編修。梁士詒在 1903～1924 年任北洋編書局總辦、鐵路總局局長、中華民國總理等要職期間,1904 年赴印度議藏約,1907 年創辦交通銀行,1916 年辦惠民公司,招募華工出洋,足跡遠及香港、印度、歐美,成為朱氏門人中踐履新式仕宦的代表。

雖然重走傳統仕宦、疏於入仕、新式仕宦分屬於不同朱氏門人的人生軌跡之中,但這三者殊非順時而進,而是同時並存於廣東近代某一時期,且又體現必然的時代趨勢,具有不可逆轉的時代性,由此反映廣東學人近代轉型的複雜性與艱巨性。

2. 講學生涯

舊書院與舊學、新學堂與舊學、新學堂與新學是朱氏門人呈現的 3 種講學生涯,成為分析廣東學人人生軌跡近代轉型的又一方面。

何屏山、區德霖、簡朝亮、朱方輝等是以舊書院與舊學作為講學生涯的朱氏門人。始於 1645 年的八旗官學,雖然在維新變法期間開始關注官學改革而力倡西學,但由於維新變法短暫而終而不了了之,終亦在 1902 年改為學堂,故何屏山任教的廣州八旗官學,是為以研習《四書》《五經》等儒家經典的舊式書院。新會書院始建於乾隆初年,1843 年重修,是以主講經學、理學為主的古經書院,區德霖任教於此就是舊書院與舊學展開的講學生涯。1891～1908 年,簡朝亮是以開館順德簡岸讀書草堂、清遠陽山山堂等舊式書院宣講朱次琦學說的。與以上諸人以舊書院與舊學篤守朱次琦學說不同,朱方輝創辦櫺社學館、武林小學、武林女子小學和武林蠶桑實業學堂,提倡尚武、實學的時代學風,是以改造舊學而固守舊學。

經歷癸卯改制後,凌鶴書、梁知鑒等朱氏門人既自覺融入時代潮流,也

篤守朱次琦遺訓，屬於新學堂與舊學相結合的講學生涯。凌鶴書中式舉人後，畢生從事教育，曾任八桂中學校長。八桂中學始於 1906 年，設修身、經學、國文、算學、英文、史地、植物、理化、經濟等中西新舊相結合的學科，以修身、經學爲主，凌鶴書以編輯歷代名人嘉言懿行爲講義。由於響應興新學而始建的三水師範學堂，亦以中西新舊學作爲生徒學習的內容，出任此學堂的校長梁知鑒則以《四書日課》教學生徒 30 年，有「嶺海碩儒」之譽。

康有爲、梁士詒等朱氏門人所開展的是以新學堂與新學相結合的講學生涯。康有爲早年開館長興學堂、萬木草堂，講學廣西桂林，晚歲創辦天遊學院，均旨在宣揚維新變法，屬於爲世人知曉的新學堂與倡新學。在中國近代內政、外交上卓有建樹的梁士詒，1910 年在家鄉三水創辦岡頭職業學校，既是他涉足廣東近代新式教育領域的嘗試，也是他在 1921 年任交通大學董士，並由粵人葉恭綽任校長的前奏。由於梁士詒無復依傍於中國舊學，故其開辦的岡頭職業學校與其人其學，在很大程度上均爲新學。

與傳統仕宦、疏於入仕、新式仕宦 3 種仕宦方式呈現的複雜性相一致，朱氏門人踐履的舊書院與舊學、新學堂與舊學、新學堂與新學 3 種講學生涯也殊非孤立存在的，而是在某一時期內並存於廣東教育界，亦以新學堂與新學代表了廣東近代教育的前進方向。

三、知識結構與著述遺存

以朱熹理學爲漢宋學之稽，以先秦孔學拯治近世儒學與世道人心，是朱次琦在第二次鴉片戰爭爆發前夕歸隱家鄉廣東南海九江並開館禮山草堂的講學內容。光緒年間不斷深入的「西學東漸」使本來從不關心西學的朱次琦還是在 1880 年首次肯定「西器中源」說。自朱次琦去世後更加全面、深入的「西學東漸」自然使西學成爲每一名朱氏門人難以迴避的話題。中西新舊學關係由此成爲分析朱氏門人知識結構與著述遺存的中心。

1. 知識結構

無視西學與留住中學，適應新學與留住舊學，中西學結合，是以中西新舊學關係審視下朱氏門人的 3 種知識結構。

朱次琦的學術思想就是錢穆認爲的「中國舊學之殿」。在朱氏門人中，以專題文章與學術專著全面、深入闡述朱次琦學術思想，推崇經學、史學、理

學、孔學，全面否定西學，獨簡朝亮一人。簡朝亮的學術著述呈現「遙宗孔學，中承漢唐經學，近承朱熹理學」的內在主線，就是朱次琦在推崇朱熹理學的前提下，以去漢宋學之別而回歸先秦孔學；簡朝亮的論兵文、論學之文體現的中西學對立，就是對朱次琦中西學關係的沿承。此即學界認爲的簡朝亮以著述實踐朱氏學說。

改造舊學風、經典教材化是朱氏門人適應新學，留住舊學書寫的 2 種方式。朱方輝在廣西創辦欅社學館、武林小學、武林女子小學和武林蠶桑實業學堂，既不同於同門簡朝亮的舊式講經書院，康有爲寓治術於學術的新式學堂，也有別於癸卯學制下必須宣講西學的新式學堂，而回歸中學以弘揚尚武、尚勇、尚用的時代學風，是以改造舊學風而留住舊學。梁知鑒以出其筆下的《四書日課》教授門徒，且本朱次琦學說，但《四書日課》顯然不同於朱次琦《四書講義殘稿不分卷》，而屬於新式學堂的教材。

羅傳瑞、康有爲是朱氏門人中主張中西學結合的代表。羅傳瑞關注甲午戰爭以後的朝政大事，著《中外大略》，輯行《范文正公奏議》《時務粹書六種》等，旨在折衷中心。康有爲則以體用關係將中西學結合在一起，成爲朱氏門人中獨特的又一個。康有爲的儒學經歷援西入儒、以西化儒、儒西並尊、以儒化西等變化，故中西學結合仍然是分析康有爲儒學的根本點。只是康有爲推崇的儒學殊非朱、簡等認爲的中學，而是對中國古代儒學傳統的大逆轉，康有爲所熱衷的西學，也殊非代表了西方民主、自由、平等高度的共和立憲制，而是君主立憲制。破壞性、守舊性同時混合於康有爲的中西學關係之中。

即使朱次琦是以宗孔學、理學且無視西學教育門人，但出其門者仍有不入此舊學體系之人。如盧達渠長於山水畫，陳如嶽長於書法，批註數種古典小說，辭官後經營家族酒莊，鄧驥英個性不羈，工書與精於竹木雕刻，喜收藏古董，雖然亦屬於舊學，但顯然是從學術轉換爲藝術。當然，以簡朝亮、朱方輝、康有爲等無視西學與留住中學、適應新學與留住舊學、中西學結合毫無疑問是朱氏門人主要的知識結構。

2. 著述遺存

以朱次琦不復存在與劫後餘生的著述名字來看，朱次琦著述涉及經學、理學、史學、譜學、文學等領域，均指向了舊學。簡朝亮、康有爲成爲最能體現朱次琦著述架構的門人，但表面相同的著述架構下，呈現了以中西新舊

學結合爲根本特徵的廣東學術近代轉型的足跡。

（1）經學類

朱氏門人經學類著述 11 種，均出自簡、康筆下。《尙書集注述疏》《述十三經大義》《孝經集注述疏》《禮記子思子言鄭注補正》《毛詩說習傳》爲簡朝亮經學類著述。《尙書集注述疏》成書於 1903 年春，有 2002 年《續修四庫全書》影印本、2015 年廣州出版社《廣州大典》136 第 17 輯第 1 冊影印本、2016 年齊魯書社《清經解三編》第 3 冊影印本。《述十三經大義》成書於 1908 年，簡朝亮僅撰其序，有順德簡氏讀書堂校刊本。《孝經集注述疏》成書於 1918 年秋，有 2000 年《四庫未收書輯刊》影印本、2011 年華東師範大學《清人經解叢編》本。《禮記子思子言鄭注補正》成書於 1919 年秋，有 1996 年《續修四庫全書》影印本、2011 年華東師範大學《清人經解叢編》本。《毛詩說習傳》成書於 1931 年，藏於華南師範大學圖書館，爲排印本。

《毛詩禮證》《新學僞經考》《孔子改制考》《春秋董氏學》《禮運注》《春秋筆削大義微言考》爲康有爲經學類著述。《毛詩禮證》成書於約 1886 年，在康有爲生前並未刊行。《新學僞經考》初刻於 1891 年 7 月，1894 年被焚，1917 年復刻。《孔子改制考》較爲系統地編纂始於 1892 年，1897 年上海大同譯書局首次刊刻。《春秋董氏學》成書於 1893 年至 1897 年。《禮運注》成書於 1901～1902 年。《春秋筆削大義微言考》成書於 1901 年 8 月，舊稿爲 1893～1895 年在萬木草堂、桂林講學時所撰寫，後隨《清議報》館一同被焚，並於 1900 年 12 月 22 日至 1901 年 8 月 7 日補成，但書中述及 1904 年「親歷」法國情形，及 1911 年袁世凱迫清帝退位之事，故全書寫成後十餘年中續有增補，是書刊行於 1917 年。以上康有爲經學著述均收入中國人民大學出版社，2007 年版《康有爲全集》。

從簡朝亮以經學著述固守經學傳統，到康有爲既顛覆經學傳統，也將西學融入經學，使經學與嶄新的時代相接軌，朱氏門人就是以此經學類著述參與廣東經學近代轉型。

（2）史學類

朱氏門人史學類著述 5 種。《酌加畢氏續資治通鑒論》爲簡朝亮的絕筆之作，藏於廣東中山圖。《日本變政考》《波蘭分滅記》爲康有爲史學類著述。《日本變政考》成書於 1898 年 6 月 21 日之後，是一本關於明治維新的編年體史著。《波蘭分滅記》成書於 1898 年 8 月，是一本外國史著述。以上康有爲史

學著述均收錄於中國人民大學出版社，2007 年版《康有爲全集》。此外，羅傳瑞、老鶴年分別有《中外大略》《帝王世紀匯考》。

重視史學的資治功能始於明代廣東，簡朝亮的絕筆之作《酌加畢氏續資治通鑒論》就是廣東資治史學的一個時代的結束。或將外國歷史寫入史著，或將近世史事寫入筆端，康有爲使史學作爲儒學的附庸實現千年逆轉。

（3）理學類

朱次琦及其門人理學類著述 8 種。《四書講義殘稿不分卷》是朱次琦留下的唯一理學類著述，該書爲手稿，沒有具體的筆錄時間，藏於香港中文大學圖書館。簡朝亮《論語集注補正述疏》成書於 1917 年冬，有 2007 年北京圖書館影印本、2013 年華東師範大學點校本。《康子內外篇》《中庸注》《孟子微》《論語注》爲康有爲理學類著述，《康子內外篇》成書於 1886 年，《中庸注》《孟子微》均成書於 1901 年，《論語注》始撰於維新政變之時，復於 1902 年避居印度期間補成，此後屢有增訂，全書撰畢不早於 1915 年，以上著述均收入中國人民大學出版社，2007 年版《康有爲全集》。另外，梁知鑒、劉秉文分別有《四書日課》《學庸講義》。

從朱次琦以《四書講義殘稿不分卷》開館講學，到簡朝亮以注疏《論語集注》體現漢宋學結合與鞏固理學與康有爲既顛覆理學傳統，也將西學融入理學，表面而言，廣東近代理學經歷了「正－反、正」的發展過程，但其實簡、康筆下的程朱理學已經殊非朱次琦旨在使門人參加科舉考試的功能，而屬於廣東後經學時代的產物。

（4）譜學、志書類

朱次琦及其門人譜學類著述 5 種。朱次琦《南海九江朱氏家譜》有北京圖書館出版社，2000 年版。《朱九江先生年譜》《順德簡岸簡氏家譜》《粵東簡氏大同譜》爲簡朝亮譜學類著述。《朱九江先生年譜》收入旅港南海九江商會，1962 年版《朱九江先生集》。《順德簡岸簡氏家譜》《粵東簡氏大同譜》有北京圖書館出版社，2000 年版。梁金韜有《梁氏家言》。

朱氏門人志書類著述 1 種：凌鶴書《續番禺縣志》。

朱次琦及其門人是以譜學、志書維護封建宗法統治的，故此類著述體現朱氏門人的舊學特色。

（5）文學類

朱次琦及其門人文學類著述 27 種：朱次琦詩集有《是汝師齋遺詩》1 種，

收錄於 1885 年學海堂叢刊之十二。朱次琦詩文合集有《康氏先世遺詩 朱師九江佚文合集》《朱九江先生集》2 種，分別有臺北成文出版社 1983 年版、旅港南海九江商會 1962 年版。朱次琦編纂的詩文集有《朱氏傳芳集》1 種，華南師範大學圖書館藏。簡朝亮詩文集有《讀書堂集》《讀書堂續集》2 種，《讀書堂集》成書於 1903 年，有順德簡氏讀書堂 1930 年刊本，《讀書堂續編》為香港大學圖書館藏。簡朝亮編纂的詩集有《所託山房詩集》1 種，有順德簡氏讀書堂 1892 年刻本。簡朝亮詩論有《讀書草堂明詩》1 種，有 1929 年中華書局鉛印本。康有為詩集有《南海先生詩集》《康南海先生詩集》《萬木草堂詩集》3 種，以上海人民出版社 1996 年版《萬木草堂詩集》為善本。康有為文集有《康有為政論集》《歐洲十一國遊記》2 種，分別有中華書局 1981 年版、社會科學文獻 2007 年版。此外，有梁金韜《北征日記》《愛古堂文集》《詩集》《梁氏清芬集》、劉秉文《漱芬集》、羅傳瑞《小湖山堂詩文集》、凌鶴書《海闊天空簃詩鈔》、朱方輝《隱拙園詩稿》、潘譽徵《清芬集》、梁紹熙《留庵隨筆》10 種。其中，潘譽徵《清芬集》有 2012 年廣西師範大學版。陳如嶽批註校訂《西廂記》《桃花扇》《三國演義》《水滸傳》等。

即使文學與政治的距離大於經學、理學、史學與譜學等，但是，文學仍然不能離開時政，何況經世之文就是朱氏門人一致的寫作特點。從簡朝亮在《讀書堂集》《讀書草堂明詩》中對中國古代傳統詩論及古詩的固守到康有為在《萬木草堂詩集》中倡導的新派詩，都可以看出儒家詩學的淡出與新體詩興起的足跡。

（6）地理、日記、武術、政治類

朱氏門人地理類著述 3 種：區德霖《河源辯證》《黑水考》、凌鶴書《瀛海論箋正》。

朱氏門人日記類著述 1 種：梁金韜《北征日記》。

朱氏門人武術類著述 2 種：羅嘯璈《精武外傳》《精武內傳》。

朱氏門人政治類著述 6 種：凌鶴書《宋廣東制置使凌公死事始末》、羅傳瑞《中外大略》《范文正公奏議》《張江陵書牘》《時務粹書六種》、康有為《戊戌奏稿》。

以上地理、日記、武術、政治類著述，以羅嘯璈留下的 2 種武術著述最能反映廣東鄉土的民風特色，羅傳瑞、康有為的政治類著述則具有強烈的時代性。

一方面，朱次琦開館禮山草堂期間（1858～1882），即使陳澧、簡朝亮、康有爲等都指斥科舉制，簡、康在師從朱次琦之前更自焚所寫的八股文，但是，包括陳、簡、康在內的廣東學人還是重走廣東傳統學人的道路——參加科舉考試。這是一個科舉考試制度即使垂垂老矣，但仍擁有王朝勢力支撐而苟延殘喘的年代，故「應考」仍然是朱次琦培育門人的內容之一，也是朱氏門人比較一致的選擇。科場顯赫、仕宦人生、執教鄉土就成爲朱氏門人的群體特徵，並由於簡朝亮、康有爲卓著的學術人生而對廣東近代政治、學術、教育產生重要影響。另一方面，在經歷 1905 年清朝新學制之後，傳統仕宦已經失去王權依託，執教鄉土、舊學也發生嬗變，朱氏門人受到嚴峻的時代挑戰。除開館講學以外，他們已經失卻公開傳承朱次琦學術思想的可能性。即使簡朝亮開館講學，亦在 1908 年離開陽山山堂而閉門佛山忠義鄉，成爲康有爲所說的「俗世儒眞」。反之，順應時代潮流的康有爲、羅傳瑞等則以中西學結合的知識結構與著述遺存使朱氏門人呈現近代轉型。

第二節　簡朝亮門人與著述遺存

簡朝亮先後開館六榕寺、順德簡岸讀書草堂、清遠陽山讀書山堂與閉門佛山忠義鄉，其門人自然形成前後 4 期。簡朝亮的講學活動與從宋代以來廣東形成的粵中學術圈一起，決定出其門者多以南海、順德等地爲主。簡朝亮自覺疏離科舉考試與身處科舉制瀕臨覆亡的邊緣，使出其門者難有科場佳話，故科場不顯、新式人生成爲簡氏門人有別於朱氏門人的主要地方。簡朝亮宗孔學、理學且反對西學的學術思想影響門人的知識結構，簡朝亮留下涉及經學、理學、史學、譜學、文學等領域的學術著述，亦對門人的著述遺存產生一定影響。

一、四期門人、地域來源與陽山黃氏家族

從 1985 年林伯聰、李巽仿等編纂《松桂堂集》（第一、二輯），到 2013 年拙著《簡朝亮研究》，簡氏門人研究不斷獲得深化。簡氏門人由六榕寺、順德簡岸、清遠陽山與佛山忠義鄉 4 個簡朝亮開館講學的地點組成，尤以順德簡岸、清遠陽山門人爲重。簡氏門人來自南海、順德、新會等廣東 10 多個地區，其中，陽山黃氏家族成爲簡朝亮開館講學生涯中最重要的門人家族。

1. 四期門人

據筆者研閱，在簡氏門人中，六榕寺門人 4 人，順德簡岸門人 45 人，清遠陽山門人 30 人，佛山忠義鄉門人 4 人。簡朝亮的四期門人具體見表 2：

表 2　簡朝亮的四期門人

四期	門人
六榕寺	陳赤甫、黃心臺、黃仲蔚、李竹翹
順德簡岸	陳厲陽、胡少卓、胡雪州、胡民生、梁畣東、梁瑤佳、梁應揚、梁少甫、馬黼文、蘇祖敬、黎煥然、李節文、劉萼輝、劉雪一、黃藹如、黃節、鄧實、鄧方、沈焯猷、任子貞、張耀堂、張懷愍、張念初、張兆男、張啓煌、梁竹如、王德興、朱炳勳、朱世勳、朱瑚登、何藻端、何藻華、李文傑、李子瓚、陳汝晃、陳汝炯、陳汝廉、曾次白、馮任、張子沂、李洪澤、李洪鑣、張子星、劉勉佘、陳履初
清遠陽山	陳礜若、陳暢文、陳暉吉、鄧袞侯、鄧祥甫、趙春坡、張國器、何仲袞、何實甫、劉毓渭、周養晴、朱櫻馨、朱拔群、李亮儔、岑禹傳、馮立朝、馮柱石、湯萌庭、馮碩夫、伍蘭清、馮俊卿、何炯堂、何紹莊、陳寶徵、黃典常、黃儒遠、劉敬德、李某、何袞、簡詠述
忠義鄉	簡仲舉、簡茱盈、簡茱持、簡又文

由於 3 本《讀書堂答問》多次出現「或問」，《讀書堂集》、《讀書草堂明詩》與簡氏門人的著述等亦不會全面出現簡氏門人之名，故包括分期研究在內的簡氏門人研究其實都難以真正體現簡氏門人的原貌。但以此分期研究，無疑充分說明順德簡岸、清遠陽山就是簡朝亮開館講學的重要時期。

2. 地域來源

粵中的順德、南海毗鄰，是廣東歷史文化發展悠久的地方。新會也是粵中重鎮，雖然其發展時間略晚於順德、南海，但自明代以來，新會的學術、文化獲得快速發展。新會處於順德、南海的西南邊，以新會為中心，中山、開平、鶴山、台山也有學子從師簡朝亮。與此同時，處於順德北部的清遠陽山自然成為學子從學簡朝亮的選擇。以清遠陽山為中心，四會、高要也有士子師從簡朝亮。總體來說，簡氏門人在朱氏門人以南海、順德為主的基礎上，呈現以南海、順德為主，向周邊地區擴散的趨勢。簡氏門人 113 人，其中，85 人皆有其明確的地域來源，南海 30 人，順德 23 人，新會 8 人，陽山 4 人，鶴山 4 人，三水、開平、四會、高要、台山、東莞、番禺各 2 人。簡氏門人

的地域來源具體見表 3：

表 3　簡氏門人的地域來源

地方	姓　名
南海	張子沂、任元熙、李節文、張燿堂、何猷、何炯堂、何紹莊、崔劭南、黃孝則、何實甫、陳暉吉、劉毓渭、周養晴、黃聘三、朱稷馨、沈焯猷、朱拔群、李亮儔、李竹翹、岑禹傳、馮立朝、曾次白、馮任、朱炳勳、朱世勳、朱瑚登、何藻華、何藻端、李文傑、李子瓚
順德	黃節、馬繡文、譚惠據、張懷愨、陳汝廉、陳汝晃、陳汝炯、馬錫饒、胡民生、張念初、陳厲隅、梁畚東、張兆男、梁竹如、簡又文、簡仲舉、簡荄盈、簡荄持、簡又文、鄧方、鄧實、簡詠述、陳履初
新會	梁應揚、李洪澤、李洪鑣、陳寶徵、何裒、何仲裒、湯蔭庭、陳鬐若
陽山	黃典常、黃贊襄、黃儒選、成壽軒
鶴山	馮植深、馮桂石、劉敬德、劉雪一
三水	梁少甫、黃仲蔚
開平	張啟煌、李某
四會	梁燮唐、劉萼輝
高要	伍義、伍毅夫
台山	趙春坡、趙集
東莞	王德興、鄧裒侯
番禺	張國器、蘇祖敬

3. 陽山黃氏家族

　　目前可知的 113 名簡氏門人，既有兄弟結伴師從簡朝亮者，如鄧實、鄧方，何藻華、何藻端，李洪澤、李洪鑣，黃贊襄、黃儒選，陳汝廉、陳汝晃、陳汝炯，也有父子先後師從簡朝亮者，如何炯堂、何紹莊，伍義與從子伍蘭清亦先後師從簡朝亮。其中，簡朝亮將仲女許字陳汝炯，何炯堂父親即是朱次琦的門人何屏山，以此門人群體的上述構成在很大程度上體現了朱次琦門人的特色。1900 年簡朝亮被迫離開順德簡岸，投靠清遠陽山商紳黃賓虁，由此開啟陽山黃氏家族與簡朝亮深厚的情誼，陽山黃氏家族也成為簡朝亮開館講學時期最重要的門人家族。

陽山黃氏家族興盛於留賢唐村人黃炳熙、黃炳堃。1872 年，黃炳熙平定藍山匪亂，受六品軍功，1938 年本《陽山縣志》有其傳。黃炳堃署理河源縣縣長，後任中央第一軍團長。黃賓羲是黃炳熙之子，秀才，黃賓羲熱心家鄉文化建設，先後修建同文社學、龍文社學。1898 年，黃賓羲在陽山水口埠建龍門社學。1900 年簡朝亮有詩《遊同文社學》。由於敬重簡朝亮的才華，黃賓羲下令從子黃贊襄至順德簡岸師從簡朝亮。1900 年 6 月，簡朝亮逼於盜亂與維新政變帶來的影響，決定棄館順德簡岸。黃賓羲知曉此事，力邀簡朝亮西行清遠。簡朝亮應允，攜妻兒、門人前往清遠陽山，揭開簡朝亮開館講學的又一重要一頁。陽山 9 年，黃賓羲不僅資助簡朝亮開館陽山讀書山堂，簡朝亮及其家人、門人的生活費用亦多由黃賓羲提供，而且，黃賓羲從子黃典常、黃儒選一併師從簡朝亮。1906 年，黃賓羲將長女許配簡朝亮的兒子簡詠述。1908 年，簡朝亮書《將軍山文》《山深龍》於將軍山石壁上和石穴中，拜別黃賓羲，返佛山忠義鄉。1909 年，簡詠述至陽山親迎黃賓羲女兒，延續簡朝亮與陽山黃氏家族的深厚情誼。

一方面，陽山開館講學 9 年，簡朝亮既注疏完成首本重要的經學著述——《尚書集注述疏》，廣州松桂堂的門人張子沂、李澤洪等在此地校刊完畢《尚書集注述疏》，簡朝亮也迎來詩歌創作的豐盛期，故陽山 9 年是簡朝亮學術人生的豐碩期。與此同時，簡朝亮開館講學陽山期間，不僅吸引一批士人前來學習，而且張子沂、周養晴、陳暉吉等大批門人紛紛至陽山看望簡朝亮，黃節更購書千金送至陽山，極大推動陽山本土文化的發展。如此相對穩定的講學生活與豐碩的學術成就，均與以黃賓羲為首的陽山黃氏家族密不可分。正因如此，簡朝亮終其一生將黃賓羲稱作「黃主人」，如《致黃主人書》《歲除日灑掃山庭，適主人饋歲使來》《除夕謝黃主人》等，亦將陽山黃氏家族對其的友好一一記錄於文字，如作《甫至陽山，客於黃賓羲家，為予築讀書山堂，及落成，遂適將軍山居之，留詩而去》《黃典常饋陽山雲坡茶》《黃選襄偕弟儒選，登山度歲》等。

另一方面，出其門下的黃贊襄、黃典常等陽山黃氏家族成員亦頗有建樹。黃贊襄，名其勳，秀才，從學簡朝亮 10 多年，《尚書答問》載其《虞書》條 1 問，《松桂堂集》載其《知恥近乎勇》《落山赴蓮縣途中》。1922 年，黃贊襄當選陽山縣縣長。黃典常，名中理，《尚書答問》載其《商書》條 1 問。黃典常學識頗豐，民國時期當選陽山縣參會議長，主管文化教育。黃典常參與編纂

1938 年本《陽山縣志》，深受總纂同鄉朱汝珍的稱許。1938 年本《陽山縣志》不僅詳細闡述簡朝亮開館清遠陽山，而且將簡朝亮《山中雜詠》《龍鯉歌》《梨花詩》等詩作置於其中的《雜錄》部分，體現黃典常、朱汝珍、黃瓚等陽山人對去世不久簡朝亮的敬重之情，也以立言不朽的形式將簡朝亮與陽山尤其是陽山黃氏家族永恆地勾連在了一起。

二、科場不顯、教育活動與新式人生

除黃心臺、胡少卓、王德興、張懷愨、劉萼輝、蘇祖敬、鄧方、張念初、何猷、胡民生、黃孝則、馮植深、李洪鑣、梁少甫、李節文等近 20 名門人英年早逝以外，簡氏門人都比較完整地經歷了維新變法運動、清政府新變與辛亥革命等廣東社會近代轉型的關鍵時期。從呼喚廢止科舉制度到 1905 年清政府廢除科舉制，到 1912 年清王朝覆亡，廣東近代學人對科舉制的游離加劇以傳承簡朝亮舊學為使命的簡氏門人多科場不顯，主客觀條件都決定了他們不能重走朱氏門人的仕宦人生，必須適應廣東社會近代轉型。正是這種或主動或被動的社會適應，使即使固守教育家的本色，簡氏門人也呈現多變的人生足跡，而這一切其實都說明廣東近代學人在艱難地轉型。

1. 科場不顯與疏於入仕

按道理來說，1905 年廢除科舉制度對已經開館講學近 20 年的簡朝亮影響並不大，簡氏門人亦參加科舉考試。如何直孟在《重刊小雅樓詩文集序》中說：「光緒十九年，予與同門黃晦聞、張子星，馮柱石、劉勉歮及秋枚同應試開封。」〔註6〕但此行應考的簡氏門人，即使才華橫溢的黃節也由於遭到主考陸潤庠阻礙而不第，最終重走簡朝亮絕意科舉之路。據筆者統計，簡氏門人中式科舉唯開平張啓煌。張啓煌（1861～1943），字筱峰，少孤苦，力學，事母孝。張啓煌是 1903 年舉人，奉母命赴山西任職知縣，旋歸，說明張啓煌是疏於入仕的。很有可能是簡朝亮布衣一生，加之時局動盪，簡氏門人對政治均欠缺熱情。1922 年，黃贊襄當選陽山縣縣長。民國年間，黃典常當選陽山縣參會議長，主管文化教育。1925～1926 年，伍義任高要縣第四區區長。1927 年，伍義目睹蔣介石大屠殺後，辭去區長之職，舉家遷往越南。1926～1936 年，簡又文任山東鹽運使、鐵道部參事與立法委員。1928 年黃節任廣東省教育廳廳長，旋棄官。簡氏門人的政治生涯不僅欠顯赫，集中於鄉土，而且多

〔註 6〕 鄧實著：《小雅樓詩文集》卷首，1900 年初刊，香港，1962 年重刊，第 7 頁。

憤於政治而辭官。

簡氏門人科場不顯與疏於入仕的原因有二，一是簡朝亮對於科舉考試的態度。無論是 1869 年自焚所作八股文，還是在《婚禮上朱先生書》中明確指出其科舉困厄的主要原因：「粵東鄉試萬有餘人，大半賈膽錄花卷。無賈者曰草卷，草卷有先出巧者，賈草上花，或拜房官賄薦，甚則弄關節，替人場屋。乙亥朝亮赴考不錄科，今科得錄而首場草卷字僞且脫，次三場皆草書，閱者不能句，奚望焉？」〔註7〕並在朱次琦去世後 6 年絕意科舉，簡朝亮本身不僅科場不顯，而且布衣一生。即使簡朝亮將舉業作爲開館講學的內容，估計對其重視程度亦遠遜於朱次琦。二是簡朝亮開館講學的地點及其學術思想。六榕寺時期簡朝亮名聲不顯，順德簡岸殊非省會城市，清遠陽山則不僅遠離省會，地處偏僻的高山，而且正處於癸卯改制與廢止科舉、讀經的轉捩時期，凡是種種都既影響簡朝亮難以迎來更多的優秀學子，簡朝亮對於舊學的固守更使出其門者的學術思想面臨巨大的社會衝擊與處於無法實踐的眞空時期，科場不顯、疏於入仕自然成爲簡氏門人的主要特徵。

2. 教育活動

舊書院與舊學、新學堂與舊學、新學堂與新學仍然是簡氏門人教育活動呈現的 3 種方式。

松桂草堂、正志草堂、孔聖堂等是簡氏門人開辦的以傳承簡朝亮舊學爲主旨的舊書院，體現簡氏門人舊書院與舊學相結合的講學生涯。1901 年，張子沂（1878～1952）、李洪澤、馬矞文等在廣州開館講學，因草堂有兩株桂花，故以松桂草堂命名。松桂堂不僅是簡氏門人的講學之所，而且是他們校刊簡氏著述的地方，張子沂更在此講學 30 年。梁燮唐（1876～1941），字廊如，號確愚，習經史，先後設館四會城南正志草堂 3 年和開館廣州，一依簡朝亮學說。1928 年，簡氏門人倡議在香港嘉路連山第七十七號建孔聖堂，宣講孔學。1929 年，簡氏族人簡朗山捐資興建孔聖堂。應門人之請，簡朝亮撰寫《孔聖堂記》。1935 年，孔聖堂建成。1953 年，許讓成以其個人財力擴建孔聖堂中學、孔聖堂小學，成爲香港唯一一所旨在秉承倡明孔學爲辦學宗旨的學校，成爲推廣中國傳統文化的堡壘。有必要指出的是，簡朝亮《孔聖堂記》一文載於《孔學專刊》，藏於香港孔聖堂中學的圖書室。

〔註7〕 簡朝亮著，梁應揚注：《讀書堂集》卷三，廣州松桂堂，1930 年刻本，第 2頁。

　　部分簡氏門人講學香港、澳門與任元熙創辦的廣才中學，典型體現新學堂與舊學相結合的教育活動。1912 年前後，岑光樾、李洪澤、何紹莊等簡氏門人寓居香港且從事教育文化事業。岑光樾任香港立漢文師範教員，後創辦成達中學，自任校長。李洪澤在香港合教原道書院任漢文師範學院講席達十餘年。何紹莊在香港九龍建文範中學，自任監督，其子任校長。1912 年前後，張啓煌開館澳門，講學 13 年。1925 年，張啓煌前往香港，與同門李洪澤任教原道師院。以上門人均恪守簡朝亮學說。1924 年，舊學已經遭遇嚴峻打擊而致道德淪喪，黃節將此歸因於不讀經書。在黃節支持下，同門任元熙（1873～1943）放棄廣府中學教務主任之職，在廣州陳邦彥講學的崇正書院校址創辦廣才中學。廣才中學的生徒以官僚、買辦、商人的後代為主，課程設置一如任元熙主張的「王道復古」與反對白話文，以《五經》為主體，兼古文、英文、算術等，使民國中期廣東出現一股短暫的讀經逆流。

　　黃節創辦南武公學與主講北大、清華，張子沂創辦槎溪草堂，簡又文任教燕京大學、香港大學、耶魯大學，體現簡氏門人新學堂與新學相結合的講學模式。1901 年，黃節南下廣州，與楊漸達、黃漢尊、謝英伯等創辦群學書社，1905 年校址從龍溪首約遷至海幢寺，並易名南武公學。1912 年易名南武中學，並增設小學部。1928 年增設女子部。南武公學既以男女同校與重視體育而啓引廣東教育近代轉型，也以開設英文、日文、算術、理化等專修課程成為廣東近代新式學堂。1938 年廣州淪陷，南武中學遷校址於香港九龍，至 1941 年香港淪陷而停辦。1917～1935 年，黃節除短暫從政與寓居澳門等以外，任北大、清華文學教授，主講中國詩學，啓引中國詩學研究的近代轉型。1933 年簡朝亮去世，張子沂離開松桂堂，在家鄉創辦槎溪草堂，並以此終老。產生於癸卯改制已經運行近 30 年的槎溪草堂，無論是張子沂以《三字經》為入學第一課，是草堂的課程設置以及草堂在課餘期間組建的廣東輕音樂隊等，還是科學家、革命烈士彭加木、工業專家張舜榘、張淑蘊、農業專家彭家泳、藝術家張悅楷等出自槎溪草堂，槎溪草堂都是寄託著張子沂對於舊學眷戀的一所新式學堂。1924 年、1954～1959 年、1964～1965 年，簡又文分別任教燕京大學、香港大學與耶魯大學，既有黃節主講北大、清華的影子，也有康門師徒出洋辦學的痕跡，在某種程度上體現了簡氏門人、康門弟子講學生涯的合併。

　　與朱氏門人講學生涯並存於廣東近代的簡氏門人，即使仍然呈現舊書院

與舊學、新學堂與舊學、新學堂與新學 3 種教育活動的方式，但部分簡氏門人至香港、澳門講學甚至辦學，則是世易時移下舊學生存空間的嚴重欠缺使然，也說明簡氏門人執著的傳承舊學的信念。

3. 新式人生

除講學生涯以外，部分被逼置於社會邊緣的簡氏門人，全面書寫以經商、行醫、當律師、抗日、辦報、辦學會、出洋等為內容的不一樣的書生形象。簡氏門人多元化的人生行跡充分說明廣東近代學人在努力尋找適合於自身的人生道路。而無論是何種身份，簡氏門人仍然是那個時代的廣東經濟、文化的建設者。

（1）經商、行醫、當律師、抗日

簡朝亮的著述均由門人出資刊刻，故部分簡氏門人家境殷實，這與其祖輩善於經商密不可分，如馬驌文先世創香港馬百良省港藥行，梁應揚祖業以出產葵扇為名。劉敬德 17 歲從學簡朝亮，3 年遂歸，後以經商為業，在香港主持南北行廣生發，其時師門著述的傳達與同門的通訊，均有賴劉敬德。

中國古代不少文人自身亦知曉醫理，但以行醫為業者則並不多。簡氏門人李洪澤、伍義是其中之人。李洪澤離開清遠陽山後，學醫多年。辛亥革命爆發，李洪澤隱居增城，行醫濟世。1927～1936 年，伍義遷往起越南河內行醫，兼講學。民國初年，陳寶徵畢業於政法學堂，成為簡氏門人中正式接受新式教育的門人之一。1912 年，陳寶徵獲律師證，在廣州執業當律師。1936年，伍義從越南返家鄉高要，宣傳抗日。日軍佔領香港後，伍莊返鄉，與詩友組織「碩果詩社」，寫詩一達抗日救國之情。

（2）辦報、辦學會、出洋

種族革命、維新變法在中西學結合這一點上存在共通之處，部分簡氏門人、康門弟子紛紛以創辦報刊、學會宣揚中西學，由此實現「九江學派」2 大群體在某種程度上的重合。黃節、鄧實辦報刊 4 個：《國粹學報》《廣州旬報》《拒約報》《天民日報》，辦學會 2 個：國學保存會、天民社。黃、鄧主張保存國學，宣揚反清思想，反帝愛國，有力推動國粹思潮的到來與發展。辛亥革命爆發後，黃節將精力轉移至教育，鄧實則醉心於詩文、古玩，不問政事，從某一側面反映廣東近代知識分子對於多變時局的極度不適應。1936年，簡又文創辦雜誌《逸經》。1938～1941 年，簡又文在香港創辦雜誌《大風》。

1905 年，張啓煌奉派至美國考察西洋文化，任一所中文報館的編輯，撰寫時論，其觀點與康有爲、梁啓超等頗爲一致。1909 年，伍莊爲實業專員，派赴南洋慰問華僑。1912 年，伍莊由日本往加拿大、美國。1914 年，簡又文入美國奧伯林學院，獲文學學士學位。1919 年，簡又文入芝加哥大學研究院攻宗教學，獲文學碩士學位。

由於科舉而仕不再成爲簡氏門人的特徵，即使簡朝亮與其部分門人固守舊式講學生涯，近代化浪潮已經迫使大部分簡氏門人踏上了迥異於千年廣東傳統學人的征程。新學堂與舊學、新學堂與新學的講學生涯，經商、行醫、當律師、抗日等對廣東傳統學人異化的身份與活動，辦報、辦學會、出洋等以近代化爲目標的全新事業，成爲廣東學人的前進方向與不論成敗與否的不歸之路。

三、知識結構與著述遺存

簡朝亮是以推崇中學且中西學對立作爲教義開館講學的，也留下均指向舊學的經學、史學、理學、譜學與文學的學術著述，只是經歷甲午戰爭、維新變法、辛亥革命、軍閥混戰、國共從合做到分裂，乃至抗日戰爭的簡氏門人，從知識結構到著述遺存，都是不可能存活於簡朝亮宣揚的中西學對立之中的。作爲學術成長重要一課的中西學對立還是具有較大的影響力，即使簡氏門人不反對西學，甚至重視西學，但他們一般具有比康門弟子更強烈的中學情結。

1. 知識結構

由朱氏門人開具的無視西學與留住中學、適應新學與留住舊學、中西學結合的 3 種知識結構，仍然是簡氏門人的踐履模式。

（1）無視西學，留住中學

簡朝亮的中西學對立，僅在有限範圍內得到門人的有力傳承。這說明中西學對立殊非廣東學人與學術近代轉型的主流形式。1898 年英年早逝的鄧方是簡氏門人中著名的詩人，鄧方在五古《論詩》中縱論李白、杜甫、韓愈、李賀、李商隱、蘇軾、黃庭堅、陸游、元好問、吳偉業、明七子、雲間派、梁佩蘭、陳恭尹等詩人、詩派，體現其推崇杜詩、反對明七子、重視漢魏古詩等詩論，說明鄧方就是一名傳統的詩人。民國時期，中學生存面臨的挑戰更加嚴峻，任元熙、梁爕唐等簡氏門人分別創立廣才中學、開館四會城南、

廣州，以此留住中學。廣才中學的課程設置一如打通中西學的新式學堂，實質上卻屬於以《四書》《五經》為主的舊式書院。任元熙本人主講《毛詩》《左傳杜林注》，兼講《資治通鑑》、秦漢六朝文，體現其儒學正統思想。正因如此，陳濟棠親自到廣才中學，廣才中學得到陳濟棠的經濟支持。梁變唐講學以維綱紀，勵名節，本原經史，旁通時務，特稱《論語》。1941 年，梁變唐去世，喪不用樂。1927～1936 年，簡氏門人伍義開館越南河內，教授《詩經》《史記》等。

（2）適應新學，留住舊學

經典教材化、儒學純學術化是簡氏門人適應新學，留住舊學書寫的 2 種方式。張啓煌、伍莊都是著名的教育家、學者，張啓煌《五經述訓》《孟子講義》《四書文法》與伍莊《論語讀法》《孟子讀法》《尚書源流》《讀易記》均屬於他們開館講學的教義。以上著述置於新舊學堂，均殊非服務於科舉考試，而是簡氏門人在後經學時代以經典教材化留住經學的一種模式。與此同時，伍莊《經學通論》《國學概論》與黃節《詩學》亦殊非服務於封建王朝，而屬於儒學的純學術化研究。

（3）中西學結合

1902～1912 年，黃節、鄧實是廣東乃至中國學術思潮的引領者，鼓吹西學，反思中學，是黃、鄧對於中西新舊學關係的回答。黃、鄧顯然在中西學之間樹立了一個相對理性的態度，這種理性態度既不同於簡朝亮中西學對立，康有為體用關係，也不同於朱氏門人、簡氏門人置西學不顧而留住中學的做法，具有較強的中西學思辨色彩，但若深究下去是極有可能走向舊學的。究其原因有二：一是奠基於「西器中源說」下的鼓吹西學，在源頭上即無視本屬於兩個文明的中西學之間的重要區別，故黃、鄧將西學作為國粹，且其國粹多為舊學成份，鄧實一方面主張普及西方民主制度，另一方面則對於中國實行西方民主制度採取相當謹慎甚至否定的態度。黃、鄧筆下的中西學關係顯然是理不斷，剪還亂的。二是無論鼓吹西學，還是反思中學，黃、鄧都是寓政治於學術，旨在推翻清王朝，而以此政治運動促動下的中西學關係是難以擁有科學性與不能與時俱進的。隨著辛亥革命爆發，清王朝結束，黃節專注於研究中國舊學，鄧實則醉心藝術古玩，就是如此。

2. 著述遺存

與朱氏門人留下的以經學、理學為主體的學術著述不同，簡氏門人著述

遺存不僅經學、理學類著述不多，以文學類著述爲主，而且出現緊跟時代脈搏的教材類、美術類、學術史類等著述，充分顯示簡氏門人著述遺存的近代化足跡。

（1）經學、理學類

簡氏門人經學類著述 8 種：張啓煌《五經述訓》、黃節《詩旨纂辭　變雅》、伍莊《尚書源流》《講易記》《詩之人生觀》《經學通論》《國學概論》、李洪澤《焚香卜易記》。《五經述訓》藏於香港中文大學圖書館，《詩旨纂辭　變雅》有 2008 年中華書局合刊本，另 6 種見於《康門弟子述略》《松桂堂集》。

簡氏門人理學類著述 4 種：張啓煌《孟子講義》、伍莊《論語讀法》《孟子讀法》、李洪澤《宋明儒哲學概論》。《孟子講義》爲香港中文大學圖書館藏，另 3 種見於《康門弟子述略》《松桂堂集》。

（2）史學、方志類

簡氏門人史學類著述 9 種：鄧實《劫灰靈》《史學通論》、黃節《黃史》、簡又文《太平軍廣西首義史》《金田之遊及其他》《太平天國鄉治考》《太平天國田政考》《太平天國典制通考》《太平天國全史》。《劫灰靈》有 1906 年上海國學保存會鉛印《國粹叢書》本，《史學通論》有 1903 年上洋書局石印《政藝叢書》本，《黃史》載於《國粹學報》，《太平軍廣西首義史》有 1944 年上海商務印書館本，《金田之遊及其他》有 1946 年上海商務印書館本，《太平天國鄉治考》《太平天國田政考》有 1954 年香港大學東方文化研究院本，《太平天國典制通考》有 1958 年香港簡氏猛進書屋本，《太平天國全史》有 1962 年香港簡氏猛進書屋本。

簡氏門人志書類著述 3 種：簡氏門人《簡朝亮年譜》、張啓煌《開平縣志》、陳寶徽《陳氏族譜》。《簡朝亮年譜》爲手稿，佛山博物館藏書。《開平縣志》爲民國版，廣東中山館藏。

（3）教科書、美術類、醫學類、學術史

簡氏門人教科書 3 種：黃節《廣東鄉土地理教科書》《廣東鄉土歷史教科書》《廣東鄉土格致教科書不分卷》。《廣東鄉土歷史教科書》有 1907 年上海國學保存會鉛印本，《廣東鄉土格致教科書不分卷》爲 1909 年國學保存會石印本。

簡氏門人美術類著述 1 種：鄧實、黃賓虹《美術叢書》，有 1999 年江蘇古籍出版社《美術叢書》。

簡氏門人醫學類著述 1 種：李洪澤《醫道匯通》，見於《松桂堂集》。

簡氏門人學術史著述 1 種：黃節《詩學源流》（後易名《詩學》），有 2009 年時代文藝出版社版《詩學　詩律講義》。

（4）文學類

簡氏門人文學類著述 20 種：簡氏門人詩集有《蒹葭樓自定詩稿原本》《黃節詩集》《亦吾師齋詩集》《馮杜石先生遺詩》《師韓詩集》5 種。黃節《蒹葭樓自定詩稿原本》有 1935 年上海商務印書館印行，《黃節詩集》有 1989 年由中國人民大學出版社出版。張啓煌《亦吾師齋詩集》爲香港中文大學圖書館藏。《馮杜石先生遺詩》有民國年間刻本。簡詠述《師韓詩集》見於《松桂堂集》。簡氏門人詩注有梁應揚《讀書堂集注》、張啓煌《朱九江先生集注》、黃節《漢魏樂府風箋》《魏武帝魏文帝詩注》《曹子建詩注》《阮兵步詠懷詩注》《謝康樂詩注》《鮑參軍詩注》8 種。梁應揚《讀書堂集注》收入 1930 年《讀書堂集》的附錄，張啓煌《朱九江先生集注》爲香港中文大學圖書館藏，黃節《漢魏六朝詩六種》有人民文學出版社，2008 年版。簡氏門人文集有張啓煌《殷粟齋文集》、李洪鑣《達軒詩文集》、簡詠述《師韓文集》3 種，《殷粟齋文集》爲香港中文大學圖書館藏，《師韓文集》見於《松桂堂集》。簡氏門人詩文合集有鄧方《小雅樓詩文集》1 種，爲順德圖書館藏。簡氏門人傳記類著述 3 種：簡又文《畫壇怪傑蘇仁山》《西北從軍記》《馮玉祥傳》。《畫壇怪傑蘇仁山》有 1970 年香港簡氏猛進書屋本，《西北從軍記》《馮玉祥傳》有 1982 年傳記文學出版社本。簡氏門人筆記類著述 2 種：李洪澤《讀書堂紀聞》《講學筆記》，見於《松桂堂集》。

科場不顯與疏於入仕促使教育家是簡氏門人的主要身份，即使仍然固守朱氏門人以舊書院與舊學、新書院與舊學、新書院與新學的 3 種講學生涯，但部分簡氏門人在香港、澳門 2 地講學、辦學，其意義無疑不同於康有爲在維新政變後在外國辦學。與此同時，當經商、行醫、當律師、抗日、辦報、創學會、出洋等殊非正統、傳統的人生路徑體現於簡氏門人的人生軌跡中之時，即使簡氏門人仍然書寫與朱氏門人一致的以中西新舊學爲根本點的知識結構與著述遺存，但簡氏門人其人其學無疑反映了廣東學人與學術近代轉型繼續前行的足跡。

第三節　康有爲弟子與著述遺存

與朱氏門人、簡氏門人研究不相同，康門弟子研究在 1972 年、1991 年分別產生《康有爲主持下的萬木草堂》、《康門弟子述略》（以下簡稱《述略》）等重要成果。2011 年黃明同《草堂萬木森　變法維新政——康有爲和他的弟子》〔註 8〕（以下簡稱《康有爲和他的弟子》）中的康門弟子姓名、字號、籍貫及事蹟列表是以《述略》爲參照的。在此基礎上，筆者既糾正《述略》著錄的若干失誤，也彌補其相關著錄過於簡略的不足。與此同時，筆者不僅全面分析、深入研究康門弟子的地域來源、維新事業、知識結構與著述遺存，而且，筆者始終將康門弟子與其同時期的簡氏門人進行聯繫比較，以此窺見廣東學人與學術近代轉型的具體路徑，以期對 20 多年來的康門弟子研究作出一定的推動。

一、《康門弟子述略》補正

即使過去 20 多年來康有爲研究取得較大發展，但由於史料所限，康門弟子研究仍然難以超越《述略》所奠定的研究高度。作爲迄今以來唯一一本全面著錄康門弟子生平事蹟的專著，《述略》無疑是任何一名康門弟子研究者所難以跨越的，但作爲首本康門弟子研究專著，《述略》所產生的若干失誤以及相關著錄的過於簡略甚至欠缺等草創性、具有時代性的痕跡，均是難以避免，也是亟需完善的。

1.《述略》正誤

雖然《述略》殊非傳統意義上的目錄書，但從著者旨在最全面的將康門弟子收錄其中而既吸取前人研究成果，也實地走訪康門弟子的親屬、好友等積極做法，到著述將所收錄的康門弟子的姓名都置於「目錄」的編排方式，《述略》是自有作爲工具書其中一種的目錄書的功能的，而準確性恰恰就是工具書最基本的特性。據筆者研閱，《述略》存在以下失誤。

（1）目錄排序有誤

爲了讓讀者第一時間知曉康門弟子在《述略》中的排序，無論是目錄，是正文，還是附錄中的《康門弟子一覽表》，著者都以「（1）、（2）、（3）」或「1、2、3」等序號作爲標記，這種做法極其容易致誤。如目錄第 1 頁著者將

〔註 8〕 王明德著：《草堂萬木森　變法維新政——康有爲和他的弟子》，廣東教育出版社，2011 年版。

「(6) 韓文舉」誤作「(9) 韓文舉」。

（2）從目錄著錄到前言所述欠缺一個合理的過渡

《述略》在目錄中著錄的康門弟子為受業弟子 120 人、拜門弟子 15 人與私淑弟子 10 人，著者在前言第 8 頁中指出，就受業的性質與種類而言，直接受業者 182 人，拜門者 23 人，私淑者 12 人，二者顯然並不相符。按：附錄中的《康門弟子一覽表》是在目錄著錄的基礎上增加至「前言」所指的數量，故著者考查明辨的康門弟子數量如其在「前言」中所述，但從目錄著述到前言所述欠缺有一個合理的過渡，即著者必須清晰指出其著述重點闡述的康門弟子為受業弟子 120 人、拜門弟子 15 人與私淑弟子 10 人。

（3）門人數量統計與籍貫統計有誤

如前言第 8 頁，一方面，著者指出《述略》共收康門弟子 219 人，其籍貫分別如下：廣東 103 人，廣西 46 人，湖南 3 人，江蘇 6 人，陝西 6 人，上海 5 人，日本 4 人，朝鮮 3 人，山東 3 人，浙江 3 人，江西 2 人，臺灣 2 人，貴州 1 人，福建 1 人，四川 1 人，待考里爵的 29 人。若以此計算，康門弟子為 218 人。另一方面，著者指出，康門弟子就受業的性質與種類而言，直接受業者 182 人，拜門者 23 人，私淑者 12 人，其統計數量也殊非 219 人，而是 217 人。如附錄 200～211 頁，據著者所錄，康門弟子籍貫如下：廣東 110 人，廣西 48 人，湖南 6 人，江蘇 9 人，陝西 6 人，日本 2 人，朝鮮 3 人，山東 3 人，浙江 4 人，江西 2 人，臺灣 2 人，貴州 1 人，福建 3 人，四川 1 人，湖北 1 人，待考里爵 16 人，合計 217 人。除陝西、朝鮮、山東、江西、臺灣、貴州、四川籍康門弟子以外，均與著者在前言中所指出的數量有誤，附錄中的康門弟子也沒有著者在前言中所指出上海 5 人。

（4）目錄、正文、附錄人名著錄不一致

如目錄第 3 頁第 59 條「崔達成」，正文第 145 頁、附錄第 203 頁均著錄為「崔成達」。按：以正文、附錄著錄為正確。如目錄第 4 頁第 88 條「梁啓麒」，正文第 159 頁著錄為「梁啓麟」，附錄第 204 頁著錄為「梁啓麒」。按：梁啓麒，字仲麟，以目錄、附錄著錄為正確。如目錄第 4 頁第 91 條「鍾桌京」，正文 160 頁、附錄 204 頁均著錄為「鍾卓京」。按：以正文、附錄著錄為正確。

（5）正文、附錄籍貫著錄不一致

正文、附錄籍貫著錄不一致有二：一是正文、附錄皆有著錄籍貫，但二

者有異。如正文第 123 頁著錄林纘統爲瓊州崖州人，附錄第 201 人著錄爲廣東瓊州。按：明清瓊州府屬廣東管轄，故以附錄著錄爲正確。正文第 133 頁著錄程大璋爲廣西桂平人，附錄第 202 頁著錄爲廣西潯州。按：桂平市別名潯州，當統一爲桂平。正文第 149 頁著錄錢維驥的籍貫一爲湖南人，一爲雲南昆明人，附錄第 203 頁著錄爲湖南。正文第 159 頁著錄龍贊侯爲廣西臨桂人，附錄 204 頁著錄爲廣東臨桂人。按：臨桂位於廣西桂林西郊。正文第 186 頁著錄劉紳爲上海華涇鎮人，附錄 209 頁著錄爲江蘇上海。按：華涇鎮原名龍華鄉，隸屬於上海徐匯區，位於上海市中部。二是正文沒有著錄籍貫，附錄則有。如正文第 137 頁沒有著錄梁秋水的籍貫，附錄第 202 頁著錄爲廣西。正文第 144 頁沒有著錄陳國鏞的籍貫，附錄第 202 頁著錄爲廣東。正文第 158 頁沒有著錄羅根的籍貫，附錄第 204 頁著錄爲廣東。正文第 162 頁沒有著錄刁宸英、梁炳光、梁小山的籍貫，附錄第 205 頁均著錄爲廣東。正文第 163 頁沒有著錄梁子剛、黃爲之的籍貫，附錄第 205 頁均著錄爲廣東。正文第 163 頁沒有著錄鄭憲成的籍貫，附錄第 205 頁著錄爲江蘇。正文第 164 頁沒有著錄梁應驪、梁元理的籍貫，附錄第 205 頁均著錄爲廣東。正文第 165 頁沒有著錄汪鳳翔的籍貫，附錄第 205 頁著錄爲廣西。按：正文的重要性一般高於附錄，而籍貫是人物研究的起點，故有必要置於正文部分。

（6）正文、附錄人名著錄、籍貫著錄有誤

正文、附錄人名著錄，其誤有十：正文第 131 頁、附錄第 202 頁，陳介叔當作陳士廉。按：陳士廉，字介叔，號大令。正文第 133 頁、附錄第 202 頁，程大璋當作程序穀。按：程序穀，又名大璋。正文第 147 頁、附錄第 203 頁，張伯蔭當作張祖詒。按：張祖詒，字伯任。正文第 147 頁、附錄第 203 頁，韓雲臺當作韓曇。按：韓曇，字雲臺。正文第 151 頁、附錄第 203 頁，張智若當作張學璟。按：張學璟，字智若。正文第 161 頁翁冰，附錄第 204 頁翁冰，按：翁斌，字篤庵，號率平，筆名翁中、翁冰。正文第 162 頁梁炳光、正文第 163 頁梁子剛，附錄第 205 頁梁炳光、梁子剛。按：梁炳光，字子剛，故梁炳光、梁子剛爲同一人。正文第 164 頁梁元理，附錄 205 頁梁元理，按：梁元理即梁鐵君。附錄第 206 頁陳宜遜，按：當作陳遜宜。正文第 186 頁、附錄第 209 頁張鵬一，按：張扶萬，字鵬一。正文、附錄籍貫著錄，其誤有二：正文第 165 頁、附錄第 206 頁均著錄黎尙元爲廣東靈川人。按：靈川位於廣西東北部，由廣西管轄。附錄第 207 頁張雪峰爲廣東人，按：當

作江蘇海州人。

（7）正文記載與史實相違

如正文第 36 頁王覺任，著者既指出王覺任的生年是 1860 年，也強調王覺任年齡比康有為大一點。按：康有為生年是 1858 年。

2.《述略》拾遺

即使梁啟超在康有為 70 壽辰時有「親授業者蓋三千焉」的壽聯，但近 100 年來康門弟子的數量仍然是在《述略》提供的 200 多人之間徘徊，且生平事蹟較詳者亦只約 100 人。故在康有為研究新史料難有增加的情況下，如何既依靠《述略》本身，也利用方志、人物傳記等地方史料，完善《述略》中生平事蹟較簡略的康門弟子的記載，成為後之研究者的努力方向。

（1）完善康門弟子的籍貫及補其事蹟

據《述略》附錄的《康門弟子一覽表》，康門弟子待考籍貫者 16 人，其中可考者 3 人：翁斌（1900〜1946），字篤庵，號率平，筆名翁中和、翁冰，浙江嘉興人，青年時拜師康有為為，後畢業於上海震旦大學，先後在暨南大學任職，英士大學執教。抗日戰爭期間，翁斌在上海創辦《大英夜報》，在浙江主辦《青年日報》，在《陣中日報》工作，著有《為公書》。崔師貫（1871〜1941），原名景元，又名其蔭，字伯越，一作百越，又字今嬰，廣東南海人，梁鼎芬之妹夫，著《白月詞》，附於其《硯田集》一卷，1934 年鉛印本，藏於國圖。朱通儒，廣東南海人，是朱次琦的侄子朱淇的侄子，受朱淇之命在廣州創辦《華東報》，1898 年在廣州創辦《嘻笑報》，以嘻笑怒罵的方式評論時政。

據《述略》附錄的《康門弟子一覽表》，康門弟子來自「廣東南路」4 人，其中，仍可具體考證 2 人。林繩武（？〜1938），字韻宣、韶宮，號醴江居士，廣東信宜人，廣雅書院學生，1907 年廷試第五名。1913 年當選為第一屆國會眾議院義員、駐秘魯領事。1930 年任《欽縣志》總編纂，並整理馮敏昌《魚山執筆法》。據《高州府志》，江慎中任高州中學校長時，聘請了周相臣、朱振基、盧易初等高州知府名人執教，故江慎中是廣東高州人。

據《述略》附錄的《康門弟子一覽表》，康門弟子來自「廣東」15 人，其中，仍可具體考證 3 人。梁小山，梁鼎芬之二哥，廣東番禺人。梁元理即梁鐵君，所康有為詩注，為廣東東佛山人。張雪峰的兒子是張滄江，張滄江為康同璧秘書，據張滄江《憶康同璧母女》一文，自言：「我是江蘇省海州人。

海州在江蘇省東北角，是一個古老而非常小的縣份，是隴海鐵路的起點，在海邊。」故張雪峰不是《述略》著錄的廣東人，而是江蘇海州人。張雪峰、張滄江、張啓楨一家三代用 30 多年時間完成《康同璧文集》的初稿。

（2）完善康門弟子的生卒年及補其事蹟

據《述略》正文，康門弟子或欠生年、或欠卒年，或生卒年皆欠合 102 人，其中，生卒年可考者 4 人。據《我史》第 5 頁，羅普（1876～1949），原名文梯，字熙明，號孝高。陳鼓徵（1906～？），原籍福建，1924 年畢業於吳敬恒創辦的上海國語師範學校首屆普通科。趙必振（1873～1956），字日生，湖南常德人，參加院試，補博士弟子員，與邑人何來保等結「寒社」，1900 年與何來保組織常德「自立軍」，到日本任《清議報》《新民叢報》校對、編輯，翻譯出版《二十世紀之怪物——帝國主義》《近世社會主義》《日本維新慷慨史》《日本人權發達史》，後從事教育工作，執教私立明義中學，編《國學概論》《自立會紀事史料》《自立會人物考》等。張扶萬（1867～1943），名鵬一，字扶萬，號在山主人，晚年號一翁、一叟，筆名樹叟，著《唐代日本政府人來往長安考》《太史公年譜》《公羊今釋》《禮記今釋》《詩經今釋》《尚書今釋》《阿母河考》《孔聖事蹟問答》《劉古愚年譜》等。

由於文獻欠缺，即使康門弟子研究是康有爲研究的重要組成部分，但長期以來除康門十大弟子獲得學界高度的關注以外，大批康門弟子其實是甚少進入學界視野的。無論是籍貫、生卒年都是人物研究的起點，以《述略》爲基礎而存在失誤以及相關欠缺，可知康門弟子的基礎性研究其實殊非紮實，康門弟子研究亦具有廣闊的空間。

二、地域來源與維新事業

1891～1898 年，康有爲開館廣東萬木學堂，這是康有爲講學生涯中規模最大、時間最長的，期間的 1894 年、1897 年，康有爲前往廣西桂林講學。1926～1927 年，康有爲在上海創辦天遊學院，此爲康有爲晚年授徒。由此構成康門弟子的三大部分與主要地域來源。《述略》附錄的《康門弟子一覽表》中的「何時何處受業」、「籍貫」亦是以此構建的。與朱氏門人形成的順德梁氏家族、三水梁氏家族、南海康氏家族等三大門人家族及簡氏門人中的陽山黃氏家族分別在朱次琦、簡朝亮開館講學中起到的重要作用不同，雖然康門弟子亦有兄弟結伴師從康有爲者，並以廣東籍康門弟子來說即已經形成新會梁氏

家族、順德麥氏家族、南海曹氏家族、開平張氏家族、順德羅氏家族、番禺韓氏家族、惠州鄧氏家族等 7 個門人家族，但殊非出自同一家族的門人群體，而是如徐勤、王覺任、韓文舉、梁朝傑、梁啓超等個體門人極大地推動著康有為的政治與學術生涯，學界對此亦多有論述。既迥異於身處咸豐、同治、光緒年間的朱氏門人傳統的仕宦人生與舊式的教育生涯，也大異於以舊學作為學術傳承第一頁的同時代的簡氏門人普遍被動地捲入廣東社會近代轉型而呈現的多變且欠缺系統性的人生軌跡，在康有為旨在發動維新變法的新學引領下，康門弟子不僅在北上與南下、出國與回國之間發動、參與豐富的社會活動與留下豐富的著述遺存，而且形成頗為一致的人生軌跡，標誌廣東近代新式學人圈乃至中國近代新式學人圈的產生。

1. 地域來源

結合對《述略》的正誤與拾遺，筆者指出，康門弟子 216 人，籍貫待考者 13 人，其中，廣東 108 人，廣西 50 人，江蘇 9 人，湖南 6 人，陝西 6 人，浙江 5 人，山東 3 人，福建 3 人，江西 2 人，臺灣 2 人，四川 1 人，貴州 1 人，湖北 1 人，上海 1 人，朝鮮 3 人，日本 2 人。康門弟子的地域來源具體見表 4：

表 4　康門弟子的地域來源

省份	姓　名
廣東	南海（19 人）：陳千秋、曹泰、陳和澤、潘之博、曹毅、潘鏡涵、陳繼儼、孔昭焱、康同璧、潘火熊、曹碩、康同和、陳繼正、江孔殷、馮挺之、梁鐵君、崔師貫、朱通儒等
	順德（12 人）：麥孟華、伍莊、羅惇曧、劉楨麟、麥仲華、麥鼎華、阮鑒光、羅普、陳汝成、勞焜、劉青崖等
	新會（12 人）：梁啓超、林奎、陳榮袞、盧子駿、梁啓勳、梁啓田、鄺壽民、梁啓麒、鄺崧齡、容任秋、梁啓用、梁君可
	番禺（12 人）：韓文舉、湯壑、鄭洪年、韓曇、羅伯雅、黎硯詒、許守白、歐陽桂、韓銘基、韓凌甫、韓叔河、梁小山
	東莞（12 人）：王覺任、倫明、張伯楨、劉翰芬木、葉湘南、崔洞若、陳官桃、陳高第、葉衍華、鍾玉文、劉俊庵、崔斯哲
	香山（5 人）：李微塵、何雲衢、張玉濤、張鳳岡、甘啓元
	高要（4 人）：陳煥章、陳士廉、吳功譜、陳啓泰

	開平（2人）：張祖詒、張硯瑜
	惠州（2人）：鄧仲果、鄧元翊
	三水（2人）：徐勤、何樹齡
	中山（2人）：楊小川、李大明
	歸善（2人）：歐榘甲、鄧伯村
	新寧（1人）：梁朝傑
	梅縣（1人）：李繩錚
	潮州（1人）：姚群愨
	瓊州（1人）：林繩統
	寶安（1人）：張學璟
	高明（1人）：崔成達
	信宜（1人）：林繩武
	高州（1人）：周相臣
	無具體所指的（14人）：李鎮坡、陳國鏞、梁伯鳴、許作韶、羅根、鍾卓京、刁宸英、梁炳光、黃爲之、梁應騮、譚錫鏞、李綏卿、杜樂三、毛澄宇
廣西	龍澤厚、陳柱、龔壽昌、陳太龍、馬君武、龍應中、王睿中、程序穀、梁秋水、龍贊侯、況仕任、王權中、任祖安、龍朝輔、趙治天、汪鳳翔、黎尚元、陳祖虞、李謙、黎文瀚、林澤普、林惠如、趙仁農、薛立之、薛祐之、王會中、胡治堂、趙元傑、倪育萬、萬言、陳康侯、湯銘三、林負才、秦嗣宗、何化龍、陳文、況仕恩、謝宗韓、何少川、靳汝端、龍潛、龍仲修、龍季光、王群、王樂賓、李承麟、吳小濂、秦一俊、趙廷颺、靳永祚
江蘇	蔣貴麟、唐以修、錢定安、鄭憲成、張雪峰、劉海粟、徐悲鴻、狄葆賢、張嘉森
湖南	劉天啓、趙必振、錢維驥、唐才常、易宗夔、譚嗣同
陝西	陳濤、張扶萬、鄧毅、鄭維輪、邢瑞生、萬鴻圖
浙江	陸敦騤、陸乃翔、李瑜、翁斌、洪凌霄
福建	任啓聖、林旭、邱煒菱
山東	李維新、陳明侯、江希張
江西	王德潛、熊季貞
臺灣	張漢文、陳鼓徵
四川	官道尊

貴州	蕭嫻
湖北	紀景福
上海	劉絪
朝鮮	朴殷植、李炳憲、吳錫龍
日本	宇佐穩來彥、田野橘次

　　既由於康有為在省會城市開館講學，更由於康有為在開館萬木草堂期間帶領門人至北京發動「公車上書」，並為宣揚維新變法而大力辦學會、辦報刊，甚至派弟子至日本橫濱創辦大同學校，如此一系列引領廣東近代新變的舉措使康有為成為廣東近代乃至中國近代著名的學人。康門弟子的地域來源自然不會侷限於廣東一隅而輻射至全國 13 個省，甚至出現朝鮮、日本的門人，由此呈現迥異於朱氏門人與簡氏門人的地域特色。當然，無論是門人數量還是在其學術人生中的重要性，廣東門人仍然是康門弟子的中心。

2. 維新事業

　　康門師徒的維新事業由下述三期組成：一是 1891～1898 年，康門師徒以萬木草堂為中心，既北上北京、上海，也移步廣西、澳門，最終成功發動維新變法；二是 1898 年冬～1912 年，康門弟子或留守廣州、梧州、桂林、長沙等，或追隨康有為至日本、美國、新加坡等堅持維新事業；三是 1913 年～1927 年，流亡在外的康門弟子大多追隨康有為回國而以上海、北京作為其大本營，繼續為維新信念奔走相告。不僅是整整 37 年，而且在康有為去世後的近半個世紀以來，就是以新式仕宦、講學生涯、辦學會、辦報刊、辦企業與書局為內容，以廣東社會近代化為目標的維新事業將康門師徒緊緊地拴在了一起。

（1）新式仕宦

　　應該說，與簡氏門人的科場遜色相比，康門弟子還是出現了梁啟超、麥孟華、陳榮袞、陳煥章等科場得意者，但是，維新事業不僅使康門弟子沒有重走傳統仕宦，而且激發他們較高的從政熱情，戊戌政變又使康門弟子真正意義上的仕途其實是與清朝覆亡、軍閥混戰的時代背景勾連在一起的。1913 年成為康門弟子返國與踏上新式仕途的重要一年。或出任各省要職，或入幕府，成為康門弟子開始新式仕宦的 2 種主要方式。龍澤厚任廣東省教育廳課長、廣東工商業局局長，陳太龍任廣西省眾議院議員，馬君武任廣西省省長等。梁啟超、潘之博、馬君武等分別入段祺瑞、馮國璋、孫中山府，1917 年

梁啓超任段氏內閣財政總長，1915 年，潘之博入馮國璋府，1912 年馬君武任南京臨時政府實業部次長、參議院參議員，1917 年任孫中山軍政府的交通部長。與討伐袁世凱復辟帝制緊密關連的康門弟子入幕，這種在軍事鬥爭中生存的方式是與這批文人出身的康門弟子不相適應的，故 1920 年以後，梁啓超、馬君武等紛紛回歸書齋講壇。

（2）講學生涯

廣東學人既在中國大陸、香港、澳門，也走出國門，在日本、美國、印尼、加拿大、新加坡、緬甸、吉隆坡等創辦新式學堂，以宣揚維新思想，始於康有爲及其門人，並以 1899 年爲高峰，延至 20 世紀 30 年代，這是康門弟子對廣東學人講學生涯的大逆轉。據筆者研閱，康門師徒主辦的學校 38 個，除若干未明學校名稱以外，廣東有萬木草堂、東莞學堂、南強公學、南強公學附屬幼兒園、黨是草堂、穎川丙等女學 6 所，上海有萬木草堂小學、女子學堂、天遊學院 3 所，廣西有國民學校、廣仁學堂 2 所，湖南、江蘇、北京分別有時務學堂、暨南學堂、孔教大學，澳門有東文學校、湘父學塾、孔聖堂、子褒學堂 4 所，香港有廣東公學、孔教學校、子褒學院、華夏學院 4 所，日本有大同學校、商業學校、同文學校、橫濱女校、大同高等學堂 5 所，美國有干城學校、愛國學堂、明倫學校 3 所，印尼有婦孺學堂、中西小學堂 2 所，加拿大、新加坡、緬甸、吉隆坡分別有域多利義學、女童學校、輔仁學校、坤在學校。無論是宣揚維新思想，還是力倡以孔學爲教，梁啓超、韓文舉、葉覺邁、歐榘甲、徐勤、陳煥章、盧子駿、陳和澤等康門弟子就是以學校陣地，並將傳統學校拓展至女學、女童學校、幼兒園、小學、中西小學等，從內容到形式均使廣東學人的講學生涯產生近代蛻變。

此外，鄭洪年一生則專注於發展華僑教育事業，曾任暨南大學校長。唐以修、龍應中、梁啓動、李微塵等是 20 世紀 60、70 年代去世的康門弟子。以上諸人多從事教育工作，如天遊學院門人唐以修長期從事文教工作，龍應中執教南京中央大學、廣西大學，梁啓動任青島大學國文系教授。從辦新式學堂到任教於新式學堂，以上諸人延續康門弟子以新學興國的時代使命。

（3）辦學會、辦報、辦企業與書局

真正掀起廣東近代學人辦學會、辦報、辦書局與實業高潮的是康門師徒。據筆者研閱，康門師徒主辦學會 18 個，其中北京 5 個：京師強學會、粵學會、經濟學會、知恥會、保國會，廣東 3 個：不纏足會、戒纏足會、聖學會，上

海 3 個：上海強學會、不纏足總會、醫學善會，廣西 1 個：聖學會，以上 12 個學會均產生於 1895～1898 年。戊戌政變以後，1898～1906 年，康門弟子在日本、美國辦學會 5 個：祀孔會、戒鴉片煙會、大同志學會、愛國學社、新會國文學社。1913 年，康門弟子在曲阜辦孔教會。無論是指斥纏足、鴉片、不知恥，還是直接宣揚強學、聖學、醫學、保國、愛國與孔教，從兩廣到上海，到日、美，到山東，以上學會都彰顯了康門師徒的「新民」足跡，表達了他們的維新信念。

康門師徒主辦報刊 51 個，其中有具體地點的 50 個，上海 13 個：強學報、時務報、時報、國風報、孔教會雜誌、不忍雜誌、雷風雜誌、學藝雜誌、學術世界、南洋研究、京滬週報、大英日報，北京 5 個：萬國公報、中外紀聞、國民公報、唯一日報、經世報，廣東 3 個：嶺海報，國事日報、嘻笑報，廣西 3 個：廣仁報、廣西新報、梧州日報，湖南 2 個：湘學新報、湘報，浙江 1 個：青年日報，香港 5 個：商報、平民週刊、丙寅雜誌、中國晚報、熱風，澳門 1 個：知新報，美國 10 個：文興日報、新中國報、日新報、世界報、維新報、大同日報、時鐸雜誌、世界日報、紐約公報、人道週刊，日本 5 個：清議報、新民叢報、新小說報、政論、東亞報，新加坡 2 個：南洋總彙報、南洋商報。與辦學會集中於維新變法期間不同，康門師徒辦報集中於戊戌政變以後，從北京、上海、湖南、兩廣、澳門輻射至日本、美國、新加坡。1913 年返國後，康門師徒繼續在上海、長沙、北京與香港等地辦報。康門師徒辦報不僅有序地呈現於 19 世紀 90 年代以後至康有為去世的每一個 10 年，而且在康有為去世以後，伍莊、陳柱、李微塵等門人在上海、三藩市、洛杉基、舊金山、上海、香港、新加坡等地辦報，故持續近半個世紀以來，辦報成為康門弟子宣揚維新思想、參與時政的重要方式。

康門師徒辦企業與書局 15 個，上海 2 個：大同譯書局、廣智書局，江蘇 1 個：述農公司，廣西 1 個：振華公司，香港 5 個：中國商務公司、中華酒店、華益銀行、漁票公司、徐聞公司，墨西哥 2 個：華墨銀行、電車公司，美國 2 個：華美銀行、瓊彩樓，日本 1 個：橫濱譯書局，南洋 1 個：新開美。除大同譯書局以外，康門師徒主辦的企業與書局都產生於戊戌政變以後，且多以香港、紐約、橫濱、南洋、墨西哥、芝加哥等為主，國內則集中於上海、廣西、江蘇。其經營範圍則以酒店、銀行、書局為主，且多經營不善而暴露文人經商的不足。但康門弟子仍然出現伍莊、湯覺頓等經濟實業家，與此同時，

這種與文人身份不相符的商人行為體現了康門弟子善於抓住機遇、勇於自我挑戰的精神,屬於廣東知識分子近代轉型的重要一課。它與辦報、辦學會與辦學校一起,在北上與南下、出國與歸國之間,共同書寫康門弟子不平凡的生命軌跡,此即廣東學人勇闖的近代化足跡。

　　一方面,戊戌政變後,康門弟子至少有 60 人逃亡國外。如此大規模離開國土,使廣東籍康門弟子就是一個異類的存在。另一方面,旨在從事維新事業,康門師徒的新式仕宦、講學生涯、辦學會、辦報刊、辦企業與書局等都所踐履的就是一個幾乎全新的事業。縱然康有為肆意扼殺梁啟超、歐榘甲等欲與孫中山實行合作的意圖,使康門弟子未能與時俱進,使昔日代表廣東近代學人先進方向的萬木草堂僅具有半截子的近代性,但正是這半截子的近代化充分顯示康門弟子就是廣東學人近代轉型的縮影。

三、知識結構與著述遺存

　　康有為是以體用關係應對「西學東漸」與宣傳維新變法的,加之維新事業將康門弟子緊密地拴在了一起,故中西學結合成為康門弟子知識結構不變的中心。康門弟子既沒有出現朱氏門人、簡氏門人無視西學與留住中學的中西新舊學對立的知識結構,也沒有重走康有為以顛覆儒學傳統而實現中西學結合的做法,他們旨在關注儒學面臨消亡的時代背景下如何留住中學,也從自身做起,樹立中西學結合的範式,由此也影響康門弟子的著述遺存。

1. 知識結構

　　適應新學與留住舊學、中西學結合是康門弟子呈現的 2 種知識結構,迥異於朱氏門人、簡氏門人出現的中西學對立觀。

(1) 適應新學,留住舊學

　　經典教材化、儒學通俗化、儒學純學術化是康門弟子適應新學與留住舊學的 3 種方式。

　　陳煥章、張扶萬等是康門弟子實現經典教材化的代表。1902 年、1923 年、1929 年,陳煥章先後任廣州時敏學堂教員與監督、在北京創立孔教大學與擔任校長、在香港創辦孔教學院與自任院長,留下《儒行淺解》《今文詩經讀本》《今文尚書讀本》等著述,很有可能就是陳煥章的課堂講義。張扶萬在維新變法失敗後,返家鄉陝西創辦文昌學校,講學橫渠書院,有「關中淹博士」之譽。張扶萬學識宏博,長於經史,有《禮記今釋》《詩經今釋》《尚書今釋》

《公羊今釋》等經學著述,屬於經學教材化的產物。

盧子駿、陳榮袞均專注童蒙教育、婦孺教育,是康門弟子以儒學通俗化的方式留住舊學的代表人物。在萬木草堂師從康有為期間,盧子駿在康有為的指引下,編成《婦孺韻語》《童蒙三字書》《童蒙四字書》《童蒙五字書》,使兒童、婦女易於學習,更加適合學校授課。陳榮袞終其一生致力於婦女教育、通俗化教育、小學教育與平民教育,由此撰寫《婦孺新讀本》《婦孺三字書》《婦孺四字書》《婦孺五字書》《婦孺譯文》等一批與此相適應的教材。

與乃師並稱康梁的梁啟超不僅全面參與維新變法的整個過程,以辦學會、報刊、學校等形式宣揚維新思想,而且,梁啟超成功發動中國近代詩界革命、小說界革命,專注於中國史學、儒學、子學與文學研究,提出學術研究尤其是史學研究的具體方法。在整個中國古代,中國舊史都是儒學的工具,故梁啟超啟引的是兼及中國史學、儒學的純學術研究之路。

(2) 中西學結合

學習外語,翻譯外國著述,是康門弟子體現中西學結合的主要形式。它與適應新學,留住舊學一起,屬於廣東學人知識結構近代轉型的主要形式。

陳煥章、馬君武、倫明、陳柱、張伯楨、羅普等是學習英文、法文、日文的康門弟子,正是這種語言結構的變化,廣東近代學人踏出中西學結合的關鍵一步。1910 年陳煥章用英文撰寫《孔門理財學》,倡明聖學,1913 年創辦《孔教會雜誌》,1929 年在香港辦孔教學院。1901 年馬君武入上海法國人辦的震旦學院學習法文,開始翻譯《法蘭西革命史》《代數學》《物種起源》《平面幾何學》《礦物學》等著述。倫明入京師大學堂師範館舊班第二類,分科習英文,積極以與修《四庫全書》,成為著名的目錄學家。張伯楨、羅普留學日本,張伯楨著《法律學》,羅普任職廣東財政廳長等,陳柱則自任廣西梧州中學校長,親自上國文、數學、英語等課程。

2. 著述遺存

即使康有為的著述遺存在很大程度上仍然沿承朱次琦以經學、史學、理學為主的格局,但表面相同的著述架構下,呈現的是康有為以中西新舊學結合啟引的廣東學術近代轉型的足跡。中西新舊學結合在康門弟子手中運用更加純熟,他們不僅沿承康有為開具的中西學結合的路徑,而且拓展中學研究的門類,使本來作為經學附庸的史學、文學實現獨立,使廣東學術近代轉型實現一個時代的終結。

（1）經學類

康門弟子經學類著述 12 種：伍莊《尚書源流》《講易記》《詩之人生觀》《經學通論》《國學概論》、陳煥章《今文詩經讀本》《今文尚書讀本》、張扶萬《禮記今釋》《詩經今釋》《尚書今釋》《公羊今釋》、趙必振《國學概論》。以上著述均見於《述略》。

康門弟子不復依傍於經典，以出其筆下的經學著述既回歸經學本身，也實現經典教材化，使經學與嶄新的時代相接軌，推動廣東後經學時代的到來。

（2）孔學、子學、小學類

朱、簡都以孔學為宗而反對子學、重視小學，康門弟子則三者兼重。康門弟子孔學類著述 5 種：陳煥章《孔教經世法》《孔教論》《孔教教規》《孔門理財學》，梁啟超《孔子》。康門弟子子學類著述 8 種：陳柱《墨子閒話補注》《墨子十論》《子二十六論》、曹碩《大易道德經說微篇》、梁啟超《老子哲學》《墨子學說》《墨經校釋》《墨子學案》。康門弟子小學類著述 2 種：陳柱《小學考據》《守玄閣文字學》。

康門弟子沿承康有為對於孔學的多義理解與啟引的子學大解放，既將孔學宗教化，將孔學純學術化，也深化子學的純學術研究，以此體現廣東學人實現學術近代轉型的諸種努力。

（3）史學、理學類

康門弟子史學類著述 29 種：伍莊《中國最近百年史綱》《中國民主憲政黨黨史》《辛亥革命信史》、陳煥章《孔教史》、羅惇曧《中英滇案交涉本末》《中俄伊犁交涉本末》《太平天國戰記》《中日兵事本末》《藏事紀略》《割臺記》《庚子國為記》、趙必振《自立會紀事史料》《自立會人物考增補》、歐榘甲《新廣東》、梁啟超《中國史敘論》《新史學》《生計學學說沿革小史》《中國法理學發達史論》《雅典小史》《朝鮮亡國史略》《越南小志》《越南亡國史》《日本吞併鮮明記》《中國國債史》《歐洲戰役史論》《中國歷史研究法》、張扶萬《顏孝學考》《阿母河記》《唐代日本人來往長安考》《蔡秦疆域志補正》。

康門弟子理學類著述 2 種：伍莊《論語讀法》《孟子讀法》，見於《述略》。

康門弟子的理學著述殊非服務於科舉考試，或將近世史事寫入筆端，或提出史學的研究方法，康門弟子使以獨立身份出現的史學的治世功能延伸到任何一個時代。

（4）志書類

康門弟子志書類 6 種：陳煥章《高要縣志》、林繩武《欽縣志》、張扶萬《劉古愚年譜》《太史公年譜》、梁啓超《朱舜水先生年譜》《辛稼軒先生年譜》。梁啓超二著收入中華書局 1986 年版《飲冰室合集》，康門弟子餘下 4 種志書見於《述略》。康門弟子是將志書與封建統治相分離，由此使志書實現學術研究的獨立。

（5）文學類

康門弟子文學類著述 43 種：康門弟子詩集有韓文舉《樹園先生遺集》、伍莊《夢蝶詩存》、羅惇曧《癭庵詩集》、倫明《倫哲如詩稿》、龔壽昌《眉嵟詩草對聯彙編》、林旭《晚翠軒詩集》、邱煒萲《邱園詩集》、《嘯虹生詩集》、易宗夔《橫海樓詩集》等 13 種，以上著述均見《述略》。康門弟子文集有梁朝傑《出雲館海外文集》、伍莊《夢蝶文存》、鄭洪年《鄭洪年華僑教育言論集》、羅惇曧《羯蒙老人隨筆》、麥仲華《戊戌奏稿》《皇朝經世文新編》《戊戌政變記》、易宗夔《橫海樓文集》8 種，均見於《述略》。康門弟子詩話有龔壽昌《八桂詩話》、梁啓超《飲冰室詩話》等 3 種。康門弟子詞集有麥孟華《蛻庵詞》1 種。康門弟子詩文合集有梁朝傑《梁氏小雅》、馬君武《馬君武詩文集》、張伯楨《張篁溪遺稿》、曹毅《盧白齋詩文集》4 種。康門弟子詩詞合集有潘之博、麥孟華《粵兩生集》、梁啓超《梁啓超詩詞全注》、梁朝傑《遊美詩詞存稿》、陳煥章《誠默齋詩詞稿》4 種。康門弟子詞文合集有林旭《長短句及雜文集》1 種。康門弟子戲劇有羅惇曧《文姬歸漢》《紅拂傳》《孔雀東南飛》、許之衡《重訂胭脂傳奇》4 種。康門弟子小說有梁啓超《新中國未來記》《佳人奇遇記》、羅普《東歐女豪傑》3 種。康門弟子日記、遊記類有歐榘甲《環球日記》、梁啓超《新大陸遊記》2 種。

即使文學的舊學特色沒有經學、史學、理學如此濃厚，但是，與簡氏門人一致的經世之文就是康門弟子的文學特色，從梁啓超在《飲冰室詩話》、《新大陸遊記》中倡導的新派詩、政治小說，就可以看出儒家詩學的淡出與新體詩、新小說興起的足跡。

（6）教科書、譯著、心理學、學術史

康門弟子教科書 12 種：崔成達《虛字做法》、盧子駿《童蒙三字書》《童蒙四字書》《童蒙五字書》《婦孺韻語》、陳煥章《儒學淺解》、陳榮袞《婦孺新讀本》《婦孺三字書》《婦孺四字書》《婦孺五字書》《婦孺譯文》，易宗夔《世

界歷史教科書》，以上著述均見於《述略》。

康門弟子譯著 15 種：馬君武《法蘭西革命史》《代數學》《物種起源》《平面幾何學》《礦物學》、麥鼎華《政治泛論》《中等教育論理學》《埃及近世史》《歐洲十九世紀史》《今世歐洲外交史》《俄羅斯史》，趙必振《二十世紀之怪物——帝國主義》《近世社會主義》《日本維新慷慨史》《日本人權發達史》。以上著述見於《述略》。

康門弟子心理學著述 1 種：梁啓勳《社會心理之分析》，見於《述略》。

康門弟子學術史著述 12 種：陳柱《中國散文史》，有東方出版社，2012年版。許之衡《中國音樂小史》，有上海商務印書館，1930 年版、上海書店出版社，2011 年版。許之衡《曲律易知》，有 1922 年刻本。許之衡《聲律學》《戲曲史》，有 1924～1925 年刻本。許之衡《詞曲研究》，有輔仁大學公記印書局，1933 年版。梁啓勳《詞學》《中國韻文概論》，見於《述略》。梁啓超《中國近三百年學術史》《清代學術概論》《老孔墨以後學派概觀》《先秦政治思想史》，收入中華書局，1986 年版《飲冰室合集》。

以上著述是西學東漸與「癸卯學制」發展到一定程度下的產物，是康門弟子對嶄新的時代學術的一種適應與反射。它與康門弟子留下的嬗變廣東經學、孔學、子學、史學、理學、譜學傳統的著述一起，共同推動廣東學術的近代轉型。

在道光初年廣東學術中成長的朱次琦是在第二次鴉片戰爭爆發前夕歸隱九江而開館講學的，朱次琦雖然知曉中國往後 20 年的政治、學術形勢，但他完全對此採取否定的態度，故作爲朱氏門人成長重要一課的舊學自然對其產生重要的影響，日後朱氏門人對於中國近代學術嶄新形勢的思考與接受，都是被動且難有突破的，唯一不同者也許就是康有爲。簡朝亮、康有爲則是在洋務運動背景下成長起來的廣東近代學人，對於師承之學即對於中西學關係的迥異思考，使處於同時代的兩大朱氏門人開拓出別樣的學術道路，對其門人的人生軌跡、知識結構與著述遺存產生深遠影響。但是，一方面，急促多變的時代政治、學術等多種因素既使部分簡氏門人、康門弟子在以辦報、辦學會、學校等宣揚西學多有重合，部分簡氏門人與康門弟子在重視西學上走在了一起。另一方面，即使走在了時代前列的部分簡氏門人、康門弟子亦必須與時俱進，不斷深化他們對於中西新舊學的思考，否則本來具有先進性的維新變法、種族革命不僅會落伍，而且成爲他們的思想包袱。

第二章　朱次琦創立「九江學派」

　　朱次琦是廣東南海九江「儒林鄉」培育出來的最著名的儒學家，朱次琦的生平體現了廣東理學家傳統，朱次琦是在與廣東近代漢學的博弈中形成其學術思想的。出自簡朝亮筆下的《朱九江先生講學記》與新見《四書講義殘稿不分卷》體現朱次琦重視儒家倫理，推崇經學、史學與儒家文藝思想，並有其獨特的內涵。朱次琦的學術思想呈現不入儒學主流、平實敦大的特點，成爲廣東舊學之殿。朱次琦就是以其獨特的學術思想影響門人的仕宦人生、講學生涯、知識結構與著述遺存。

第一節　朱次琦的地緣與學緣

　　朱次琦出生於農商之家，肄業於漢宋學兼講的羊城書院、越華書院，學術成長於漢學逐漸成爲廣東顯學的道光初年，但是，朱次琦就是要越過家學淵源、師學傳承與地域學術的 3 種束縛，追蹤具有 600 多年歷史的鄉土文化積澱——九江儒林文化，與在很大程度上以勇於任事、開館講學兩翼組成的廣東理學家傳統。廣東南海九江「儒林鄉」的美譽是九江文化發展至景泰元年（1450）的結晶，朱次琦則以「九江先生」的崇高地位與著書立說、開館講學將「儒林鄉」之名遠播廣東乃至全國。就是在「九江——儒林鄉——九江先生——九江儒學派」的轉換之中，朱次琦成爲九江最著名的歷史文化名人。

一、朱次琦與廣東南海九江「儒林鄉」

　　廣東南海九江（以下簡稱「九江」）之名，最早出現於北宋開寶五年

（972），九江隸屬南海縣。但由於「唐宋以前，大都海瀕窪岸，居人鮮少」
〔註1〕，一直到「宋咸淳六年（1270），詔徙保昌民實廣，十年正月朔，眾至
九江大洋彎筏破登岸散處，本鄉生聚自此始繁。」〔註2〕故972～1274年間九
江是沒有任何歷史記載的，1274年由於筏破登岸而從南雄到達九江的關貞、
陳海漁、吳三里、胡樂莘、朱元龍、黃細德、曾晟等中原移民開始了與九江
土著丁姓、宋姓族人的雜居共處，九江真正具有文化史意義的歷史正式揭
開，「九江丁共宋，有剩南雄種」之說也由此形成。有必要注意的是，朱元龍
即是九江朱氏家族的始祖。關於「九江」之名的理解，也由於源自移民的後
代與九江境內有多條河湧的原因，分別有因思鄉得名、以水得名等說法。
1274～1450年，經過176年的建設，九江已經出現陳博民、岑平漢、關可
達、關銘、黃篪等名人，關銘更是九江首名舉人，黃篪亦在1447年成舉人，
1449年，九江鄉人在禮山、馬山、鎮山等地力克黃蕭養起義。1450年，明朝
代宗皇帝賜九江為「儒林鄉」，成為九江歷史上最具歷史文化意義的一筆，自
此「儒林鄉」成為世代九江人的驕傲。正德年間（1506～1521年），方獻夫到
九江探望曾氏同窗，目睹九江人文薈萃，稱曰：「真是個儒林之鄉也。」〔註3〕
1450～1807年，九江不僅在1501年首獲魚花的生產和銷售專利，親歷1647
年由鄉人陳子壯、朱實蓮等發動的明朝保衛戰，而且已經是人才輩出、書院
書樓林立、著述繁富之地，這為1807年朱次琦的出生奠定了紮實的地域文化
條件，朱次琦亦以其學問家的一生，讓1807年成為九江歷史上又一具有重要
意義的一筆。

1. 朱次琦與九江漁鄉文化

九江地處珠江三角洲西部，位於西江下游左側沿岸，地勢平坦，屬桑園
圍內低窪地帶，不僅自古水患不斷，而且主要是依靠經過人工改造而成的低
窪平原進行有限度的農業生產，故「力農本務無幾」〔註4〕。面對無法改變的
生存困境，1440年，九江人開始在西江設埠裝撈魚花，至1657年前後形成利

〔註1〕 黎春曦編纂：《南海九江鄉志》卷一，1657年刊行，旅港南海九江商會，1998
年重刊，第1頁。
〔註2〕 黎春曦編纂：《南海九江鄉志》卷一，1657年刊行，旅港南海九江商會，1998
年重刊，第1頁。
〔註3〕 李玉江主編：《九江僑刊》，1991年6月第10期，第29頁。
〔註4〕 黎春曦編纂：《南海九江鄉志》卷二，1657年刊行，旅港南海九江商會，1998
年重刊，第17頁。

賴多藉魚苗，次蠶桑，次禾稻，次龍眼，次芋止的經濟發展格局〔註5〕，「至道光年間，九江鄉已是境內有桑塘，無稻田。」因此，九江「儒林鄉」率先的含義就是殊非植根於農耕文明，它主要依託西江流域的孕育，形成以水為源的漁鄉文化特色。朱次琦不僅將漁鄉文化寫入詩行，而且積極參與鄉民發動的反魚苗稅餉運動。

在朱次琦之前，鄉人陳復、曾道恕、陳子壯、鄭賢、朱完等已經將九江漁鄉寫進詩行〔註6〕，但都顯得過於概括化，道光年間胡調德的《儒林鄉漁莊圖擬虞道園漁村圖詩》則寫出了九江漁民具體、真切的生活寫照，可以作為一篇珠江三角洲漁業史來讀。胡詩云：「我家江水灣環處，江干多是漁人住。漁人終歲業魚花，納課輸租設魚步。桃花浪湧魚花多，鱅鯇出水鱸隨波。日暮漁人望電腳，江頭兀坐歌魚歌。乘時置筐半浮水，魚花入筐杓之起。滿船歸載月明中，沽酒臨江浮綠蟻。清波日日流當門，桑麻掩映水雲村。披圖愛此好風景，人間何處桃花源！」〔註7〕有必要指出的是，蛋民是九江漁民中的族群之一。朱次琦族人即多以捕魚為業，故康有為說：「九江朱先生於海濱蛋僚之中」〔註8〕。與胡調德的詩作相比，朱次琦《客中雜憶詩》則顯得更為生動傳神與富於農家氣息。詩云：「二月魚兒粟，三月魚兒秧，四月魚眼星，五月魚背蒼，六月魚拍頭，欲競人指長。我里下澤稅，背箔參漁榔。歲歲牧人夢，家家鷗機忘。舍弟苦士最，棄俗如蚍蜉，寧讀種魚經，不入騎馬場。有得間稱詩，月計無幾章。未知古獨行，肩列誰輩行。阿兄走塵土，處處持虛筐。……。」〔註9〕詩作以漸漸長大的魚兒、辛勤勞作的舍弟（按：指朱宗琦）與阿兄（按：指朱炳琦）的塵影，展現一幅富於生活氣息的漁鄉農家圖景，

〔註5〕　黎春曦編纂：《南海九江鄉志》卷二，1657年刊行，旅港南海九江商會，1998年重刊，第19頁。

〔註6〕　如陳復有詩云：「漁鄉昨夜磯邊宿，兩岸微濛草自萋。」陳子壯有詩云：「煙墟水市種魚村，星月漁燈相與繁。就是或有秦人洞，一路桃花長子孫。」鄭賢有詩云：「取醉乘槎去，漁燈隔浦齊。」朱完有詩云：「漁舟依渚喧無數，野雀歸林現一雙。」見黎春曦編纂：《南海九江鄉志》卷一，1657年刊行，旅港南海九江商會，1998年重刊。

〔註7〕　佛山市南海區九江鎮地方志編纂委員會編：《南海市九江鎮志》，廣東省經濟出版社，2009年版，第967頁。

〔註8〕　康有為著，姜義華、張榮華編校：《康有為全集》（第一集），中國人民大學出版社，2007年版，第28頁。

〔註9〕　朱次琦著，簡朝亮編，關殊鈔點校：《朱九江先生集》卷三，旅港南海九江商會，1962年版，第5頁。

讀來朗朗上口，頗有民歌氣味。

　　由於對漁家生活的關注，朱次琦讀書廣州期間，留下一首將蛋民寫入其中的詩作——《芊塘晚步》，尤爲珍貴。詩云：「晚食散餘步，風物靄將夕。過雨流潦多，隨意曳幽屨。松涼望不到，爽氣生兩腋。漸漸野水喧，回回市塵隔。孤煙接空暝，一鳥入雲白。泥濘窘前賞，摧坐村口石。遠見歸墟人，忙色上面額。軫彼衣食勞，益我山澤適。浦樹鬱其濛，昏鴉啼磔磔。芊塘蛋人家，相呼看雞柵。詠歸歸路微，晦月未返魄。何來一笛吟？蕭寥長天碧。」〔註10〕

　　屈大均所說的「九江地狹而魚桑占其半，塘以養魚，堤以樹桑，男販魚花，女務蠶織，土無餘壤，人無傲民，蓋風俗之美者，史稱水居千石魚陂是也。」〔註11〕其實不僅是九江人「鄉水情最篤」的自然本性，而且這種純樸民風是九江人以對魚苗苛稅的不斷抗爭過程而實現的。1464 年，由於漁稅沉重，九江大批蛋民逃亡，遺下課稅數千石，總督劉大夏奏准奉旨召九江民承西江兩岸魚埠〔註12〕。據《粵中見聞》所載，「粵中自封川江口至羚羊峽口皆有魚花，步步皆有餉，魚花戶承之，歲納於朝，南海九江村人多以撈魚花爲業。」〔註13〕雖然往有傾貲之災，不往有餘魚之患，但是，面對不能選擇的生存困境，九江魚花仍然多半售往龍川。就是在這種與生活的捕擊之中，形成九江人倔強自別的個性。據史載，陳子壯在九江發動的反清保明之戰，民多蛋戶，番鬼號勇善信〔註14〕。1684 年，由於認爲九江言語、服用，倔強自別，當以九江之官治之〔註15〕。1827 年，九江漁戶向南海縣官反映魚餉沉重。爲力減魚苗稅餉，嚴禁販私賺餉，1830 年七月，一份兼及舉人、副貢生、生員的 26 人聯名呈請上達兩廣總督部堂，昭示鄉人之頑強抗爭和眾志成城，正在守父喪期間的朱次琦、朱宗琦則是主要的參與者。正是這種最篤之

〔註10〕 朱次琦著，簡朝亮編，關殊鈔點校：《朱九江先生集》卷三，旅港南海九江商會，1962 年版，第 5 頁。

〔註11〕 屈大均著：《廣東新語》（下），中華書局，2010 年版，第 556 頁。

〔註12〕 馮栻宗編纂：《九江儒林鄉志》卷二，1883 年刊行，旅港南海九江商會，1986 年重刊《九江儒林鄉志》，第 8 頁。

〔註13〕 范端昂撰：《粵中見聞》，廣東高等教育出版社，1988 年版，第 360 頁。

〔註14〕 馮栻宗編纂：《九江儒林鄉志》卷二，1883 年刊行，旅港南海九江商會，1986 年重刊，第 23 頁。

〔註15〕 馮栻宗編纂：《九江儒林鄉志》卷二，1883 年刊行，旅港南海九江商會，1986 年重刊，第 28 頁。

鄉水情，1833 年、1839 年，九江堤圍出現險情，都能在搶險的第一線看到朱次琦忙碌的身影。

2. 朱次琦與九江儒林文化

如果說，漁鄉文化是以水為源的九江文化，它更多地反映於日常生活，由此形成一種醇厚質樸、勇於開拓的民俗民風，那麼，九江由於興學重教而名人輩出、著述繁富，即融會為一種尊師重教、經世致用的近於學術層面的儒林文化。朱次琦不僅使九江興學重教之風傳揚世代，使九江書院書樓推向一個嶄新的高度，而且以「實學」濃縮世代九江學術著述的可貴精神。

據筆者粗略統計，在朱次琦之前，明清九江出現學者兼教師的學問家 63 人，九江由此形成執教為樂、尊師重教的民風。這些學問家執教的主要形式有以下 3 種：一是執教於周邊地區，如陳良珍、曾仕鑒、關葆元等分別講學於紫陽書院、羅浮與西樵、穗城。二是任地方教諭，如關季益督學甚勤，關銘任、關名、關仰旒、關玉成、關學尹分別任湖廣長沙府善化縣、福建漳州平縣、惠州府永安縣、江西贛縣、廣西柳州府上林縣教諭等，此外，關沛、關管、曾守要、關必登、張士魁、陳培鏞分別任瓊州陵水府學、教諭、河南、瓊山、樂昌、河源教諭等。三是執教鄉土，如黃鳳亨、廖熊光、曾應珪，此外，朱潤、朱疇分別講學九江珮山和中憲祠。1858 年開始其最重要教學生涯的朱次琦則選擇 1449 年因親歷黃蕭養血戰而更名的「忠良山」，開館九江禮山草堂，長達 24 年之久，吸引南海、順德等周邊學人前來學習，有力推動九江興學重教之風。1932 年，在朱次琦去世後 50 年，一所旨在紀念朱次琦的學校建成——九江中學。1952 年，在朱次琦禮山講學的原址，鄉人建成另一所學校——南方小學。這是鄉人在對朱次琦育人興邦的緬懷與傳承。

在朱次琦開館禮山草堂的前後，九江著名書院有儒林書院、震亨書院、文蘭書院、文明書院、象山書院、樵陽書院、三姓書院、西成書院等 8 個。其中，儒林書院始建於 1825 年，因阮元親題其名而聞名遐邇。1830 年因九江圩船欄街大火而燃及其奎閣。1854 年，為對付洪匪，九江同安局移至儒林書院。1868 年，重修儒林古廟。1872 年，儒林書院初具規模。據《九江儒林鄉志》，儒林書院地自後堂至照壁外石勘二十三丈一尺，橫一自東石勘至西圍牆一十丈六尺一，自湧邊至西餘地一十五丈一尺餘，地外至橫門路長一十一丈六尺〔註16〕。

〔註16〕馮栻宗編纂：《九江儒林鄉志》卷一，1883 年刊行，旅港南海九江商會，1986 年重刊，第 7 頁。

明離照、曾釗、朱次琦等督學儒林書院。震亨書院始建於 1861 年，由明之綱倡建並撰文作記。「凡以法制代有變更，唯學校弦頌之業終古莫易，亦以見鄉人之向善。雖經變亂，一振作而人心大可用。」〔註 17〕樵陽書院由陳子壯創建。以上諸人，明離照、明之綱是父子關係，明之綱與朱次琦友，曾釗是朱次琦的忘年友，陳子壯是九江朱氏家族的重要一員。故九江書院的主要代表多與朱次琦有著密切關係，而尤其重要的是，朱次琦歸隱九江時，既主政儒林書院，也開館禮山草堂，由此成為九江文化事業的重要推動者。1985 年，一所以「儒林」命名的學校——儒林中學，拔地而建，接續鄉人從儒林鄉到儒林書院的期盼。

明清兩代九江書樓林立，比較著名的有溪南書屋、少江書屋、書樓、藏書樓、鄭厵讀書處、綠園書室、面城樓等，其主人分別是陳良珍、黃廷玠、朱讓、曾陳詩、鄭庚、陳士麟、曾釗。九江書樓一般都建於環境清幽之地，如鄧誠有詩云：「我家書屋長相對，坐愛清陰入硯池。」〔註 18〕以上書樓的主人都是九江名賢，如鄭庚是《南海九江鄉志》的編纂者之一，黃廷玠是「南園詩人」黎民表的友人，曾釗是「廣東漢學第一人」，「面城樓」因其藏書量豐質高及曾釗有《面城樓集》而最為聞名。據史載，面城樓是曾釗積半生之力而成，儲積數萬卷，價值三千餘金，插架之多遂為郡邑之最〔註 19〕。據《倫明全集》（一），倫明作《辛亥以來藏書紀事詩》的其一一三《曾釗》，詩云：「面城故物尚依然，人說朱翁此泊船。我亦曾在桑下宿，嬋媛一夢竟無緣。」〔註 20〕詩中的「朱翁」即是朱次琦。因生活所迫，曾釗晚年將面城樓藏書售予順德龍山溫氏，朱次琦則泊舟龍山 2 個月而觀其書。朱次琦嗜書，故其家有藏書樓。簡朝亮說：「凡書百家耽讀，採市典衣如不及。聞藏棄家有其書，婉借之，必得用乃適。」〔註 21〕1873 年，朱次琦驚聞穆宗去世，居禮山「簡書堂」。朱次琦去世前建「寶綸閣」收藏其圖書。

〔註 17〕 馮栻宗編纂：《九江儒林鄉志》卷四，1883 年刊行，旅港南海九江商會，1986年重刊，第 8 頁。

〔註 18〕 黎春曦編纂：《南海九江鄉志》卷一，1657 年刊行，旅港南海九江商會，1998年重刊，第 3 頁。

〔註 19〕 馮栻宗編纂：《九江儒林鄉志》卷十四，1883 年刊行，旅港南海九江商會，1986年重刊，第 24 頁。

〔註 20〕 東莞圖書館編：《倫明全集》（一），廣東人民出版社，2012 年版，第 125 頁。

〔註 21〕 朱次琦著，簡朝亮編，關殊鈔點校：《朱九江先生集》卷首，旅港南海九江商會，1962 年版，第 6 頁。

　　黃應舉、吳羽侯、黃應秀等明清九江人多以《詩經》揚名科場，九江著述亦以詩集爲主，但是，九江著述從它產生的那一天開始就顯示強烈的地域文化特色。與廣東傳統儒學家疏於天文、地理、河漕、兵工、醫學等很不相同，由於自古水患不斷，盜亂橫行，九江人在上述領域撰寫了一批學術著述，如曾俊《天文書》《曆法統宗》《曆法撮要》《地理》《醫卜星曆》、朱環《兵略管窺》、曾仕鑒《順德圖經》《兵略》《軍門志》《醫方》、曾居漸《醫方集要》、鄭瑩《武略問答》、胡調德《魚苗經》、朱士琦《南順十一堡禦盜方略》《西江達海圖》、關文炳《傷寒雜氣辯論》《腳科風痰鶴膝標本論》、黎景垣《經驗醫方》等。與經學、史學更多地是以典籍文本實現經世致用不同，以上著述是對於經世實學的一種近距離的體會，它反映一個欠缺儒學發展深厚積累的地域對於明清實學的真切體會，當這種切於日用的實學精神與朱次琦的經學、史學、理學知識結構及旨在以學術救國的信念３結合時，「實學」必然成爲朱次琦湧動於心而表述於口的二字。

　　九江漁鄉文化，既是一種積極面對生存困境的自我挑戰，亦是一種柔謙遜的漁家鄉情、富於力度的龍舟精神。九江儒林文化，則是俗尙詩書，敦禮義，矜重氣節的體現。生於斯長於斯的朱次琦既受其孕育，也促其發展並使其受到更多的關注。朱次琦言於詩行、踐於生平的「棟才未必千人見，但聽風聲便不同」〔註22〕，就是九江漁鄉文化、儒林文化的縮影。

二、朱次琦與廣東理學家傳統

　　康有爲在《南海朱先生墓表》一文中說：「九江朱先生於海濱蛋僚之中，無哲師友之傳」〔註23〕，雖然殊非事實之全部，但無論是朱讓、朱完、朱實蓮等文武兼擅的朱氏家族男性群體與易氏、一門七烈女等傑出女性，是父親儒商朱成發，族師朱祥麟，師長謝蘭生、陳繼昌，還是友人曾釗、康贊修、王筠等，都未曾達到足以指引朱次琦一生行藏出處的影響力。反之，由崔與之、李昂英、陳大震、霍韜、黃佐、陳建、馮成修、曾受一等宋明清廣東理學家形成的儒生而具濟世才、歸隱而開館講學的廣東理學家傳統，對朱次琦產生天然的親和力。有必要指出的是，由於心學、漢學與宋學其實同出

〔註22〕　朱次琦著，簡朝亮編，關殊鈔點校：《朱九江先生集》卷首，旅港南海九江商會，1962 年版，第 7 頁。

〔註23〕　康有爲著，姜義華、張榮華編校：《康有爲全集》（第一集），中國人民大學出版社，2007 年版，第 28 頁。

一源，故廣東理學家傳統在某種程度上一致於明代廣東心學家、清代廣東漢學家。

第一，儒生而俱濟世才

陳遇夫認為，儒生而具撥亂濟世之才者，於漢則盧植，唐則陸贄，宋則崔與之〔註24〕。四庫館臣說：「則昂英蓋其幹濟之才而又能介然自守者」〔註25〕。盧、陸、崔、李也是霍韜、湛若水、黃佐、朱次琦、簡朝亮等廣東理學家敬重的人物。從崔與之事寧宗到李昂英事理宗朝，到霍韜、黃佐事明世宗，到朱次琦事咸豐朝，宋明清廣東理學家都具有一致的「屹然大臣之風」〔註26〕，體現以學與仕統合、勇於任事為內容的儒生而俱濟世才。

1. 學與仕統合

學與仕統合表現為由學而仕、由仕而學 2 方面，始於孔子「學而優則仕，仕而優則學」，終於 1905 年廢除科舉考試制度。由於欠缺家學淵源、師學傳承、遠離京都等原因，廣東理學家對於由學而仕的艱巨性的體會一般比中原理學家更加深刻，對於由仕而學自然亦更為珍惜。如何書寫學與仕統合，既呈現廣東理學家的個性操守，也具有時代特徵，成為朱次琦登場珍貴的地域資源，朱次琦也以其踐履，豐富廣東理學家傳統。

（1）由學而仕

有研究指出，寧宗嘉定（1208～1224 年）以後，廣東書院的創設才略見普遍〔註27〕。故出生於良醫之家的崔與之在 1190 年毅然赴臨安入太學，3 年後崔與之舉進士而入仕，成為廣東人由太學取科第之始。1226 年、1253 年，李昂英、陳大震分別成進士而入仕。受崔與之入太學影響，1447～1454 年，丘濬在太學讀書而舉進士並始仕途，黃瑜則在未能舉進士之下於 1457～1469 年入太學，終未舉進士而於 1469 年入仕。1486 年，鍾芳入海南州學，1508 年成進士並入仕。1505 年，少時在家務農的霍韜入鄉塾，1515 年霍韜成進士而返鄉成婚、再度從學並終在 1521 年始入仕。1521 年，黃佐成進士而入仕。1529 年、1532 年，陳建未能舉進士而入仕。1678 年，得謝重華教授的盧挺成

〔註24〕 陳遇夫著：《正學續》（二），中華書局，1985 年版，第 120 頁。
〔註25〕 李昂英撰，楊芷華點校：《文溪存稿》附錄卷一，暨南大學出版社，1994 年版，第 223 頁。
〔註26〕 崔與之撰，張其凡、孫志章整理：《宋丞相崔清獻公全錄》卷三，廣東人民出版社，2008 年版，第 35 頁。
〔註27〕 劉伯驥著：《廣東書院制度》，中華書局，1958 年版，第 14 頁。

舉人而入仕。1710 年，馮成修始入私塾，1739 年成進士而入仕。1730 年，曾
受一入肇慶府學學習，1738 年成舉人而入仕。

　　清代廣東書院在康熙、乾隆 2 朝獲得迅速發展〔註28〕，1824 年、1832 年
朱次琦分別肄業的羊城書院、越華書院即建於 1683 年、1755 年。嘉慶年間
（1796～1820 年）是廣東書院發展的又一黃金時期。朱次琦省城求學 6 年
（1824～1827 年、1832～1835 年），正是以阮元督粵（1817～1826 年）與盧
坤總督兩廣兼任廣東巡撫（1832～1835 年）之時，也是廣東傳統儒學出現大
繁興的關鍵時期。朱次琦雖然沒有肄業道光年間廣東學術中心——學海堂，
但他還是遇上了謝蘭生、陳繼昌、錢儀吉等學術名流。朱次琦既在羊城書院
從謝蘭生處習執筆法，也在越華書院得山長陳繼昌「天下士也」〔註29〕的評
價，更由於錢儀吉協助盧坤益振學海堂而實行評選專課肄業生制度，在 1835 年
被選爲他終其一生都不肯接受的學海堂第一屆專課肄業生。由學海堂編纂的
《是汝師齋遺詩》即由錢儀吉作序，錢儀吉以「其爲人偉，瞻視嶷嶷，然氣
純以方。其論說縱态滂葩，有晁賈之覆。其詩無弗學，亦無弗工，往往於轉捩
頓挫處，得古大家神解」〔註30〕點評朱次琦其人其詩。1824～1837 年，朱次
琦先後 5 次赴鄉試而成秀才。1839～1847 年，朱士琦、朱次琦兄弟結伴先後
4 次上京會試而朱次琦終成進士。關於 1847 年朱次琦參加廷試而呈交未完卷的
事件，即成爲科場佳話，朱次琦也以此結束 23 年的科考而成進士並入仕。

（2）由仕而學

　　爲官期間的著書立說就是筆者以爲的由仕而學。崔與之入仕 30 年（1193
～1224），在 1218 年決意南歸後以旨在辭官的奏箚迎來立言的高峰。李昴英
入仕 30 年（1226～1255），以任吏部郎官、吏部侍郎期間留下的一批奏箚最
能體現他的文章特色。陳大震入仕 24 年（1253～1277），他收集雷州任上 2
年判案的案例，刊刻《蓬翁山判》。丘濬入仕 41 年（1454～1495），著畢《朱
子學的》（1463 年）《世史正綱》（1481 年）《大學衍義補》（1487 年）等，有
「當代通儒」之譽。霍韜入仕 20 年（1521～1540），既留下參與「大禮議」
的一批奏疏，也與方獻夫等編纂《明倫大典》，有「卓然爲一代儒宗」〔註31〕

〔註28〕　劉伯驥著：《廣東書院制度》，中華書局，1958 年版，第 70～71 頁。
〔註29〕　朱次琦著，簡朝亮編，關殊鈔點校：《朱九江先生集》卷首，旅港南海九江商
　　　　　會，1962 年版，第 7 頁。
〔註30〕　朱次琦著：《是汝師齋遺詩》序言，1885 年學海堂叢刻之十二，第 1 頁。
〔註31〕　霍韜著：《渭厓文集》（一），廣西師範大學，2015 年版，第 44 頁。

之譽。鍾芳入仕 26 年（1508～1534），完成《鍾筠溪集》中的大部分著述。黃佐入仕24年（1522～1546），完成《革除遺事》（1541 年）《南雍志》（1541年）《樂典》（1542 年）與編修《廣西通志》（1530 年）等，四庫管臣稱黃佐爲「在明人之中，學問最有根柢，文章含華佩實，亦足以雄視一時。」陳建入仕 12 年（1532～1544），著《朱陸編》，校《十三經注疏》，編《周子全書》，其中《朱陸編》就是《學蔀通辨》的雛形。曾受一入仕 40 年（1738～1778），著《尊聞錄》《四書解義》《向文集纂注》《學古錄》等。

　　一方面，宋代廣東理學處於起步階段，從清初一直到清中葉，受重創的廣東學術才逐漸復蘇，另一方面，宋清廣東理學家多任職地方，政事繁忙，故宋清廣東理學家由仕而學的著述並不豐富。與宋清廣東理學家由仕而學比較一致的，是朱次琦也少有著述。朱次琦入仕 6 年（1849～1854），既是廣東漢學從繁興到遭受重創之時，也是朱次琦學術思想形成的重要時期。1850～1852 年朱次琦需次山西，既注意搜集武備、倉儲、河渠、地利等掌故之書，也與王璲、郭景儔、王筠等晉中士人論學往返，故簡朝亮說：「遊宦如遊學」〔註 32〕，門人王璲以「平實敦大，不涉從碎，亦不爲性命高談……高峻似河汾而篤實過之，豪邁似永嘉而深穩過之」〔註 33〕評價朱次琦的學術思想。官襄陵 190 天之際，朱次琦修鄧伯道祠，親教士養中堂，頌讀書日程，色笑而教，士皆醉誼忘歸〔註 34〕。在辭官襄陵與南歸鄉土之間，朱次琦作《三難五易十可守八可徵之策》（1853 年，已佚）《又答王筱友書》（1853 年）《去襄陵後答王筱友書》（1854 年），朱次琦既向王筠請教《國朝名臣言行錄》的凡例，也有意撰寫《王筠傳記》。惜《國朝名臣言行錄》毀於朱次琦之手，朱次琦也未能撰寫《王筠傳記》。一直在歸隱鄉土與開館講學期間，才迎來朱次琦著述的高峰期。

　2. 勇於任事

　　勇於任事，既是承平時代仕人的實幹、肯幹作風，也是王朝、地方、鄉土出現統治危機時仕人的敢幹、苦幹精神，而這種「幹」往往帶有干預、對

〔註32〕 朱次琦著，簡朝亮編，關殊鈔點校：《朱九江先生集》卷首，旅港南海九江商會，1962 年版，第 11 頁。

〔註33〕 朱次琦著，簡朝亮編，關殊鈔點校：《朱九江先生集》卷十，旅港南海九江商會，1962 年版，第 4 頁。

〔註34〕 朱次琦著，簡朝亮編，關殊鈔點校：《朱九江先生集》卷首，旅港南海九江商會，1962 年版，第 20 頁。

現存統治不妥協的勇氣，故勇於任事在很多時候表現爲權力的鬥爭與抗衡。

　　崔與之、李昴英、鍾芳、曾受一等以吏治名。崔與之入仕30年，前期以「和糴法」徵購糧草、平定邕州兵變與《海上便民榜》等是其主要政績，後期以組建忠義民兵、平息射陽湖叛亂、制止宋金和議、整治蜀師等力挽狂瀾。1235年摧鋒軍亂波及惠陽、博羅、廣州，崔與之讓叛軍自行棄械，並考慮廣東鄉土安危，崔與之於家理政。李昴英入仕30年，無論是初任汀州推官因郡守強戌兵充分口券而與之強爭，不聽而欲棄官〔註35〕，1239年與楊汪中一起，力助崔與之平定摧鋒軍之亂，還是任右正言而力主「端平更化」與力斥史嵩之危害社稷等，都充分顯示理宗所說的「南人無黨，中外頗畏憚之」〔註36〕。鍾芳入仕26年，平定漳寇、洛容、馬平等叛亂，擒捕豪猾，打通斷藤峽遭阻隔的70年交通，改革馬、快船秕政，使漕政大舉〔註37〕。曾受一入仕40年，首創「救命會」以賑濟江津縣災民，力倡載桑養蠶，勸民儲粟備荒等，故「所到民愛，所去民思」。有研究者指出，上諫剿除盜寇，整頓險怪文風，削減政府超額開銷，訪求與保存遺書，培養人才，勸諫孝宗等，就是丘濬入仕的主要政績〔註38〕。

　　朱次琦一生並未任以京官，精於吏治使他有「山西賢令，程明道後一人」〔註39〕之譽。在得到官山西襄陵實職之前，朱次琦已經顯示過人的吏治能力。1852年2月，得知幕南、蒙古發生衝突，清廷即將用兵於幕南，在戰事一觸即發之際，朱次琦深夜見臬司潘公，認爲此舉實是激亂，提出可遣一能吏親諭晉北，獻罪魁，執以說蒙古，便能化解事端。在無人可用之下，1852年5月，潘公、兆公派朱次琦出使幕南。朱次琦至幕南，訊其父老，縛罪魁13人，但蒙古仍未能解忿，朱次琦則既宣天子德，也言死者雖多，乃多自相蹈藉而死，援刑律檢骨法折之，又因其俗血刃尋仇不如喇嘛禮魂，使諸王微動，故殺其13人以解蒙古之忿〔註40〕，晉北邊境一觸即發之亂由此化解。

〔註35〕黃佐著，陳憲猷疏注、點校：《廣州人物傳》，廣東高等教育出版社，1991年版，第179頁。
〔註36〕黃佐著，陳憲猷疏注、點校：《廣州人物傳》，廣東高等教育出版社，1991年版，第182頁。
〔註37〕鍾芳著，周濟夫點校：《鍾筠溪集》，海南出版社，2006年版，第3～4頁。
〔註38〕李焯然著：《丘濬評傳》，南京大學出版社，2011年版，第21～91頁。
〔註39〕朱次琦著，簡朝亮編，關殊鈔點校：《朱九江先生集》卷首，旅港南海九江商會，1962年版，第13頁。
〔註40〕朱次琦著，簡朝亮編，關殊鈔點校：《朱九江先生集》卷首，旅港南海九江商

1852 年 7 月，朱次琦官山西襄陵，留下爲世樂道的「以儒爲治」〔註41〕的十大政績。無論是智擒大盜趙三不棱，以牙還牙消絕狼患，爲民求雨，精於決獄，整治水利，拒調不合理的兵役，創保甲制新令並追社倉粟二萬石，還是崇尚孝悌，禁火葬，罪同姓婚，朱次琦其實是以襄陵實踐他理想的兼及政治、經濟、教育、民風等內容的德治。故康有爲說：「以進士令襄區，以其道治之，二百日大治。」〔註42〕

第二，歸隱而開館講學

很有可能除霍韜以外，由王維開創的「吏隱」都不是廣東理學家的歸隱方式。執意歸隱、學術傳承，成爲宋明清廣東理學家歸隱的特點與活動，由此推動廣東理學的發展。朱次琦亦以此延續廣東理學家傳統。

1. 執意歸隱

1224 年在多次上疏辭官不遂之下，崔與之到達京都辭官，仍不遂，後自行歸粵。1225～1239 年，理宗力促崔與之入仕，崔與之以八辭參知政事、十三辭右丞相向世人表達「狐首邱而爲幸」〔註43〕，成爲不事理宗的千載一人〔註44〕。1277 年元軍大舉進兵廣西，廣西失守，陳大震返鄉圖謀復國，惜不遂。入元後，陳大震終其一生不仕元朝。1534 年，鍾芳獲准致仕，歸隱鄉土。陳建是以「聞有引薦則力辭」以維持 12 年仕宦的，1544 年，陳建以母親年邁爲由歸隱鄉土。尋找父親是馮成修入仕 34 年調任不斷而並無怨言的主要原因，1763 年，馮成修失意而返鄉，遂不復出。1778 年，曾受一告歸鄉土。無論是崔與之自知無用於世〔註45〕，是陳大震受制於宋元易代，是陳建對於仕宦的疏離，還是鍾芳、馮成修、曾受一自感年邁，執著歸隱都是他們的選擇。

1853 年，朱次琦辭官襄陵。1855 年，朱次琦南歸鄉土。1856 年朱次琦居

會，1962 年版，第 11 頁。

〔註41〕 朱次琦著，簡朝亮編，關殊鈔點校：《朱九江先生集》卷首，旅港南海九江商會，1962 年版，第 12 頁。

〔註42〕 康有爲著，姜義華、張榮華編校：《康有爲全集》（第一集），中國人民大學出版社，2007 年版，第 1 頁。

〔註43〕 崔與之撰，張其凡、孫志章整理：《宋丞相崔清獻公全錄》卷七，廣東人民出版社，2008 年版，第 80 頁。

〔註44〕 陳遇夫著：《正學續》（二），中華書局，1985 年版，第 120 頁。

〔註45〕 崔與之撰，張其凡、孫志章整理：《宋丞相崔清獻公全錄》卷四，廣東人民出版社，2008 年版，第 43 頁。

南海邑學尊經閣，學子從之遊。1856 年 9 月，朱次琦返九江，自此足不入城市。1856～1882 年，朱次琦 3 次放棄入仕的機會。1862 年同治登基，召天下人才 16 人，朱次琦是粵中 2 人之一，朱次琦以疾辭；1863 年，廣東巡撫郭嵩燾貽書求見，朱次琦婉言謝絕；1880 年，府軍張裕遣吏齎書請朱次琦赴海防，朱次琦以疾辭。朱次琦辭官襄陵引發學界的討論。簡朝亮認爲，「卒不用，先生遂引疾。」〔註46〕蔣志華認爲，無可作爲、有著書的打算與信仰天命〔註47〕。楊翔宇則認爲朱次琦不慕榮利的個性與仕途相左，朱次琦爲官是基於不違背親友之命〔註48〕。其實，崔與之、黃佐、陳建、馮成修、曾受一等廣東理學家辭官歸隱就是朱次琦的先導。

2. 學術傳承

開館講學、撰寫著述是學術傳承的 2 個主要方面，崔與之就是以此推動廣東學術發展的。在此之後，李昴英、陳大震、霍韜、黃佐等均是以此延續廣東理學家傳統的，即使未能如願歸隱鄉土的丘濬也有此願望。在 1451～1452 年省親回鄉期間，比他少 8 歲的海南王佐前來學習，王佐《雞肋集》有《贈地師曲全徐先生序》《憶丘深庵老師》《和丘公〈五指山〉詩》寫及丘濬。丘濬在《擬致仕後請立奇甸書院奏》一文中，闡述他歸隱後在家鄉講學與在瓊山創立奇甸書院的願望。入仕期間，丘濬在家鄉海南建造了一個「不用寸木」的石室，將他在外所得之圖書藏於其中，以供鄉人閱讀。

(1) 開館講學

1225 年，崔與之將宋室賜予的鳳凰山改建爲「菊坡書院」，開館講學，人稱「菊坡先生」，李昴英、楊汪中、吳純臣、溫若春等出自門下。崔與之不僅成爲廣東理學史上第一位築室講學於鄉土的理學家，而且創立廣東第一個學術流派——「菊坡學派」。就在崔與之去世的 1239 年，李昴英由於父親年邁歸隱鄉土。1241 年，李昴英築室父親墓下，聚宗族子弟講學，揭開李昴英傳承「菊坡學派」的序幕。1245～1257 年，除入仕 4 年，李昴英均築室文溪，陳大震、李春叟、何文季、曾士倬、趙東山等從其學，有力推動「菊坡學派」的發展。由於何文季、趙東山、李春叟等來自東莞，他們與東莞李用、熊飛

〔註46〕　朱次琦著，簡朝亮編，關殊鈔點校：《朱九江先生集》卷首，旅港南海九江商會，1962 年版，第 13 頁。

〔註47〕　蔣志華著：《晚清醇儒——朱次琦》，廣東人民出版社，2007 年版，第 59～63 頁。

〔註48〕　楊翔宇，《朱次琦辭官及焚書探因》，《嶺南文史》2007 年第 4 期。

等關係密切，李用是李昴英友人，熊飛爲李用女婿，故筆者以爲「菊坡學派」就是明代由陳建開創的東莞學的源頭。有研究者指出，「菊坡學派」與嶺南史學的形成與發展關係莫大〔註49〕，而陳建就是明代廣東史學的主要代表。有學者亦指出，從《陳獻章集》中頻繁出現的詠頌崔與之、李昴英的詩文作品來看，白沙學術受「菊坡學派」的影響自無疑義〔註50〕。故「菊坡學派」不僅是南宋後期至元初廣東學術流派的代表，而且是明代陳獻章「新會之學」、陳建「東莞學」的源頭。

　　1513～1521 年、1523～1525 年、1530～1532 年，霍韜 3 度返鄉，建四峰書院、石頭書院以培育族中子弟與鄉中百姓。霍韜回朝時，四峰書院由弟霍尹先與友人郭肇乾、葉春及等掌管，霍韜創辦書院是旨在鞏固、發展家族文化。日後霍與瑕、霍蒙拯、霍師乾、霍文寅等家族成員均成舉人，足以體現霍韜的苦心與創見。黃佐在 1524～1526 年首次歸隱已經有講學?象，如四庫管臣說：「然不以聚徒講學名，故倏然於門戶外焉。是書（按：指《泰泉鄉禮》）乃其以廣西提學僉事乞休家居時所著。」〔註51〕1530～1539 年第 2 次歸隱鄉土，黃佐「卜築粵洲草堂，遠近學者從之遊」〔註52〕。1540～1566 年去世，黃佐短暫入仕 3 年，潛心講學、著述，由門人黎民表作序的《庸言》在很大程度上就是黃佐的講學記。一方面，早在 1510 年撰寫的《廣州人物傳》，黃佐就留下創建廣東首個詩派——「南園五先生」的較早文獻記載，黃佐的詩亦有「粵中昌黎」之譽，出其門下的梁有譽、歐大任、黎民表則重開南園詩社，成爲明中葉「南園後五先生」中的 3 人，36 歲去世的梁有譽更是明代「後七子」之一，故《明史》編纂者說：「佐弟子多以行業自飭，而梁有譽、歐大任、黎民表詩名最著」〔註53〕。另一方面，歐大任《百越先賢志》《廣陵十先生傳》、黎民表參與編纂《廣東通志》《從化縣志》《羅浮山志》等就是對黃佐史學思想的傳承。1566 年黃佐去世後，黎民表、歐大任仍然活躍於政壇。1579 年，黎民表南歸，講學越秀山麓。1584 年，歐大任歸隱，在順德赤花洲築清

〔註49〕 羅炳良：《菊坡學派與嶺南史學》，《學術研究》2010 年第 10 期。

〔註50〕 張其凡：《宋代嶺南主要理學人物繼述》，《暨南學報》（哲學社會科學版）1995 年第 3 期。

〔註51〕 黃佐著：《泰泉鄉禮》，《文淵閣四庫全書》，第一四二冊，經部一三六，禮類，臺灣商務館股份有限公司，2008 年版，第 591 頁。

〔註52〕 郭棐撰，黃國聲、鄧貴忠點校：《粵大記》（下），中山大學出版社，1998 年版，第 724 頁。

〔註53〕 張廷玉主編：《明史》，中華書局，1974 年版，第 1155 頁。

朗閣收藏典籍，好學不倦。

　　由崔與之啓引，李昴英、霍韜、黃佐大振的廣東理學家重視講學傳統，由於萬曆年間學禁的原因而一度衰落，清初廣東書院淪爲程朱理學書院而講學之風不興，阮元在 1819 年創學海堂亦有課作無講學，故廣東講學之事微殊非如黃節所言盡因於阮元〔註54〕，而是有其特殊的社會因素的。1858 年，朱次琦開館禮山草堂，標誌廣東理學家講學之風復興。朱次琦一生 4 度講學：1843 年講學南海陳氏賓館，1849～1854 年講學晉中，1857 年講學邑學尊經閣，1858～1882 年講學九江禮山草堂，尤以後者爲著。朱次琦講學南海陳氏賓館、邑學尊經閣均欠缺文獻記載，由於晉中講學體現朱次琦學術「平實敦大」的特點，成爲朱次琦講學的重要時期。1858 年，朱次琦自言：「吾道不行，歸歟歸歟。故鄉無田，有硯可租。學術久荒，庶理其蕪。」〔註55〕遂與朱宗琦籌劃以「朱館」爲基地，開館禮山陳氏宗祠，即禮山草堂。朱次琦講學德育、智育兼重，注意八股文的講授，故其門人多在科場中考取功名，這在很大程度上提升了禮山草堂的威望，故九江周邊地區超過 40 名學生甚至廣西人朱方輝直接前往禮山，拜師朱次琦，朱館之名亦爲世所掩，「九江學派」由此形成。一方面，除官山西 6 年，朱次琦一生未離廣東鄉土，教育家是他最主要的身份，他對廣東學術的傑出貢獻也體現於此。如鄉賢關殊鈔所說：「朱九江先生從政的時間只不過半年多些。他在未中進士前，曾當過私家教師；在山西候補的七年裏，很多士子拜他爲師；辭官返鄉在禮山設館講學，達二十四年。他生平耗費心力最多的就是教育，成就最大的也就是教育。」〔註56〕正是禮山講學 24 年，朱次琦完成一生 9 本著述，標誌朱次琦學術思想的形成。另一方面，在 1882 年朱次琦去世並臨終自焚 7 本著述後，出其門的簡朝亮、康有爲既以撰寫《朱九江先生年譜》《朱九江先生講學記》、編纂《朱九江先生集》等奠定朱次琦的研究基礎，也以顯赫的教育生涯使「九江學派」繁衍出簡、康 2 支，對廣東學術產生深遠影響。

　　（2）撰寫學術專著

　　編纂《南海志》並以此留下廣州現存最早的地方志，是陳大震歸隱鄉土

〔註54〕鄧實、黃節主編：《國粹學報》（九），廣陵書社，2006 年版，第 4491 頁。

〔註55〕朱次琦著，簡朝亮編，關殊鈔點校：《朱九江先生集》附錄續輯，旅港南海九江商會，1962 年版，第 3 頁。

〔註56〕廣東省南海市政協文史和學習委員會編：《紀念朱九江先生誕辰一百八十九週年特輯》，《南海市文史資料》第二十七輯，1995 年，第 23 頁。

的學術成就。黃佐 4 度歸隱鄉土，分別編修《廣州府志》（1526）《泰泉鄉禮》（1526）《香山縣志》（1545）《羅浮山志》（1550）《廣東通志》（1557）等，為明代廣東留下一批具有重要價值的地方志。1546 年母親去世後，陳建閉門不出，完成《學蔀通辨》（1548）《治安要議》（1548）《皇明啓運錄》（1552）《皇明歷朝資治通紀》（1555）等，由於陳建著述繁富並關涉理學、史學等重大問題的討論，故有研究者將其學術稱為「東莞學」，與陳獻章「新會之學」、湛若水「增城之學」並稱。有必要指出的是，來自東莞的「磐石先生」劉鴻漸一生講學邑中，力倡陳建之學，從遊者眾，彌補陳建未能講學鄉土的不足。1763 年，馮成修歸隱鄉土，先後主講粵秀書院、越華書院，留下《養正要規》《學約十三條》《文基文式》《學庸集要》《人生必讀書纂要》等著述，成為清代廣東理學書院繁興的產物。1778 年，曾受一歸隱鄉土，著《易說》《春秋解義》等。朱次琦臨終自焚的 7 種著述均不明其撰寫的具體時間，但據其生平事蹟，很有可能均撰寫於開館禮山草堂期間。完整保留下來的《南海九江朱氏家譜》（1859）《朱氏傳芳集》（1861）與不全的《四書講義殘稿不分卷》則明顯撰寫於開館禮山期間的。

從崔與之創立「菊坡學派」到李昴英振之，從霍韜對於形成學術世家的努力到黃佐培育明中葉「南園後五先生」之 3 人以振「南園詩派」，從朱次琦建立「九江學派」到簡朝亮傳承、康有為嬗變，無論是學術流派還是詩歌流派，由崔與之啓引的開館講學傳統對廣東學術產生的影響是不言而喻的。從崔與之出身名醫之家，到霍韜來自務農之家，到朱次琦儒商之後，就是欠缺家學淵源、師學傳承迫使廣東理學家必須嗜學如命，考取功名，融入中原，自創濟世業，就是由於沒有過多的思想束縛與自有的「南人」本色，使廣東理學家不受中原主流思想的影響，也由於強烈的地域人文氣息而難以融入中原主流圈，歸隱必然成為他們仕宦的終站。廣東理學家在共同的地域文化影響下既集體塑造廣東的人文氣象，他們也以這種人文氣象影響往後的廣東學人，朱次琦就是其中一人。

三、朱次琦與廣東近代漢學

有學者指出，廣東近代漢學的發展大體經歷興起（1819～1840）、沈寂（1840～1864）、復興（1864～1882）、尾聲（1882～1903）4 個階段〔註57〕。

〔註57〕 李緒柏著：《清代廣東樸學研究》，廣東省地圖出版社，2001 年版，第 1～2 頁。

朱次琦學術成長於廣東近代漢學興起之時，需次山西與選擇歸隱鄉土即與廣東近代漢學的沈寂期比較接近，開館禮山草堂與廣東近代漢學復興同步進行，1882 年去世的朱次琦無緣經歷廣東近代漢學的尾聲期，但由於與陳澧同時去世而成爲廣東近代漢學步入尾聲的座標性人物。廣東近代漢學延續 84 年，經歷從學海堂到菊坡精舍，到廣雅書院的學術中心轉移，出現從吳蘭修、侯康、曾釗到梁廷枏、陳澧、桂文燦等學術群體的大換班，也呈現從純粹重視漢學到溝通漢宋學的學術嬗變，但以漢學爲中心而兼採宋學仍然是廣東近代漢學不變的本質，以及與廣東近代互古未有之變混合在一起形成的相關特徵，與朱次琦在政治還是學術、本本還是經世、專經還是通經、漢學還是宋學等關鍵問題上產生嚴峻分歧，故朱次琦的學術思想就是在與之最近距離的廣東近代漢學的博弈中形成與發展的。

1. 政治還是學術

與崔與之、李昴英、陳獻章、霍韜、湛若水、黃佐等屬於私人性質的開館講學很不相同，廣東近代漢學的 3 大推手：學海堂、菊坡精舍、廣雅書院，都屬於官辦書院。隨著廣東在不同時期的中國近代政治、軍事地位的輕重有別，作爲官辦書院的學海堂、菊坡精舍、廣雅書院與政治的距離是有遠近之別的。有學者從學海堂的經費來源、學海堂學長與重要成員的構成等方面分析指出，學海堂部分經費來自從事鴉片貿易的行商伍崇曜，學海堂學人也與行商有著各種交往與關係〔註 58〕。這必然影響學海堂人在鴉片問題上的態度，更多地主張馳禁即是一例。日後，無論是 1835～1840 年鄧廷楨任兩廣總督，還是 1839～1841 年林則徐在廣州主持禁煙，他們到達廣州的第一站就是來到學海堂，他們就是在與梁廷枏、張維屏、林伯桐等學海堂學者的商議中制定廣東海防策略與禁煙措施的，由此形成嘉道年間被譽爲「廣東高級官員的智囊團」。在第一次鴉片戰爭爆發前後，黃培芳、梁廷枏、鄧淳、曾釗等學海堂學長先後協助林則徐、祁貢處理廣東政務、軍務。1839 年 12 月，黃培芳參加由林則徐召集的部分廣東知識分子會議，共同商討對敵事宜。鴉片戰爭爆發後，黃培芳、梁廷枏入林則徐幕，協助軍務。1841 年 2 月，黃培芳、曾釗、梁廷枏在祁貢衙門協助保衛省城的軍務，組織廣東人民抗英鬥爭，成爲1841 年下半年至 1842 年上半年廣州保衛戰的主要領導者。1841 年，祁貢委

〔註 58〕程美寶著：《地域文化與國家認同：晚清以來「廣東文化」觀念的形成》，三聯書店，2006 年版，第 170～171 頁。

派曾釗發動南海、番禺兩縣鄉勇，日夜演練。1843 年，曾釗建議恢復虎門炮臺，進呈炮臺形勢議 10 條，並平定廉州海賊之亂。這種深入廣東政治、軍事第一線的舉措，使學海堂考慮政治的因素必然多於學術，學海堂實際上就是道光年間廣東的政治中心。

羊城書院、越華書院亦建於廣州，即使沒有充分目睹自 1835 年後學海堂學者與廣東政界的緊密往來，但是，1824 年、1832 年分別肄業於此的朱次琦還是知曉學海堂辦學濃烈的政治特色的，故 1835 年被選為學海堂第一屆專課肄業高材生之首時，朱次琦以疾辭，更不會如陳澧那樣任教於學海堂。這明顯就是朱次琦在書院創設宗旨的政治與學術之間的選擇。1858 年朱次琦創立的禮山草堂，無論是書院經費、書院管理還是書院講學，都屬於繼明代廣東私人講學之風消亡後又一所崛起的民辦書院。正是由於在不受政治束縛之下宣揚學術經世，禮山草堂可以在學術與政治之間保持該有的距離，禮山草堂沒有如學海堂那樣在戰爭年代遭至幾乎毀滅性的打擊，也不會如學海堂那樣雖然是提倡新學，但因為清朝覆亡而成為頑固的象徵。

在 1866 年由巡撫蔣益澧、鹽運使方濬頤合力修建的菊坡精舍，雖然由陳澧一人主講，但仍然屬於官辦書院。同治、光緒初年廣東政治、軍事形勢相對穩定，加之一方面，陳澧自覺地回歸學術本位，如他在《自述》中說：「生平無事可述，惟讀書數十年，著書百餘卷耳。」〔註 59〕另一方面，出自陳澧門下的梁鼎芬、桂文燦等均北上中原，在南來北往之間強化廣東近代學人的影響。故菊坡精舍殊非同光年間廣東的政治中心。1882 年朱次琦、陳澧先後去世，禮山草堂、菊坡精舍遂迅速消亡。1887 年陳澧門徒易地任教於張之洞創建的廣雅書院而東山再起，但廣雅書院受 1903 年「癸卯學制」衝擊而易名「兩廣高等學堂」，隨著清朝新學制新課程的實施而不復存在。由於官辦書院的原因，學海堂、廣雅書院均在重要的政治事件中消亡，反之，獨立於政權之外的禮山草堂則隨著朱次琦去世而沈寂。當然，是政治還是學術都無損學海堂、禮山草堂、菊坡精舍、廣雅書院在廣東近代學術上的地位，或者正因為不一樣的側重點，廣東近代學術才顯得更為精彩。

2. 本本還是經世

在嘉道年間廣東漢學興起之前，學術經世都是廣東儒學家撰寫著述的主

〔註 59〕陳澧著，黃國聲主編：《陳澧集》（二），上海古籍出版社，2008 年版，第 10 頁。

要因由，即使是嘉道年間的廣東漢學家，他們本來也是重視經世的，但由於阮元以「專勉實學」〔註60〕作爲學海堂綱領，在他們從希古文社轉投學海堂後，在他們還沒有經歷第 1 次鴉片戰爭之前，學海堂人個體著述的本本意義是大於經世的。道光初年，吳蘭修、曾釗、林伯桐、張維屏等組建希古文社，「以經爲主，子史輔之。熟於先王政典，古今得失，天下利病，而後發爲文。」故希古文社不乏經世之意。入主學海堂後，嘉道年間廣東漢學家最具經世之意者亦多是來自希古堂的學海堂學者。李黼平、林伯桐、侯康、儀克中、黃子高、吳蘭修、曾釗、張維屏、黃培芳、鄧淳、梁廷枏等嘉道年間廣東漢學家群體均精治漢學，長於考證，如李黼平《易刊誤》《毛詩紬義》，林伯桐《毛詩通考》《毛詩傳例》《毛詩識小》，侯康《穀梁禮證》《春秋古經說》《尚書古今文異同考》《孝經古義考》，黃子高《石溪文集》《粵詩搜逸》，吳蘭修《南漢紀》《端溪硯史》等，這些著述更多的都屬於本本上的東西。

由於殊非將乾嘉漢學按原來面貌移至廣東，學海堂其實成爲阮元宣揚新學的陣地，加之廣東近代漢學的起落浮沉都與列強侵華、西學東漸緊緊地繫在了一起，故學海堂還是注重學術經世的。從學海堂人集體編纂的 1822 年本《廣東通志》到《海錄》，到以學海堂人爲中心組成的海防專家、禁煙專家乃至黃培芳、梁廷枏等入幕府等，學海堂人是將歷史賦予他們的雙重使命都漂亮完成了，他們一邊積極參與廣東嶄新史志的編纂，一邊履行保衛家園、傳播西學的書生之責。但毫無疑問的是，屬於集體編纂的《廣東通志》更多地是作爲政治中心的學海堂必須承擔的學術使命，並不能充分體現作爲個體的學海堂人的經世本質。由謝清高口述、吳蘭修筆記的記載近 100 個國家地理、歷史、風俗的地理著述——《海錄》，由於標誌廣東經世地理著述的出現，吳蘭修在廣東地理學近代轉型史上留下不能繞開的一筆。即使曾釗、張維屏、黃培芳、鄧淳、梁廷枏都在經歷鴉片戰爭後學術思想有所變化，曾釗、梁廷枏也成爲道光年間廣東漢學經世派的主要人物，如曾釗自言「好講經濟之學」〔註61〕，梁廷枏的《海國四說》《夷氛聞記》等都顯示經世致用的學術走向，但這些僅占學海堂人學術著述的小部分，不能影響學海堂以本本爲主的著述格局。

〔註60〕陳澧著，黃國聲主編：《陳澧集》（五），上海古籍出版社，2008 年版，第 621 頁。

〔註61〕馮栻宗編纂：《九江儒林鄉志》卷十四，1883 年刊行，旅港南海九江商會，1986 年重刊，第 24 頁。

　　一方面，1832 年以後甚少到廣州的朱次琦是無法知曉學海堂學者在經歷戰爭洗禮之後由本本到經世的諸種變化的，而且他對於阮元將算學、天文、詩歌、經學，甚至是軍事知識都作爲「專勉實學」中的實學，是欠缺充分認識的。另一方面，朱次琦是以考據作爲漢學之長，以獵瑣文、囊大誼、叢脞無用否定漢學，指出學海堂人將過多的精力放在「魚蟲之學」與故紙堆中而沒有留心儒家經典的微言大義，是抓住了廣東近代漢學家疏於經世的要害。重視儒家微言大義，即重視學術經世。即使朱次琦、陳澧在宗守朱熹、鄭玄之間存在分歧，但是，朱次琦對於廣東近代漢學專注本本的指斥是一致於漢學家陳澧。「今人只講訓詁考據而不求其義理，遂至於終年讀許多書而做人辦事處全無長進，此眞不讀書等耳。」〔註 62〕「然則經學之治天下，乃其大義耳，名物訓詁上者，與治天下無所關係也。」〔註 63〕朱、陳二人不約而同談到必須重視學術經世，說明尤重本本是包括廣東近代漢學在內的中國近代漢學家的主要不足。雖然朱、陳二人均尤重學術經世，但朱次琦是將本本置於經世之外而不將考據作爲獨立一學的，反之，陳澧則是以考據爲本，發明經學義理，以期學術明而人才興，進而天下旺。因此，朱、陳都推崇顧炎武，但朱次琦是以顧炎武提倡的經學置於理學以充實理學的經世特徵，陳澧則取顧炎武治學之「博證」而捨其有志匡濟，不忘經世；朱、陳亦重氏鄭玄，但朱次琦是將鄭玄作爲漢學的集大成，而以朱熹理學作爲漢宋學之稽，陳澧則在推崇鄭氏家法的同時，注意挖掘鄭玄學術具有通經致用、經世濟民的特質，故朱、陳二人對於本本與經世的認識是有巨大差異的。這說明朱次琦對廣東漢學疏於經世的警惕是有道理的。

3. 專經還是通經

　　雖然在廣東儒學史上博通經典的經學家不多，他們是多以某一經而在科舉場上考取功名的，但廣東經學家從來都是以通《五經》乃至《十三經》作爲爲學的目標的。屈大均說：「南海人陳元，自恨不學，晨夕陳《五經》拜之。」〔註 64〕馮元自言：「達者一以貫之可（按：可通《五經》）也。」〔註 65〕陳澧

〔註62〕陳澧著，黃國聲主編：《陳澧集》（二），上海古籍出版社，2008 年版，第 258 頁。

〔註63〕陳澧著，黃國聲主編：《陳澧集》（二），上海古籍出版社，2008 年版，第 360 頁。

〔註64〕屈大均撰：《廣東新語》（上），中華書局，2010 年版，第 314 頁。

〔註65〕毛慶耆主編：《嶺南學術百家》，廣東人民出版社，2004 年版，第 66 頁。

也這樣稱許馮元：「元通《五經》，辨析無滯」〔註 66〕。馮成修說：「《五經》雖熟，何敢遽云通也？」〔註 67〕伍崇曜論及胡方時說：「人品端，學術醇，一介不苟，《五經》盡通。」〔註 68〕廣東王鳴雷更是廣東儒學史上唯一以全作《五經》題的中式者〔註 69〕。故通經是廣東經學家由來已久的傳統，他們從來沒有在通向通經的道路上出現任何退縮。廣東經學史上第一次大規模提出專經是由學海堂開始。學海堂是以「通經服古」〔註 70〕自標榜的，但在如何通往通經的道路上，無論是阮元、盧坤還是郭崇燾都提到以「自擇一書肄習」〔註 71〕的方法，更爲重要的是自 1835 年以後，學海堂每年一屆的公舉專課肄業生評比活動，這是以政策導向的方法推動專經。朱次琦就是 1835 年學海堂首評的專課肄業生之首，朱次琦卻之的態度表明他對專經的不滿。

　　2 次鴉片戰爭、太平天國運動在很大程度上破壞了學海堂正常的教學秩序，第 2 次鴉片戰爭期間，學海堂更遭英法侵略軍佔領而文人學者四散，學海堂停課，大批書籍遭到損毀。如陳澧在《學海堂志》中所說：「夷寇亂後，藏書茫然無存。」〔註 72〕「咸豐七年，夷炮打擊文瀾閣，斷一石柱，閣之一隅已傾。同治元年七月朔颶風，產用盡圮，其舊材露積於地，雨淋日炙，朽腐將盡矣。」〔註 73〕陳澧是在廣東漢學遭遇重創之際崛起的咸同年間最著名的漢學家，他沿承學海堂治專經的做法，明確反對通經，主張通一經之學，通讀一部注疏，「夫治《五經》而不通，不如治一經而通。」〔註 74〕「夫《十三經》疏，治經者原不必全讀，經學以專經爲貴，專某經則專讀某經之疏，

〔註 66〕陳澧著，黃國聲主編：《陳澧集》（二），上海古籍出版社，2008 年版，第 557 頁。

〔註 67〕勞潼編：《馮潛齋先生年譜》，1911 年學古堂刻本，第 2 頁。

〔註 68〕胡方著：《周易本義注》，《續修四庫全書》經部，易類，上海古籍出版社，2002 年版，第 651 頁。

〔註 69〕屈大均撰：《廣東新語》，中華書局，2010 年版，第 284 頁。

〔註 70〕陳澧著，黃國聲主編：《陳澧集》（五），上海古籍出版社，2008 年版，第 620 頁。

〔註 71〕陳澧著，黃國聲主編：《陳澧集》（五），上海古籍出版社，2008 年版，第 641 頁。

〔註 72〕陳澧著，黃國聲主編：《陳澧集》（五），上海古籍出版社，2008 年版，第 656 頁。

〔註 73〕陳澧著，黃國聲主編：《陳澧集》（五），上海古籍出版社，2008 年版，第 681 頁。

〔註 74〕陳澧著，黃國聲主編：《陳澧集》（一），上海古籍出版社，2008 年版，第 79 頁。

其餘乃旁涉耳。」〔註75〕陳澧是治專經而兼義理，由此回歸鄭玄的眞漢學。「能尋經義，則學行漸合爲一矣，經學理學不相遠矣。人能通一經而詳味之，此眞漢學也。」〔註76〕朱次琦亦是在咸同年間崛起的廣東最著名的理學家，朱次琦則回歸廣東儒家通經的源頭，「吾聞經師之法，日誦三百言，數以貫之，不及三年，雖在中人，《五經》皆辨。……然則通經將以致用也，不可以執一也。」〔註77〕其實，陳澧是知曉通經的困難而以專經作爲權宜之策，通經仍然是他對興學術、作人才的追求，如他說：「省城及近縣大館，師十餘人，弟子千餘人，所講授者《四書》《五經》。……然則學術日衰，人材日少，何也？但爲時文計，而非欲明聖賢之書故也。……今欲大館講書勿專爲時文計，必使學者知此書爲聖賢教我治人之法，非爲我取科第之物，以《朱子集注章句》之道理，切實而講明之。且不可急急而講，今大館限一年講盡《四書》，太急矣。講《論語》必二年而畢，《大學》《中庸》《孟子》一年而畢，使其學者三年而通《四書》，而後進而講《五經》。」〔註78〕

雖然陳澧在某種程度上是以專經作爲通經的手段，但前提是他認同專經，且以專經爲培育人才的手段，就是在這關鍵點上朱次琦是明確反對的。「經誼，所以治事也，分齋者歧矣。邱文莊《大學衍義補》當辨分齋之非。經學，所以名儒也，分門者窒矣。」〔註79〕有學者指出，胡瑗的分齋教學法踏出了經世之學作爲一門學科獨立的第一步〔註80〕。雖然朱次琦將「求至於古之實學」〔註81〕作爲「四行」、「五學」的依歸，但在他那裡，實學就是孔學，孔學是體用結合，而胡瑗分設經義、治事二齋，「經義」旨在闡述《六經》

〔註75〕陳澧著，黃國聲主編：《陳澧集》（二），上海古籍出版社，2008 年版，第 359 頁。

〔註76〕陳澧著，黃國聲主編：《陳澧集》（二），上海古籍出版社，2008 年版，第 375 頁。

〔註77〕朱次琦著，簡朝亮編，關殊鈔點校：《朱九江先生集》卷首，旅港南海九江商會，1962 年版，第 16～17 頁。

〔註78〕陳澧著，黃國聲主編：《陳澧集》（一），上海古籍出版社，2008 年版，第 83 頁。

〔註79〕朱次琦著，簡朝亮編，關殊鈔點校：《朱九江先生集》卷首，旅港南海九江商會，1962 年版，第 16 頁。

〔註80〕馮天瑜、黃長義著：《晚清經世實學》，上海社會科學院出版社，2002 年版，第 38 頁。

〔註81〕朱次琦著，簡朝亮編，關殊鈔點校：《朱九江先生集》卷首，旅港南海九江商會，1962 年版，第 15 頁。

以「明體」，「治事」重在闡述治國之道以「達用」，則有違孔學的本義。丘濬也認爲儒學是有體有用的，他以《大學衍義》主於理，而《大學衍義補》主於事，其實就是反對胡瑗的經義、治事二齋。反之，陳澧肯定胡瑗的分齋教學法，他認爲胡瑗分齋教學法敦尚行實，治事齋者，人各治一事，又兼一事，在其太學，有好尚經術者，好談兵戰者，好文藝者，使各以類群居講習，故分齋教學是孔門德行、言語、政事、文學四科的遺意，可盡其材〔註 82〕，陳澧本人的教學也獨重學術而罕言政事。陳澧在《東塾讀書論學劄記》中更直言：「吾著《學思錄》之宗旨，惟在分四科，每科又分之，不使爲專門之學者謂人人皆當如我。」〔註 83〕「我之學在分四科，而以經學爲本。」〔註 84〕故通經還是專經，還關係著是否分科而治與學術的歸依問題。由此，朱、陳二人的學術思想是不會走在一起的。

4. 漢學還是宋學

無論是政治還是學術，是本本還是經世，是專經還是通經，廣東近代漢學家與朱次琦的分歧，歸根到底就是漢學與宋學之別。在阮元創建學海堂之前，即使由於惠棟喜以經學提倡士類，廣東出現「惠門四士」蘇珥、羅天尺、何夢瑤、勞孝輿，但一直至陳昌齊、馮龍官，廣東才出現博通群書且以漢儒訓詁經說之人，1819 年以倡導漢學爲旗幟的學海堂的創建則成爲廣東漢學發展史上具有里程碑意義的事件。廣東近代最重要的漢學家陳澧一生經歷學術數變，以此可以窺見廣東近代漢學從片面重視漢學到漢宋學兼採的學術易變。陳澧中年以前尊奉漢學，致力訓詁考據，著有《切韻考》《說文聲表》《漢書地理志水道圖說》等。步入中年以後，陳澧邁向以漢學爲主而兼採宋學的漢宋學會通之路，《漢儒通義》《東塾讀書記》等均是此類著述。即使陳澧爲學數變，「少時只知近人之學，中年以後，知南宋朱子之學，北宋司馬溫公之學，胡安定之學，唐韓文忠公之學，陸宣公之學，漢鄭康成之學，再努力讀書，或可知七十之徒之學歟」〔註 85〕，但陳澧的學術數變是止步於鄭玄。其

〔註 82〕陳澧著，黃國聲主編：《陳澧集》（二），上海古籍出版社，2008 年版，第 24 頁。

〔註 83〕陳澧著，黃國聲主編：《陳澧集》（二），上海古籍出版社，2008 年版，第 373 頁。

〔註 84〕陳澧著，黃國聲主編：《陳澧集》（二），上海古籍出版社，2008 年版，第 385 頁。

〔註 85〕陳澧著，黃國聲主編：《陳澧集》（二），上海古籍出版社，2008 年版，第 765 頁。

具體表現有三：一是以求漢儒行作爲學術生涯的主旨。「吾欲學者皆專習一經，注疏而漸求其義理，因漢儒經注而求漢儒行，若此學能成，則非小補矣。」〔註86〕二是以經學即漢學，以漢學即鄭學。「今余所論著世，乃經學也，漢學也，鄭學也。」〔註87〕三是以經學不衰皆源於鄭玄。「蓋自漢季而後，篡弒相仍，攻站日作，夷狄亂中國，佛老蝕聖教，然而經學不衰，儀禮尤重，其源皆出於鄭學。」〔註88〕如果說，陳澧在《漢儒通義》《東塾讀書記》中以漢學爲中心兼融宋學的漢宋學調和構建了理論基石，而難掩其倒向漢學尤其是鄭學的本質，那麼，出其門下的桂文燦在《經學博探錄》中則將中國近代漢學家寫入其中，「惠門四子」、陳昌齊、馮龍官、侯康、曾釗、張維屏、林伯桐、陳澧等廣東近代漢學家也悉數載入其中，因此，重視漢學是廣東近代漢學家漢宋學兼採的本質。

朱次琦亦摒棄學術門戶之別，但他是以宋學爲中心而去漢宋學之別的。其具體表現有三：一是以朱熹爲漢學之稽。「漢之學，鄭康成集之，宋之學，朱子集之，朱子又即漢學而稽之者也。」〔註89〕二是以朱熹作爲孔子之道大著於天下的因由。「會同《六經》，權衡四書，使孔子之道大著於天下，宋末以來，殺身成仕之士，遠軼前古，皆朱子力也。」〔註90〕三是全面否定漢學。「彼考拓者，不宋學而漢學矣，而獵瑣文，囊大誼，叢脞無用，漢學之長，有如是哉。」〔註91〕因此，即使朱次琦以鄭玄爲漢學集大成，但他既沒有將考據學作爲獨立一學，也否定漢代儒行。更爲重要的是，朱次琦是以朱熹理學逼近孔子之學，明確提出孔子之學，無漢學，無宋學。這與陳澧以知鄭玄之學而或可知七十子之學是有天淵之別的。

無論是只能遙望的廣東理學家傳統，還是可以清晰辨認的廣東近代顯學

〔註86〕 陳澧著，黃國聲主編：《陳澧集》（二），上海古籍出版社，2008 年版，第 373 頁。

〔註87〕 陳澧著，黃國聲主編：《陳澧集》（二），上海古籍出版社，2008 年版，第 378 頁。

〔註88〕 陳澧著，黃國聲主編：《陳澧集》（二），上海古籍出版社，2008 年版，第 276 頁。

〔註89〕 朱次琦著，簡朝亮編，關殊鈔點校：《朱九江先生集》卷首，旅港南海九江商會，1962 年版，第 14 頁。

〔註90〕 朱次琦著，簡朝亮編，關殊鈔點校：《朱九江先生集》卷首，旅港南海九江商會，1962 年版，第 14 頁。

〔註91〕 朱次琦著，簡朝亮編，關殊鈔點校：《朱九江先生集》卷首，旅港南海九江商會，1962 年版，第 15 頁。

——漢學，漢宋學都指向廣東傳統儒學，朱次琦生於斯養於斯的擁有 600 年文化積累的九江「儒林鄉」就是其縮影。地緣、學緣是朱次琦學術成長的大舞臺，自言「但聽風聲便不同」〔註92〕的朱次琦，他是以獨特的學術思想與講學活動拓展、深化其地緣、學緣，不僅讓更多人知曉九江「儒林鄉」之美名，而且有力推動廣東理學、廣東儒學的發展。

第二節　朱次琦學術思想的內容

　　朱次琦學術思想由前後兩期組成，前期為 1824～1832 年，朱次琦肄業羊城書院、越華書院，由學海堂引領的道光年間廣東漢學繁興影響羊城書院、越華書院對於程朱理學的態度，漢宋學結合開始成為廣東學術的主流，與此同時，鴉片輸入極大影響廣東政治、經濟與民生的穩定，如何對待鴉片與海防危機已經成為廣東各界首要關注的問題。後期為 1851～1858 年，朱次琦從官山西襄陵到南返九江，從居南海邑學尊經閣到歸隱九江，這是廣東鄉土正在經歷太平天國動亂與第 2 次鴉片戰爭一觸即發之際，戰亂既使道光年間廣東漢學飽受摧殘，一批廣東漢學家更充分地參與時政、軍事，由阮元倡導的漢學不可避免地發生向經世實學的轉移。朱次琦回歸書齋，他不僅要思考緣何漢學不能拯救鄉土諸種危機，而且怎樣的儒學才能應對社會危機與儒學危機同時到來的當下。正是深沉的憂患意識，成為朱次琦追求學問的動機與推動力。朱次琦提出由「四行」修身、「五學」治學組成的兼及倫理、經學、史學、文藝等方面的學術思想才具有時代意義。

一、倫理思想

　　由孔子開創的中國文化尤重「道德」的傳統，雖經孟子、荀子、二程、朱熹、王陽明等在不同方面的不斷豐富、發展，但儒家傳統的社會倫理並未有所改變，最終形成黑格爾所說的「我們在這裡尚找不到哲學知識」〔註93〕，中國文化只不過是一種「道德學說」的局面。朱次琦的倫理思想由敦行孝悌、崇尚名節、變化氣質、檢攝威儀組成，即「四行」修身條，體現儒學在其發展的原生階段立論樸實，旨在重視人倫和人的實踐智慧，追求以人倫為本的

〔註92〕　朱次琦著，簡朝亮編，關殊鈔點校：《朱九江先生集》卷首，旅港南海九江商會，1962 年版，第 7 頁。
〔註93〕　曾振宇主編：《儒家倫理思想研究》，中華書局，2003 年版，第 1 頁。

社會和諧秩序的特點。

第一，重視人倫

由君臣、父子、夫婦、兄弟、朋友的五倫相對關係，到三綱的絕對關係，五倫由原來的相互之愛、等差之愛進展爲三綱的絕對之愛、片面之愛，與此同時，五倫從純粹重視人與人的關係發展爲特別注重道德價值的五常德（仁義禮智信）。正是將五倫尤其是其核心的三綱與五常德緊密相連，孔子學說完成了社會秩序的建設，由此建立一種以人倫爲本，不是宗教卻勝似宗教的道德型社會。朱次琦是在目睹「風俗日益以弊，而親情日益衰，不啻漢史所稱斗粟尺布而骨肉不相容者」〔註 94〕的情況下而以編纂《南海九江朱氏家譜》體現梁漱溟所說的中國倫理首重家庭的特點，維護以家族本位的宗法社會，以「四行」修身作爲禮山講學的重要內容，則屬於朱次琦努力重建以個人爲始點的中國倫理本位的社會。

1. 以「孝悌」爲本

體現五倫關係的「孝悌」，經過孔子、有子、曾子、孟子等層層演繹，成爲儒家倫理思想的總持。孔子說：「夫孝，德之本也。」〔註 95〕有子說：「孝悌也者，其爲仁之本與！」〔註 96〕曾子將「孝」置於「夫孝，天之地，地之義，而民之行」〔註 97〕的地位。孟子說：「謹庠序之教，申之孝悌之義。」〔註 98〕由此，儒家以教化的形式將「孝悌」固定下來，使它成爲構建人倫社會之本。朱次琦「四行」修身，首重「孝悌」；以名節行道，揚名後世，崇尚名節是以顯父母；以變化氣質正心、養心，這種「克己復禮」的工夫就是旨在體現「天理」，而「天理」就是「禮」、三綱；以檢攝威儀強化士之形象，就是使士復歸「禮」，故朱次琦「四行」修身既牢牢抓住了儒家以「孝悌」爲本的倫理思想，也將其歸結於要人堂堂正正地做個人。

（1）由孝推及養

《論語》講「孝」，其義最初是有感於父母養育 3 年，子女才免於父母之

〔註 94〕 朱次琦著，簡朝亮編，關殊鈔點校：《朱九江先生集》卷八，旅港南海九江商會，1962 年版，第 2 頁。

〔註 95〕 陳桐生譯注：《曾子　子思子》，中華書局，2012 年版，第 3 頁。

〔註 96〕 楊伯峻譯注：《論語譯注》，中華書局，2004 年版，第 2 頁。

〔註 97〕 陳桐生譯注：《曾子　子思子》，中華書局，2012 年版，第 7 頁。

〔註 98〕 楊伯峻譯注：《孟子譯注》，中華書局，2005 年版，第 3 頁。

懷，由孝必然推及養。孔子說：「今之孝者，是謂能養。」〔註99〕孟子所說的「不孝者五」，其中「不顧父母之養；博弈好飲酒；好貨財，私妻子」〔註100〕，指的就是養。朱次琦沿承孟子之論，反對好貨財，私妻子。「且骨肉之間，學者動以理爭。夫烏知爭財者罪，爭理者亦罪。《禮》曰：『門外之治誼斷恩，門內之治恩拼恩。』」〔註101〕「鄭濂舉治家之道曰：『不聽婦言而已。』夫有言而不聽，豈若化之而無言乎！」〔註102〕朱次琦尤其重視婦人在家庭倫理中的消極作用，「易坤爲吝嗇，處婦人者，宜知也。」〔註103〕

　　由孝推及養的極點就是在父母生前或去世後做出有害自身的行爲，即所謂的愚孝。朱次琦在「四行」修身中對此都不曾言及，只說道：「居父母之喪，不可以居講院也。」〔註104〕但朱次琦本人即屢見愚孝行爲。一是父親朱成發有腹疾，朱次琦惶恐，手疏祝灶隍；父親去世，朱次琦居先廟東廂，絕不爲詩文，血誠至哀，三年如一日。二是繼母關氏有所求，雖風雨洗足，衣短後，皇皇而赴其求也〔註105〕；繼母去世，朱次琦呼號哀絕，三日勺水不入口，咯血殯前，執喪居正覺寺，喪食三年，家人嘗以肉進，不即卻，旋以畀其門者〔註106〕。

　　孝養不僅事生、事死，而且是子孫綿延，如孟子所說：「不孝有三，無後爲大」〔註107〕。朱次琦「四行」修身亦並未言及孝非生男不可，但朱次琦是在53歲時妻子黃氏育二女之下納妾的，其妾亦爲朱次琦育一子朱緻生，另育二女。故從孝養、愚孝到力避不孝，朱次琦的生命軌跡都完整體現了何謂儒家所說的「孝」，而出現於「四行」修身條中僅爲孝養，朱次琦有此選擇很有

〔註99〕　楊伯峻譯注：《論語譯注》，中華書局，2004年版，第14頁。
〔註100〕　楊伯峻譯注：《孟子譯注》，中華書局，2005年版，第200頁。
〔註101〕　朱次琦著，簡朝亮編，關殊鈔點校：《朱九江先生集》卷首，旅港南海九江商會，1962年版，第15頁。
〔註102〕　朱次琦著，簡朝亮編，關殊鈔點校：《朱九江先生集》卷首，旅港南海九江商會，1962年版，第15頁。
〔註103〕　朱次琦著，簡朝亮編，關殊鈔點校：《朱九江先生集》卷首，旅港南海九江商會，1962年版，第18頁。
〔註104〕　朱次琦著，簡朝亮編，關殊鈔點校：《朱九江先生集》卷首，旅港南海九江商會，1962年版，第18頁。
〔註105〕　朱次琦著，簡朝亮編，關殊鈔點校：《朱九江先生集》卷首，旅港南海九江商會，1962年版，第10頁。
〔註106〕　朱次琦著，簡朝亮編，關殊鈔點校：《朱九江先生集》卷首，旅港南海九江商會，1962年版，第10頁。
〔註107〕　楊伯峻譯注：《孟子譯注》，中華書局，2005年版，第182頁。

可能緣於他對當下連最基本的孝道也不講的體認，「居父母之喪，不可以居講院也。功令之所嚴也，然而知之者罕也。哀哉！」〔註108〕

（2）由悌推及共財

《論語》講「悌」並不多，無論「其爲人也孝悌」〔註109〕，還是「出則悌」〔註110〕，都屬於一個名，一個概念，指向了敬愛。在中國倫理社會中，夫婦、父子情如一體，其財產是不分的；若父母在生，則兄弟間的財產亦不分，是爲共財。反之，由於兄弟另組新家庭，兄弟間有了親疏之別，就有分財之義。由悌推及的愛率先指向了倫理之經濟。朱次琦是反對兄弟間分財的。他以鄉人掃地北爲例子說：「北少貧，爲掃地翁，既而市利，家少有，厚懷其弟妻子，一布一粟，兄與弟平。兄奔走面目焦萃，弟不知艱難，食兄之力，嘻嘻哈乎皤腹而遊。兄妻弗悅，夫歸，私告叔過。夫搖手揚驚曰：『汝未知也，汝勿言，汝視吾貌，貧人也，汝視叔貌，富人也。吾以弟名入市，市利三倍，若吾名則耗矣。凡汝之食，皆叔之福也。』妻改禮其叔，家臻富有而不睽。由是觀之，掃地北一市人耳，不愛千金而愛其弟，又能使家人之相愛也。孟子曰：『是乃仁述也。』」〔註111〕朱次琦以共財體現兄弟間之愛，這種共財也關係著專愛妻子的自私所起的消極作用，故掃地北不僅演繹了「悌」，而且「悌」中體現的共財、欲妻於無言的做法其實亦是「孝」，朱次琦將它上升爲仁。

由兄弟間的共財推到極點就是孝悌不分。儒家所倡導的是有等差之愛，這種有等差之愛不是專愛女子、玩物喪志之沉溺，不是不愛家人而愛鄰居的躐等之愛，而是以親疏關係爲標準的有等差之愛。父母兄弟之愛是有等差之別的，雖然朱次琦沒有在「四行」修身條中言明，但他踐履於生命旅程之中的就是某種程度的孝悌不分。伯兄去世，朱次琦哭失聲；仲兄去世，朱次琦期不與宴，隱乎其戚戚也；季弟卒，朱次琦不避斂，撫尸，汸汸哭淚。朱次琦是將這種兄弟間的愛置於了一個足以與精神契合的高度。

〔註108〕朱次琦著，簡朝亮編，關殊鈔點校：《朱九江先生集》卷首，旅港南海九江商會，1962年版，第18頁。

〔註109〕楊伯峻譯注：《論語譯注》，中華書局，2004年版，第2頁。

〔註110〕楊伯峻譯注：《論語譯注》，中華書局，2004年版，第4頁。

〔註111〕朱次琦著，簡朝亮編，關殊鈔點校：《朱九江先生集》卷首，旅港南海九江商會，1962年版，第18頁。

2. 忠孝節義並用

「孝悌」之所有成爲人倫之本，由於它既勾連著忠義大節，也聯繫著「克己復禮」，而禮與刑又互爲表裏。朱次琦以「孝悌」爲本的「四行」修身亦是將「孝悌」的道德價值核心意義闡述於其中的。

（1）忠孝並用

率先將「孝悌」作爲人倫之本的有子，是忠孝並用的。「其爲人也孝悌，而好犯上者鮮矣；不好犯上而好作亂者，未之有也。孝悌也者，其爲仁之本歟？」〔註112〕隨著三綱取代五倫，重視君成爲中國傳統倫理的潛在主線，注重報恩之義必然產生大量忠臣，儒家即將忠孝大節視如生命尤關。朱次琦所高揚的伊尹、諸葛亮、汲黯、盧植等名臣，他們首先就是忠臣。「昔者伊尹辨誼，武侯謹愼，辭受取與出處去就之間，昭昭大節，至今照人，如日月之在天也。……雖有國賊，敢不畏直節之士哉？淮南王日夜反謀，曰：『漢廷大臣，獨汲黯好直諫，守節死誼。難惑以非，至如說丞相宏等，如發蒙振落耳。』然則漢之丞相，苟有汲黯之風也，淮南必不動矣。」〔註113〕「剛毅有大節，……而植當漢祚式微，中人構禍，抽白刃嚴閣之下，追幼主河津之間，造次必於忠義，爲東漢忠臣第一。」〔註114〕朱次琦是以此作爲闡述崇尙名節的。朱次琦論述檢攝威儀亦是以能否爲國效命爲依據的，「宰相者，士之所爲爾。士無威儀，雖與之宰相，非其器也。」〔註115〕就是忠孝並用，君父才能並講，教立於家也就著於國家。

由於忠孝並用，士人的節義就尤顯珍貴。孔子所說的「人之生也直」〔註116〕，曾子所說的「可以託六尺之孤，可以寄百里之命，臨大節而不可奪也」〔註117〕，孟子所說的「富貴不能淫，貧賤不能移，威武不能屈，此之謂大丈夫」〔註118〕等，無論是提倡直節、死節，還是淡薄名利，都是指向士人

〔註112〕楊伯峻譯注：《論語譯注》，中華書局，2004 年版，第 2 頁。
〔註113〕朱次琦著，簡朝亮編，關殊鈔點校：《朱九江先生集》卷首，旅港南海九江商會，1962 年版，第 15～18 頁。
〔註114〕朱次琦著，簡朝亮編，關殊鈔點校：《朱九江先生集》卷六，旅港南海九江商會，1962 年版，第 2 頁。
〔註115〕朱次琦著，簡朝亮編，關殊鈔點校：《朱九江先生集》卷首，旅港南海九江商會，1962 年版，第 18 頁。
〔註116〕楊伯峻譯注：《論語譯注》，中華書局，2004 年版，第 61 頁。
〔註117〕楊伯峻譯注：《論語譯注》，中華書局，2004 年版，第 80 頁。
〔註118〕楊伯峻譯注：《孟子譯注》，中華書局，2005 年版，第 141 頁。

的名節。朱次琦提出崇尚名節不僅由此而來，而且涵蓋了上述諸種層面的內容。朱次琦所激揚的漢臣汲黯極力上諫，所稱許的盧植力護幼主，所體現的就是直節、死節；朱次琦以「處己廉，然培克百姓」的爲官者作爲「上以媚朝廷，下以詔權貴」〔註119〕的劫盜，就是對失卻士人節義者的指斥。反觀朱次琦本人，他一生如越華書院師長陳繼昌初見朱次琦所說的「天下士也」〔註120〕，既以一顆平常心看待科舉、仕宦，「科名適然耳」〔註121〕，「自來名臣德行，建樹不必一途，要無不本於澹泊者」〔註122〕，也重視仕宦，「爲官談何容易？今而後何以宜上德，何以達下情，諸君子殷勤教誨，幸書紳作活人經也。」〔註123〕不在其位時如處子耿介，守身如玉，在其位時則效忠國家。朱次琦是以此立身行事，崇其令名。

（2）禮孝相表裏

《大戴禮》之禮有三本，「故禮，上事天，下事地，宗事先祖百隆君師，是禮之三本也。」〔註124〕將宗祀祖先與隆君師勾連在一起，並以此爲禮的三本，孝與忠、禮即是一氣相成的。將《大孝》篇置於《大戴禮》也體現孝、禮是互爲表裏。朱次琦重視居父母之喪不能居講院；反對九江鄉土有家人外死不歸斂之俗，「孔子之誼，友死無歸，猶人殯其家，況親者邪」〔註125〕；禁火葬；以「爲人臣者無外交」〔註126〕而不見俄人求見者，就是將孝、忠、禮放在了倫理道德的層面之上，體現天理之所宜的「義」。以孝爲本，以禮教化而生孝，有時而窮，故衍生了五刑之屬三千，而罪莫大於不孝，由此禮與刑

〔註119〕 朱次琦著，簡朝亮編，關殊鈔點校：《朱九江先生集》卷首，旅港南海九江商會，1962年版，第18頁。

〔註120〕 朱次琦著，簡朝亮編，關殊鈔點校：《朱九江先生集》卷首，旅港南海九江商會，1962年版，第7頁。

〔註121〕 朱次琦著，簡朝亮編，關殊鈔點校：《朱九江先生集》卷首，旅港南海九江商會，1962年版，第10頁。

〔註122〕 朱次琦著，簡朝亮編，關殊鈔點校：《朱九江先生集》卷六，旅港南海九江商會，1962年版，第3頁。

〔註123〕 朱次琦著，簡朝亮編，關殊鈔點校：《朱九江先生集》卷首，旅港南海九江商會，1962年版，第10頁。

〔註124〕 方向東著：《大戴禮記匯校集解》（上），中華書局，2008年版，第51頁。

〔註125〕 朱次琦著，簡朝亮編，關殊鈔點校：《朱九江先生集》卷首，旅港南海九江商會，1962年版，第19頁。

〔註126〕 朱次琦著，簡朝亮編，關殊鈔點校：《朱九江先生集》卷首，旅港南海九江商會，1962年版，第20頁。

又互爲表裏。朱次琦囚劇盜趙三不棱，讞獄不輕及婦人，罪同姓婚等官山西襄陵的做法，體現的就是以刑維護孝、禮，以期禁止大亂之道，使社會關係建築於和諧的情誼之上。

第二，重視人倫實踐

儒家內在的道德若不客觀化爲外面，就不能作用於社會，倫理型社會就難以構築起來。故儒家將一切都歸於篤行。《中庸》所講的：「博學之，審問之，愼思之，明辨之，篤行之。」〔註127〕這5者之間是一種前進的關係，而篤行是其歸結。孔子「孝」之「事生」、「事死」論，子夏說：「事父母，能竭其力」〔註128〕，曾子說：「孝子言爲可聞，行爲可見」〔註129〕，孟子說：「入以事其父兄」〔註130〕，二程將有子「以孝悌爲仁之本」易作「以孝悌爲行仁之本」，所體現的就是注重人倫日用，盡倫、敬事，即儒家內在的道德實踐，儒家的道德實踐總是歸結於人倫。朱次琦修身4條16字，均爲動賓結構，即是重視人倫實踐，以學問「變化氣質」，既是重視孔、孟以禮、樂陶冶性情，也是沿承程朱的修身工夫論。

1. 重視人倫實踐

儒家雖然是入世之教，但由於唐代儒學延續了南北朝以來繁瑣的章句之學，治經者多尙專家，加之安史之亂後施之於郊廟、朝廷的禮樂已如歐陽修所說的「爲虛名」，故從唐代開始，儒學就已經與中國人的日常生活脫節了。韓愈以《原道》、《師說》諸篇的崛起就是「直指人倫，掃除章句之繁瑣」〔註131〕，旨在儒學轉向入世，即宋明理學家所謂的「人倫日用」的儒學。由韓愈啓引的取法新禪宗的「直指人心，見性成佛之旨」而試圖使儒學重新指導中國人生活的做法，一方面由於周敦頤、二程、朱熹、陸九淵等努力而終於有成，儒道的尊嚴以建立書院宣講儒學而重新樹立，另一方面，宋明理學家被韓愈關於性、情問題的討論吸引過來，將韓愈未曾「向裏」求索的新禪宗放大，既建立以「理」、「天」兼講的彼岸，爲儒家「人倫近事」提供一個形而上的保證，也以「氣」、形而下、事、「人慾」等構築與彼岸相對應

〔註127〕 朱熹注：《四書集注》，鳳凰出版社，2005年版，第30頁。
〔註128〕 楊伯峻譯注：《論語譯注》，中華書局，2004年版，第5頁。
〔註129〕 陳桐生譯注：《曾子 子思子》，中華書局，2012年版，第47頁。
〔註130〕 楊伯峻譯注：《孟子譯注》，中華書局，2005年版，第10頁。
〔註131〕 陳寅恪著：《金明館叢稿初編》，上海古籍出版社，1981年版，第287頁。

的此世，體現儒家採取一種積極的態度應對此世的一切秩序〔註132〕。但是，人倫實踐並沒有因為北宋五子、朱陸、王陽明等提倡而使儒學真正回到日用，反之，陽儒陰佛的宋明理學使唐代仍然「內聖」、「外王」並重的儒學的狀態蛻變為重「內聖」而輕「外王」，而儒家道德若欠缺實踐即相當容易陷於偽道德。

朱次琦是目睹道咸年間人倫喪失的而提出敦行孝悌、崇尚名節、檢攝威儀的，「今之學者，其聞古之孝悌，則曰：『吾心固如此也，其事則不能矣。』及其有失也，則曰：『事如此，吾心不如此也。』……今天下之士，其風奸利而鮮名節，二百年於茲矣，學者不自立，非君子人也。……今之學者，輒曰不羈，威儀鮮自力。」〔註133〕就是這幅其實已經不是虛偽而是明目張膽的人倫喪失的圖像促使朱次琦以「敦行」、「崇尚」、「檢攝」一系列動詞強化修身的實踐性，呼喚真道德。朱次琦明瞭只有實踐道德，重建儒家的倫理社會才能實現。另外，朱次琦重視名節的培育與一生經營。「秉（按：即盧秉）曰：『亭沼如爵位，時來或有之，林木非培植根株弗成，大似士大夫立名節也。』」〔註134〕「士之名節也，終身之力，豈一日之幸乎？」〔註135〕

有學者指出，儒家人倫實踐，其成就一見於家庭，一見於政治（國家），一見於教化（社會）〔註136〕。朱次琦也分別以編纂《南海九江朱氏家譜》、官山西襄陵十大政績與將「四行」修身開館講學將此一一落實。在這 3 種卓然可見的人倫實踐之中，更具有時代意義且更與孔孟、程朱、王陽明等大儒隔世共鳴的就是以教學申之以儒家人倫之義。正是以人倫成之於教化，門人胡景棠才能在朱次琦去世後守墳 9 年，簡朝亮亦在父母去世後分別守孝 3 年。若不去質問這種守孝是否必須與正確，朱次琦重視人倫實踐是頗見成效的。

2. 以變化氣質為修身工夫

將儒家內在的道德客觀化為人倫日用，這是一番讓朱熹、王陽明也頗感

〔註132〕曾振宇主編：《儒家倫理思想研究》，中華書局，2003 年版，第 191～194 頁。

〔註133〕朱次琦著，簡朝亮編，關殊鈔點校：《朱九江先生集》卷首，旅港南海九江商會，1962 年版，第 15 頁。

〔註134〕朱次琦著，簡朝亮編，關殊鈔點校：《朱九江先生集》卷首，旅港南海九江商會，1962 年版，第 18 頁。

〔註135〕朱次琦著，簡朝亮編，關殊鈔點校：《朱九江先生集》卷首，旅港南海九江商會，1962 年版，第 18 頁。

〔註136〕曾振宇主編：《儒家倫理思想研究》，中華書局，2003 年版，第 83 頁。

千難萬難的工夫，如朱熹臨終前特拈出「艱苦」二字，王陽明也說：「某於良知之說，從百死千難中得來，非是容易見得到此。」〔註137〕無論是體認的過程還是由儒家道德的內在體認到外化為平常日用，都是由踐人倫而敦行「錫類之愛」，一番「克己復禮」的工夫，此工夫就是要正心、養心、求放心、操存此心。儒家不主張禁慾斷情，而是強調以學問來正心、養心。孔子說：「志於道，據於德，依於仁，游於藝。」〔註138〕「興於詩，立於禮，成於樂。」〔註139〕藝、樂都是調和性情的 2 種學問。延及張載、程朱，他們以「天命之性」、「氣質之性」分別應對孟子、荀子的「性善說」、「性惡說」，既然氣質之性容易有過由不及之偏，故求放心之功，要見於變化氣質，如程頤所說的「學至氣質變方是有功」〔註140〕，就是這種借助學習的內在的沉潛陶鑄工夫，開宋明理學的先河，形成中國「道德性的人文主義」的基點。

朱次琦不僅沿承張載「變化氣質」之論，而且提出以讀書「變化氣質」。「張子曰：『形而後有氣質之性，善反之則天地之性存焉。』《洪範》曰：『沉潛剛克，高明柔克。』變化之道也，能自克而勝氣質，則剛柔濟事，是攸好德也，攸好德則宜在五福，不能自克而氣質勝，則剛柔害事，是弱也，弱則宜在《六經》，此學者之無龜也。」〔註141〕「自克」的方法就是讀書，「伯恭之少也，性暴怒，及讀《論語》曰：『躬自厚而薄責於人。』遂自克也。」〔註142〕「讀書自克，吾學者之事也。」〔註143〕從孔孟到程朱，無論是率情以順性，還是窮理，總逃不出讀書的範圍，朱次琦亦是如此。由體認實踐之深淺而把握正心、養心之層次，體認實踐的過程，就是變化氣質的過程，亦是「克己復禮」的過程。故變化氣質是為一種漸進式地迫近儒家倫理，體認與實踐之間又形成一種辯證法的迫近，此即黃宗羲所說：「心無本體。工夫所至，即其本體」，也是一般宋明儒學家論及的儒學的體用合一。

〔註137〕 王守仁著：《王陽明全集》（一），線裝書局，2014 年版，第 87 頁。

〔註138〕 楊伯峻譯注：《論語譯注》，中華書局，2004 年版，第 67 頁。

〔註139〕 楊伯峻譯注：《論語譯注》，中華書局，2004 年版，第 81 頁。

〔註140〕 程頤著，王孝魚類校：《二程集》（上），中華書局，1981 年版，第 124 頁。

〔註141〕 朱次琦著，簡朝亮編，關殊鈔點校：《朱九江先生集》卷首，旅港南海九江商會，1962 年版，第 15 頁。

〔註142〕 朱次琦著，簡朝亮編，關殊鈔點校：《朱九江先生集》卷首，旅港南海九江商會，1962 年版，第 18 頁。

〔註143〕 朱次琦著，簡朝亮編，關殊鈔點校：《朱九江先生集》卷首，旅港南海九江商會，1962 年版，第 18 頁。

儒家倫理諄諄於孝悌，敦篤家人父子之親情，由近及遠，善於推其所爲，君君、臣臣、父父、子子之正名與其不同的名分，勾連在一起便構成一種社會秩序，而這種社會秩序殊非由法律統率，而是孝悌，是禮，中國以道德代替宗教，中國人倫爲本的社會由此形成。即使黃宗羲、顧炎武、王夫之等清儒出現反傳統君臣關係的言論，但儒家倫理的實質並未改變。在西學東漸與經歷 2 次鴉片戰爭、洪秀全太平天國的衝擊以後，廣東社會由於對西學採取避而不談，對西人則窮追猛打的做法，故以儒家人倫爲本的社會結構一直在1890 年前後都沒有產生太大的變化。如 1890 年廣東的鄉約民風仍然受到讚賞，「聞廣東講鄉一事極爲講究，無論城廂鄉市到處皆有之。且聽者亦到處麇聚，頗不寂寞。其講鄉約之人亦得以藉此博蠅頭爲糊口資，勝於爲狙猻之王。蓋彼處風氣以此爲重，竟有病人許願求神許講鄉約一壇、以至十壇不等。」〔註 144〕朱次琦的可貴之處是在這種表面而言沒有變化之中知曉其產生變化的可能性。由於孔子是將以孝爲中心的儒家倫理建築於人的親親關係，並基於人的內心，成爲華夏民化不可或欠缺的一部分，故儒家倫理不會因爲儒學獨尊地位的終結而完全失去，因此，儒家倫理既是儒家文化的最後一道防線，其優秀部分也是可以服務於任何一個時代的。朱次琦倡導的儒家倫理思想也是如此。

二、經學與史學思想

經學、史學是中國古代學術的 2 大重鎮。從孔子以「六藝」教育門人與自著《春秋》以明心跡、兩漢時期獨尊《六經》與史學成爲經學的附庸、宋明兩代以博大、精微兩途直尋孔子與經學勝於史學到清初以來顧炎武、章學誠、龔自珍、魏源等在切於人事的「經世致用」觀念的影響下，提出「經學即理學」、「六經皆史」的口號，著眼於事實與歷史經驗，最終將經學導向史學，經學史學的上述分合流變潛藏於整個中國古代學術史，成爲分析中國古代學術的一條重要線索。「五學」治學章是朱次琦開館講學的內容之一。「五學」首列經學，次列史學，次指鴉片戰爭前後出現的史學旁支掌故學，以性理之書誼如懿戒，屬於理學的消極面，以有古誼然後有古文〔註 145〕，反映朱次琦主要是以經學史學的離合關係構建其學科門類的。由於朱次琦是在以經

〔註 144〕佚名：《論講鄉約之有益》，《申報》1892 年 6 月 9 日。
〔註 145〕朱次琦著，簡朝亮著，關殊鈔點校：《朱九江先生集》卷首，旅港南海九江商會，1962 年版，第 18 頁。

學的主導地位下提出經史結合與強化史學的獨立的,他沒有將經史的分合流變堅持到底,充其量屬於「半截子」地明夫了經史的分合流變。

首先,經學主導

經學居「五學」之首,顯而易見的是朱次琦以經學爲主導地位。朱次琦既將經學指向實學,也提出以經學助理學,體現朱次琦提倡經學主導的深刻要義。

1. 以經學指向實學

將《六經》作爲具體歷史經驗的記載,後人必須從古籍的記錄中學習儒道,這是朱次琦對《六經》的一致看法,是他有別於王陽明、章學誠提出的「六經皆史」說與陳澧「以疏解注,以注解經,既解而讀之思之,此經學也」〔註146〕的主要地方。「《六經》者,古人已然之跡也。《六經》之學,所以踐?也。踐?而入於室,善人之道也。」〔註147〕朱次琦認爲,治《六經》要重於現實與偏於事,更要會通古人之義,此「義」就是儒家倫理道德。這是他將經學作爲主導地位與分析漢宋明清諸儒治經得失的根本方面。其實,朱次琦的審視本於先秦時期的儒家史學。在孔子以前,「六藝」已經以王官之學的形式傳播,爲孔子所學,孔子的獨特之處在於使王官之學自成一家之言,變成一種平民學。在漢人那裡稱爲六藝,即《六經》,就是記載具體歷史經驗的六種古籍。

孔子之學,大備於《論語》,惜漢儒將《論語》作爲治經的幼學階段,漢儒治經實未能深明孔學的眞諦。反之,朱熹治經既直尋《論語》,也遍尋孔子之後學與繼起〔註148〕,其《四書集注》顯得相當博大。因此,朱次琦將朱熹作爲漢學、宋學的集大成,以《六經》、《四書》會通古人之義,彰顯孔子之道。「漢之學,鄭康成集之。宋之學,朱子集之,朱子又即漢學而稽之者也。會同《六經》,權衡《四書》,使孔子之道大著於天下,……」〔註149〕明儒治

〔註146〕陳澧著,黃國聲主編:《陳澧集》(二),上海古籍出版社,2008年版,第361頁。

〔註147〕朱次琦著,簡朝亮著,關殊鈔點校:《朱九江先生集》卷首,旅港南海九江商會,1962年版,第16頁。

〔註148〕朱次琦著,簡朝亮著,關殊鈔點校:《朱九江先生集》卷首,旅港南海九江商會,1962年版,第15頁。

〔註149〕朱次琦著,簡朝亮著,關殊鈔點校:《朱九江先生集》卷首,旅港南海九江商會,1962年版,第14頁。

經單刀直入，講求明心見性，經學遂顯精微，故《六經》皆我注腳。朱次琦的關注點殊非《六經》注我與我注《六經》的區別，而是心學家注經是否切於事與達於道。「子張問善人之道，子曰：不踐?，亦不入於室。陸子靜，善人也，未嘗不學，然始事於心，不始於學，而曰《六經》注我，我注《六經》，雖善人乎，其非善人之道也。」〔註150〕經學必須踐?，然陸九淵不主讀書，不主踐?，乾嘉諸儒主於訓詁考據，此乃治古書，亦不知踐?，均殊非治人事與明道義的善人之道，即非孔子之道。故朱次琦說：「古今名家聲音訓詁，去其違而終之經誼，焉可也？」〔註151〕

2. 以經學助理學

《易經》屬於哲學，《尚書》《春秋》屬於史學，《禮》《樂》亦屬史學，《詩經》屬於文學。如此支離破碎的學術分科，殊非孔子之學。孔子之學在於會通「六藝」，關注整個人類社會。因此，朱次琦主張會通漢宋，其表現有二：一是以朱子為宋學之集大成且即漢學而稽之者也〔註152〕，可見朱次琦尊朱反乾嘉諸儒。二是以「古無所謂理學，經學即是理學也」〔註153〕，這是以理學佐經學。朱熹即漢學而稽之者，其「稽」具有考核、計較之義，由此朱熹成為勾連漢宋學的代表人物。另外，朱次琦將顧炎武「經學即理學」變易為以理學佐經學，「性理諸書，剪其繁枝，固經學之佐也」〔註154〕，反映朱次琦是承認理學，試圖將理學導入經學，以本於儒道實現理學經學會通。但是，出自簡朝亮筆下的《朱九江先生講學記》是以「足以自箴之書」〔註155〕作為性理之學，並未將《四書》置於經學。簡朝亮在《論語集注補正述疏》一書中則明確將《五經》《四書》均作為經學。「道學者，非他也，經學也。孔子之道存乎經，今日《五經》，日《四書》，皆經學也。此程子、朱子以經學明孔

〔註150〕 朱次琦著，簡朝亮著，關殊鈔點校：《朱九江先生集》卷首，旅港南海九江商會，1962 年版，第 16 頁。

〔註151〕 朱次琦著，簡朝亮著，關殊鈔點校：《朱九江先生集》卷首，旅港南海九江商會，1962 年版，第 17 頁。

〔註152〕 朱次琦著，簡朝亮著，關殊鈔點校：《朱九江先生集》卷首，旅港南海九江商會，1962 年版，第 14 頁。

〔註153〕 朱次琦著，簡朝亮著，關殊鈔點校：《朱九江先生集》卷首，旅港南海九江商會，1962 年版，第 18 頁。

〔註154〕 朱次琦著，簡朝亮編纂，關殊鈔點校：《朱九江先生集》卷首，旅港南海九江商會，1962 年版，第 18 頁。

〔註155〕 朱次琦著，簡朝亮編纂，關殊鈔點校：《朱九江先生集》卷首，旅港南海九江商會，1962 年版，第 15 頁。

子之道也，所謂君子學以致其道也。……自《宋史》不知史法，別《儒林傳》而闕《道學傳》以尊程子、朱子諸賢，而矜其名者，以爲道學非儒林之經學也。」〔註156〕

其次，經史結合

經學重於理想，必上追三代。史學重於現實，當取法近世，且窮其源。從先秦儒家到明末清初王夫之、戴震、章學誠等史家將經學導向史學之前，將史學作爲經學的附庸是經史結合的根本特點。朱次琦主張的經史結合也是如此。朱次琦認爲，「史之於經，猶醫案也。《書》與《春秋》，經之史，史之經也。百王史法，其流也。正史紀傳，《書》也。《通鑒》編年，《春秋》也。以此見治經治史，不可以或偏也。」〔註157〕無論是作爲經學的醫案還是必須限制在經學的範圍內，史學都是不自由的，其不自由在於史學是經學的工具。

經史之本原在於道，經史之會也在於道〔註158〕，這在儒家史學的萌芽階段便有體現。在「六藝」中，獨《春秋》是孔子生平之著。據《孟子·離婁》，孔子指出其編纂的《春秋》的特點是：「其事則齊桓、晉文，其文則史……其義則丘竊取之矣。」〔註159〕「義」，是指宜，即儒道，故孔子自言：「志在《春秋》。」《春秋》與儒家學說的結合就在於這個道。也就是說，在儒家史學的最早源頭，史學就是必須服務於儒家學說。這是它們可以結合也必須的根源。在《朱九江先生講學記》一文中，朱次琦多次用到「誼」字。「嗚呼！孔子歿而微言絕，七十子終而大誼乖，豈不然哉？」〔註160〕「經誼，所以治事也。」〔註161〕「經史之誼，通掌故而服性理焉。」〔註162〕「有古誼然後有

〔註156〕簡朝亮撰，趙友林、唐明貴校注：《論語集注補正述疏》（上），華東師範大學出版社，2013 年版，第 484 頁。

〔註157〕朱次琦著，簡朝亮著，關殊鈔點校：《朱九江先生集》卷首，旅港南海九江商會，1962 年版，第 17 頁。

〔註158〕范學輝、齊金江主編：《儒家史學思想研究》，中華書局，2003 年版，第 18 頁。

〔註159〕楊伯峻撰：《孟子譯注》，中華書局，2005 年版，第 175 頁。

〔註160〕朱次琦著，簡朝亮著，關殊鈔點校：《朱九江先生集》卷首，旅港南海九江商會，1962 年版，第 14 頁。

〔註161〕朱次琦著，簡朝亮著，關殊鈔點校：《朱九江先生集》卷首，旅港南海九江商會，1962 年版，第 16 頁。

〔註162〕朱次琦著，簡朝亮著，關殊鈔點校：《朱九江先生集》卷首，旅港南海九江商會，1962 年版，第 18 頁。

古文。」〔註163〕這裡所說的大誼、經誼、經史之誼與古誼，就是指「宜」，即是儒道。儒道成爲朱次琦分析經學史學文學等學術的根本，也是經學史學會通的本原。

通經致用是經史會於道所必然體現的治學精神。將史學的價值定位爲經世致用，率先體現於《春秋》的「微言大義」集中反映在所見世的哀、定、昭三朝歷史當中。至漢宋，董仲舒之學見漢制，司馬遷之學見國要，張載指出要「以禮治國」，二程則認爲學者必須通世務，均主張通經致用。從明末至清中葉以前，在顧炎武、章學誠、龔自珍、魏源等推波助瀾下，通經致用與社會改革相結合，使千年來史學作爲經學的附庸的角色出現大逆轉。一方面，朱次琦將致用作爲讀書的根本點。「讀書以明理，明理以處事，先以自治其身心，隨時而應天下國家之用。」〔註164〕具體對經學的闡述時，朱次琦則強調通經的重要性。朱次琦認爲，「經誼，所以治事也，分齋者歧矣。經學，所以名儒也，分門者窒矣。」〔註165〕朱次琦以能否治事作爲眞經學眞經誼的衡量標準，反對乾嘉以專經之訓詁考據爲儒者當治之事。另一方面，朱次琦強調的通經致用屬於中國古代「以復古求解放」的思想模式，他提倡的經史結合旨在復興儒學，不是屬於明末清中葉以來與社會變革聯繫在一起的通經致用思潮的一部分。因此，朱次琦雖然認爲《尚書》與《春秋》是史之經、經之史，但與章學誠旨在將經學導向史學的「六經皆史」說是有很大區別的。

反對以考據爲一學是對通經致用的深化。在朱次琦之前，戴震、姚鼐等論學皆分爲義理、考據、辭章，曾國藩在此基礎上增加經濟一門，與朱次琦同時代的陳澧則尤重考據。陳澧說：「余之學以考據爲主。論事必有考據，乃非妄談；說理必有考據，乃非空談。」〔註166〕陳澧還將清代考據學與漢、唐、宋學術相比美，「近人詆考據之學，試思本朝之學所以能與漢、唐、宋各極其盛者，非考據乎？若無考據之學，則遠出漢、唐、宋之下矣。」

〔註163〕 朱次琦著，簡朝亮著，關殊鈔點校：《朱九江先生集》卷首，旅港南海九江商會，1962年版，第18頁。

〔註164〕 朱次琦著，簡朝亮著，關殊鈔點校：《朱九江先生集》卷首，旅港南海九江商會，1962年版，第16頁。

〔註165〕 朱次琦著，簡朝亮著，關殊鈔點校：《朱九江先生集》卷首，旅港南海九江商會，1962年版，第16頁。

〔註166〕 陳澧著，黃國聲主編：《陳澧集》（二），上海古籍出版社，2008年版，第357頁。

〔註167〕朱次琦即將考據學卻之門外。「乾嘉中葉至於今日，天下之學，皆尊漢而退宋，以考據爲宗，則攻朱子爲空疏。……今之言漢學宋學者，咻之於道中，而孔子之道歧。」〔註168〕朱次琦認爲乾嘉諸儒是以漢學去宋學，遂講考據，考據是治學方法，是治學中之事，不能成爲一學。「讀書者，格物之事也。王姚江講學，譏朱子讀書，曰致良知可也。學者行之，流弊三百餘年。」〔註169〕由王陽明以下300年皆不讀書，即朱次琦亦認爲乾嘉諸儒不讀書，或者說乾嘉學者以訓詁考據爲讀書，故朱次琦以讀書爲格物之事，將讀書與考據分而言之，言「五學」也不及考據。

最後，史學的獨立

在以儒家學說爲主導的整個中國古代學術史上，談論史學的完全獨立是沒有可能的。但是，隨著史家的湧現、史著的產生與史學理論的形成，人們自然而然地必須關注史學，於是，人們對史學作爲一門學科所具有的獨特性、史學在人類學科中的重要性的認識便越加深入，史學便具備了在一定範圍內一定程度上的獨立的可能了。

1. 史學作為一門學科的獨立

在產生了《春秋》《史記》《漢書》《後漢書》《三國志》《宋書》等著名史書之後，史學終於贏得了作爲一門學科的獨立。首次將史學從經學中分離出來的是《隋書‧經籍志》，在經、史、子、集4部中，將史書分爲13類，正式奠定經史分途的學術格局，並延至乾隆年間的《四庫全書》。乾嘉諸儒治專經而不能通史學，故朱次琦以爲「蠹大誼，叢脞無用」〔註170〕。欲會通儒家大義，不能昧於古，因此治史必通於經，經學也必待史學之窮其源並止於史。經史互通就是朱次琦將史學作爲「五學」其中一學的根本原因。朱次琦認爲，「夫經明其理，史證其事，以經通經則經解正，以史通經則經術行。」〔註171〕本於經史互通下對史學的重視，反映史學依然是以作爲經學的附庸而

〔註167〕陳澧著，黃國聲主編：《陳澧集》（二），上海古籍出版社，2008年版，第383頁。

〔註168〕朱次琦著，簡朝亮，關殊鈔點校：《朱九江先生集》卷首，旅港南海九江商會，1962年版，第15頁。

〔註169〕朱次琦著，簡朝亮，關殊鈔點校：《朱九江先生集》卷首，旅港南海九江商會，1962年版，第15頁。

〔註170〕朱次琦著，簡朝亮，關殊鈔點校：《朱九江先生集》卷首，旅港南海九江商會，1962年版，第15頁。

〔註171〕朱次琦著，簡朝亮著，關殊鈔點校：《朱九江先生集》卷首，旅港南海九江商

存在的。

掌故學是打通編年體、紀傳體與紀事本末體等的一種新的史學體裁。嘉慶、道光年間，由於近代私家藏書著述豐富與經世致用興起，經濟有補實用，掌故則有資文獻，掌故學出現繁興。近代掌故學始於龔自珍，同時期的俞正燮也極大地促進了掌故學的影響。首次將掌故學作爲一種學科來教育門人，並取得顯著效果的是朱次琦。朱次琦分史與掌故爲二，以史學明事變，掌故通制度，這與章學誠以「六經皆史」而偏於掌故是不同的。朱次琦認爲，「《九通》，掌故之都市也。士不通《九通》，是謂不通。……掌故之學，至賾也。由今觀之，地利軍謀，斯其亟矣。……知掌故而不知經史，胥吏之才也。……經史之誼，通掌故而服性理焉，如是則辭章之發也。」〔註172〕凡關涉國計民生的政治、經濟、軍事、水利、文物、制度等均屬於掌故學的範圍，朱次琦將掌故學擺在一個等同於經學、史學的高度。朱次琦需次山西期間，正是太平天國運動一觸即發之時，朱次琦就搜集武備、倉儲、河渠、地利諸書，反映朱次琦治史學注重近世，「地利軍謀」即緣於太平天國動亂所有感而發的，這與乾嘉諸儒未敢言近史是迥然不同的。正是重視經史與與掌故，1852 年冬天，朱次琦驚聞太平軍破武昌、安慶，據南京，北至揚州，撰寫《晉聯關隴三難五易十可守八可徵之策》一文，惜已佚。朱次琦將知掌故、通經史作爲官吏必備的知識，說明朱次琦對近世中國所面臨的嚴峻挑戰是有先見知明的。

2. 史學理論的傳承與豐富

從先秦到鴉片戰爭以前，中國古代史學理論經歷了產生、形成、發展與終結 4 個時期，對朱次琦產生重要影響的是宋代史學與明末清初史學。「資治」意識使宋代史學出現極大的繁興，與「資治」意識一脈相連的是明末清初發生在史學領域的經世致用思潮。朱次琦對於史學的闡發與有功於廣東近代史學的地方，在很大程度上是源出於此。

（1）史學必須致用

從司馬光的《資治通鑒》開始，宋人的「資治」意識可謂蔚然成風。其主要表現有：一是地方志的編撰，二是出現奏議集、紀事本末體等，三是注

會，1962 年版，第 15 頁。

〔註172〕朱次琦著，簡朝亮著，關殊鈔點校：《朱九江先生集》卷首，旅港南海九江商
　　　　會，1962 年版，第 17～18 頁。

重研究本朝史與撰寫野史筆記，四是注重以史學重振儒學。宋人「資治」意識的諸種表現，在朱次琦的一生中多有表現。

1850～1854 年，朱次琦任職山西，日後他將此聞見寫入《晉乘》，已佚。朱次琦提議鄉人馮栻宗編纂《九江儒林鄉志》，並爲其手定採訪條款。「光緒九年刻《九江儒林鄉志》二十一卷，此則朱子襄京卿、明立峰大令、馮愛之封君倡之。」〔註173〕「徵君並手定採訪條例款，已敦聘里彥次第採訪而纂修焉。」〔註174〕梁啓超認爲，方志學之成立始於章學誠〔註175〕。若以章學誠提出的集志、掌故、文徵於一體的大方志學概念而言，由朱次琦編纂的旨在將九江朱氏族人及與其有關的外鄉人的詩文作品收入其中的《朱氏傳芳集》是屬於「文徵」，屬於方志的範圍。

朱次琦注重通鑑、紀事本末的文體特徵。「通鑑立文，先書之要，後書之詳。……通鑑書戰者詳，兵謀之蓄也。紀事本末，其尋之也易，不亦宜備乎？」〔註176〕通鑑體詳於軍事記載，故朱次琦尤爲重視，即是史學經世意識。朱次琦說：「《資治通鑑》，史學之大用也，雖百世可爲王者師矣。……《通鑑》立文，先書之要，後書之詳，蓋《綱目》存焉矣，若夫《綱目》，非朱子成之者，纂於門人，其文竄而疏。……《明史》，史之近也。」〔註177〕朱熹在《與林擇之書》中說：「《通鑑》工夫浩博，甚悔始謀之太銳，今甚費心力。然業已爲之，不容中輟。」〔註178〕在《答蔡季通書》中朱熹說：「《綱目》競無心力整頓得，恐爲棄井矣。」〔註179〕雖然朱熹與後學均對《綱目》多有不滿，但也難以由此否認《綱目》非成之於朱熹，故朱次琦認爲《綱目》纂於門人

〔註173〕馮栻宗編纂：《九江儒林鄉志》序，1883 年刊行，旅港南海九江商會，1986
　　　　年重刊，第 1 頁。
〔註174〕馮栻宗編纂：《九江儒林鄉志》序，1883 年刊行，旅港南海九江商會，1986
　　　　年重刊，第 4 頁。
〔註175〕梁啓超著：《中國近三百年學術史》，山西古籍出版社，2001 年版，第 320
　　　　頁。
〔註176〕朱次琦著，簡朝亮編，關殊鈔點校：《朱九江先生集》卷首，旅港南海九江商
　　　　會，1962 年版，第 17 頁。
〔註177〕朱次琦著，簡朝亮編，關殊鈔點校：《朱九江先生集》卷首，旅港南海九江商
　　　　會，1962 年版，第 17 頁。
〔註178〕郭齊、尹波點校：《朱熹集》第五冊，四川教育出版社，1996 年版，第 231
　　　　頁。
〔註179〕郭齊、尹波點校：《朱熹集》第五冊，四川教育出版社，1996 年版，第 291
　　　　頁。

之論是值得商榷的。其實，如陳澧所說：「刻《綱目》者，當盡刪書法、發明、質實之類，使不爲《綱目》累，則善矣。」〔註180〕將主觀比附置於《綱目》，陳澧所論的很有可能就是朱次琦質疑《綱目》的原由。簡朝亮也稱許《通鑒》，「《資治通鑒》，……史學之要也。司馬氏《通鑒》，蓋經而能權者也。」〔註181〕朱次琦在肯定通鑒、紀事本末體的貢獻時，指出《畢氏續資治通鑒》的不足，「畢氏之續未逮也」〔註182〕，1932 年，簡朝亮開始著《酌加畢氏續資治通鑒論》，成爲簡朝亮的未竟之書。

《國朝名臣言行錄》《國朝逸民傳》《性學源流》《五史徵實錄》《晉乘》《論國朝儒宗》《紀蒙古》是朱次琦臨終前夕焚毀的 7 本著述。「國朝」即是朱次琦生活的清朝。「晉之《乘》，楚之《檮杌》，魯之《春秋》，一也。」〔註183〕《紀蒙古》是朱次琦根據1852 年出使蒙古的見聞所寫的著作。因此，朱次琦是注重本朝史尤注意以歷史人物爲中心的研究的。

朱次琦提出以經學爲主導、經史結合乃至史學的獨立，都源於以儒道爲本，其意就是以「五學」合爲一學，以復興儒學。而將史學、掌故學都置於「五學」，反映朱次琦以史學重振儒學的決心。無論是編纂地方志，注重奏議集、紀事本末體等，還是注重研究本朝史，朱次琦其實都是旨在充分發揮史學經世的功能，而史學經世與經史結合，朱次琦意仍在於他所珍惜的「誼」——孔子之道。

(2) 史學必須徵實

史官文化的直筆傳承並非來自孔子，比較鮮明且大規模地提出史書必須遵循實事求是原則的是司馬光、鄭樵、劉攽、吳縝、朱熹、歐陽修等宋代史家。在《新唐書糾謬‧序》一文中，吳縝將史書的作用概括爲事實、褒貶、文采三結合。以追尋事物的本眞出發，宋代出現一場疑經運動，提出以文獻以外的金石、碑刻等原始史料訂正史傳的失誤，使金石、考異成爲宋

〔註180〕陳澧著，黃國聲主編：《陳澧集》（二），上海古籍出版社，2008 年版，第 320 頁。

〔註181〕簡朝亮著，梁應揚注：《讀書堂集》卷一，廣州松桂堂，1930 年刻本，第 25～28 頁。

〔註182〕朱次琦著，簡朝亮編，關殊鈔點校：《朱九江先生集》卷首，旅港南海九江商會，1962 年版，第 17 頁。

〔註183〕簡朝亮著，梁應揚注：《讀書堂集》卷二，廣州松桂堂，1930 年刻本，第 27 頁。

代史學研究的新方法，也使史學轉向實證與研究歷史，在一定程度上開乾嘉
漢學的先河。簡朝亮也說：「史法有不可遺者。」〔註184〕譜學源於史官，因
此，姚鼐、紀昀等均認爲譜學即史學，朱次琦、簡朝亮也有此看法。「譜牒之
學，史學也。」〔註185〕1869 年，朱次琦將「直而不污，信而有徵，不侮前
人，勿廢後觀」〔註186〕作爲撰寫《南海九江朱氏家譜》的原則，臨文不諱、
實事求是、考證源流、分辨正誤就是其具體做法，所體現的就是史學的徵實
原則。1911 年、1926 年，簡朝亮編纂《順德簡岸簡氏家譜》《粵東簡氏大同
譜》，沿承朱次琦提出譜書撰寫方法，「此譜法皆參乎九江先生所爲《朱氏
譜》也。」〔註187〕有必要指出的是，朱次琦精於金石研究，如康有爲說：「旁
及金石書畫，罔不窮精極微。」〔註188〕可惜多已佚且所留下來的後人也難以
辨其眞僞。

　　顧炎武的經學即是理學，著重挖掘與發揮了經學的經世致用精神，實際
上是將經學導向史學。一方面，朱次琦欣賞顧炎武的節義與著作。「顧亭林讀
書亡明之際，抗節西山。《日知錄》遺書，由體及用，簡其大法，當可行於天
下。」〔註189〕另一方面，朱次琦明瞭顧炎武提出經學即是理學的實質，對它
進行了修訂。「顧氏之言是矣。雖然，性理諸書，剪其繁枝，固經學之佐也。」
〔註190〕以理學佐經學與經學即是理學，其意是有天淵之別的。前者承認宋明
理學，試圖將理學導入經學，以本於儒道實現理學經學會通。後者則是對宋
明理學的反動，成爲清學的出發點，經世致用是顧炎武提出「捨經學，無理
學」的本質，只是後來轉入了乾嘉經學。正因爲朱、顧二人的學術脈絡大異，

〔註184〕簡朝亮著，梁應揚注：《讀書堂集》卷一，廣州松桂堂，1930 年刻本，第 35
　　　　頁。
〔註185〕朱次琦著，簡朝亮編，關殊鈔點校：《朱九江先生集》卷十，旅港南海九江商
　　　　會，1962 年版，第 1 頁。
〔註186〕朱次琦著，簡朝亮編，關殊鈔點校：《朱九江先生集》卷十，旅港南海九江商
　　　　會，1962 年版，第 2 頁。
〔註187〕簡朝亮編纂：《順德簡岸簡氏家譜》，北京圖書館編纂：《北京圖書館藏家譜叢
　　　　刊》閩粵（僑鄉）卷，第 42～44 冊，北京圖書館出版社，2000 年版，第 2257
　　　　頁。
〔註188〕朱次琦著，簡朝亮編，關殊鈔點校：《朱九江先生集》附錄續輯，旅港南海九
　　　　江商會，1962 年版，第 2 頁。
〔註189〕朱次琦著，簡朝亮著，關殊鈔點校：《朱九江先生集》卷首，旅港南海九江商
　　　　會，1962 年版，第 16 頁。
〔註190〕朱次琦著，簡朝亮著，關殊鈔點校：《朱九江先生集》卷首，旅港南海九江商
　　　　會，1962 年版，第 18 頁。

雖然朱次琦的經學史學思想是取法明末清初的經世致用，但它並不屬於清代考證學，也與章學誠、魏源、龔自珍等非正統派將經學導向史學以圖實現乾嘉學術大解放是不同的。反之，理學家是朱次琦的身份。這不能不說在審時度勢與眞正明夫經史的分合流變這一點上，朱次琦是比不上章、魏、龔諸家的，也就是在經史分流的最後一站，朱次琦止步了，他就成了筆者以爲的「半截子」地明夫了經史的分流合變的人物。

考證學、今文經學幾乎就是清代學術的全部。朱次琦的學術思想是不屬於清代學術的主流的，這是他沒有將經史的分合流變堅持到底的原因。作爲中國近代今文經學的集大成者，朱次琦的另一重要成員康有爲則將經學導向了史學，完成了朱次琦沒有完成的任務。但是，康有爲將經世致用片面地導向了現實政治，他撰寫的《新學僞經考》《孔子改制考》《春秋董氏學》並非實事求是的學術著作，更多地是成爲個人發動維新變法的輿論工具。錢穆在《經學與史學》一文中對康有爲的經學史學有精闢的看法：由經學而轉爲史學，所謂經學者非經學，所謂史學者非史學，理學心學皆置不問。狂流所趨，至於挽近世之學絕道喪，罪魁禍首，康氏實不得辭其咎〔註191〕。康有爲打破的，就是朱次琦試圖鞏固的中國古代經學與史學傳統，並使孔學成爲日後被打倒的對象。

三、文藝思想

在儒學獨尊地位結束之前，作爲儒家思想體系組成部分的文藝思想向來都是中國文藝思想的主導。作爲「文本」存在的儒家文藝思想存在闡述的多種可能性，但重視文道關係、詩論與文論呈現的宗經特色等都是儒家文論的基本特徵。朱次琦的文藝思想亦是如此。有必要注意的是，雖然朱次琦是以朱熹所說的「非科擧累人，人自累耳」〔註192〕的態度看待科舉制度，出自簡朝亮筆下的《朱九江先生講學記》也僅見他是以經學助理學，以懿理之書作爲性理之學，但是，收藏於香港中文大學圖書館而在 2015 年首次進入學界視野的《四書講義殘稿不分卷》則可知朱次琦是將八股制文與《四書》直接結合，體現他是以辭章之學看待《四書》，也以《四書》之道審視辭章之學。

〔註191〕范學輝、齊金江主編：《儒家史學思想研究》，中華書局，2003 年版，第 21 頁。

〔註192〕朱次琦著，簡朝亮著，關殊鈔點校：《朱九江先生集》卷首，旅港南海九江商會，1962 年版，第 6 頁。

首先，重視文道關係

儒家文化以人倫爲本，作爲其組成部分的儒家文藝即使經歷從文道合一到文道分化的不同歷程，但「文以載道」向來都是儒家文藝思想的主導。無論是論述「五學」中的辭章之學，還是出自由朱傑勤整理的《朱九江先生談詩》，儒學家、文學家兼擅的朱次琦均將道置文，提倡文道合一。

1. 尚道

文道合一，其「道」就是講究篤行的儒家道德。有學者指出，宋初受到韓愈的影響，宋人橫亙著一個「統」的觀念，而時到宋代，又不可能像韓愈這樣學道好文二者兼營，也就是有偏，不能不分化。分化以後，一方面因爲文與道是兩個事，一方面又因「統」的觀念深入人心，故古文家自有其文統的觀念，道學家自有其道統的觀念，到後來就各不相謀了〔註193〕。郭紹虞所說的文道分化其實是經歷一個由文道對立到將道置於文之上，到文道各自發展的漫長過程，而在此其間，「道」還經歷了從儒家之「道」到唐宋古文家比較寬泛的「道」，到清代桐城派使「道」回歸程朱等嬗變。朱次琦沿承二程提出的反對「作文害道」、「玩物喪志」等文道分離，以是否傳「道」作爲衡量文的唯一標準。「有古誼然後有古文，明之七子，學古文而未能無古誼也。韓子讀三代兩漢之書，志其誼，法其文，文成古文，誼求古誼也。」〔註194〕這裡多次出現的「誼」就是儒道。朱次琦也是以重振儒道號召文人從事文學創作的，「南宋以後，古文之道衰，天下必當有興者，二三子其志於斯乎者也。」〔註195〕

2. 尚文、尚用

文道合一，尚文是其手段。其先聲即如孔子所言「言之無文，行而不遠」〔註196〕。朱次琦直接引用孔子原話，「言之無文，行而不遠」，即是尚文。朱次琦13歲以一首《黃木灣觀海詩》讓阮元驚歎不已，其詩藝自然是精湛的。這源於朱次琦對詩歌創作的下述體認：「當孤吟獨往，精騖八極，神遊萬仞，驀然有會，縱筆疾書，聘百韻之捷，鬥一字之奇，四顧躊躇，睥睨今古，傲

〔註193〕趙利民主編：《儒家文藝思想研究》，導言，中華書局，2003年版，第11頁。
〔註194〕朱次琦著，簡朝亮著，關殊鈔點校：《朱九江先生集》卷首，旅港南海九江商會，1962年版，第18頁。
〔註195〕朱次琦著，簡朝亮著，關殊鈔點校：《朱九江先生集》卷首，旅港南海九江商會，1962年版，第15頁。
〔註196〕左丘明撰，趙捷，趙英明注譯：《左傳》，崇文書局，2012年版，第34頁。

然自謂與古人並存。」〔註197〕朱次琦此詩歌創作論置於劉勰在《文心雕龍》論神遊亦可。由於知曉文學創作的艱辛，朱次琦既如鄉人馮栻宗所說的「深於詩古文詞」，也有感於吳子傳、湛元明爲石烹、嚴崇作序之失，不輕爲人作〔註198〕，自言「許人一文，猶許人一女」〔註199〕。由於重視文道合一，朱次琦「喜造士經訓外，未嘗不留意詩古文辭。」〔註200〕

文道合一，用是其目標。其首倡者亦是孔子，如孔子認爲「有德者必有言，有言者不必有德」〔註201〕，論詩重在「無邪」與「邇之事父，遠之事君」〔註202〕，論修辭重在「達」，均偏重於用。朱次琦反對歐陽修所說的：「文章止於潤身，政事可以及物」，認爲「君子之學，以告當世，以傳來世，《書》以明之，《詩》以教之，非文章不逮也。」〔註203〕這都說明朱次琦是以功利主義看待文學的。

孔子以尚文爲手段，尚用爲目的，合之即「文質彬彬」。這就是韓愈所說的「文以貫道」，周敦頤所說的：「文所以載道也。輪轅飾而人弗庸，徒飾也，況虛車乎。」〔註204〕在尚文與尚用之間，朱次琦偏重於用，「經史之誼，通掌故而服性理焉，如是則辭章之發也，非猶乎文人無足觀者矣。」〔註205〕朱次琦是以經學、史學、掌故學、性理學所旨在復興儒道的內容置於了辭章，文學由此成爲宣揚儒道的工具。

其次，詩論

由孔子開啓的儒家詩論其實就是論《詩經》，重視《詩經》之用，以「無

〔註197〕康有爲編注，蔣貴麟輯：《康氏先世遺詩 朱師九江佚文合集》，臺北成文出版社，1983 年版，第 81 頁。

〔註198〕馮栻宗編纂：《九江儒林鄉志》卷十四，1883 年刊行，旅港南海九江商會，1986 年重刊，第 39 頁。

〔註199〕朱次琦著，簡朝亮著，關殊鈔點校：《朱九江先生集》卷首，旅港南海九江商會，1962 年版，第 18 頁。

〔註200〕康有爲編注，蔣貴麟輯：《康氏先世遺詩 朱師九江佚文合集》，臺北成文出版社，1983 年版，第 82 頁。

〔註201〕楊伯峻譯注：《論語譯注》，中華書局，2004 年版，第 146 頁。

〔註202〕楊伯峻譯注：《論語譯注》，中華書局，2004 年版，第 183 頁。

〔註203〕朱次琦著，簡朝亮著，關殊鈔點校：《朱九江先生集》卷首，旅港南海九江商會，1962 年版，第 15 頁。

〔註204〕周敦頤著：《周敦頤集》，中華書局，2009 年版，第 112 頁。

〔註205〕朱次琦著，簡朝亮著，關殊鈔點校：《朱九江先生集》卷首，旅港南海九江商會，1962 年版，第 18 頁。

邪」評判《詩經》，重視《詩經》的「中行之美」等則是其主要內容。朱次琦詩論是以《詩經》爲中心而兼及唐宋詩，其觀點多沿承孔子，也有個人體認。

1. 推崇《詩經》

與一般學者推崇《詩經》不相同，朱次琦主要是從「立言」的角度，即以《詩經》作爲一種書寫文本的存在形式而將其定於一尊，將孔子「詩無邪」拓展爲「於《詩》辨邪正之間」。

（1）後世詩體取法《詩經》

以「人學」爲核心的儒家文學從一開始就重視人，語言就是人作爲主體存在的第一要素。「人之所以爲人者，言也。人而不能言，何以爲人。」〔註206〕有學者指出，儒家詩學重視語言有 3 層目的，一是將語言視爲使存在呈現和敞開的家園，如「仲尼曰：『言以足志，文以足言。不言，誰知其志？言之無文，行而不遠。』」〔註207〕劉勰說：「言之文也，天地之心也。」〔註208〕韓愈說：「人聲之精爲言，文辭之於言，又是其精也。」〔註209〕二是在語言的家園中規避死亡與追尋永恆。如儒家張揚的「三不朽」，立德、立功等功利性價值最終必須落實在立言上，才能超越主體自我歸向不朽的永恆，即曹操所說：「蓋文章，經國家之大業，不朽之盛事。年壽有時而盡，榮樂止乎其身，二者必至之常期，未若文章之無窮。」〔註210〕三是將語言的家園建立在中國古代學術宗教——經學的經典文本形式上。當儒家闡釋主體將語言的家園建立在經學的經典文本上時，即標誌儒家詩學對經學的學術宗教地位的獲取。可以說，儒家詩學的整個體系、全部範疇、最高批評原則和在價值上設定的最高文學坯本均肇源於經學的經典文本，並且也正是在經學的經典文本中傳承下去的〔註211〕。

朱次琦以「語言」的角度談論《詩經》對後世詩歌的影響，這種回到文本最原始的做法，其實就是朱次琦將《詩經》作爲一種經典文本的存在。朱

〔註206〕承載撰：《春秋穀梁傳》，上海古籍出版社，1995 年版，第 354 頁。
〔註207〕左丘明撰，趙捷，趙英明注譯：《左傳》，崇文書局，2012 年版，第 34 頁。
〔註208〕劉勰著，王志彬注：《文心雕龍》，中華書局，2012 年版，第 88 頁。
〔註209〕韓愈著，卞孝萱、張清華編：《韓愈集》，鳳凰出版社，2014 年版，第 112 頁。
〔註210〕李杜鷹、李春青編：《中國古代文論教程》，高等教育出版社，2007 年版，第 56 頁。
〔註211〕楊乃喬：《經學與儒家詩學——從語言論透視儒家在經典文本上的「立言」》，《中國社會科學》1995 年第 6 期。

次琦認爲，後世詩歌創作，從五言到七言，從一字之詩到九字詩均取法《詩經》。「竊謂五言、七言，造端三百。」〔註212〕「後人之詩，體無不備，而其源皆自三百篇來。」〔註213〕接下來，朱次琦歷數後世之一字至九字詩如何源自《詩經》。「後人有一字之詩以爲奇矣，而不知三百篇早已有之。如《緇衣》之詩：『敝，余又改爲兮』，敝字是也。又二言之詩：如《吳越春秋》中『斷竹，續竹，飛土，逐肉』，而三百篇又有之，如『祈父』，『相鼠』等是。漢魏樂府三字爲句者極多，而三百篇早已有之。如，『綏萬邦』，『麟之趾』等句。四言之詩，三百篇最多。五言之詩後世極盛，而三百篇亦不少。如『誰謂老鼠無牙』之類。六言之詩，漢人漸有之，至唐人有六言絕句，亦有三百篇來。如，『謂爾遷於皇都』，『曰予未有家室』等句是也。七言詩，三百篇已開其端。如『自今以始歲其有，君子有穀貽孫子』等句便是。八言詩，三百篇亦有。如『我不敢傚我友自逸』。至於九字以上之句，三百篇所無，後人亦卒不能成爲詩體。」〔註214〕同時，朱次琦指出，李白、杜甫、韓愈、蘇軾皆取法《詩經》。「李杜韓蘇，詩之四維，得於詩三百者尤多。」〔註215〕正是《詩經》以經典文本的形式確定下來，才能夠在歷代傳承中得以延續，「立言」不朽。

（2）反對將詩題強加於《詩經》

旨在還原《詩經》本來的面貌，朱次琦反對後人將詩題強加於《詩經》。「三百篇之標題：一字曰《氓》之詩、《豐》之詩等，兩字如《關雎》等，三字如《殷其？》，四字如《野有死麖》，五字如《昊天有性命》，皆篇之一字一句，並無深意存於其間，以爲篇什目錄。此皆爲詩人信口吟成，後人隨意加題，實可爲先有詩而後有題之證。今人先命題而後有詩，有序，有跋，有失其本意者也。」〔註216〕關注詩題之有無，朱次琦仍然是從立言的角度討論《詩經》作爲一種從典籍到經典的文本存在，這種徹底還原的精神就是復古，是徵聖宗經，由此語言的家園才能完整體地建立在經學的經典文本形式之上。

〔註212〕朱次琦著，簡朝亮編，關殊鈔點校：《朱九江先生集》卷八，旅港南海九江商會，1962 年版，第 5 頁。
〔註213〕朱傑勤：《朱九江先生談詩》，《廣州學報》1937 年第 1 期。
〔註214〕朱傑勤：《朱九江先生談詩》，《廣州學報》1937 年第 1 期。
〔註215〕朱次琦著，簡朝亮編，關殊鈔點校：《朱九江先生集》卷首，旅港南海九江商會，1962 年版，第 18 頁。
〔註216〕朱傑勤：《朱九江先生談詩》，《廣州學報》1937 年第 1 期。

（3）重視《詩經》之用

孔子重視《詩經》之用，「興於詩，立於禮，成於樂」，「不學詩，無以言」等，分別從道德修養、外交活動等方面說明詩的重要性。「無邪」是孔子對《詩經》的評價，反映孔子對於文藝作品的思想內容所持的標準還是比較寬泛的。朱次琦既沿承孔子的觀點，也知曉後世詩歌邪正混雜，提出「於《詩》辨邪正之介」〔註217〕，說明朱次琦是宗於《詩經》，是以《詩經》之道檢閱後世詩作。

2. 會通唐宋詩

錢鍾書認為，詩之唐宋之別，如天下有兩種人，遂有兩種詩。此持平論有效地化解始於嚴羽《滄浪詩話》延續千年的唐宋詩之爭。朱次琦既不入褒唐抑宋論，也不以持平之論看待唐宋詩。反之，孔子會通之學使朱次琦在主張會通漢宋學的同時，會通唐宋詩。朱次琦在《答談太學子粲見詒四十五韻》中反對唐宋詩之爭，詩云：「唐聲開國吹，宋派中流簸。求取於古人，均稱析薪荷。譬彼觀水術，豈必寄一舸。固揚滄海帆，亦鼓瀟湘柁。譬讀種樹書，菁英歸摩揣。既獲挐雲根，詎棄簪瓶朵。云何昵門戶，遽分祖右左。彼我相是非，議論益從脞。何殊抱異姓，呪使成蜾蠃。……」〔註218〕會通唐宋詩隱含朱次琦推崇宋詩的特質，朱次琦將嚴羽批評江西詩派的「以才學為詩」作為詩之其中一個要素，「性情也，學籍也，興致也，備者則其詩善矣。」〔註219〕這與自《宋詩鈔》在康熙年間編纂以來，黃宗羲、朱彝尊、查慎行等主張不應該忽視宋詩，不可嚴分唐宋詩是一致的。

最後，文論

與詩相比，「文」在孔子的觀念中一般指的是文化與學術，範圍比較寬泛。孔子重文，更重德，他是將德置於文之上的。德行、言語、政事、文學，其序猶立德、立功、立言，道德、功業等又必須落實於「言」。其實，孔門「四科」是具有重要的現實意義，體現儒家的入世精神。朱次琦則會通古文、駢文，重視文集，以《四書》為文，朱次琦是以此大文學的視界突顯文的現實性。

〔註217〕朱傑勤：《朱九江先生談詩》，《廣州學報》1937 年第 1 期。

〔註218〕朱次琦著，簡朝亮編，關殊鈔點校：《朱九江先生集》卷三，旅港南海九江商會，1962 年版，第 1 頁。

〔註219〕簡朝亮著：《讀書草堂明詩》卷四，中華書局，1929 年鉛印本，第 6 頁。

1. 會通古文、駢文

朱次琦既如康有爲所說：「先生精於古文，不取桐城而上言秦漢，……先生甚稱韓昌黎之文」〔註220〕，也重視駢文，故他能寫出《復郭中丞書》《北行抵清遠縣與季弟宜城書》《去襄陵後答王棻友書》等有「置諸洪北江集中直不能辨」〔註221〕之譽的駢文。朱次琦兼重古文、駢文，源自他以下會通之論：「散文駢文，古無別出，《堯典》申命，孔傳繫辭，可類明也。故曰駢文有氣即爲古文，壽文非古也，君子謂之諂。」〔註222〕「曰駢曰散，兩藝分馳。全椒吳氏，謂一奇一偶，數相生而相成，尙質尙文，道日衍而日盛。暘谷幽都之名，古史工於屬對，覲閔受侮之句，葩經已有麗言。道其緣起，略見源流，沿流似分，叩源即合。所謂古文若膚，不如駢體，駢體有氣，即是古文，信也。蕭《選》渾合不分，於義爲古，謹循往躅，不復分門。」〔註223〕朱次琦認爲古文、駢文都源出《尙書》，二者文體形式不同，發展也各有其源，是文之「氣」將二者聯繫在一起。

2. 重視文集

朱次琦所論的文集，有別集、總集等，朱次琦不僅正其名，概括其類型，而且辨其內容。

（1）論文集之名

朱次琦認爲，「古人文字不以集名，《漢志》載賦、頌、歌、詩一百家，皆不曰集。晉分四部，四曰丁部，宋作七志，三曰文翰志，亦未以集名也。文集題稱始見梁阮孝緒《七錄》。《隋書・經籍志》以謂別集之名，漢東京所創。屬文之士日眾，後之君子欲觀其體勢而見其心靈，故別聚焉，名之爲集。然則古所謂集，乃後人聚集前人所作，非作者自稱爲集也。」〔註224〕朱次琦由此得出以下結論：一是古人的文集皆不稱「集」，文集之名始自梁阮孝緒《七錄》；二是今人文集中的作品皆出於己手，反之，古人文集則皆集前人

〔註220〕 樓宇烈整理：《康南海自編年譜》（外二種），中華書局，1992 年版，第 8 頁。
〔註221〕 陳衍著：《石遺室詩話》卷二十四，見張寅彭主編：《民國詩話叢編》（一），上海古籍出版社，2002 年版，第 324 頁。
〔註222〕 朱次琦著，簡朝亮編，關殊鈔點校：《朱九江先生集》卷首，旅港南海九江商會，1962 年版，第 18 頁。
〔註223〕 朱次琦著，簡朝亮編，關殊鈔點校：《朱九江先生集》卷八，旅港南海九江商會，1962 年版，第 5 頁。
〔註224〕 朱次琦著，簡朝亮編，關殊鈔點校：《朱九江先生集》卷八，旅港南海九江商會，1962 年版，第 5 頁。

所作而成。同時，朱次琦指出古人文集之名皆取美名。「古人文集，只以名氏命篇，南朝張融創加美號，而總集之《玉臺》《珠英》仿之。其在家集，則李氏《花萼集》、竇氏《聯珠集》、謝氏《蘭玉集》，咸緣義錫名者也。」〔註225〕朱次琦編纂的《朱氏傳芳集》亦取美名。

（2）論文集的種類

朱次琦認爲，「書目集部，有別集，有總集。其總集，有總當世之集，有總一家之集。」〔註226〕「總錄當世者，始於《文章流別》，後來集苑、集林，其流也。李善所謂搴中葉之辭林，酌前修之筆海，是也。總錄一家者，著於《廖氏家集》，後來《王氏文獻》《陳氏義溪世稿》，其類也。陸機所謂詠世德之駿烈，誦先人之清芬，是也。」〔註227〕朱次琦不僅指出《文章流別》和《廖氏家集》等分別爲總集的2種，而且以陸機所論指出編纂總集的原因。

（3）論文集的編纂

朱次琦指出，「蕭《選》渾合不分，於義爲古，謹循往躅，不復分門。」〔註228〕蕭統《文選》著錄百家，不立門戶。在此基礎上，朱次琦提出「詩即文」。「劉勰《文心》，明詩尤列。昭明《文選》，備錄詩歌。盍詩即文也。爾後《文粹》《文鑒》諸書，稟承靡異。但姚氏惟取古風，呂氏兼選近體。同源各委，稍別衡裁。」〔註229〕將《文心雕龍》《文選》視作詩文並錄的先河，並以此審視後世諸書，朱次琦提出「詩即文」的觀點。「詩即文」與詩無唐宋之別、文無駢散之別一樣，都屬於朱次琦尚文的體現，反映朱次琦極力集結諸種文體、詩體的力量，以求將儒家道統置於其中「立言」的決心。

3. 重視《四書》文

一方面，由於部分簡氏門人在辛亥革命前後至香港講學、經商等，故《四書講義殘稿不分卷》（以下簡稱《殘稿》）《朱九江先生集》《朱九江先生集注》

〔註225〕朱次琦著，簡朝亮編，關殊鈔點校：《朱九江先生集》卷八，旅港南海九江商會，1962年版，第5頁。
〔註226〕朱次琦著，簡朝亮編，關殊鈔點校：《朱九江先生集》卷八，旅港南海九江商會，1962年版，第5頁。
〔註227〕朱次琦著，簡朝亮編，關殊鈔點校：《朱九江先生集》卷八，旅港南海九江商會，1962年版，第5頁。
〔註228〕朱次琦著，簡朝亮編，關殊鈔點校：《朱九江先生集》卷八，旅港南海九江商會，1962年版，第6頁。
〔註229〕朱次琦著，簡朝亮編，關殊鈔點校：《朱九江先生集》卷首，旅港南海九江商會，1962年版，第18頁。

等朱次琦基礎文獻都藏於香港中文大學圖書館，但與《朱九江先生集》廣爲流傳、廣受重視不同，包括簡朝亮、康有爲在內的朱氏門人，以及朱傑民、關殊鈔、蔣志華及筆者在內的朱次琦研究者均從未提過《殘稿》。另一方面，由於《殘稿》收錄於 2015 年廣州出版社出版的《廣州大典》148，第 23 輯第六冊，首次進入學術研究者的視野，成爲繼 1897 年簡朝亮編纂《朱九江先生集》、1900 年邱煒萲校《朱九江先生論史口說》、1936 年朱傑勤整理《朱九江先生經說》、《朱九江先生談詩》後朱次琦研究文獻的又一突破。似乎橫空出世的《殘稿》緣何如此神秘地存在超過 100 年，使一生汲汲於朱次琦文獻奠基的簡朝亮與凡朱次琦研究者均未能知曉其存在。有必要指出的是，據香港中文大學圖書館藏本影印的《殘稿》並沒有解決《殘稿》存在的殘闕不全、字跡模糊、編排凌亂等文本狀態，以「稿本」作爲其存在形態。

（1）《四書》文與朱氏門人科場顯赫有緊密關係

即使清代鄉試、會試涵蓋經學、史學、文學等內容，但考官普遍重視第一場八股文寫作的慣例在整個清代都沒有發生根本性的變化，而八股文佳作的產生是以紮實的經學、史學與文學知識作爲奠基的。經學、史學、文學是朱次琦「五學」內容的組成部分，附以《殘稿》作爲開館講學的講義，朱氏門人即具備熟練運用經學、史學、文學等知識駕馭八股文的寫作能力，朱氏門人科場顯赫則爲自然。但是在《殘稿》沒有被發現之前，任何朱次琦的研究者都未能將此問題說個透徹。

與道光年間廣東出現謝廷龍《四書勸學》、勞潼《四書本注擇粹》、陸殿邦《四書講義》、何文綺《四書講義》等《四書》類著述不同，《殘稿》呈現的是純粹《四書》文。明清科舉考試制度規定的文體八股文，其內容必主《四書》《五經》，形式則由破題、承題、起講、入手、起股、中股、後股、束股 8 部分組成，後 4 部分爲正式議論，中股爲全文的重心。《殘稿》以《四書》摘句爲文，它沒有按照這 8 部分摘抄會試文章，但其輕重有別還是體現了八股文以中股爲重心。《殘稿》「起對」3 條：君子賢其賢，爵祿可辭也，周有大賢。「中對」15 條：欲修其身者先正其心，在即駒，如見其肺肝然，人莫知其子之惡二句，得一善而拳拳服膺，則拳拳，故君子以人治人，妻子好合二句，君子中庸二句，君子尊賢而容眾二句，大德不？，學而優則仕，手爲恭也，無日徑，孝以爲君子也。其中，「學而優則仕」條爲是對轉筆。尾對 10 條：尾對：大學之道條，如見其肺肝然，十目所視，貨悖而入者二句，言悖而出

此一節，驅而納之罟獲陷阱之中，手當垂其於爵祿又何出此，武王瓚太王王季文王之緒，天地位馬，君子學以致其道。其中，「君子學以致其道」條爲尾對轉筆。以上 21 條幾乎構成了《殘稿》的全部內容。故朱次琦以《四書》文開館講學，爲朱氏門人科場顯赫奠定必要的基礎。

（2）《四書》文體現朱次琦的學術思想

一直以來，見於《朱九江先生講學記》以「四行」修身、「五學」治學爲內容的朱次琦學術思想都是任何一名朱琦研究者知曉的。一方面，「四行」修身、「五學」治學以及康有爲回憶師從朱次琦期間「大肆力於群書，攻《周禮》《儀禮》《爾雅》《說文》《水經》之學，《楚辭》《漢書》《文選》、杜詩、徐庚文，皆能背誦」〔註 230〕，說明朱次琦重視《四書》《五經》、史學、文學、周、程、張、朱子之書。儒家經典與周、程、張、朱子之書互相發明，史學、文學又充實儒家經典與周、程、張、朱子之書，這一切都是寫好八股文必須熟練運用的內容，故出自《朱九江講學記》的朱次琦學術思想與《殘稿》體現的以《四書》文一起互爲表裏，成爲朱氏門人科場顯赫的又一條件。

另一方面，必主《四書》《五經》的八股文內容，在明清各代仍然體現其一定時代性的，故能作爲開館講學的會試文章自然在某種程度上還是契合於朱次琦的學術思想。如以下 3 例：一是「大學之道條」尾對體現朱次琦去學術門戶之別的學術思想。「異學之爭鳴於今已烈矣。其泛鶩乎，學此阮元矜奇其淺涉乎？學而日廢，分門別戶，而今五百年之統，寡聞淺見，其學當可閉乎？」〔註 231〕二是「欲修其身者，先正其心」中對反映朱次琦重視修身。「身在人倫日用之間，立身而身不任多逐也，此必其心先潔。」〔註 232〕三是「不知命無以爲君子四句」說明朱次琦重視威儀，「知整肅其威儀，即以振策於頹靡，則德勵其隅矣，守定則力定，力定則外物不入。」〔註 233〕

〔註 230〕康有爲撰，姜義華、張榮華編校：《康有爲全集》（第五集），中國人民大學出版社，2007 年版，第 62 頁。

〔註 231〕朱次琦撰：《四書講義殘稿不分卷》，《廣州大典》148，第 23 輯第六冊，廣州出版社，2015 年版，第 661 頁。

〔註 232〕朱次琦撰：《四書講義殘稿不分卷》，《廣州大典》148，第 23 輯第六冊，廣州出版社，2015 年版，第 662 頁。

〔註 233〕朱次琦撰：《四書講義殘稿不分卷》，《廣州大典》148，第 23 輯第六冊，廣州出版社，2015 年版，第 689 頁。

4. 文必須具有現實性

朱次琦兼重韓愈古文，在於韓愈不僅確立儒家道統，而且將儒家倫理道德指向日用，如蘇軾所說：「文起八代之衰，道濟天下之溺。」故朱次琦說：「昌黎古文，尊曰起衰。」〔註234〕「學古文不徒自韓子始，韓子以來，名家輩出，皆有可師，然莫如韓子。」〔註235〕

儒家強調文學的道德教化功能，顯示其功利主義色彩，這種功利性又與儒家的現實主義，尤其是憂患者意識緊密相連，正因如此儒家文學才具有生生不息的生命力。朱次琦是有感於南宋以後古文之道衰落，而重視文與倡導古文，以期文道合一的。朱次琦將「四行」、「五學」乃至其禮山講學24年都置於這樣一個現實社會：「有明季年，流賊乘之，今吾衰矣，金陵之盜，憂方大也。孟子曰：『下無學，賊民興。』可不懼哉！」〔註236〕既有相對來說遠距離的明末動亂，也有近時空的太平天國動亂，朱次琦的學術思想是具有強烈的憂患意識，而作為其中組成部分的辭章之學亦是指向現實社會的。

朱次琦文章創作並不多，但都是有為而作。1850年朱次琦在《寄伯兄書》中論政晉中，「竊見邊方日蹙，時事多艱，實不勝杞人漆室之憂。恐將來謬當事任，喪所懷來；故於武備倉儲河渠地利諸書，不得不重加搜索。有可借者，無不往借。至無可借處，猶出候補勉強之錢購之也。」〔註237〕1861年朱次琦論八國聯軍入京事，「國事乃至斯乎！國事乃至斯乎！」〔註238〕遂後，凡有臣工之議，敵人之舉，苟有繫於天下大計者，朱次琦均用心錄存，不敢少失。1876年朱次琦論馬嘉理事與派員往英事，「案馬加利之事，何難答之？應云：『差官命吏，中途遇害之事，中國向來恒有。』……夷情無厭，得寸入尺，我既弱如此，彼之要求，將來何可復問？易所謂自我致戎，又誰咎

〔註234〕朱次琦著，簡朝亮編，關殊鈔點校：《朱九江先生集》卷首，旅港南海九江商會，1962年版，第18頁。

〔註235〕朱次琦著，簡朝亮編，關殊鈔點校：《朱九江先生集》卷首，旅港南海九江商會，1962年版，第18頁。

〔註236〕朱次琦著，簡朝亮編，關殊鈔點校：《朱九江先生集》卷首，旅港南海九江商會，1962年版，第15頁。

〔註237〕朱次琦著，簡朝亮編，關殊鈔點校：《朱九江先生集》卷七，旅港南海九江商會，1962年版，第3頁。

〔註238〕朱次琦著，簡朝亮編，關殊鈔點校：《朱九江先生集》卷首，旅港南海九江商會，1962年版，第19頁。

也。」〔註239〕「舉朝可謂無人，李相身繫安危，先自屈辱，損中國之威，長夷虜之氣，天下何望矣！」〔註240〕

朱次琦的學術思想起源於人生憂患，由倫理、經學、史學、文藝思想組成的「四行」修身、「五學」治學，就是朱次琦禮山所講之「學」，是門人之所「學」。這其實就是孔門之學，「子曰：弟子入則孝，出則弟，謹而信，泛愛眾，而親仁。行有餘力則以學文。」〔註241〕「子曰，君子食無求飽，居無求安，敏於事，而慎於言，就有道而正焉，可謂好學也已。」〔註242〕朱次琦試圖將形成於春秋末期戰國初期的儒學的主要內容與憂患性格且數百年來未有大變的「朱泗學風」復興於咸豐、同治年間。

第三節　朱次琦學術思想的特點與地位

朱次琦既是廣東近代理學復興的代表人物，也是廣東儒學史上第一位旗幟鮮明提出以孔學去一切學術之別的儒學家。朱次琦的學術思想沿承廣東理學不入儒學主流與平實的特徵。由於朱次琦的學術思想兼及修身、治學兩途，主張去學術門戶之別，故其學術思想又具有敦大的特徵。朱次琦既沿承廣東理學傳統，也不入道咸年間廣東由子學、西學組成的新學，成為廣東舊學之殿。

一、不入儒學主流

在儒學南傳中發展起來的廣東儒學，它任何時候都受到中原儒學尤其是主流儒學的影響，由於長期以來廣東儒學家較少受到傳統儒學的束縛，廣東理學在接受、傳承中原理學過程中往往呈現不入儒學主流的特點。不入宋代中原主流理學、不入明代廣東主流心學與不入廣東近代主流漢學，是廣東理學從產生、發展到階段性終結的 3 個時期，形成與學術主流從疏離到對話的 2 種存在形式，彰顯廣東理學勇於創新的特質，成為廣東理學雖處於邊緣仍具有生生不息動力的主要原因。朱次琦身處廣東儒學近代轉型的前夜，他以兼

〔註239〕朱次琦著，簡朝亮編，關殊鈔點校：《朱九江先生集》卷六，旅港南海九江商會，1962 年版，第 2 頁。

〔註240〕朱次琦著，簡朝亮編，關殊鈔點校：《朱九江先生集》卷六，旅港南海九江商會，1962 年版，第 2 頁。

〔註241〕楊伯峻譯注：《論語譯注》，中華書局，2004 年版，第 4～5 頁。

〔註242〕楊伯峻譯注：《論語譯注》，中華書局，2004 年版，第 9 頁。

及疏離主流、對話主流的 2 種形式將廣東理學推向又一高峰，使理學成為廣東近代傳統儒學繁興的組成部分，由此體現廣東傳統儒學其實是積累了最強大的力量以應對道咸年間社會危機、學術危機的同時到來，體現廣東理學的頑強抗爭精神。

1. 疏離主流

由「二程——楊時——羅從彥——朱松、李侗——朱熹」勾連起來的程朱理學家都與廣東有一定的關係。他們不僅吸引黃執矩、郭叔雲、鄭南升、崔傑、簡克己等廣東學者拜師傳承，而且李用、梁仲欽、梁百揆、邵繼賢、陳益親、陳庚等終其一生自覺學習理學。但是，宋代廣東程朱學派傳人既未能留下理學著述，也由於或生平事蹟與門徒情況未明、或致死未返廣東等原因，未能對廣東理學產生明顯的影響。反之，崔與之經歷朱熹理學在與陸九淵心學、陳亮實學角力中由偽學到日漸復興的轉捩過程，朱學後勁魏了翁更是崔與之舉薦之人，《簡州三賢閣記》《和崔侍郎與之鄭行詩韻》等體現二人的交誼，李昴英、陳大震則學術成長於朱熹理學日漸成為學術正宗的南宋後期，真德秀、魏了翁都是李昴英敬重之人，如李昴英說：「學者能心契意領，矩步規趨，固無異登西山之堂，而親承謦劾也。」〔註243〕但是，我們難以在崔、李、陳著述中發現由理氣論、動靜觀、格致說、心性理欲論等所構成的程朱理學內容，更多的是他們對袁溉——薛季宣——陳傅良——陳亮——葉適以功利為衡量標準，反對空談性命，王道、霸道並用，承認欲望的合理性，以富民求富國等為內容的「事功之學」的追蹤。疏離程朱理學的崔與之、李昴英、陳大震等既留下《崔清獻公集》《文溪存稿》《南海志》等，也有開館講學鄉土與比較詳細的門徒記載，更仕宦顯著，得到陳獻章、黃佐、歐大任、湛若水、黎貞、何維柏、郭棐等明代廣東學者的稱頌，故有學者指出，「菊坡學派是南宋嶺南學術的主流」〔註244〕，由此成為廣東儒學疏離中原主流的先聲。

1817～1826 年，阮元出任兩廣總督，以開局編纂《廣東通志》與開設學海堂等途徑，阮元獎譽與提拔吳榮光、李黼平、鄧淳、吳蘭修、熊景星、侯

〔註243〕李昴英撰，楊芷華點校：《文溪存稿》卷四，暨南大學出版社，1994 年版，第 51～52 頁。

〔註244〕崔與之撰，張其凡、孫志章整理：《宋丞相崔清獻公全錄》附錄卷九，廣東人民出版社，2008 年版，第 378 頁。

康、曾釗、譚瑩等一批人才，聘請吳蘭修、趙均、林伯桐、曾釗、徐榮、熊景星、馬福安、吳應逵任學海堂學長，道光年間廣東漢學家群體迅速崛起。1832～1835 年，盧坤擔任兩廣總督兼廣東巡撫，盧坤沿承乃師阮元既定的督粵政策，既續修《兩廣鹽法志》，也借助錢儀吉之力，益振學海堂，其重要舉措是實行評選專課肄業生的制度，陳澧、朱次琦、吳文起、吳俌、李能力、許玉彬、潘繼李、侯度、金錫齡、張其金成為學海堂首屆專課肄業生，咸同年間廣東學術群體亦由此形成，陳澧、朱次琦更成為咸同年間廣東漢宋學的核心人物。一方面，在 1847 年朱次琦北上會試而成進士之前，以學海堂為中心漢學已經成為廣東近代儒學的顯學，與阮元、曾釗、錢儀吉、陳澧稍有交往並成為學海堂首屆專課肄業生的朱次琦並未就此推崇漢學，反之，從以疾辭肄業學海堂高材生之首到簡朝亮對由學海堂編纂的《是汝師齋遺詩》隻字不提，均可見朱次琦對漢學的疏離，而梁啟超指出朱次琦溝通漢宋之學術蓋阮元之教，獨為朱次琦學術成長的底色，疏離漢學且是有意疏離漢學才是他一生學術的主色調。另一方面，在 1858 年朱次琦開館禮山草堂而「四行」、「五學」思想全面形成之時，李黼平、吳榮光、侯康、林伯桐、張維屏、徐灝、曾釗、黃培芳等廣東近代第一批漢學家已經去世，學海堂也在第 2 次鴉片戰爭中受到嚴重破壞，廣東、江浙漢學均陷入其發展的困境，如陳澧在 1851 年所說：「今海內大師，凋謝殆盡。澧前在江南問陳石甫江南學人，答云無有。在浙江問曹葛民，答亦同。二公語或太過，然大略可知，蓋淺嘗者有之，深造者未必有耳。」〔註245〕與此同時，唐鑒、倭仁、吳廷棟、曾國藩等道咸年間復興理學的主將已經形成，中原理學隨之復興，曾國藩、胡林翼、左宗棠等理學家湘軍集團就是簡朝亮傾慕的對象，理學家郭嵩燾亦試圖二度造訪朱次琦而未遂，故朱次琦開館禮山草堂而倡導理學既為疏離鄉土主流漢學，也為順應中原理學復興大勢之舉。

2. 與主流對話

　　一般而言，只有當一種學術產生一批較具影響力的學者之時，學術之間的對話才成為可能，故一直到明中葉，廣東具有學術性的對話儒學主流才出現。廣東理學與中原理學之對話、廣東理學與廣東心學、中原心學之對話，是明代廣東理學對話儒學主流的 2 個方面，明中葉霍韜、鍾芳、黃佐與王廷相、呂柟、羅欽順、王陽明、方獻夫、湛若水等就是明代廣東理學對話儒學

〔註245〕陳澧著：《東塾讀書錄（外一種）》，三聯書店，1998 年版，第 341 頁。

主流所構成的人物網，格致說、理氣論是他們論辨往來的中心話題。其中，1513～1522 年，霍韜、方獻夫、湛若水同時在西樵山開館講學，3 人就格致說、理氣論等多有論爭，將王陽明也牽連其中，也由此結下他們延續一生的情誼。霍韜、黃佐都指出王陽明「致良知」之誤，《明史》編著者說：「嘉靖初，……尋省親歸，便道謁王守仁，與論知行合一之旨，數相辨難，守仁亦稱其眞諒。」〔註246〕鍾芳與羅欽順、王廷相、呂柟等就格致說、理氣論等均有致書往來，在與中原碩學名儒的論難中體現廣東理學學理性有了明顯進步。

　　1850～1854 年官山西期間，朱次琦遇任山西知縣 10 年被譽爲清代「說文字」四大家之一的王筠。從《答王菉友書》《又答王菉友書》《去襄陵後答王菉友書》中可以發現，朱次琦不僅研閱王筠《說文句讀》、《說文釋例》等著述，而且重視王筠專門之學，向其請教《國朝名臣言行錄》的凡例與朱次琦計劃撰寫《王筠傳記》等。朱次琦並未因專門之學而反對王筠的說文字學，故朱次琦殊非簡單地反對漢學，而是反對獨重漢學。有必要指出的是，王筠不僅與朱次琦有書信來往，而且與朱士琦也有深交，如王筠作《翕朱孝廉書》《復朱孝廉問〈毛詩雙聲疊韻說書〉》〔註247〕。可惜 1854 年去世的王筠未能進一步對朱次琦後期的學術人生產生影響，朱次琦亦於辭官山西襄陵後歸隱九江，足不入城市，開館講學、撰寫學術著述凝聚朱次琦南歸後 24 年的心血，朱次琦最終沒有撰寫《王筠傳記》。一方面，朱次琦是以講學活動、筆下文字對話包括廣東漢學、中原理學在內的一切學術主流，正是由於具有鍾芳、霍韜、黃佐所未能具備的卓有成效的講學生涯，即使朱次琦未能與咸同年間廣東漢學主流、中原理學主流論辨往來，但其「四行」、「五學」隨著簡朝亮、康有爲的開館講學而代有傳承。另一方面，我們既可以從 1861 年由陳澧提字的《朱氏傳芳集》中看到朱次琦與咸同年間廣東漢學的代表人物陳澧其實並不太淺的交誼，也能從「廣東漢學第一人」曾釗之子曾中立參與由朱宗琦、朱次琦編纂的《九江儒林鄉志》所體現朱次琦對於志書的崇實、致用的原則，看到朱次琦與漢學家曾釗、曾中立父子深厚的交情與比較一致的學術追求。就是這種相同地緣、學緣促使朱次琦與廣東漢學主流某種程度的對話，也因

〔註246〕張廷玉編著：《明史》卷二百八十七，列傳第一百七十五，中華書局，1974
　　　　年版，第 5645 頁。
〔註247〕朱次琦、朱宗琦編纂：《朱氏傳芳集》卷五，1861 年刻本，第 2、13 頁。

此促使廣東近代傳統儒學的繁興。

　　和與主流對話相比，疏離主流所體現的創新精神與地域儒學特徵更能反映廣東理學甚至廣東儒學的生存態。崔與之、李昴英提倡的「事功之學」既是他們仕宦人生對朝政、邊治、軍事的反映，也是處於理學南傳初始階段下廣東理學發展擁有的諸多可能有關，而這種重實用、簡易化的事功思想無疑是更加適合欠缺儒學根基的宋代廣東的。正是由於霍韜、鍾芳、黃佐不入明代廣東心學主流，也積極與中原碩學名儒論難往來，明代廣東理學才擁有自我的一片天地，廣東理學欠缺哲學思辨的特徵得到充分體現與一定的彌補。有學者指出，全謝山謂白沙學出吳康齋而別為一家，不知自宋以來翟氏之學源於濂洛而開白沙之先，斯蓋吾嶺南學派所自出也〔註248〕。筆者以為，除白沙心學以外，廣東儒學其實都是在中原儒學南傳中發展起來的，而白沙心學的源頭似乎不是崔傑，而是濃縮於崔與之「菊坡學派」之中的明以前廣東地域文化，說白了就是不入儒學主流所體現的對中原儒學傳統的創新精神。無論是陳獻章、吳與弼的學術對比，是同門胡居仁對陳獻章學術思想的指斥，還是黃宗羲將陳獻章學術思想置於宋、明儒學發展的轉捩點，學界突顯的就是白沙心學的「創新」二字。相同的，無論是陳獻章、湛若水的學術對比以及甘泉門徒對白沙心學的指斥，是王陽明、湛若水的學術往來與思想對比，還是黃宗羲以王門、湛門的論列，黃節以浙宗、廣宗之稱呼，其突顯的仍然是甘泉心學以「創新」而定其宗。就是這種學術創新，或者說只有學術創新，才能使廣東儒學煥發生機與活力，而沒有過多儒學傳統束縛的廣東又相當容易成為推動儒學向前發展的地方。朱次琦疏離廣東近代漢學，以朱熹理學為漢宋學之稽，最終去漢宋學之別而學孔子之學，既是對廣東傳統儒學的審視、總結與批判，也是以「復古求解放」的思維模式為廣東理學發展注入動力。而就是這種思維模式成為日後康有為以孔學為理論武器，全面否定中國古代儒學傳統作了思想準備，康有為由此創嶺南新學派而引發一場儒學革命、社會革命。因此，似乎只有不入儒學主流所體現的學術創新，廣東儒學才有力量與中原儒學平分秋色，甚至從非主流進入主流。

二、平實敦大

　　王璦在《稚圭先生畫像記》中說：「先生之學，平實敦大，不涉從碎，亦

〔註248〕鄧實、黃節主編：《國粹學報》（九），廣陵書社，2006 年版，第 4480 頁。

不爲性命高談……高峻似河汾而篤實過之，豪邁似永嘉而深穩過之。」〔註249〕
簡朝亮說：「次琦生平論學，平實敦大。」〔註250〕康有爲說：「先生之學行，
或於亭林爲近似，而平實敦大過之。」〔註251〕朱次琦於世道人情看得通透，
他終其一生將所有的精力都用於救人救世，故朱次琦不言性命之學與天道之
學，強調學術的實用性，也以修身、治學並重、去一切學術之別的努力直面
社會人生，由此體現「平實敦大」的學術特徵。

1. 平實

不言性命之學與天道之學，將一切學術指向實用，是朱次琦學術思想呈
現「平實」特徵的主要表現，也是朱次琦對廣東儒學素有的「平實」特徵的
沿承與發展。

（1）不言性命之學與天道之學

雖然孔門弟子說：「夫子之言性與天道，不可得而聞也」〔註252〕，但孔
子畢竟是以「性相近，習相遠也」〔註253〕、「不知命，無以爲君子也」〔註254〕、
涵蓋自然之「天」、主宰或命運之天、義理之天3種意義的「天道」觀爲性命
之學與天道之學開了個頭，命運無常、性有善惡、天道自然在孟子、荀子、
二程、朱熹等筆下不斷獲得豐富，最終形成通過窮理、盡性、至於命3步驟
以修身養性、達及天道的儒家心法。除鍾芳、黃佐以外，作爲一種哲學的性
命觀、天道觀從來就不是廣東理學家樂於談論的話題，即使出生於明代中原
理學繁興的丘濬、霍韜、陳建都不是嚴格意義上的哲學家，朱次琦更是如
此。朱次琦不言天命，而獨言變化氣質，以及與其一致的性善說。其實，孔
子言性是質，無善無惡，孔子言命都是關涉人事，孔子言天更多的是一種情
感的抒發，這都與宋代理學諸儒構建的以天理人慾、格物致知、太極、理氣
等爲核心理學很不相同的。朱次琦以讀書實現變化氣質，仍然是取自孔子的
「性相近，習相遠」之「習」，即孔門之學。朱次琦就是以此直接過渡到「四

〔註249〕朱次琦著，簡朝亮編，關殊鈔點校：《朱九江先生集》附錄，旅港南海九江商
會，1962年版，第3～4頁。

〔註250〕朱次琦著，簡朝亮編，關殊鈔點校：《朱九江先生集》卷首，旅港南海九江商
會，1962年版，第1頁。

〔註251〕朱次琦著，簡朝亮編，關殊鈔點校：《朱九江先生集》附錄續輯，旅港南海九
江商會，1962年版，第2頁。

〔註252〕楊伯峻譯注：《論語譯注》，中華書局，2004年版，第46頁。

〔註253〕楊伯峻譯注：《論語譯注》，中華書局，2004年版，第181頁。

〔註254〕楊伯峻譯注：《論語譯注》，中華書局，2004年版，第211頁。

行」、「五學」，以「四行」、「五學」追蹤孔門之學。故廣東理學家更多的還是回歸孔子論學的切於倫常日用，而不糾纏於宋代諸儒關於性命觀、天道觀的大討論。

（2）將一切學術指向實用

　　廣東儒學從它產生的第一天開始就呈現實用化的特色，崔與之、李昴英、丘濬、霍韜、鍾芳、黃佐等宋明廣東理學家就是以這種重實用的學術品格在「王霸義利」、「格物致知」等重大學術問題上作出抉擇。半壁江山、國力貧弱、權奸當道的南宋朝廷實質所促使的儒學內部變革尤其是由永嘉學派所彰揚的涵蓋政治、經濟、軍事的「王霸義利」學說，對擁有長達30年政治生涯而對南宋洞察秋毫的崔與之、李昴英產生天然的共鳴，他們對於政治、軍事、史學等論述在形而下的層面迫近了永嘉實學。反對和議、抗金愛國、針貶時弊是崔與之、李昴英探討以恢復與中興為主題的南宋變革的內容，重視君主之力、重視人才、尤重將才、注重軍事謀略等是崔、李開具的南宋如何一統山河與實現長治久安的對策，均指向實用之學。丘濬以「體用」結合彌補朱熹學術至明初陷入虛空、僵化的局面，使程朱理學朝經世致用的方向發展，故有學者指出，丘濬不是一位典型的哲學家〔註255〕。霍韜、鍾芳、黃佐都在程朱與陸王之間採取一種比較融通的態度，但他們一致反對王陽明「致良知」，以知行合一修補程朱空疏之失，對於「格物致知」的看法最能反映他們的實學傾向。從崔與之、李昴英在程朱理學與永嘉實學之間趨於實學到霍韜、鍾芳、黃佐在程朱理學與陸王心學之間趨於實學，到朱次琦將一切學術指向實用，是宋明清廣東理學趨於實學的 3 個階段，正是這種一以貫之的實學精神，廣東理學在走過宋明以後至近代迎來復興，朱次琦就是廣東近代理學復興的標誌性人物。

　　朱次琦學術思想由倫理、經學、史學、文藝組成，均注重踐履，強調其用。日敦行孝悌，朱次琦說：「誠以行之如古之孝悌也，家人且化焉。」〔註256〕日崇尚名節，朱次琦說：「昔者伊尹辨誼、武侯謹慎，辭受取與出處去就之間，昭昭大節，至今照人，如日月之在天也。」〔註257〕日變化氣質，朱

〔註255〕李焯然著：《丘濬評傳》，南京大學出版社，2011 年版，第 115 頁。

〔註256〕朱次琦著，簡朝亮編，關殊鈔點校：《朱九江先生集》卷首，旅港南海九江商會，1962 年版，第 15 頁。

〔註257〕朱次琦著，簡朝亮編，關殊鈔點校：《朱九江先生集》卷首，旅港南海九江商會，1962 年版，第 15 頁。

次琦說：「沉潛剛克，高明柔克，變化之道也。」〔註258〕曰檢攝威儀，朱次琦說：「《詩》曰：『不不祥，威儀不類。』言亡國徵也，以言學者，亦亡身徵也。」〔註259〕無論是強調孝悌、氣質的踐履性，還是個人名節、威儀與國家興亡的緊密關係，朱次琦都將「四行」修身指向倫常日用，即儒家體用合一。曰經學，朱次琦說：「經誼，所以治事也。」〔註260〕曰史學，朱次琦說：「史證其事」〔註261〕。曰掌故之學，朱次琦說：「掌故之學，至賾也。」〔註262〕曰性理之學，朱次琦說：「性理，非空言也。」〔註263〕曰辭章之學，朱次琦說：「皆及物也。」〔註264〕從治事、證事、必須深入探究、非空言到及於物，朱次琦都將切於實用置於「五學」的具體釋義。「四行」、「五學」即門人一切之所「學」，故朱次琦說：「吾今爲二三子告，求至於古之實學而已矣。」〔註265〕

有必要指出的是，與朱次琦同時代的陳澧在表面上也將經學、理學、文學都指向了實用。「經學所以治天下，無經則不可以治天下矣。」〔註266〕「道學不可空講，經學不可泛講。」〔註267〕「昌黎《與鳳翔邢尚書書》云：『愈也布衣。』云云，『以文名於四方，前古之興亡，未嘗不經於心也；當世之得失，未嘗不留於意也。』學韓文者當如此，學者當如此，不獨學古文也。」〔註268〕

〔註258〕 朱次琦著，簡朝亮編，關殊鈔點校：《朱九江先生集》卷首，旅港南海九江商會，1962 年版，第 15 頁。

〔註259〕 朱次琦著，簡朝亮編，關殊鈔點校：《朱九江先生集》卷首，旅港南海九江商會，1962 年版，第 15 頁。

〔註260〕 朱次琦著，簡朝亮編，關殊鈔點校：《朱九江先生集》卷首，旅港南海九江商會，1962 年版，第 16 頁。

〔註261〕 朱次琦著，簡朝亮編，關殊鈔點校：《朱九江先生集》卷首，旅港南海九江商會，1962 年版，第 15 頁。

〔註262〕 朱次琦著，簡朝亮編，關殊鈔點校：《朱九江先生集》卷首，旅港南海九江商會，1962 年版，第 17 頁。

〔註263〕 朱次琦著，簡朝亮編，關殊鈔點校：《朱九江先生集》卷首，旅港南海九江商會，1962 年版，第 15 頁。

〔註264〕 朱次琦著，簡朝亮編，關殊鈔點校：《朱九江先生集》卷首，旅港南海九江商會，1962 年版，第 15 頁。

〔註265〕 朱次琦著，簡朝亮編，關殊鈔點校：《朱九江先生集》卷首，旅港南海九江商會，1962 年版，第 15 頁。

〔註266〕 陳澧著，黃國聲主編：《陳澧集》（二），上海古籍出版社，2008 年版，第 360 頁。

〔註267〕 陳澧著，黃國聲主編：《陳澧集》（二），上海古籍出版社，2008 年版，第 381 頁。

〔註268〕 陳澧著，黃國聲主編：《陳澧集》（二），上海古籍出版社，2008 年版，第 371 頁。

「讀書者專爲無用之學而與官事不相通，此天下所以亂也。」〔註269〕但是，陳澧所說的「實用」其實就是明理，如他說：「由考據而致用，亭林之學也。由考據而明理，余之學也。」〔註270〕反之，朱次琦是將明理指向處事，故二者有天淵之別。

2. 敦大

修身、治學並重，去一切學術門戶之別，是朱次琦學術思想具有敦大特徵的主要表現，朱次琦以此成爲廣東理學乃至廣東儒學獨特的這一個。

（1）修身、治學並重

修身、治學從來就是崔與之、李昴英、區仕衡、丘濬、霍韜、鍾芳、黃佐、陳建、馮成修、陳澧等廣東儒學家關注的內容，但是在朱次琦之前，包括陳獻章、湛若水、薛侃等心學家在內，廣東儒學史上從來沒有任何一名儒學家如此旗幟鮮明地將修身、治學地提了出來。

一是「四行」修身涵蓋廣東傳統德學的主要內容。郭棐《粵大記》、黃佐《廣州人物傳》、屈大均《廣東新語》、范端昂《粵中見聞》等留下羅威、唐頌、丁茂、鄧魯、雷長善、倫彥式、張懋功、王佐等以「孝悌」爲名的廣東先賢形象，說明在很大程度上源起於兩漢之際的廣東儒學就是在漢代以「孝」爲重的學術背景下發展起來的。崔與之、李昴英、區仕衡、霍韜、鍾芳、黃佐、陳澧等均重視「孝悌」。崔與之說：「竊惟父母之命，人子固不可違，而人子有疾，父母亦復憂之。」〔註271〕李昴英說：「蓋人能孝其父母，敬其兄長，便識道理，知名分，少有犯其上者。既不犯上，必不肯作亂。大凡世間作犯上、作亂底事，即是不孝順父兄底人；若是孝順父兄底人，便不肯做犯上、作亂底事。有子之言，最爲親切。」〔註272〕區仕衡徵引二程原話說：「盡性至命必本於孝悌。」〔註273〕霍韜以孝親、弟長作爲行仁之端、由義

〔註269〕陳澧著，黃國聲主編：《陳澧集》（二），上海古籍出版社，2008 年版，第 363 頁。

〔註270〕陳澧著，黃國聲主編：《陳澧集》（二），上海古籍出版社，2008 年版，第 383 頁。

〔註271〕崔與之撰，張其凡、孫志章整理：《宋丞相崔清獻公全錄》卷五，廣東人民出版社，2008 年版，第 55 頁。

〔註272〕李昴英撰，楊芷華點校：《文溪存稿》卷十二，暨南大學出版社，1994 年版，第 126 頁。

〔註273〕區仕衡撰：《理學簡言》，《廣州大典》（第四輯），廣州出版社，2012 年版，第 25 頁。

之端〔註274〕，也以私妻子為不孝，「世人兄弟不睦，皆起於私妻子。」〔註275〕
鍾芳說：「孝成於仁」〔註276〕。黃佐將不孝作為至罪，「竊以五刑之屬三千而
罪莫大於不孝」〔註277〕。陳澧說：「為人孝悌，賢賢易色，事君致身，朋友有
信，五倫之事備矣。」〔註278〕由此形成廣東德學重「孝悌」的特色，但是，
重視「孝悌」只是崔與之、李昴英、區仕衡、霍韜、鍾芳、黃佐、陳澧等偶
有之論，他們沒有將「孝悌」構建其學術思想。朱次琦則不僅將出自《禮記》
的「敦行孝悌」作為「四行」修身之首，而且賦予「敦行孝悌」涵蓋廣東理
學家「孝悌」論的內容與凸顯其重實踐的學術品格。

　　既視名節為大節，也提倡直節甚至死節，是世代廣東儒學家對於人生
出處行藏的理解與追蹤，尤在崔與之、李昴英、陳大震、丘濬、鍾芳、陳
澧等筆下有比較充分闡述。官秘書監時，崔與之致書其弟說：「大抵官職易
得，名節難全。」〔註279〕李昴英多次激揚「大節」，「名節重而禍福利害輕」
〔註280〕，「名節則如日用也，可千萬古光明」〔註281〕，「勳業與名節俱不朽」
〔註282〕。陳大震說：「士之生世，當以氣節為主，文章次之。」〔註283〕丘濬
在論諫官時說，當以三事為先，第一是不愛富貴，次則重惜名節，次則曉知
治體〔註284〕。鍾芳說：「夫仕止，君子之大節，凡負一能一藝，孰不欲效用以

〔註274〕霍韜著：《渭厓文集》（六），廣西師範大學出版社，2015年版，第2350頁。
〔註275〕霍韜著：《渭厓文集》（六），廣西師範大學出版社，2015年版，第2380頁。
〔註276〕鍾芳著，周濟夫點校：《鍾筠溪集》卷六，海南出版社，2006年版，第110頁。
〔註277〕黃佐撰：《泰泉鄉禮》卷三，《文淵閣四庫全書》第142冊，經部，136，《禮》類，臺灣商務館股份有限公司，2008年版，第628頁。
〔註278〕陳澧著，黃國聲主編：《陳澧集》（二），上海古籍出版社，2008年版，第21頁。
〔註279〕崔與之撰，張其凡、孫志章整理：《宋丞相崔清獻公全錄》卷二，廣東人民出版社，2008年版，第21頁。
〔註280〕李昴英撰，楊芷華點校：《文溪存稿》卷三，暨南大學出版社，1994年版，第39頁。
〔註281〕李昴英撰，楊芷華點校：《文溪存稿》卷三，暨南大學出版社，1994年版，第40頁。
〔註282〕李昴英撰，楊芷華點校：《文溪存稿》卷四，暨南大學出版社，1994年版，第47頁。
〔註283〕李昴英撰，楊芷華點校：《文溪存稿》，暨南大學出版社，1994年版，第3頁。
〔註284〕丘濬著，周偉民、王瑞明、崔曙庭、唐玲玲點校：《丘濬集》（第一冊），海南出版社，2006年版，第162頁。

顯於世？」〔註285〕李昴英弘揚東漢以汲黯爲代表的士風，強調直節、死節。李昴英說：「汲黯在朝，淮南寢謀；……尙名節而東都之祚延，賤名檢而典午之禍作，可不懼哉！」〔註286〕丘濬不僅重視諫官之直言勇諫，「爲人上者，其尙毋使一世之人，畏忌而不敢言哉」〔註287〕，而且以陸贄爲其典範，「後世人臣之善諫其君者無如贄。……諫者直，示我之能容。」〔註288〕鍾芳說：「君子者無必乎外，……臨之死生榮辱而不易其節。」〔註289〕陳澧說：「魏君（按：指魏源）可謂有志之士矣，非毅然以振國威，安邊境爲己任，何其編錄之周詳，議論之激切如此哉！」〔註290〕或重視自身名節，或以名節評價士人，是崔與之、李昴英、陳大震、丘濬、鍾芳、陳澧等論及名節的主要方面，朱次琦則將名節置於德學的組成部分，既賦予「名節」以一致於崔與之、李昴英、鍾芳等廣東理學家的內涵，也旗幟鮮明地首標「崇尙名節」，使廣東理學家對於名節操守的體認永恆地聚結於此。

　　崔與之、李昴英、黃佐、陳澧等廣東儒學家均重視「氣質之性」，他們不僅肯定「氣質之偏」，而且探討如何「變化氣質」。崔與之爲講官時，說《漢書》二節，其中一節論及周亞夫「氣質之偏」與提出以守禮「變化氣質」。「周亞夫鞅鞅非少主臣，此是亞夫強項氣習。細柳之屯，去中都不遠，閉營門以拒天子，謂之警不虞則可，而尊君之禮則未至也。……亞夫不學，毋怪乎恭敬之事未之有聞。」〔註291〕李昴英詳論「氣質之偏」，「然寬者畏縮，而欠大事自決之力量；狹者躁急，而有互失不和之氣味。周頤以無斷爲柔惡，以猛隘爲剛惡，蓋事未必可爲而強爲，私也；事到當爲而不爲，亦私也。胡不弦

〔註285〕鍾芳著，周濟夫點校：《鍾筠溪集》卷二，海南出版社，2006年版，第23頁。
〔註286〕李昴英撰，楊芷華點校：《文溪存稿》卷六，暨南大學出版社，1994年版，第69頁。
〔註287〕丘濬著，周偉民、王瑞明、崔曙庭、唐玲玲點校：《丘濬集》（第一冊），海南出版社，2006年版，第93頁。
〔註288〕丘濬著，周偉民、王瑞明、崔曙庭、唐玲玲點校：《丘濬集》（第一冊），海南出版社，2006年版，第102頁。
〔註289〕鍾芳著，周濟夫點校：《鍾筠溪集》卷二，海南出版社，2006年版，第28頁。
〔註290〕陳澧著，黃國聲主編：《陳澧集》（一），上海古籍出版社，2008年版，第89頁。
〔註291〕崔與之撰，張其凡、孫志章整理：《宋丞相崔清獻公全錄》卷二，廣東人民出版社，2008年版，第14頁。

韋其氣質之偏,而乃矛盾於議論之異?」〔註292〕也指出以學習尤其是以「禮」、「自克」「變化氣質」,「自歸三徑,杜門掃軌,誦習故書,求以克去氣質之偏」〔註293〕,「夫禮者,天理之節文;學者,所以立也。平居視聽言動,一之或非,是先失其恭敬之本,而物慾得以乘之矣。一旦動容周旋於廣眾中,必周張失措,微之不可掩,於此可以觀其人焉。……要使鄉人士君子,秉古心、行古道,不睹不聞之境,儼若對大賓時,己克而禮復。」〔註294〕「宜益克己,使人慾淨盡,天理混融,以全吾固有之仁」〔註295〕。黃佐也強調以學習變化氣質,「人之德性本自不偏,由受氣不齊而致異也。……苟學而不能變化,其雷效則亦凶德而已。」〔註296〕陳澧說:「變化氣質甚難,吾讀書三十年,總變得少許,未能變者多矣,每思之,其愧也。」〔註297〕崔與之、李昴英、黃佐、陳澧論述「變化氣質」,反映他們對此的體認,但他們並沒有將此作為修身工夫而有意提倡,加以強化,朱次琦則將「變化氣質」作為修身一目,這顯然具有不同意義的。

德之在身為威儀,崔與之、李昴英、丘濬、霍韜、鍾芳、黃佐、馮成修等重視人之「威儀」。崔與之說:「宗廟齋莊之時,洋乎如鬼神之在其上;宮廷燕款之際,肅然如師傅之在其傍。故凡與居食息之間,無非恐懼修省之地,此則檢身之要者,在乎恪意以行之,上以綿萬年基業之傳,下以均四海生靈之福。」〔註298〕李昴英說:「運作有法,容止可觀,執事者固在所謹然,觀者亦當整襟正視,屏氣肅容,攝以威儀,共成嘉禮。」〔註299〕丘濬說:

〔註292〕李昴英撰,楊芷華點校:《文溪存稿》卷七,暨南大學出版社,1994 年版,第 82~83 頁。

〔註293〕李昴英撰,楊芷華點校:《文溪存稿》卷十,暨南大學出版社,1994 年版,第 103 頁。

〔註294〕李昴英撰,楊芷華點校:《文溪存稿》卷一,暨南大學出版社,1994 年版,第 15 頁。

〔註295〕李昴英撰,楊芷華點校:《文溪存稿》卷四,暨南大學出版社,1994 年版,第 54 頁。

〔註296〕黃佐著:《庸言》卷二,《續修四庫全書》子部,儒家類,上海古籍出版社,2002 年版,第 244 頁。

〔註297〕陳澧著,黃國聲主編:《陳澧集》(二),上海古籍出版社,2008 年版,第 393 頁。

〔註298〕崔與之撰,張其凡、孫志章整理:《宋丞相崔清獻公全錄》卷村,廣東人民出版社,2008 年版,第 94 頁。

〔註299〕李昴英撰,楊芷華點校:《文溪存稿》卷十二,暨南大學出版社,1994 年版,第 126 頁。

「人生天地間，具形與氣，動形而爲威儀，氣出而爲言辭，人死則威儀隨形漸盡。」〔註300〕霍韜說：「頭口手足，身之物也。貌容氣色，身之章也。視聽言動、坐立行寢，身之用也。統會之者，心也，道之所以流行，天命之所以於穆不已也。」〔註301〕鍾芳說：「蓋自性情隱微之間，言動威儀之際，以至彝倫事物之變，……皆所以遏人慾之流，而約之於天理之正。」〔註302〕黃佐稱譚凱說：「威儀可則，終席無倦容。」〔註303〕馮成修說：「一有不檢則爲名教之玷，……鄉黨庠序之間，衣冠必正，言貌必莊，舉動必謹，……不失讀書人本來面目。」或以威儀作爲「士」的標準，或作爲修身的第一課，或以此評價友人，除馮成修以外，崔與之、李昴英、丘濬、霍韜、鍾芳、黃佐等都沒有將威儀作爲開館講學的內容，朱次琦則既沿承馮成修的做法，也將「檢攝威儀」作爲修身之目。

一方面，由敦行孝悌、崇尚名節、變化氣質、檢攝威儀組成的「四行」修身條所包含的具體內容，殊非朱次琦獨創，朱次琦的高明之處在於他將中國儒家千年「內聖」之學的梳理融入對廣東儒學的理解，將散見於《宋丞相崔清獻公全錄》《文溪存稿》《理學簡言》《丘濬集》《渭厓文集》《鍾筠溪集》《泰泉鄉禮》《庸言》《粵秀學約》《陳澧集》等宋明清廣東儒學著述中的德學內容濃縮於 16 字「四行」修身條，故在很大程度上體現廣東德學的主要內容。另一方面，廣東德學在千年發展史上所產生的德學內容遠遠豐富於朱次琦「四行」修身條，如黃佐《庸言》第二卷的「修德」之目，其內容則涵蓋理氣、仁、良知、誠、性情等內容，黃佐是在沿承程朱理學而反對陽明心學，殊非朱次琦有選擇地追求德學的平實敦大。

二是「五學」治學涵蓋廣東傳統儒學的主要內容。從春秋戰國時期的「六藝」到漢武帝時代的《六經》，由於不同時代賦予其不同的內容，由此形成漢代經學、宋明理學與清代考證學等可以獨立存在的一代學術，以及長期以來作爲經學附庸的史學與作爲載道工具的文學，先秦儒學就由「四科」衍生出

〔註300〕丘濬著，周偉民、王瑞明、崔曙庭等點校：《丘濬集》（第八冊），海南出版社，2006 年版，第 446 頁。

〔註301〕霍韜著：《渭厓文集》（六），廣西師範大學出版社，2015 年版，第 2349 頁。

〔註302〕鍾芳著，周濟夫點校：《鍾筠溪集》卷十，海南出版社，2006 年版，第 192 頁。

〔註303〕黃佐著，陳憲猷點校：《廣州人物傳》卷七，廣東高等教育出版社，1991 年版，第 141 頁。

經學、史學、理學、考證學、文學等諸種學術形態。因此，作爲一門學科來看，儒學不僅具有時代性而且有其較強的系統性。一般來說，只有比較著名的儒學家，其學術思想才能同時具備這 2 個特徵。在朱次琦之前，有「明代廣東三大家」之譽的丘濬、陳獻章、黃佐同時具備這 2 個條件。只是陳獻章的經學、史學與文學觀都不入正統儒學一脈，如陳獻章將詩歌拉近心之本體，並以爲可以左右《六經》，「故七情之發，發而爲詩，雖匹夫匹婦，胸中自有全經。此風雅之淵源也。……故能樞機造化，開合萬象，不離乎人倫日用而見鳶飛魚躍之機。若是者，可以輔相皇極，可以左右《六經》，而教無窮。」〔註304〕陳獻章全面否定孔子以後的儒學，「自炎漢迄今，文字記錄著述之繁，積數百千年於天下，至於汗牛充棟，猶未已也。……抑吾聞之，《六經》，夫子之書也；學者徒誦其言而忘味，《六經》一糟粕耳，猶未免於玩物喪志。」〔註305〕因此，在陳獻章那裡，經學、史學與文學都陷入「難言」，此即爲其以自得、自然、自悟爲內容的不言之教——心學。

丘濬是廣東儒學史上首位仕途、學術都相當顯赫的儒學家，《朱子學的》《大學衍義補》《世史正綱》等最重要的學術著述都是撰寫於爲官之時，是丘濬實現以文字治天下的組成部分。定於一尊的程朱理學發展至明中葉，出現陳獻章、王陽明等心學家對其的嚴峻挑戰，陳、王二人及其門徒並成功打破程朱的壟斷局面。如何設法矯正程朱理學在發展過程中的偏於本本的缺失，以切於實用促使程朱過渡到經世致用，就成爲明中葉程朱理學家的時代課題，丘濬的學術著述正代表了這時代思潮。丘濬認爲程朱是孔孟之學的眞正繼承者，「竊惟六經之道，始於伏羲畫卦，歷二帝三王之世數千年，至孔子而後共書始成。孔子沒，其微言奧義幾絕，又歷漢唐宋千數百年之間，至朱子而後其義始明。」〔註306〕他沒有將過多的精力用於探討程朱哲學層面上的理論，而是專注於將理論與實際相結合，強調儒學的「體」、「用」合一。「天下大道二，義理，政治也。《易》者義理之宗，《書》者政治之要。是以六經之書，此爲大焉。學者學經以爲儒，明義利以修己。行政治以治人，學之能事

〔註304〕陳獻章著，孫通海點校：《陳獻章集》（上），中華書局，2008 年版，第 11～12 頁。

〔註305〕陳獻章著，孫通海點校：《陳獻章集》（上），中華書局，2008 年版，第 20 頁。

〔註306〕丘濬著，周偉民、王瑞明、崔曙庭等點校：《丘濬集》（第八冊），海南出版社，2006 年版，第 453 頁。

畢矣，儒者之全體大用備矣。《易》者其體，《書》者其用也。」〔註307〕故直接將程朱的學術著述拿來，將平時博覽群書，「凡六經諸史，古今詩文，九流箋疏之書，以至於醫卜老釋之說，無不深究」〔註308〕與長達半個世紀且位極人臣的政治生涯所對明代政治、經濟、軍事、文化等深入瞭解寫入其中，以彌補程朱致用性不強的不足，以經世致用重建程朱理學的新方向，就成為丘濬學術思想的特點。由於堅持儒學是「體」、「用」結合，丘濬顯然是反對胡瑗分齋教學法的，也將經學、史學、理學、文學都指向實用。如丘濬論《大學》：「臣嘗妄謂《大學》一書，君天下者之律令格倒也，本之則必治，違之則必亂。」〔註309〕論《世史正綱》：「著世變也，紀事始也。其事則記乎其大者，其義則明夫統之正而已。」〔註310〕何喬新評價丘濬的詩文，「先生之文，一本於道，足以追蹤濂洛諸名儒而無愧，非韓氏、歐陽氏、曾氏因學文而見道者之可擬。」〔註311〕從丘濬開始，廣東理學家以其著述分別在經學、史學、理學與文學方面多有建樹，丘濬以一人之著體現儒學發展至明中葉的諸種形態。

黃佐的著述可分為 3 類：一是《庸言》《樂典》《泰泉鄉禮》等經學、理學著述，二是《翰林記》《廣州人物志》《廣東通志》《廣西通志》《廣州府志》《香山志》《羅浮山志》《南雍志》等史志，三是詩文全集《泰泉集》，成為丘濬以後又一名以個體著述體現廣東儒學發展足跡的名儒。而最能充分體現黃佐學術思想的當是其開館講學的講義——《庸言》，羅學鵬在《廣東文獻》中稱黃佐說：「至《庸言》一十有二卷，近之乎一心，遠之乎四海，微之乎鬼神，顯之乎禮樂，罔不悉備，可謂大矣。」〔註312〕《庸言》涵蓋 12 目：學道、修德、求仁、遊藝、制禮、審樂、政教、事業、著述、象數、天地、聖賢，體現孔子所說的「志於道，據於德，依於仁，游於藝」〔註313〕、「立於禮，成於

〔註307〕丘濬著，周偉民、王瑞明、崔曙庭等點校：《丘濬集》（第三冊），海南出版社，2006 年版，第 189 頁。

〔註308〕何喬新著：《椒丘文集》卷三十，1522 年廣昌刊本，第 21 頁。

〔註309〕丘濬著，周偉民、王瑞明、崔曙庭等點校：《丘濬集》（第一冊），海南出版社，2006 年版，第 6 頁。

〔註310〕丘濬著，周偉民、王瑞明、崔曙庭等點校：《丘濬集》（第五冊），海南出版社，2006 年版，第 3 頁。

〔註311〕丘濬著，周偉民、王瑞明、崔曙庭等點校：《丘濬集》（第八冊），海南出版社，2006 年版，第 5 頁。

〔註312〕羅學鵬編：《廣東文獻》，江蘇古籍刻印社，1994 年版，第 10～11 頁。

〔註313〕楊伯峻譯注：《論語譯注》，中華書局，2004 年版，第 67 頁。

樂」〔註314〕、「德行、言語，政事，文學」的序次，而一歸於天、地、人，故門人黎民表在《泰泉先生〈庸言〉序》中說：「先生之學，宗孔孟而黜百家，非徒博也，約於一而已。」〔註315〕黃佐之學雖本於孔孟，宗於程朱，但他在知行觀、理氣論等方面都不入程朱之藩籬。

即使宗主程朱的丘濬、黃佐的學術著述、學術思想呈現兼及經學、理學、史學與文學的格局，具有系統性，但丘、黃沒有對「學」進行分類。朱次琦則不僅以經學、史學、掌故之學、性理之學、辭章之學作為「五學」，而且賦予「五學」具體的含義，使其指向孔學、實學。有必要注意的是，與朱次琦同時代的廣東名儒陳澧撰寫汲及經學、史學、文學、子學、算學等著述，也首重經學、次重史學，次重文學、子學，但是，陳澧學宗鄭玄而殊非程朱，提倡專經專學而有別於朱次琦提倡通經通學，考據、義理兼講而不同於朱次琦僅將考據作為治學方法，重視子學、算學而迥異於朱次琦不講子學、算學。故陳澧的治學範圍廣於朱次琦，治學格局是在傳統儒學範圍內，但他是以治專學而兼治他學，其做的是窄而深的學問，其治學目的是徵實。反之，朱次琦以「五學」指向孔學，做的是寬泛的學問，治學目的是通經致用。

（2）去一切學術門戶之別

廣東沒有經歷今古文經學之爭而直接進入兩漢之際的古文經學，除陳建以外，霍韜、鍾芳、黃佐與方獻夫、薛侃等明代廣東程朱、陸王學派傳人均沒有嚴守學術門戶之別。以漢學為主導，將宋學尋求義理的方法充實漢學，且其義理是越過宋儒而直指先秦兩漢的，由阮元奠定的廣東近代漢宋學調和的路徑，對林伯桐、陳澧、桂文燦等提倡漢宋學兼採產生了重要影響。林伯桐是以朱熹不廢漢學而肯定程朱理學的，是由於漢學家疏於義理而形成空疏學風而重視宋學。就是這種將朱熹治學拉近、納入漢學體系的做法，林伯桐就可以平視鄭玄、朱熹，從而平議漢宋學，學術門戶就此打破。在沿承阮元、林伯桐重視宋學，旨在彌補今人講訓詁考據而不求義理的缺失的基礎上，一方面，陳澧在《鄭學》一文中指出惟鄭學才是真漢學，鄭學殊非獨考據學，鄭學是重視踐履的，經世致用就成為漢學的本色。另一方面，陳澧在《朱學》一文中指出朱學殊非獨義理之學，國朝考據之學實源出朱子。陳澧漢宋學兼

〔註314〕楊伯峻譯注：《論語譯注》，中華書局，2004年版，第81頁。

〔註315〕黃佐著：《庸言》卷九，《續修四庫全書》子部，儒家類，上海古籍出版社，2002年版，第221頁。

採的思想由此形成，「合數百年來學術之弊細思之，若講宋學而不講漢學，則有如前明之空陋矣。若講漢學而不講宋學，則有如乾嘉以來之膚矣。況漢宋各有獨到之處，欲偏廢之而勢有不能者，故余說鄭學則發明漢學之善，說朱學則發明宋學之善，道並行而不相悖也。」〔註316〕但有必要注意的是，陳澧是立足考據而稱許朱學的，是推崇鄭玄而兼融朱熹，是講經學而兼講理學，是繞過朱熹義理而直指先秦、兩漢儒學古義的。「又著《漢儒通義》七卷，謂漢儒善言義理，無異於宋儒。宋儒輕蔑漢儒者，非也。」〔註317〕出自陳澧門下的桂文燦既撰寫《朱子述鄭錄》，以爲「鄭君、朱子皆大儒，其行同，其學亦同」〔註318〕，也以漢學家爲主體著《經學博採錄》，成爲廣東近代半個世紀以來兼採漢宋的結晶。故無論是明代廣東理學、心學，還是廣東近代漢學，在整個廣東儒學史上，從來沒有出現過嚴峻的學術門戶之爭。

　　朱次琦不僅提倡去唐宋詩之別、去駢文散文之別，而且強調去漢宋學之別，就是筆者以爲的去一切學術門戶之別。如果說，去唐宋詩之別體現朱次琦推崇《詩經》，去駢散文之別則是旨在回歸《尚書》，那麼，去漢宋學之別則是將源出孔學的經過千年發展的漢宋學回歸孔學。《詩經》《尚書》都經過孔子整理、編纂，就是孔學，但它畢竟專屬於某一經，而沒有漢宋學意義之深廣。故相對而言，朱次琦去漢宋學門戶之別的學術史意義更爲明顯。由於朱熹理學也重視考據，以此使考據學獲得一個學理支撐，林伯桐、陳澧、桂文燦都沒有指斥宋學，如陳澧說：「務科舉而荒陋，因懶惰而空疏，而以程、朱藉口，程、朱豈荒陋空疏者，試問其曾讀程、朱之書否？」〔註319〕朱次琦則多次指斥漢學尤其是廣東近代漢學。「紀文達，漢學之前茅也。阮文達，漢學之後勁也。百年以來，聰明氣魁異之士多錮於斯矣，烏乎！此天下之所以罕人才也。」〔註320〕「《皇清經解》，阮文達之所詒也，殆裨於經矣。雖然，

〔註316〕陳澧著，黃國聲主編：《陳澧集》（二），上海古籍出版社，2008 年版，第 377 頁。
〔註317〕陳澧著，黃國聲主編：《陳澧集》（二），上海古籍出版社，2008 年版，第 11 頁。
〔註318〕趙爾巽撰：《清史稿》卷四八二《儒林三》，中華書局，1977 年版，第 13287 頁。
〔註319〕陳澧著，黃國聲主編：《陳澧集》（二），上海古籍出版社，2008 年版，第 374 頁。
〔註320〕朱次琦著，簡朝亮編，關殊鈔點校：《朱九江先生集》卷首，旅港南海九江商會，1962 年版，第 16 頁。

何偏之甚也。」﹝註321﹞一般學者都將清代漢學分爲吳派、皖派，紀昀便不在這2派之內，阮元則與皖派關係緊密。紀昀等編纂《四庫全書》，使漢學與程朱理學得以分庭抗禮，漢宋對立明顯加強。阮元下令編纂《皇清經解》則旨在弘揚漢學，對程朱理學並無貶詞。因此，紀昀、阮元雖名爲前後接續的 2大漢學宗師，其實還是區別明顯的。錢大昕、阮元等清代漢學家都指出漢學是以「實事求是」與「由訓詁而明義理」爲治學的原則與方法。如錢大昕說：「由聲音文字以求訓詁，由訓詁以尋義理，實事求是，不偏主一家。」﹝註322﹞阮元也說：「我朝儒學篤實，務爲其難，務求其是。」﹝註323﹞朱次琦也重視聲音訓詁與以訓詁明義理，只是他所強調的義理是必須不違背儒道，並以儒道作爲治學的旨歸。在朱次琦看來，二程、朱熹等就是孔子以後最著名的儒學家，是能以訓詁明義理之人，即所謂「窮理格物」。朱次琦提出朱熹是漢學之稽的結論，「漢之學，鄭康成集之。宋之學，朱子集之，朱子又即漢學而稽之者也。」﹝註324﹞朱次琦是繞過漢學，以程朱理學本身就兼融了漢宋學，於是「五學」治學章不容考據之學。鑒於林伯桐、陳澧、桂文燦等廣東近代漢學家都尊崇漢儒，好古務博，並以此提出漢宋學兼採，朱次琦取其道行之，將儒學的源頭溯至孔子學說，以學孔子之學而去漢宋學之別。朱次琦說：「學孔子之學，無漢學，無宋學也。修身讀書，此其實也。」﹝註325﹞朱次琦將廣東漢學家將漢學輔以宋學的漢宋學兼採的思想理路反其道而之，以宋學兼融漢學，徹底平息漢宋學之爭。由此看來，是鄭玄還是朱熹，考據是否屬於一種學科，是經學還是孔學，就是陳澧、朱次琦對待漢宋學問題上表現出來的迴異的學術思想。

朱次琦是以「四行」、「五學」重建中國古代儒學，並將經過重建的「四行」、「五學」指向孔學，去漢宋學之別就成爲他必須踏出的關鍵一步。一方面，從漢學、宋學到孔學，朱次琦以加法將一切學術都回歸孔學，孔學便承托著朱次琦實現儒學復興，拯治當下人倫喪失與學非所學的重任，朱次琦的

﹝註321﹞ 朱次琦著，簡朝亮編，關殊鈔點校：《朱九江先生集》卷首，旅港南海九江商會，1962 年版，第 16 頁。

﹝註322﹞ 錢大昕著：《潛研堂集》，上海古籍出版社，1989 年版，第 710 頁。

﹝註323﹞ 江藩著：《國朝漢學師承記》，中華書局，1983 年版，第 1 頁。

﹝註324﹞ 朱次琦著，簡朝亮編，關殊鈔點校：《朱九江先生集》卷首，旅港南海九江商會，1962 年版，第 14 頁。

﹝註325﹞ 朱次琦著，簡朝亮編，關殊鈔點校：《朱九江先生集》卷首，旅港南海九江商會，1962 年版，第 15 頁。

學術思想也屬於中國古人「以復古求解放」的組成部分。另一方面，朱次琦將經過千年順時發展的漢學、宋學實現逆轉，重新回歸到其原點，雖然朱次琦對漢宋學的評價還是比較客觀的，但他無視在此期間產生的豐碩理論成果，而僅僅截取其形而下層面的元素，這種試圖使孔學輕裝上陣應對社會危機、儒學危機的想法是可取的，只是這種有意迴避儒學作為一門哲學的形而上層面的內容，其實是對中國古代儒學完整性、豐富性的破壞。無論是重建還是破壞，回歸先秦孔學本身都有利於積聚一切力量以實現學人的學術理想。從朱次琦的重建到康有為的破壞，所拿起的理論武器仍然就是孔學，只是康有為主觀、肆意地對古文經學、理學進行分辨與責難，使中國古代儒學傳統遭至嚴重破壞。

三、廣東舊學之殿

子學、西學是筆者以為的道咸年間廣東新學，朱次琦或閉口不談，或予以反對，堅守「四行」修身、「五學」治學。道咸年間廣東新學的搖籃就是學海堂，故以學海堂學者與朱次琦的學術作一對比，就可以窺見朱次琦學術思想的舊學特色。出其門者簡朝亮以開館講學、撰寫著述將朱次琦學術思想延至民國中期。故朱次琦即是筆者以為的廣東舊學之殿。

1. 不談子學

道光年間，龔自珍以《賓賓》、魏源以《老子本義》《墨子注》《孫子集注》（僅存《老子本義》）發表自由思想，提出以子學經世致用與借西學發展子學等近代諸子學研究的課題。這種一改千年來視子學為「異端」並致力於尋找子學救世濟民的社會價值的做法，從中學內部對儒學產生了衝擊，成為子學研究的分水嶺與道咸年間學術新變的又一現象。由龔、魏諸人開闢的子學研究的學術路徑，得到了鄒伯奇、陳澧等學海堂學者的一定傳承。鄒伯奇是廣東治墨學的第一人，他借用西方知識解釋《墨子》，認為《墨子》中就有算學、光學、重學等內容，開晚清「西學源於諸子說」的先河。鄒伯奇的墨學研究引起陳澧極大興趣，他的《東塾讀書記》就論到《墨子》。陳澧不僅強調《墨子》的治天下之計最密〔註326〕，而且多次徵引鄒伯奇關於《墨子》中有西學的觀點，以西方的光學、力學、數學等學科知識來解釋《墨子》。經世致用是

〔註326〕陳澧著，黃國聲主編：《陳澧集》（第二集），上海古籍出版社，2008 年版，第 236 頁。

魏源《老子本義》貫穿始終的觀點，而陳澧的《老子注》則對此隻字未及。傳統儒學家的身份決定陳澧對子學的認同是在它必須符合儒學的基礎上的，否則他認為「諸子之書皆有毒」〔註327〕，因此，代表了學海堂子學研究成就的鄒伯奇、陳澧並不屬於龔、魏諸人所具有的思想啟蒙之列，但子學無疑第一次比較集中地進入廣東學者的視野，它在某種程度上預示著一個嶄新的學術時代的來到。反之，朱次琦隻字未及子學，以「五學」為一學而回歸孔學，與學海堂始終保持一種抗衡，是朱次琦有別於提倡專學的鄒伯奇、陳澧熱衷於子學研究的主要原因。

2. 不談西學

1820 年，有 14 年遠涉歐洲各國經歷的廣東人謝清高在澳門與同鄉楊炳南相遇，這一年，由楊氏筆錄的中國第一本介紹世界 95 個國家和地區的地理位置、風土人情、氣候物產、水陸程途等的著作《海錄》在廣東出版〔註328〕，揭開廣東域外史地研究的序幕。這書不僅引起學海堂學長吳蘭修與林則徐、魏源等濃厚興趣，被收入《海國圖志》，而且在學海堂內掀起了一股研治域外史地的熱潮。1844～1846 年，梁廷枏撰寫《海國四說》，將目光注視於異國他鄉，對西方基督教、民主法制、科學技術與經濟貿易等都有論述，成為道光年間學習西方史地的必讀書籍。1847 年，魏源來到廣東，與學海堂學長陳澧就《海國圖志》多有討論，這在陳澧《書〈海國圖志〉後呈張南山先生》一文中有談及。雖然有作者指出魏源《海國圖志》並沒有接受陳澧的建議進行刪改〔註329〕，但依然可以說明陳澧等學海堂人對這本具有「睜眼看世界」的座標意義的《海國圖志》的興趣與重視。反之，在朱次琦的學術生涯中，對於域外史地從來沒有予以關注，這不得不說在審時度勢這一點上是大大遜色於學海堂學者的。

從明末清初至道光年間，廣東世俗階層與宗教文化所產生的諸如遊行與反遊行、爭端甚至戰事等衝突形式並沒有因為自 1822 年以後，澳門、廣州、馬六甲的傳教工作由梁發主持與 1844 年洪秀全、馮雲山、馮瑞嵩等在廣東各

〔註327〕陳澧著，黃國聲主編：《陳澧集》（第二集），上海古籍出版社，2008 年版，第 226 頁。

〔註328〕郭雙林：《西潮激蕩下的晚清地理學》，北京大學出版社，2005 年版，第 74 頁。

〔註329〕王惠榮：《魏源據陳澧書修改〈海國圖志〉說質疑》，《安徽史學》2006 年第 4 期。

地傳教而產生明顯變化。正是由於廣東世俗階層嚴守傳統、鄉土文化，從 1842 年以後，長期在澳門、廣州的傳教士北上上海，有 20 年歷史的英文刊物《中國叢報》停刊，1850 年由英人編輯的英文週刊《北華捷報》在上海創刊，上海取代廣州、澳門成爲中西文化交匯的中心。稍有不同的是梁廷枏在《海國四說》中對基督教的寬容態度。1851～1864 年的太平天國運動，由於它的領導者洪秀全率先將基督教的上帝、某些教義與儒學中的大同思想與民本思想融合起來，向包括儒佛道在內的一切傳統觀念和宗教迷信發起進攻，對封建社會及其文化構成強烈震撼，由此引起陳澧的關注。「今歐羅巴人來講耶穌之說，爲善去惡，亦以今時利欲極熾，不復知有善惡。凡夷狄之學得入中國，皆因中國不講學故。」〔註330〕因此，廣東正統士人都視具有代替儒家經典統治地位的基督教如洪水猛獸，而這些士大夫其實就是重視鄉約的廣東實行鄉土自治的精英。朱次琦對於基督教避而不談的態度雖然有別於廣東世俗階層對西方宗教的反抗與陳澧對其的指斥，但三者在反對西方宗教、堅守儒家傳統這一點上是相通的。

　　1819 年，撰寫了中國第一本記載古代天文曆算學家的專書《疇人傳》的阮元在廣州創建學海堂，由於深刻認識到西方天文學、算學的先進性與重要性，天文、地理、算法等成爲學海堂的課程。道光年間，就在這個具有新式學堂雛形性質的學海堂，鄒伯奇將西學這種重實測與實用的嶄新學問研究方法應用於光學、天文學、力學、聲學、地理等領域，成爲廣東近代百科全書式的學者。雖然鄒伯奇在這個以倡導漢學的大本營是鳳毛麟角且地位並不高，但它標誌西方科技率先進入了這個以宣揚儒學爲陣地的官辦書院，標誌廣東近代「西學東漸」進入一個嶄新階段。反之，朱次琦一直到他晚年才有 2 次談到了西人與西學。1868 年，有鳥族人（按：筆者以爲這是朱次琦對外國人的稱呼）希望通過門人求見朱次琦，朱次琦說：「子而忘經誼乎？古之大夫，非有君命，不私觀。《禮》曰：『爲人臣者，無外交。』不敢貳君也。今雖在藉，敢自貳乎？昔旅都門，俄人有求見者，吾未之見也。子其辭焉。」〔註331〕堅守人臣以君命，無私以外交，朱次琦拒絕外國求見者。1880 年，針對門人以爲機器西源說，朱次琦說：「泰西水法，而不必自泰西而爲之

〔註330〕 陳澧著，黃國聲主編：《陳澧集》（二），上海古籍出版社，2008 年版，第 357 頁。

〔註331〕 朱次琦著，簡朝亮編，關殊鈔點校：《朱九江先生集》卷首，旅港南海九江商會，1962 年版，第 20 頁。

也，我用泰西也。非泰西而不必可爲之者，泰西機器也，漏卮也，泰西用我也。」〔註332〕從西人到西器，既不與西人爲伍，將軍民一心作爲戰爭必勝的法寶，也無視西器的先進性，並主張「西器中源說」，朱次琦西人、西器論均指向舊學。

錢穆在《朱九江學述》一文中說：「繼此新文化運動起，辭章則曰白話文，掌故則曰二千年專制政治，性理則曰禮教吃人而倡非孝。其曰以科學方法整理國故，則持襲乾嘉考據以治史。乾嘉以反宋，而今之考據則以反中國。遂循至於不讀書，不修身。則稚圭有意提倡一種新學，實乃爲舊學之殿也。」〔註333〕其實，無論是倫理、經學、史學、文藝思想的內容，是「四行」、「五學」所呈現的不入儒學主流、平實敦大的特徵，還是「五學」與同時代的廣東道咸新學的聯繫比較，朱次琦提倡的就是舊學。

1882 年，朱次琦選擇在臨終前夕焚毀自著，但是，由於簡朝亮、康有爲等門人的努力經營與深廣的影響力，這些不復存在的著述並沒有因此而讓朱次琦成爲一個被遺忘的研究對象，朱次琦其人其學與他創立的「九江學派」仍然是廣東近代儒學一個經久不息的話題。作爲廣東近代理學復興的中心人物，朱次琦生平所彰顯的儒生而具濟世才、歸隱而開館講學的個性，成爲廣東理學家傳統的典型；朱次琦「四行」修身條涵蓋了廣東理學的以「孝悌」爲核心的儒家倫理、崇尚士人名節、以變化氣質爲內容的修身工夫論等德學內容；朱次琦「五學」治學章則體現廣東理學不入儒學主流、平實敦大等主要特徵，故朱次琦成爲廣東理學的集大成者。尤爲重要的是，由於簡朝亮、康有爲出其門下，朱次琦所無意創立的「九江學派」在簡、康手中延至 1930 年前後，成爲廣東重要的儒家學派，亦是廣東儒學近代轉型的縮影。

〔註332〕朱次琦著，簡朝亮編，關殊鈔點校：《朱九江先生集》卷首，旅港南海九江商會，1962 年版，第 21 頁。

〔註333〕錢穆著：《中國學術思想史論叢》（卷八），安徽教育出版社，2005 年版，第 323 頁。

第三章　簡朝亮壯大「九江學派」的
　　　　　三種途徑

　　簡朝亮是朱次琦最重要的門人。即使簡朝亮只有在《因南歸者偶寄十絕句》之二《南海朱拔群》一詩中提到「自有此間佳士在，九江學派未芒芒」〔註1〕，但終其一生都以實踐朱次琦學說為己任的簡朝亮，其實就是在壯大「九江學派」。簡朝亮以學術生涯、專題論文、學術專著3種途徑壯大「九江學派」。簡朝亮的經學生涯形成「遙宗先秦儒學，中取漢唐經學，近承朱熹理學」的內在主線，其講學生涯則由廣州六榕寺、順德簡岸、清遠陽山、佛山忠義鄉4期組成。重塑朱次琦的經師人師地位，論兵與論學，構成簡朝亮專題論文的3方面內容。簡朝亮去《尚書》「三誣」，明《論語》以師孔子，辨《孝經》《禮記》3篇研究之失與明其要，世變修譜以留住宗法制，提倡非宗經無以明詩，《尚書集注述疏》《論語集注補正述疏》《孝經集注述疏》《禮記子思子言鄭注補正》《順德簡氏簡岸家譜》《粵東簡氏大同譜》《讀書草堂明詩》等學術專著均體現簡朝亮旨在恪守朱次琦學說。

第一節　簡朝亮的學術生涯

　　與朱次琦擁有官山西襄陵190天的顯赫政績不同，布衣一生的簡朝亮更加徹底地體現了中國古代傳統知識分子的一生。但是，西學伴隨西方列強東來、儒西矛盾日趨激烈、統治中國二千多年的封建王朝覆亡，使簡朝亮以讀

〔註1〕簡朝亮著，梁應揚注：《讀書堂集》卷十二，廣州松桂堂，1930年刻本，第5頁。

書、教書、著書爲內容的學術生涯變得相當悲壯。簡朝亮在朱次琦經史兼擅的學術格局下，結合時代形勢，形成以經學、兵學爲主，兼及譜學、史學、詩文的學術格局及其獨特的運行軌跡。最能反映簡朝亮在廣東近代學術史的地位是其經學家、教育家的身份。簡朝亮積 40 年心血撰寫的經學著述形成「遙宗先秦儒學，中取漢唐經學，近承朱熹理學」的內在主線，成爲學界所說的簡朝亮「以著述實踐朱次琦學說」的組成部分。簡朝亮歷時半個世紀由廣州六榕寺、順德簡岸、清遠陽山、佛山忠義鄉 4 期組成的講學生涯，使簡朝亮的學術思想在擁有文本傳承的同時，更以代有傳人的方式傳播。

一、學術格局與運行軌跡

朱次琦「五學」治學章與世易時移下對於「五學」的個體體認，最終形成簡朝亮以經學、兵學爲主，兼及譜學、史學與詩文的學術格局。簡朝亮輕重有別的學術格局與儒西矛盾、封建王朝覆亡等嚴峻現實相結合，使其經學、兵學、譜學、史學與詩文生涯呈現自有特色、互有衝撞的運行軌跡，這種對立矛盾，又一統於簡朝亮的逼於時義。

1. 學術格局

1860～1890 年「洋務運動」是簡朝亮學術成長的重要背景，1894 年甲午戰爭前後促使簡朝亮學術思想形成，此後近 40 年，簡朝亮的學術思想不復有變。在朱次琦以反對漢學、回歸孔學拯治社會危機與儒學危機的基礎上，簡朝亮不僅沿承朱次琦的經學、譜學、史學與辭章之學，而且將儒學與兵學相結合，以期解決「洋務運動」不能自強與甲午戰爭帶來的民族災難。

（1）以經學、兵學爲主

從時間來說，《尚書集注述疏》《論語集注補正述疏》分別耗費簡朝亮 15 年、10 年，《孝經集注述疏》《禮記子思子言鄭注補正》則均用 1 年完成，由門人簡菉盈、簡菉持筆錄的《毛詩說習傳》簡朝亮在 1931 年酌定。合之 28 年的經學生涯無疑成爲簡朝亮學術生涯的核心。反之，1877、1879 年、1882 年 4 度撰文論兵，1894 年、1895 年、1898 年寫予友人梁鼎芬、馮炳文的論兵之文，兵學都難以成爲簡朝亮學術生涯的主體。但是，作爲簡朝亮最重要的論學之文——《朱九江先生講學記書後》《病言》，論兵、論學均各占近乎一半的篇幅，故從主觀上來說，簡朝亮是將經學、兵學作爲其學術思想的兩翼。簡朝亮正是以此有力推動朱次琦學說的發展。

從重要性來說，《論語集注補正述疏》《孝經集注述疏》《禮記子思子言鄭注補正》均附有《讀書堂答問》，且門人將《論語集注補正述疏》《讀書堂答問》整理出《〈大學章句〉釋疑》，故讓門人參與其經學著述的撰寫，以經學著述開館講學成爲簡朝亮教學生涯的主要舉措，即是簡朝亮學術生涯的中心。另外，梁啓超率先關注《尚書集注述疏》《論語集注補正述疏》的優劣，時人以出版與研究簡朝亮的相關經學著述作爲簡朝亮研究的起點，都說明只有經學才能突顯簡朝亮的學術史地位。相對來說，見於《讀書堂集》的簡朝亮論兵之文學界則罕有關注，但這並不妨礙簡朝亮從主觀上對於論兵之文的高度重視。簡朝亮在《再寄草堂諸學子書》中以「《講學記》《書後》《三言兵書》」〔註2〕作爲百世大義，要求不在身邊的門人勤於修習。

（2）兼及譜學、史學與詩文

簡朝亮殊非在注疏儒家經典之時，兼及譜學、史學，但譜學、史學在簡朝亮學術格局中的重要性都低於經學、兵學。即使《順德簡岸簡氏家譜》《粵東簡氏大同譜》從編纂到出版共耗費簡朝亮近 10 年，編纂族譜也體現簡朝亮對朱次琦以譜書鞏固封建宗法制的決心，但由於編纂族譜的特殊性，簡朝亮既未能將門人集結其中，也未能於此充分顯示其學術思想，故即使因修譜而中斷了經學生涯，但簡朝亮殊非以另一學術主體取代經學。即使簡朝亮在《論語集注補正述疏》中指出畢沅《續資治通鑒》其文難有司馬光敘事之潔，但一直到臨終前 1 年簡朝亮才著《酌加畢氏續資治通鑒論》，以期最大限度地化解朱次琦對《續資治通鑒》的不滿，惜此書成爲簡朝亮的未竟之著。雖然簡朝亮僅留下《酌加畢氏續資治通鑒論》，但由於經史互通是其注疏經典的特色，故簡朝亮還是較好地體現朱次琦「五學」治學章中史學占 2 席之位的重要性的，以史學服務於經學的思想也是一致於朱次琦。

即使從 1871 年作詩《七月入學，適家有萬年青開花》到 1930 年撰文《朱九江先生傳》，且形成以開館清遠陽山、旅滬南園 2 個詩文創作的高潮，留下20 多萬字的詩文作品，但由於簡朝亮的詩文「大都文理詩章志於實用，與所纂諸經說相表裏」〔註3〕，以詩文服務於經學的主觀動機與詩文志於實用的客觀存在，都說明詩文不可能與經學、兵學一起成爲簡朝亮學術格局的主體。

〔註2〕　簡朝亮著，梁應揚注：《讀書堂集》卷二，廣州松桂堂，1930 年刻本，第 22頁。

〔註3〕　簡朝亮著，梁應揚注：《讀書堂集》序，廣州松桂堂，1930 年刻本，第 1 頁。

綜上，筆者將經學、兵學作爲簡朝亮學術格局的主體，以爲簡朝亮兼治譜學、史學與詩文，是基於主客觀兩方面作爲考慮，這符合簡朝亮的著述實際與其主觀願望。

2. 運行軌跡

作爲一個平面的簡朝亮學術格局，既呈現以詩文爲輔助，經學、譜學與史學單一運行的軌跡，其中出現的經學、兵學、譜學、史學與詩文又自有其運行的特色，而作爲一個整體的簡朝亮學術格局的運行軌跡始終由激蕩時局下簡朝亮的儒家信仰與王朝信仰所推動，均逼於時義。

（1）單一運行

簡朝亮的兵學是以文章的形式出現，故可以置於詩文一塊。詩文創作始終與簡朝亮的經學、譜學、史學並行，經學、譜學、史學三者之間則是你終我始。1893～1907 年、1908～1917 年、1918 年、1919 年，簡朝亮分別著畢《尚書集注述疏》《論語集注述疏》《孝經集注述疏》《禮記子思子言鄭注補正》，期間雖然在 1911 年編纂《順德簡岸簡氏家譜》，但經學生涯的運行還是單一與完整的。1920～1926 年、1928～1929 年，簡朝亮分別編纂與至上海刊刻《粤東簡氏大同譜》，雖然期間簡朝亮在 1921 年校刊《論語集注述疏》《孝經集注述疏》，但其譜學生涯的運行也是單一與整齊的。1932 年正月～1933 年 6 月，簡朝亮著《酌加畢氏續資治通鑒論》，亦是單線運行。由於始終相伴的詩文與簡朝亮經說相表裏，故在很大程度上簡朝亮的學術生涯是單一運行的。

（2）自有特色

堅守一生、大中小經兼及、由緩到急，是簡朝亮經學生涯運行軌跡呈現的特色。簡朝亮在 1855 年偶拾《禮記》殘篇，1862 年獲得《程氏讀書分年日程》，1865 年誦讀《七經》，1870～1873 年竹林苦讀，晝則手抄經義釋之，夜則諷讀，1874～1877 師從朱次琦，習「四行」、「五學」，1882～1888 年開館六榕寺，1891 年開館順德簡岸，故 1855～1891 年是簡朝亮在 1893～1919 年撰寫《尚書集注述疏》《論語集注述疏》《孝經集注述疏》《禮記子思子言鄭注補正》以及 1929 年著《讀書草堂明詩》、1931 年酌定《毛詩說習傳》的深沉積累，堅守一生也成爲簡朝亮經學生涯的特色。據唐制，《禮記》爲大經，《詩經》爲中經，《尚書》爲小經，《孝經》《論語》皆應兼通。雖然簡朝亮僅注疏《禮記》中的《子思子》三篇與部分注解《詩經》，但以上諸經簡朝亮均有兼

及。與大中小經兼及的經學生涯相一致的是，簡朝亮的經學生涯呈現由緩慢到急促的運行軌跡。簡朝亮在 1893～1907 年、1908～1917 年分別著畢《尚書集注述疏》《論語集注補正述疏》，期間中斷了 1895～1897 年已經撰寫的《〈述十三經大義〉序》與在 1902 年取消撰寫《毛詩集注述疏》的計劃，全身心投入《尚書集注述疏》《論語集注補正述疏》的撰寫之中。反之，簡朝亮分別在 1918 年、1919 年著畢《孝經集注述疏》《禮記子思子言鄭注補正》。

　　前後兩期、終於戊戌，是簡朝亮兵學生涯呈現的運行軌跡。師從朱次琦前後的 1878～1883 年，簡朝亮先後撰寫《治盜論》《書明史徐貞明傳後》《書洋務篇後》《憂盜寄胡明經書》，初步形成其儒學與兵學相結合、儒西對立的兵學思想。始於甲午戰爭，終於戊戌政變前夕，簡朝亮撰寫《寄梁星海言兵書》《寄馮文學言兵書》《再寄梁星海言兵書》，即其自言的《三言兵書》，簡朝亮的兵學思想全面形成。此後 35 年簡朝亮先後開館清遠陽山、閉門佛山忠義鄉，不復言及兵事。

　　突然而至、緩慢進行，是簡朝亮譜學生涯運行軌跡的特色。1911 年辛亥革命爆發，簡朝亮頓感世變如斯，遂中斷《論語集注補正述疏》的撰寫，在兒子簡詠述、門人張夢熊、李禮興的協助下，迅速編纂《順德簡岸簡氏家譜》。9 年後，簡朝亮以長達 10 年投入《粵東簡氏大同譜》的編纂與刊刻之中。積聚了多年心血的《粵東簡氏大同譜》承托著簡朝亮並不亞於以注疏經典維護封建宗法制的努力。

　　臨終著書是簡朝亮史學生涯的運行軌跡。以經史互通注疏經典在某種程度上反映簡朝亮的史學水平，但以獨立面貌出現的史著才能充分體現簡朝亮對於儒家史學的重視及其治史之優長。一直到 1932 年正月，簡朝亮在佛山忠義鄉始著《酌加畢氏續資治通鑒論》。這一年九月，簡朝亮前往廣州松桂堂，留居此地繼續《酌加畢氏續資治通鑒論》的撰寫。1933 年八月十日，簡朝亮去世，《酌加畢氏續資治通鑒論》亦永恆定格於「論建炎二年汪伯彥知洪州」〔註4〕。

　　持續一生、中有高潮，是簡朝亮詩文生涯運行軌跡的特色。1871 年由於以古學進邑學，簡朝亮作《七月入學，適家有萬年青開花》一詩表達己懷，詩歌創作生涯由此開啟。1929 年在上海作《與馮柱石》《寄李香山》《示雪一子讓庵》等懷想友人、門人之詩作，標誌簡朝亮詩歌創作生涯的終結。與此

〔註4〕　簡氏門人編纂：《簡朝亮年譜》，廣州松桂堂，1934 年刻本，第 21 頁。

同時，1877 年《治盜論》《婚禮上朱先生書》《答外舅楊明經書》等揭開簡朝亮文章創作的生涯。1930 年《朱九江先生傳》成爲簡朝亮文章收筆之作。在長達近一個甲子的詩文生涯中，每一年，或每隔幾年，簡朝亮均有作品產生，故持續一生是其詩文創作運行的特色。其中，簡朝亮客處清遠陽山、旅滬南園的 1900～1908 年、1928～1929 年，分別產生近 100 篇與近 30 篇詩文，占其詩文創作數量的三分之一強，其詩文生涯出現 2 個顯著高潮。

（3）逼於時義

「義」，古通「誼」，於文從宜。宜者，義之宜也。無論是時義、古義，還是大義、公義，簡朝亮筆下的「義」均指向儒家大義，且他對於時義、古義的體認是一致於將儒學用於經世。如「久而鄉居草堂，與諸學子辨難，而今抄所屬草者（按：指《尚書集注述疏》）八年，旅以時義。」〔註 5〕「朱子格致之義，大義也，古義也。今稽之諸經，驗之世變，籌之時務，皆歸之要道而不可易也，明其有學之始事也。……夫釋經家（按：指漢學家）有古說而非古義者，其執古說而以爲古義也，罔然失吾身與天下國家之要道而不明也。」〔註 6〕正是「康學」出現、甲午戰火、戊戌政變、廢止讀經、辛亥革命、「五四」運動等推動中國古代社會與中國古代儒學近代轉型的劃時代事件對於古義、大義的嚴峻挑戰，簡朝亮的學術格局與其自有的運行軌跡由此形成，此即筆者以爲的逼於時義。

1891 年，簡朝亮收到帶給他強烈刺激的康有爲寄來的《新學僞經考》，遂撰寫《復康太學書》，「三斥」康有爲打亂中國古代儒學傳統。1893 年，簡朝亮將僞古文《尚書》作爲《尚書》研究「三誣」之一，注疏今文《尚書》29篇，以正《尚書》大義，揭開簡朝亮經學生涯的序幕。以後無論是因篤信好學，守死善道〔註 7〕而注疏《論語》，由是考於古義，酌於今時，而徹宵起草〔註 8〕《孝經集注述疏》，因《坊記》《表記》《緇衣》3 篇足以濟中邦斯民於生

〔註 5〕 簡朝亮著：《尚書集注述疏》卷首，《續修四庫全書》（第 52 冊），上海古籍出版社，2002 年版，第 6 頁。

〔註 6〕 簡朝亮撰，趙友林、唐明貴校注：《論語集注補正述疏——附〈讀書堂答問〉》卷首，華東師範大學出版社，2013 年版，第 52 頁。

〔註 7〕 簡朝亮撰，趙友林、唐明貴校注：《論語集注補正述疏——附〈讀書堂答問〉》序，華東師範大學出版社，2013 年版，第 9 頁。

〔註 8〕 簡朝亮撰，周春健校注：《孝經集注述疏——附〈讀書堂答問〉》序，華東師範大學出版社，2011 年版，第 5 頁。

生也〔註9〕而著《禮記子思子言鄭注補正》，還是因《經》（按：指《詩經》）當有正義之歸〔註10〕而部分箋注《詩經》，簡朝亮整個經學生涯均嚴守儒家之義，堅守由來已久的古文經學傳統。1929 年，簡朝亮撰寫《在滬寄粵東諸學子書》，再次指斥康有為顛覆中國古代儒學傳統。

　　1894 年甲午戰事急逼，簡朝亮日與門人討論戰事。甲午戰敗，面對西學東漸下日益嚴峻的社會危機與儒學危機，簡朝亮作《甲午歲孟冬十首》，撰寫《三言兵書》第一書——《寄梁星海言兵書》，自言「僕維不才，無以報國，庶幾讀書申明大義。」〔註11〕翌年，簡朝亮撰寫《三言兵書》又一書——《寄馮文學言兵書》，以友人馮炳文居鄉憂時〔註12〕自喻。1898 年，簡朝亮將其兵學思想終結於與 4 年前《寄梁星海言兵書》實是一脈相連的《再寄梁星海言兵書》，將申明大義與其兵學思想緊密相連。

　　在《朱九江先生講學記》中屢次出現的「誼」，即義之宜，指向儒家大義。戊戌政變前夜，簡朝亮以編纂《朱九江先生集》全面奠定朱次琦的研究基礎，以撰寫《朱九江先生講學記書後》使其學術思想首次亮相，即是恪守古義。戊戌政變發生後，簡朝亮離開順德簡岸讀書草堂，翌年六月，至清遠陽山開館講學。講學陽山讀書山堂 8 年，簡朝亮不僅完成《尚書集注述疏》的撰寫與校刊，而且迎來詩歌創作的黃金歲月，簡朝亮將此歸結為「旅以時義」。

　　1910 年，簡朝亮驚聞廢止讀經，以為乾坤之變，其變即簡朝亮堅守的古義終將一去不復返。翌年辛亥革命爆發，簡朝亮既不應門人之請避地香港，也留守佛山忠義鄉編纂《順德簡岸簡氏家譜》，體現簡朝亮以修譜留住封建宗法制。就在「五四」運動發生前夕，簡朝亮以禮實通時務，注疏《子思子》3篇，以《禮記子思子言鄭注補正》永恆結束其以注疏經典為內容的經學生涯的同時，1920～1926 年，簡朝亮全身心投入編纂《粵東簡氏大同譜》。在時局、政局最為動盪的 1911～1926 年，簡朝亮以編纂譜書與注疏經典兩途，恪

〔註9〕　簡朝亮著：《禮記子思子言鄭注補正》，《續修四庫全書》（第 932 冊）序，上
　　　　海古籍出版社，1996 年版，第 115 頁。

〔註10〕　簡朝亮著，簡萊盈、簡萊持錄：《毛詩說習傳》序，廣州松桂堂，1931 年刻本，
　　　　第 1 頁。

〔註11〕　簡朝亮著，梁應揚注：《讀書堂集》卷二，廣州松桂堂，1930 年刻本，第 8
　　　　頁。

〔註12〕　簡朝亮著，梁應揚注：《讀書堂集》卷二，廣州松桂堂，1930 年刻本，第 11
　　　　頁。

守封建宗法制與傳統儒學，其守護的就是儒家大義。

　　簡朝亮以經學、兵學爲主，兼及譜學、史學與詩文的學術格局，不僅受制於師承之學，而且變幻不定的中國近代社會促使簡朝亮不斷轉換其學術著述格局以及運行軌跡。由於簡朝亮的每一次轉換都不離其對中國古代傳統儒學與封建王朝的眷戀，故簡朝亮是以其個體學術生命軌跡成爲儒學不斷被邊緣化之下廣東近代儒學家固守儒學傳統的縮影。

二、經學生涯的內在主線

　　簡朝亮經學生涯的內在主線即是其經學著述的內在主線。不論是遍注群經，還是其經學著述在廣東《尚書》《論語》《孝經》《禮記》《詩經》研究的學術史地位，經學生涯都是簡朝亮學術生涯的重要組成部分。學界以爲簡朝亮以著述實踐朱次琦學說亦更多地體現於此。如何以注疏儒家經典彰顯朱次琦學說，是簡朝亮經學著述必然擔當的使命。簡朝亮以「遙宗先秦儒學」豐富、發展朱次琦學宗孔子及七十子，以「中取漢唐經學，近承朱熹理學」的雙線結合體現朱次琦去漢宋學之別。由此，簡朝亮的經學著述呈現以「遙宗先秦儒學」爲目的，以「中取漢唐經學，近承朱熹理學」爲手段的內在主線。

1. 遙宗先秦儒學

　　無論孔子是否刪定《詩》《書》與是否著《禮》，由於至孔子之時，王官失守，學術下移，孔子開始以《書》《禮》《樂》《易》《春秋》《詩》設科授徒以及曾子、子思、孟子均與孔子之學有緊密關係都是不爭的事實。由於諸子百家時代經學未定於一尊，建立在經書基礎上的議論成爲先秦時代經學的主要特徵，記述、徵引成爲曾子、子思、孟子傳承孔子學說的主要手段。正是借助曾子、子思、孟子的有力傳承與推動，先秦儒學的內容與個性不僅由此奠定，影響千年，而且成爲後世儒學家追蹤的主要對象。簡朝亮不僅以孟子尊孔子而司馬遷亦尊孟子〔註13〕，以子思傳《大學》而慎獨嚴之曾子，以孟子受業子思之門〔註14〕，而且沿承漢制以《五經》兼《論語》《孝經》，視《論語》《孝經》爲天下無人不通者，重視宋製備《四書》而兼《孝

〔註13〕簡朝亮撰，趙友林、唐明貴校注：《論語集注補正述疏——附〈讀書堂答問〉》卷首，華東師範大學出版社，2013年版，第18頁。

〔註14〕簡朝亮撰，趙友林、唐明貴校注：《論語集注補正述疏——附〈讀書堂答問〉》卷首，華東師範大學出版社，2013年版，第24頁。

經》〔註 15〕。正是在此思想指導下，簡朝亮在注疏《尚書》後，先後注解《論語》、《孝經》、《禮記》3 篇（按：即出自子思門人筆下的《坊記》《表記》《緇衣》）《詩經》等，體現簡朝亮對「孔子－曾子－子思－孟子」先秦儒學的高度重視，此即朱次琦以為的「孔子歿而微言絕，七十子終而大誼乖」〔註 16〕的先秦儒學學統。以《尚書》為政，以《論語》強吾中國，以《孝經》為導善救亂之書，以《禮記》3 篇衰世釋禮，以《毛詩》正《詩經》當有的正義，簡朝亮《尚書集注述疏》《論語集注補正述疏》《孝經集注述疏》《禮記子思子言鄭注補正》《毛詩說習傳》等經學著述在不同層面彰顯先秦儒學的鋒芒，體現簡朝亮對先秦儒學的宗尚。

（1）以《尚書》為政

有學者指出，孔子力倡孝道、主張中庸等都根源於《尚書》〔註 17〕，孔子本人更以《尚書》為國教。孔子以《尚書》教育弟子，出其門的曾子由《尚書》首言「孝」而賦予「孝」以能養、追孝，將父慈、子孝、友義、兄友、弟恭的豐富內涵，並著《孝經》，其孫子思作《中庸》，將淵源於《尚書》的中庸思想發揚光大，子思門人孟子在《孟子》一書中徵引《尚書》35 條 13 篇，力倡保民、養民的民本思想，亦源出《尚書》的修、齊、治、平。故無論先秦時代是將《尚書》稱作《書》，還是在「書」前加上朝代名，如《虞書》《夏書》《商書》《周書》，《尚書》都是先秦儒學不可或缺的內容。孔子、曾子、子思、孟子以闡發《尚書》要義重建先秦政治秩序，他們宣揚的即是先秦儒家的政治哲學，由此奠定中國古代儒學與政治緊密關係的個性品格。

簡朝亮是在康有為《新學偽經考》的刺激下以注解《尚書》開啟其經學生涯的，簡朝亮殊非直接指斥康有為認為劉歆以後的古文經學都為「新學」，而是借助經過孔子編定並用於教學而由於曾子、子思、孟子等記述、徵引其相關內容的《尚書》，對康有為製造的異學邪說的釜底抽薪。尤為重要的是，作為《五經》中有「政治學之經籍」〔註 18〕之譽的《尚書》相當符合經過 16

〔註 15〕 簡朝亮撰，趙友林、唐明貴校注：《論語集注補正述疏——附〈讀書堂答問〉》卷首，華東師範大學出版社，2013 年版，第 49 頁。

〔註 16〕 朱次琦著，簡朝亮編，關殊鈔點校：《朱九江先生集》卷首，旅港南海九江商會，1962 年版，第 14 頁。

〔註 17〕 程元敏著：《尚書學史》（上冊），華東師範大學出版社，2013 年版，第 355～357 頁。

〔註 18〕 程元敏著：《尚書學史》（下冊），華東師範大學出版社，2013 年版，第 802 頁。

年科舉考試仍然布衣一生而剛剛開始講學生涯的簡朝亮此時的心境，如他說：「今從事在《書》，不曰是亦爲政乎？」〔註19〕簡朝亮重視孔子將《尚書》作爲國教，他不僅徵引孔子的原話說：「入其國，其教可知也，其爲人也，疏通知遠，《書》教也」〔註20〕，而且多次高舉《書》教，「惟素所習孔子之書，或猶可竭力於斯，以無忝君父之教」〔註21〕，「庶幾共明《書》教，將知遠而求之深也。」〔註22〕由於《書》教極其重要，簡朝亮多次強調：「釋《書》者不可不慎也」〔註23〕。另外，簡朝亮注意援引最能代表孔子、曾子、子思思想的《論語》、《孝經》、《中庸》以釋《尚書》，如以《論語》「惟天爲大，惟堯則之」〔註24〕釋「帝堯」，以《中庸》「或安而行之，或勉強而行之。今言安安，異於《詩》之言勉勉也」〔註25〕釋「安安」，以《孝經》「先之以敬讓，而民不爭。非敬不能也」〔註26〕釋「恭」。此外，簡朝亮將孟子民本思想置於《尚書》釋義，如以「民非君無能相與安」解釋《大甲》逸文「民非后無能胥以寧，后非民無以辟四言，夫后君也」〔註27〕，以「民所以必尊君而親之也」解釋《洪範》「天子作民父母以爲天下王」〔註28〕。

　　將孔子、曾子、子思、孟子的《尚書》闡釋置於《尚書集注述疏》，說明簡朝亮對先秦儒家《尚書》學的重視，一言以蔽之則是重視《尚書》作爲

〔註19〕簡朝亮著：《尚書集注述疏》後序，《續修四庫全書》（第52冊），上海古籍出版社，2002年版，第6頁。

〔註20〕簡朝亮著：《尚書集注述疏》序，《續修四庫全書》（第52冊），上海古籍出版社，2002年版，第1頁。

〔註21〕簡朝亮著：《尚書集注述疏》序，《續修四庫全書》（第52冊），上海古籍出版社，2002年版，第6頁。

〔註22〕簡朝亮著：《尚書集注述疏》序，《續修四庫全書》（第52冊），上海古籍出版社，2002年版，第6頁。

〔註23〕簡朝亮著：《尚書集注述疏》後序，《續修四庫全書》（第52冊），上海古籍出版社，2002年版，第7頁。

〔註24〕簡朝亮著：《尚書集注述疏》卷一，《續修四庫全書》（第52冊），上海古籍出版社，2002年版，第30頁。

〔註25〕簡朝亮著：《尚書集注述疏》卷一，《續修四庫全書》（第52冊），上海古籍出版社，2002年版，第32頁。

〔註26〕簡朝亮著：《尚書集注述疏》卷一，《續修四庫全書》（第52冊），上海古籍出版社，2002年版，第32頁。

〔註27〕簡朝亮著：《尚書集注述疏》後序，《續修四庫全書》（第52冊），上海古籍出版社，2002年版，第7頁。

〔註28〕簡朝亮著：《尚書集注述疏》後序，《續修四庫全書》（第52冊），上海古籍出版社，2002年版，第7頁。

政治哲學的功能，體現簡朝亮以先秦儒家奠定的政治哲學留住儒學與封建統治。

（2）以《論語》強吾中國

即使曾子重在發微「孝」道，子思上承《中庸》，下啓心性之學，孟子將心性哲學大放光芒，但作爲記載孔子、孔子門人及其再傳弟子對話與研究孔子思想的最重要文本《論語》，其對於仁、禮、忠恕的重視與首次賦予的豐富內涵，呈現孔子基本傾向進步的政治觀與積極的人生觀，都對曾子、子思、孟子產生重要影響。一方面，曾子、子思在《論語》的編纂成書過程中起到最爲重要作用，《中庸》的內容多與《論語》相合〔註 29〕，《孟子》一書徵引孔子之言凡有二十有九，其載於《論語》者八〔註 30〕。另一方面，曾子論「孝」，子思力倡「中庸」之道，孟子的仁治思想與積極入世等均源出孔子之教。故由孔子、曾子、子思諸人合力打造與子思、孟子有力傳承的《論語》不僅是先秦儒學的重要文本，而且奠定中國古代儒學的基本內容與儒者的入世個性。

1908 年，簡朝亮在注疏《尚書》後注解《論語》，源自他「由《五經》從孔子之術而明焉」的思想。簡朝亮將《論語》置於《四書》乃至《十三經》之尊的地位，「《論語》之經，《六經》之精也，百氏之要也，萬世之師也，所謂自生民以來未有盛於孔子也。」〔註 31〕「《論語》，《四書》之尊也，主乎《十三經》也，令甲尤先也。」〔註 32〕簡朝亮有此之舉是旨在呈現儒學源頭的經世致用本質，無論是孔子之人還是其學，簡朝亮在注疏與修正《論語集注》時均重視其經世特質。司馬遷在《孔子世家》中稱許孔子云：「天下君王至於賢人眾矣，當時則榮，沒則已焉。孔子布衣，傳十餘世，學者宗之。自天子王侯，中國言六藝者，折衷於夫子，可謂至聖矣。」簡朝亮認爲，司馬遷之意爲明孔子當以經術，故而世其家〔註 33〕。簡朝亮選擇朱熹《論語集注》爲

〔註 29〕唐明貴著：《論語學史》，中國社會科學出版社，2009 年版，第 66 頁。

〔註 30〕顧炎武著：《日知錄》卷七，《四庫備要》本，中華書局，1936 年版，第 105 頁。

〔註 31〕簡朝亮撰，趙友林、唐明貴校注：《論語集注補正述疏——附〈讀書堂答問〉》序，華東師範大學出版社，2013 年版，第 3 頁。

〔註 32〕簡朝亮撰，趙友林、唐明貴校注：《論語集注補正述疏——附〈讀書堂答問〉》卷首，華東師範大學出版社，2013 年版，第 49 頁。

〔註 33〕簡朝亮撰，趙友林、唐明貴校注：《論語集注補正述疏——附〈讀書堂答問〉》卷首，華東師範大學出版社，2013 年版，第 16 頁。

善本，是以朱熹格致之義爲大義、古義，是藉此逼近孔子之學，而《論語》所以學，在於知乃可行，此即簡朝亮以爲的「吾中國萬世之師也，能強吾中國者也。」〔註34〕正是基於此，簡朝亮反對以西人爲師，反對學失其宗，認爲回歸儒學源頭即可強吾中國，即可拯治儒學危機、社會危機。由此可知經世致用是簡朝亮全面肯定孔子學說的因由，此經世致用涵蓋《論語》的政治、哲學、文學等思想。

與注解《尚書》一樣，簡朝亮注意徵引《孝經》《中庸》《孟子》注疏《論語集注》。如以《孝經》「孝子之事親也，居則致其敬，養則致其樂，病則致其憂，喪則致其哀，祭則致其嚴，五者備矣，然後能事親」闡發《論語》中子夏所說的事父母能竭其力〔註35〕，以《中庸》「天命之謂性，率性之謂道，修道之謂教」闡發朱熹認爲性道雖同，而氣稟或異，故不能無過不及之差，聖人因人物之所當行者而品節之，以爲法於天下，則謂之教〔註36〕，以《孟子》「夫仁，天之尊爵也」闡發朱熹所說的蓋好仁者眞知仁之可好，故天下之物無以加之〔註37〕。無論是否定，還是肯定，是否徵引某人的著述都體現一種關注度。從《尚書》到《論語》，簡朝亮均徵引曾子、子思、孟子的相關著述，體現簡朝亮是有意將此三子作爲勾連孔子學說的關鍵人物，反映簡朝亮對先秦儒學的重視。

（3）以《孝經》爲導善救亂之書

即使《孝經》殊非孔子作，但《孝經》的思想出於孔子，孔子的「孝道」經過曾子、孟子等有力傳播，在漢代遂定爲一經。孔子、曾子就「孝」的對話，孔子對曾子論「孝」的申言，在《孝經》中多次出現，故《孝經》就是孔子思想的反映。《大戴禮》中有以「曾子」開頭者 10 篇，其中《曾子本孝》《曾子立孝》《曾子大孝》《曾子事父母》4 篇與《孝經》關係尤爲緊密，體現曾子有力傳承《孝經》。陳澧認爲，《孟子》七篇多與《孝經》相發明者。《孝經》曰：「非先王之法服不敢服，非先王之法言不敢道，非先王之德行不敢

〔註34〕 簡朝亮撰，趙友林、唐明貴校注：《論語集注補正述疏——附〈讀書堂答問〉》卷首，華東師範大學出版社，2013 年版，第 53 頁。
〔註35〕 簡朝亮撰，趙友林、唐明貴校注：《論語集注補正述疏——附〈讀書堂答問〉》卷一，華東師範大學出版社，2013 年版，第 86 頁。
〔註36〕 簡朝亮撰，趙友林、唐明貴校注：《論語集注補正述疏——附〈讀書堂答問〉》卷一，華東師範大學出版社，2013 年版，第 104 頁。
〔註37〕 簡朝亮撰，趙友林、唐明貴校注：《論語集注補正述疏——附〈讀書堂答問〉》卷二，華東師範大學出版社，2013 年版，第 255 頁。

行。」孟子曰：「子服堯之服，誦堯之言，行堯之行。」亦以服、言、行三者並言之。《孝經·天子章》曰：「守其宗廟」，《庶人章》曰「謹身」，孟子曰：「天子不仁，不保四海。諸侯不仁，不保社稷。卿大夫不仁，不保宗廟。士庶人不仁，不保四體。」亦似本於《孝經》也〔註38〕。《孟子》尚有《性善》《辨文》《說孝經》《爲政》等外四篇，其中的《說孝經》爲孟子解說《孝經》，惜已佚。因此，從孔子論孝到曾子賦予孝豐富的內涵，到孟子闡述、徵引《孝經》，先秦儒家都致力於以「孝」爲後世建立綱常大法，旨在構建以「孝」爲中心的人間秩序。

簡朝亮認爲，由《孝經》入《論語》之門，由《論語》升《孝經》之堂也，其義互參而明，相通也〔註39〕。故在注解《論語》以後，1918 年簡朝亮注解《孝經》。簡朝亮主張天下原爲順，即孟子的「性善」說，此淵源於先王以「孝」爲中心的至德要道，反之，皆自不孝而來的無君、無法、無親則致天下不順，無論順而順之還是不順而順之，都因緣於「孝」。「五四」運動前夕，作爲儒家思想之一的「孝」道已經遭至重重打擊，孝道不講、社會動盪，此即簡朝亮以爲的亂世，由不講孝道而至社會動盪，此爲簡朝亮的思維邏輯，其「《孝經》者，導善而救亂之書也。……惟《經》（按：指《孝經》）則教以孝，而大亂消焉」〔註40〕也由此而生。簡朝亮以《孝經》導善救亂之書，一脈相承於孔子、曾子、孟子在春秋戰國時期以構建孝道重建人倫秩序，規範上下不同階層的「孝」德的決心。

曾子論孝，孔子、孟子分別是其源與流，簡朝亮多次徵引《論語》《孟子》以釋《孝經》之義。如以《論語》「富而無驕，未若富而好禮者也」釋《孝經·諸侯章》中的「富貴不離其身」〔註41〕，以《孟子》「舜之順親爲大孝者，則曰瞽瞍豫而天下化」釋《孝經》中的「先王有至德要道以順天下」〔註42〕。「孝」實踐於日常生活即是禮，簡朝亮注意以《禮》釋「孝」。孔子、孟子亦尤重「孝

〔註38〕 陳澧著：《陳澧集》（二），上海古籍出版社，2008 年版，第 14 頁。

〔註39〕 簡朝亮撰，趙友林、唐明貴校注：《論語集注補正述疏——附〈讀書堂答問〉》卷首，華東師範大學出版社，2013 年版，第 47 頁。

〔註40〕 簡朝亮撰，周春健校注：《孝經集注述疏——附〈讀書堂答問〉》，華東師範大學出版社，2011 年版，第 3 頁。

〔註41〕 簡朝亮撰，周春健校注：《孝經集注述疏——附〈讀書堂答問〉》，華東師範大學出版社，2011 年版，第 23 頁。

〔註42〕 簡朝亮撰，周春健校注：《孝經集注述疏——附〈讀書堂答問〉》，華東師範大學出版社，2011 年版，第 4 頁。

禮」，簡朝亮以《論語》「非帷裳，必殺之」〔註43〕即深衣，以《孟子》「服堯
之服，誦堯之言，行堯之行」本於《孝經》〔註44〕。簡朝亮認為，兼通明諸
經之事，則得引《孟子》以明事，謂之博文〔註45〕，因此，他注意徵引《孟
子》釋《孝經》。

（4）以《禮記》3 篇衰世釋禮

禮是先秦儒學的核心之一。《論語·鄉黨》、《論語·八佾》等體現孔子重
視禮的儀節，即禮的等級性，且孔子將仁置於了禮。《大戴禮記》的曾子 10
篇、《禮記·曾子問》等說明曾子既重視人的道德修養在禮的儀節中的作用，
強調以禮反省自身與反省他人，也由於著眼於君臣大義、宗族團結而尤重視
冠禮、婚禮、祭禮等禮儀，將形式上的禮轉化為內在的道德修養。子思在《性
自命出》中以「始者近情，終者近義」作為禮的淵源，認為「禮生於情」。由
於性、情互為表裏，禮亦始於性，禮的基本內涵就是人性。「率性之謂道」，
禮是近於人「道」，有天然的合理性。由性及義，子思及其門人旨在肯定人性，
高揚人性。孟子提出「性善」說，將禮與道統一，禮自有其道德性。孟子將
「敬」作為禮的根本精神，「恭敬之心，禮也」〔註46〕；將禮與政治結合起來，
提出「仁政」。故從孔子旨在導名分的禮的儀節與以仁釋禮，到曾子、子思、
孟子不斷豐富禮在社會秩序與政治生活中的作用，都體現先秦儒家在新舊交
替的社會背景下以禮重建政治秩序。

由先秦儒家奠定的禮學即使經後世儒家發展而不斷豐富，但在以儒學為
主導的封建社會裏，禮的文與質內容、禮的社會作用等都是一致的，逐形成
分別指向總的政治制度、政治儀式與政治思想的《周禮》《儀禮》《禮記》，對
中國古代政治產生重要影響。簡朝亮注解出自子思門人筆下的《坊記》《表記》
《緇衣》，是收於體現封建政治思想的《禮記》，說明簡朝亮對指向政治思想
的禮學的重視。簡朝亮有意選取與子思思想緊密關聯的《禮記》3 篇的根本原
因在於其所身處的 1919 年的中國近代與子思身處之衰世有其相通之處。簡朝

〔註43〕 簡朝亮撰，周春健校注：《孝經集注述疏——附〈讀書堂答問〉》卿大夫章第
四，華東師範大學出版社，2011 年版，第 33 頁。
〔註44〕 簡朝亮撰，周春健校注：《孝經集注述疏——附〈讀書堂答問〉》卿大夫章第
四，華東師範大學出版社，2011 年版，第 35 頁。
〔註45〕 簡朝亮撰，趙友林、唐明貴校注：《論語集注補正述疏——附〈讀書堂答問〉》
卷首，華東師範大學出版社，2013 年版，第 47 頁。
〔註46〕 楊伯峻譯注：《孟子譯注》，中華書局，2005 年版，第 259 頁。

亮認爲：「今之世，去子思之世雖遠云何？其言有逆睹今之世而先言之者。其在于今，變而通之，其學則體立用行，足以濟中邦斯民於生生也。」〔註47〕子思身處由春秋而將遞戰國之際，其時周朝衰落，禮崩樂壞，《坊記》《表記》《緇衣》反映的即是衰世釋禮，是子思試圖以禮重建社會政治秩序。簡朝亮身處儒學遭到瘋狂摧毀而只能求諸野的「五四」運動前後，作爲儒學內核之一的禮學亦蕩然無存，簡朝亮補正由鄭玄注解的《禮記》3 篇，旨在將時務通貫於禮〔註48〕，將禮與時務相接，具有與子思易代共鳴的以禮重建政治秩序的決心。

　　簡朝亮在注解《坊記》《表記》《緇衣》時注意徵引《論語》《孝經》《孟子》以豐富、深化其對禮的闡釋。如以《論語》「回也不改其樂」闡述《坊記》所言「樂謂樂道」〔註49〕，以《孝經》「父有爭子，則身不陷於不義」〔註50〕闡釋《坊記》所言「微諫不倦，亦爲孝子」〔註51〕，以《孟子》「孔子作《春秋》」闡述《坊記》「《春秋》不稱楚越之王」是由於《魯春秋》不書楚王之喪，於越王之喪亦不書，此爲筆則筆也，又有削則削焉〔註52〕。簡朝亮知曉子思禮學的源與流，故孔子、曾子、孟子的相關著述頻繁出現於其的闡釋之中，故簡朝亮筆下呈現的即是先秦禮學的集體回歸。

（5）以《毛詩》正《詩經》當有的正義

　　先秦儒家的《詩》論即論《詩經》。有研究者指出，孔子《詩》的實用性、社會性、倫理性、藝術性與人性化意義〔註53〕等 5 個方面，全面奠定儒家詩學。曾子以《詩》限定天子、諸侯、卿大夫與士、庶人之「孝」的行爲規範，以《詩》的主旨闡述、深化《孝經》的理論，提倡以「孝」作爲《詩》

〔註47〕　簡朝亮著：《禮記子思子言鄭注補正》序，《續修四庫全書》（第 932 冊），上海古籍出版社，1996 年版，第 115 頁。

〔註48〕　簡朝亮著：《禮記子思子言鄭注補正》序，《續修四庫全書》（第 932 冊），上海古籍出版社，1996 年版，第 116 頁。

〔註49〕　簡朝亮著：《禮記子思子言鄭注補正》，卷一《續修四庫全書》（第 932 冊），上海古籍出版社，1996 年版，第 120 頁。

〔註50〕　簡朝亮著：《禮記子思子言鄭注補正》，序《續修四庫全書》（第 932 冊），上海古籍出版社，1996 年版，第 116 頁。

〔註51〕　簡朝亮著：《禮記子思子言鄭注補正》卷一，《續修四庫全書》（第 932 冊），上海古籍出版社，1996 年版，第 121 頁。

〔註52〕　簡朝亮著：《禮記子思子言鄭注補正》卷一，《續修四庫全書》（第 932 冊），上海古籍出版社，1996 年版，第 124 頁。

〔註53〕　蔡先金：《孔子詩學體系要解》，《孔子研究》2013 年第 1 期。

之義，形成以「孝」爲「德」之本的《詩》學主旨，發展孔子論《詩》的實用性、社會性與倫理性。子思及其門人以「五行」爲《詩》的主旨，以「體其義，理其性」爲《詩》的闡釋方法，從獨特的「心性」、「性情」的角度對《詩》進行詮釋〔註54〕。《孟子》引《詩》、論《詩》39處。孟子關注《頌》、《雅》，將「安民」、「重民」、「樂民」等民本思想運用其中，「仁治」成爲孟子《詩》學的主題。孟子提出「以意逆志」的解《詩》方法，是對《孔子論詩》的「《詩》無隱志，《樂》無隱性」、曾子學派以《小雅‧隰桑》引申出的「諫諍」、子思學派以《曹風‧鳲鳩》《邶風‧燕燕》引申出的「愼獨」觀的發展與創新。「不失其馳」是孟子弘揚的《詩》性人格。孟子率先將《詩》史相結合，提出「《詩》亡然後《春秋》作」的《詩》史觀。由孔子、曾子、子思、孟子勾連起來的即是先秦儒家以論《詩經》爲內容的詩論，成爲儒道必不可少的組成部分。

　　1901年，因董仲舒「詩無達詁」之論，簡朝亮取消欲著《毛詩集注述疏》的計劃。30年後，簡朝亮認爲，詩雖無達詁，但惟當有正義之歸，且以《經》考之，《毛傳》猶有失者，則宜爲說以明之〔註55〕。簡朝亮自言的「正義」，即屬於儒家道統的古義、大義，若置於《毛詩》，即先秦儒家的詩論。簡朝亮在《毛詩說習傳》中首錄濃縮了先秦儒家詩論的《詩大序》，在具體闡釋中，簡朝亮重點選擇體現風雅、美刺精神之詩作進行摘句釋義，體現簡朝亮尤重《詩》的實用性、社會屬性與倫理屬性。簡朝亮注重《詩》的藝術性，以《左傳》「《靜女》三章，取彤管焉」闡述《靜女》的章法，「蓋美彤管法者，通乎三章矣」〔註56〕，提出「凡詩之連章，有異文者皆異義。」〔註57〕由於諸經通義，得引《孟子》以明事，故簡朝亮注意以孟子言行闡述《詩》，如以孟子去齊而宿於晝之言申明《白駒》不能序爵用賢，使賢者有故而去的主旨〔註58〕，以「孟子謂祿足以代其耕也」申明《桑柔》之「好是稼穡，力民代

〔註54〕　葛立斌：《戰國〈詩〉學研究》，華中師範大學，2013年博士學位論文。
〔註55〕　簡朝亮著，簡菜盈、簡菜持筆錄：《毛詩說習傳》，廣州松桂堂，1931年刻本，第1頁。
〔註56〕　簡朝亮著，簡菜盈、簡菜持筆錄：《毛詩說習傳》，廣州松桂堂，1931年刻本，第6頁。
〔註57〕　簡朝亮著，簡菜盈、簡菜持筆錄：《毛詩說習傳》，廣州松桂堂，1931年刻本，第10頁。
〔註58〕　簡朝亮著，簡菜盈、簡菜持筆錄：《毛詩說習傳》，廣州松桂堂，1931年刻本，第13頁。

食」〔註59〕。由此可知，簡朝亮正《詩》之義是不入子思及其門人的《詩》論，更多地是沿承孔子、曾子的《詩》論。

漢唐制均首《五經》而兼《論語》《孝經》，孝、禮互通互生，孔子、曾子、子思、孟子構成的先秦儒學是爲儒學的道統，故簡朝亮以《尙書集注述疏》《論語集注補正述疏》《孝經集注述疏》《禮記子思子言鄭注補正》的經學著述的先後順序與以筆下的經學著述「遙宗先秦儒學」是有邏輯性的，即使由門人「二簡」筆錄屬於簡朝亮經學著述意外收穫的《毛詩說習傳》亦是如此。先秦儒學博大精深，簡朝亮不僅取其切於日用的形而下層面而不入子思、孟子心性哲學一路，而且，無論是以《尙書》爲政，以《論語》強吾中國，以《孝經》爲導善救亂之書，以《禮記》3篇衰世釋禮，還是以《毛詩》正《詩經》當有的正義，其實都體現簡朝亮經世致用的書生之氣。

2. 中取漢唐經學，近承朱熹理學

一方面，漢制以《五經》兼《論語》，唐制二經、三經、五經之分皆兼《論語》，宋制則備《四書》，以《論語》爲《四書》之尊〔註60〕，另一方面，漢末鄭玄打破今古文經學壁壘，出其筆下的《禮記注》《毛詩箋》經過唐孔穎達疏以後，作爲《禮記正義》《毛詩正義》收入《五經正義》，朱熹以宋學新經——《四書章句集注》（以下簡稱「《四書》」）取代《五經》，故是爲一體的漢唐經學迥異於宋學，但漢唐宋學術的代表鄭玄、孔穎達、朱熹都有意強化由「孔子－曾子－子思－孟子」先秦儒家奠定的儒學道統，故朱次琦不僅完全沒有否定鄭玄，而且將鄭玄作爲朱熹理學之稽，鄭、孔、朱就成爲簡朝亮去漢宋學之別關注的對象。無論是去《尙書》「三誣」，申明與修正《論語集注》，自注自疏《孝經》，補正鄭玄《禮記注》，還是申明與修正《毛詩》大義，簡朝亮都是以「明經以師孔子」〔註61〕爲方向，以兼及鄭玄、孔穎達、朱熹爲代表的漢唐宋學家之長爲路徑，由此逼近朱次琦以孔學爲宗，去漢宋學之別的學術思想。

〔註59〕簡朝亮著，簡菉盈、簡菉持筆錄：《毛詩說習傳》，廣州松桂堂，1931年刻本，第22頁。

〔註60〕簡朝亮撰，趙友林、唐明貴校注：《論語集注補正述疏——附〈讀書堂答問〉》卷首，華東師範大學出版社，2013年版，第49頁。

〔註61〕簡朝亮撰，趙友林、唐明貴校注：《論語集注補正述疏——附〈讀書堂答問〉》序，華東師範大學出版社，2013年版，第3頁。

（1）揚棄鄭玄、朱熹《尚書》學

鄭玄依孔壁本古文注解《尚書》，凡本經 46 目 58 篇，並《序》一目一篇，總爲 47 目 59 篇，並頗引逸《書》。有學者指出，鄭玄《尚書》學內容有四：一是既沿承馬融《尚書傳》，也有獨創性見解，兼採今古文；二是用緯注群經，援經注群緯；三是暗用《荀子》《墨子》《孫子》《呂覽》《淮南子》等子書釋《尚書》；四是以《國語》《逸周書》《史記》《漢書》《山海經》等史書釋《尚書》〔註62〕。雖然《尚書》殊非朱熹治學的中心，但朱熹晚年注解《尚書》5 篇，不僅形成訓詁、義理兼重的注經方法，將理學融入《尚書》的釋義，而且打破漢唐以來的「盡信《書》」局面，對《書序》《古文尚書》《孔安國傳》展開疑辨，爲後世《尚書》研究提供嶄新的方法，影響巨大。其門人蔡沈即是在此基礎上撰寫《書集傳》的。

簡朝亮揚棄鄭玄《尚書》學有四：一是無論治《尚書》《論語》，還是治《孝經》，簡朝亮均兼採今古文。如簡朝亮以「《尚書》古文梅本，其爲今文所有而取諸馬鄭古文本者二十八篇，其竄之者甚微。今幸猶有所據，皆復其始也。今古文異流同源，宜通之矣，使取其長，猶今本《論語》，合古文齊魯之長也」〔註63〕論今古文《尚書》《論語》，以「蓋《孝經》，今當從今文本矣。然自僞《閨門章》外，其從古文爲注者，可通乎今文說也，可兼及採矣」〔註64〕論今古文《孝經》。二是簡朝亮重視馬融《尚書傳》、鄭玄頗引逸《書》。簡朝亮以博洽爲通儒、通今古文〔註65〕稱許馬、鄭，以馬、鄭守先王之道，以待後之學者〔註66〕，以逸《書》十六篇，鄭《書》注雖或引之而亦如馬之不釋之也〔註67〕爲遺憾。三是簡朝亮主張的釋經通古義、大義，以引《尚書中侯》、《尚書緯》等釋經爲亂經之舉，反對緯書

〔註62〕 程元敏著：《尚書學史》（上冊），華東師範大學出版社，2013 年版，第 778～784 頁。

〔註63〕 簡朝亮著：《尚書集注述疏》卷首，《續修四庫全書》（第 52 冊），上海古籍出版社，2002 年版，第 5 頁。

〔註64〕 簡朝亮著，周春健校注：《孝經集注述疏——附〈讀書堂答問〉》，華東師範大學出版社，2011 年版，第 2 頁。

〔註65〕 簡朝亮著：《尚書集注述疏》卷首，《續修四庫全書》（第 52 冊），上海古籍出版社，2002 年版，第 19 頁。

〔註66〕 簡朝亮著：《尚書集注述疏》卷首，《續修四庫全書》（第 52 冊），上海古籍出版社，2002 年版，第 20 頁。

〔註67〕 簡朝亮著：《尚書集注述疏》卷首，《續修四庫全書》（第 52 冊），上海古籍出版社，2002 年版，第 20 頁。

〔註68〕。四是簡朝亮運用大量子書、史書釋《尚書》，尤體現於其注解逸《書》。

　　簡朝亮揚棄朱熹《尚書》學表現有二：一是沿承朱熹《尚書》研治的方法，訓詁、義理兼重，但又不入朱熹將理學置於《書》，而是以是否「叶於經」釋《書》。二是在朱熹質疑《書序》《古文尚書》《孔安國傳》的基礎上，結合宋明清儒學家辨偽《古文尚書》的成果，將東晉偽古文、《書序》孔子作作爲《尚書》研究「二誣」，給予全面有力地批判。與此同時，簡朝亮對閻若璩、惠棟、王鳴盛等清代《尚書》研究學者不重視《尚書》之義稱爲「執漢學之失」，將此作爲《尚書》研究又一誣。有必要指出的是，由於以清代《尚書》學爲「執漢學之失」，故簡朝亮還是關注清代《尚書》學的，但在此以後的經學著述，簡朝亮均直接截取漢唐宋3段而無視清代經學。

　　（2）揚棄鄭玄、朱熹《論語》學

　　鄭玄晚年以《張侯論》爲底本，校之《古論》而成《論語鄭氏注》，鄭玄注解《論語》的特點有五：一是重訓詁，二是以《禮》說《論》，三是注重微言大義的闡發，四是引用公羊說及陰陽說以解《論》，五是多次強調孔子與時勢的關係以展現孔子的實踐者形象〔註69〕。此外，在朱熹《論語集注》之前，中國產生包咸《論語章句》、馬融《論語訓說》、何晏《論論集解》、王弼《論語釋疑》、皇侃《論語義疏》、陸德明《經典釋文·論語音義》、韓愈、李翱《論語筆解》、邢昺《論語注疏》、二程《論語解》等注解《論語》的著作。積朱熹一生心血的《論語集注》是以二程之學爲主，兼採范祖禹、楊時、謝良佐等程門弟子之說，既承襲孔安國、馬融、鄭玄、何晏、陸德明、邢昺等正音讀、通訓詁、考制度、辨名物的注疏方法，也沿承由邢昺開創的力求通經以求理與二程開義理釋《論語》之風氣，體現朱熹致力撰寫一本符合理學家本位的且適合「四子書」閱讀順序的書籍的決心。朱熹將《論語》置於《四書》體系，這是《論語集注》迥異於在此之前任何一種《論語》注本的根本地方。

　　簡朝亮揚棄鄭玄《論語》學有四：一是將鄭玄重訓詁易作訓詁、義理並重。簡朝亮以馬融將顏淵釋曾子稱「昔者吾友」，朱熹採馬說，此爲義理之

〔註68〕簡朝亮著：《禮記子思子言鄭注補正》卷四，《續修四庫全書》（第932冊）卷四，上海古籍出版社，1996年版，第182頁。
〔註69〕唐明貴著：《論語學史》，中國社會科學出版社，2009年版，第150～156頁。

長；以鄭玄釋「雅言」不釋「約」，朱熹則以「約」釋之，此爲宋注明義理者以訓詁而明，則是訓詁之長。二是重視以《禮》釋《論》。簡朝亮以《周官・大宗伯》「國有大故，則旅上帝及四望」釋《論語・八佾》「季氏旅於泰山」的「旅」〔註70〕，以《大戴禮・保傅篇》「古者，束髮就大學　大藝焉，履大節焉」釋《論語・爲政》「吾十有五而志於學」〔註71〕。無論本身即闡述《禮》的《論語・八佾篇》、《論語・鄉黨篇》，還是《論語》它篇，以禮爲內核的《論語》均與禮有極大關係，恢復先秦儒家的禮亦是簡朝亮禮學的根本內容，故簡朝亮尤重以《禮》釋《論》。三是將鄭玄以董仲舒公羊說、陰陽五行爲內容的微言大義的闡發易作以《論語》闡述其學術思想。孔子以「舉直錯諸枉，則民服；舉枉錯諸直，則民不服」，簡朝亮藉此表達其重民心的兵學思想，「若此者，中國民心服焉，民心服，則親其上死其長，民之守邦者皆固，而蠻夷敢猾夏乎？其有不率服乎？宋高宗云：『秦檜，樸忠過人，朕得一佳士也。』則以枉爲直而不能錯矣。岳武穆由是而死，則以直爲枉而不能舉也。且殺之矣，宋義民於以不服。夫民心既去，安望蠻夷率服哉？」〔註72〕四是沿承鄭玄強調孔子與時勢的關係以展現孔子的實踐者形象。簡朝亮以孔子在哀公十六年而卒，非三桓隙深時，否定有的論說家以孔子曰「舉枉錯諸直，則民不服」爲激辭〔註73〕，以「孔子時，封建諸國多侵城，而井田法浸衰，民日貧矣。好勇者而疾貧，其作亂之憂也。況郡縣天下之民無生計者哉」申明孔子曰：「好勇疾貧，亂也。人而不仁，疾之已甚，亂也。」〔註74〕

　　簡朝亮揚棄朱熹《論語》學有二：一是沿承朱熹集諸家之長注解《論語》。簡朝亮說：「何氏《集解》、皇氏、邢氏疏、陸氏《釋文》錄之皆詳。諸家說純採者名，不純採者不名，亦《經》述『周任有言』與概述言之意也。」

〔註70〕 簡朝亮撰，趙友林、唐明貴校注：《論語集注補正述疏——附〈讀書堂答問〉》卷二，華東師範大學出版社，2013年版，第204頁。

〔註71〕 簡朝亮撰，趙友林、唐明貴校注：《論語集注補正述疏——附〈讀書堂答問〉》卷一，華東師範大學出版社，2013年版，第58頁。

〔註72〕 簡朝亮撰，趙友林、唐明貴校注：《論語集注補正述疏——附〈讀書堂答問〉》卷二，華東師範大學出版社，2013年版，第179頁。

〔註73〕 簡朝亮撰，趙友林、唐明貴校注：《論語集注補正述疏——附〈讀書堂答問〉》卷二，華東師範大學出版社，2013年版，第177～178頁。

〔註74〕 簡朝亮撰，趙友林、唐明貴校注：《論語集注補正述疏——附〈讀書堂答問〉》卷四，華東師範大學出版社，2013年版，第468頁。

〔註75〕故包咸、馬融、鄭玄、何晏、皇侃、周生烈、邢昺、陸德明等《論語》研究成果都成爲簡朝亮闡釋、修正朱熹《論語集注》的對象。二是不入朱熹以《論語集注》作爲《四書》體系的宋學路徑。簡朝亮直言：「烏可立漢學、宋學之名而自畫哉？」〔註76〕簡朝亮正是以去漢宋學之別爲指導思想，以下述4途申明與修正《論語集注》：朱熹取漢注非訓詁者，體現義理之長；朱熹以訓詁而明義理者，以此明訓詁之長；朱熹叶於經而仍有申明者；朱熹疑僞古文而仍徵引之者。以宋學爲中心而兼及漢學的去漢宋學之別又使簡朝亮尤重朱熹格致之義，以《四書集注》深入人心而不皆昧也〔註77〕，以朱熹釋義精實切當，深得孔門之眞旨，迥非漢魏六朝諸儒所能及，而其存在的諸種過失，都屬於「大醇小疵」，未足爲其病〔註78〕。

（3）不入鄭玄、朱熹《孝經》學

　　鄭玄《孝經鄭氏注》見於《六藝論》、王肅《聖證論》、晉《中經簿》等。有學者指出，鄭玄《孝經鄭氏注》的特點有四：一是以《孝經》爲六藝根源之總會，二是用今文釋《孝經》，三是以「至德」、「要道」釋《孝經》的教化，四是重視《孝經》中的人倫〔註79〕。日後，無論是六朝王肅以《孝經注》開啓《孝經》倫理功能宗教化的先河，還是唐玄宗以《孝經御注》將《孝經》視爲平民行孝的倫理書，一直在朱熹《孝經刊誤》之前，《孝經》在漢唐五經系統中既是孔子新法，也是學習《五經》的基礎性典籍，是修習《五經》的階梯，甚少有學者指斥《孝經》。朱熹以《四書》取代《五經》，《孝經》地位不僅急促下降，而且成爲朱熹檢查的對象。有學者指出，朱熹在下述4方面使《孝經》研究發生翻天覆地的變化：一是以《孝經》前七章爲分水嶺，強將《孝經》分爲經、傳兩部分，《孝經》遂失去本來作爲一本完整的經學著述的存在資格，二是以個人道德的「孝」爲著眼點，質疑作爲政治哲學的《孝經》，三是以閱讀《論語》後所產生的「親切」感批判《孝經》不符合從「親親」到「仁民」的順序，具有「不親切」的閱讀效果，四是批判《孝經·聖

〔註75〕簡朝亮撰，趙友林、唐明貴校注：《論語集注補正述疏——附〈讀書堂答問〉》卷首，華東師範大學出版社，2013年版，第8～9頁。

〔註76〕簡朝亮撰，趙友林、唐明貴校注：《論語集注補正述疏——附〈讀書堂答問〉》序，華東師範大學出版社，2013年版，第3頁。

〔註77〕簡朝亮撰，趙友林、唐明貴校注：《論語集注補正述疏——附〈讀書堂答問〉》卷首，華東師範大學出版社，2013年版，第25頁。

〔註78〕梁啓雄：《論語注疏匯考》，《燕京學報》1948年6月第34期。

〔註79〕陳壁生著：《孝經學史》，華東師範大學出版社，2015年版，第107～164頁。

治章》中所說的「孝莫大於嚴父，嚴父莫大於配天，則周公其人也」有違天理，啓人僭亂之心〔註80〕。

　　與注疏《尚書》《論語》可以在鄭玄、朱熹之間取其所長很不相同，簡朝亮注解《孝經》必須在處於對立層面上的鄭玄、朱熹之間作出抉擇。簡朝亮在下述 4 方面揚棄鄭玄《孝經》學：一是賦予《孝經》不同於鄭玄的根本性質。鄭玄將六藝根源之總會作爲《孝經》的根本性質，包含孔子是《孝經》的作者、《孝經》是一部經緯天下的政治書與六藝教化的始基等 3 層含義。簡朝亮以《孝經》爲曾子門人所記〔註81〕，爲導善而救亂之書〔註82〕，遵循漢唐制以《五經》兼《孝經》，故簡朝亮不從鄭玄以《孝經》爲孔子立新法。二是不入鄭玄以今文釋《孝經》。鄭玄注《尚書》《孝經》分別用古文、今文，故筆下的注解出現 2 種不同的制度。簡朝亮以今文《孝經》爲古，以古文《孝經》爲僞〔註83〕，即使《孝經》經文的名物制度更接近今文，但簡朝亮或疏於訓詁今文制度，或兼以古文注《孝經》。《孝經‧卿大夫章》「非先王之法服不敢服」中先王五服，《孝經‧孝治章》「故得萬國之歡心，以事其先王」中封國之數言「萬國」等，簡朝亮均不作注。《孝經‧五刑章》「五刑之屬三千，而罪莫大於不孝」中「五刑」，簡朝亮則今古文注兼作，並以邢《疏》稱爲與《周官》掌五刑而二千五百者不同〔註84〕。三是不入鄭玄以道德、制度作爲《孝經》的教化。鄭玄在《孝經‧開宗明義章》中以至德指孝悌，以要道指禮樂，以先王定於禹，將《孝經》教化的孝悌、禮樂 2 種維度均指向孔子立新法。簡朝亮則以《周官》「師氏以三德教國子，其一曰至德，其三曰孝德，蓋至德自孝德而統言，斯言其至極也」釋至德〔註85〕，以未將舜等亦作先王作爲《孝經》研究「六失」之一。是否將舜作爲「先王」，或者是否明確將「先王」定於禹，反映堯舜時代公天下與禹以後家天下的如《禮記‧禮運》將世

〔註80〕　陳壁生著：《孝經學史》，華東師範大學出版社，2015 年版，第 271～297 頁。

〔註81〕　簡朝亮撰，周春健校注：《孝經集注述疏——附〈讀書堂答問〉》，華東師範大學出版社，2011 年版，第 135 頁。

〔註82〕　簡朝亮撰，周春健校注：《孝經集注述疏——附〈讀書堂答問〉》，華東師範大學出版社，2011 年版，第 3 頁。

〔註83〕　簡朝亮撰，周春健校注：《孝經集注述疏——附〈讀書堂答問〉》，華東師範大學出版社，2011 年版，第 131 頁。

〔註84〕　簡朝亮撰，周春健校注：《孝經集注述疏——附〈讀書堂答問〉》，華東師範大學出版社，2011 年版，第 88 頁。

〔註85〕　簡朝亮撰，周春健校注：《孝經集注述疏——附〈讀書堂答問〉》，華東師範大學出版社，2011 年版，第 6～7 頁。

代分爲大同、小康之別，以禹爲分水嶺的禮制亦大有區別，故簡朝亮大異於鄭玄的觀點是大有深意的。四是大異於鄭玄在《孝經》中所重視的父子、君臣判然有別的人倫觀。簡朝亮以經過唐玄宗改動的《孝經御注》釋《孝經‧聖治章》，以爲父子之道，天性之常，加以尊嚴，又有之義立矣〔註86〕，即君父合一。鄭玄在敦煌新出的《孝經鄭氏注》中則認爲「父子相生，天之常道」，「君臣非骨肉之親，但義合耳」，若「三諫不從，待放而去」〔註87〕。

簡朝亮既爲朱熹《孝經刊誤》辯護，也不入朱熹《孝經》學。一方面，簡朝亮以朱熹在《孝經刊誤》中兼採今古文，分經一章，傳十四章，刪舊文223字，或章刪其句，或句刪其字，爲朱熹未察古文《孝經》之僞所致。與此同時，簡朝亮以朱熹《孝經刊誤》之行文多託之胡宏、汪應辰等前賢，指出《孝經刊誤》爲朱熹未定之書，故不能以此認爲朱熹詆毀《孝經》〔註88〕。另一方面，簡朝亮以舊說釋「孝無始終」多其承「中於事君」之終始而言、未將舜等亦作先王、質疑《孝經‧喪親章》不及天子之事、言天子惟以親沒與諸父諸兄言之，未能察《孝經》之文、《孝經‧閨門章》淆亂禮制等作爲《孝經》研究的「六失」〔註89〕，隻字不及朱熹對《孝經》的諸種根本性非義。

或以《孝經》爲孔子立新法，或中斷《孝經》作爲一本完整的經學著述的地位，鄭玄、朱熹啓引的《孝經》學都殊非簡朝亮所認同的，但同時是簡朝亮必須關注的，故簡朝亮《孝經集注述疏》雖爲自注自疏，但亦結合鄭玄《孝經注》、王肅《孝經注》、唐玄宗《孝經御注》等以注解《孝經》，有別於他在此之前的經學著述。

（4）揚棄鄭玄、孔穎達《禮記》學

鄭玄在東漢末年禮壞樂崩、黨錮之禍逃難期間的 14 年注解三《禮》，鄭玄在《禮記注》中不僅以孔子作《禮記》3 篇，強調王權神聖、君臣均要有道的政治思想、貴族與平民都要接受教育的教化思想，而且衰世釋禮更能體現

〔註86〕 簡朝亮撰，周春健校注：《孝經集注述疏——附〈讀書堂答問〉》，華東師範大學出版社，2011 年版，第 72 頁。

〔註87〕 陳鐵凡著：《孝經鄭注校證》，中華學術著作編委會，1976 年版，第 138～141 頁。

〔註88〕 簡朝亮撰，周春健校注：《孝經集注述疏——附〈讀書堂答問〉》，華東師範大學出版社，2011 年版，第 143 頁。

〔註89〕 簡朝亮撰，周春健校注：《孝經集注述疏——附〈讀書堂答問〉》，華東師範大學出版社，2011 年版，第 4～5 頁。

鄭玄旨在以注解三《禮》喚醒世人的道德情操的願望。唐孔穎達以鄭玄《禮記注》為善本，著《禮記正義》，在疏中對禮的起源、制作、意義、踐履等都有闡述，體現孔穎達旨在以釋《禮記》宣揚封建國家的「大一統」，提倡忠、孝、仁、義等倫理思想，實現以禮治國的決心。

　　簡朝亮以鄭玄《禮記注》為善本補正其注《禮記》3 篇及《大戴禮》若干篇，體現簡朝亮對鄭玄禮學「博而有要，易而無難」〔註 90〕與孔穎達疏不能正其失的重視。簡朝亮揚棄鄭玄、孔穎達《禮記》學有四：一是否定孔子作《禮記》3 篇。鄭玄以《禮記》3 篇為孔子作，其思路與以孔子作《孝經》是一致的，都旨在構建孔子立新法的地位。簡朝亮則以子思門人作《禮記》3 篇。二是反對以緯書釋《禮》。以緯書釋經是鄭玄注經的特點，簡朝亮均予以反對。三是重視君民有道、君民教化，體現衰世釋禮的決心。簡朝亮以禮作為君臣失道、失德以進行教化的工具，認為正民德者必禮以為之坊〔註 91〕。簡朝亮在注解《禮記》中出自《子思子》的 3 篇時，以子思《坊記》不可失，為危辭〔註 92〕，多次強調亂世中以禮治國、以禮治民的重要性。如以「其無盜亂乎？子思子言禮為民坊，而先及盜亂也。可不念乎？」〔註 93〕釋「小人貧斯約，富斯驕，約斯盜，驕斯亂。」〔註 94〕

　　（5）揚棄鄭玄、孔穎達、朱熹《詩經》學

　　鄭玄在注解三《禮》時沒有看到《毛詩》，故他在《三禮注》中說《詩》與《毛詩箋》存在一定差異。鄭玄注《詩》特點有三：一是以《毛詩》為宗，亦用三家《詩》說，體現以古文經學統今文經學的經學觀。二是依《詩序》解《詩》，以史串講《詩》之大義，以禮說《詩》等，代表《毛詩》早期思想，使世人「略知所歸」。三是關注時事，寓美刺於箋注之中，體現孔子高揚的《詩》的尚用觀。由於孔穎達《毛詩正義》迴護鄭玄，左毛右鄭，左

〔註 90〕　簡朝亮著：《禮記子思子言鄭注補正》序，《續修四庫全書》（第 932 冊），上海古籍出版社，1996 年版，第 116 頁。

〔註 91〕　簡朝亮著：《禮記子思子言鄭注補正》卷一，《續修四庫全書》（第 932 冊），上海古籍出版社，1996 年版，第 118 頁。

〔註 92〕　簡朝亮著：《禮記子思子言鄭注補正》卷一，《續修四庫全書》（第 932 冊），上海古籍出版社，1996 年版，第 119 頁。

〔註 93〕　簡朝亮著：《禮記子思子言鄭注補正》卷一，《續修四庫全書》（第 932 冊），上海古籍出版社，1996 年版，第 118 頁。

〔註 94〕　簡朝亮著：《禮記子思子言鄭注補正》卷一，《續修四庫全書》（第 932 冊），上海古籍出版社，1996 年版，第 118 頁。

蕭右鄭等原因，《毛詩正義》既未能正確解讀鄭玄宗於《毛詩》的立場，也未能將鄭玄《毛詩箋》的釋義推進一個嶄新的高度，反之對其注解產生一定誤讀，故《毛詩正義》引起唐以後學者的指斥。從唐末開始，疑《詩序》成爲歐陽修、王質、蘇轍等說《詩》的內容，朱熹《詩集傳》即是其時代產物。朱熹《詩集傳》的特點與不足有四：一是掃除漢唐舊習，確立廢《詩序》的解《詩》方法，呈現以文學角度解《詩》的趨勢。二是一掃六朝義疏體的繁瑣而沿承毛亨、鄭玄訓詁經典的簡約化。三是廣採毛、鄭等舊說。四是由於朱熹對於《詩序》矛盾、複雜的態度不符合《詩序》本身，朱熹自立新說有時亦欠缺自信，且其對《詩》的名物制度的訓詁未能超越毛、鄭，故雖然在去世前幾天仍不斷加以修訂，《詩集傳》仍然留下不少需要修正、申明的地方。

　　簡朝亮揚棄鄭玄、孔穎達、朱熹《詩經》學有三：一是既宗於《詩序》，也迴護朱熹守廢兼併的《詩序》態度。簡朝亮在 1895～1897 年撰寫的《〈述十三經大義〉序》中說：「《詩序》學詩之本也，……《柏舟》《伐檀》之序，朱子注，孟子則從之青衿。《菁菁者莪》之序，朱子賦白鹿洞則用之，信而疑，疑而不廢，蓋其愼也。」〔註95〕在 1931 年酌定《毛詩說習傳》前，簡朝亮在注解《尚書》《論語》《孝經》《禮記》時，常常徵引《詩序》說經，反映簡朝亮對於《詩序》一貫的推崇。如以「《詩·子衿序》，蓋傷學廢焉」〔註96〕釋「子曰：『學而時習之，不亦悅乎？』」以《詩序》「《酌》，告成《大武》也」釋「勺」即「酌」，故學文，始乎誦詩〔註97〕，以《詩序》「《維清》，奏《象》舞也」爲禮下之管象，皆歌文王文明之法〔註98〕。首錄《詩序》的《毛詩說習傳》則可以說是簡朝亮宗於《詩序》的集中體現。二是以史串《詩》之大義，以《禮》說《詩》。經史互通是簡朝亮注經的特點，如簡朝亮以《漢書·晁錯傳》「錯上言兵事，文帝嘉之，乃賜璽書寵答焉」、《禮記·儒行》「上答之」釋《詩·雨無正》「聽言則答」之「答」爲聽其言而應用，是答而進

〔註95〕 簡朝亮著，簡菉盈、簡菉持筆錄：《毛詩說習傳》，廣州松桂堂，1931 年刻本，第 8 頁。

〔註96〕 簡朝亮撰，趙友林、唐明貴校注：《論語集注補正述疏——附〈讀書堂答問〉》卷一，華東師範大學出版社，2013 年版，第 58 頁。

〔註97〕 簡朝亮撰，趙友林、唐明貴校注：《論語集注補正述疏——附〈讀書堂答問〉》卷一，華東師範大學出版社，2013 年版，第 81 頁。

〔註98〕 簡朝亮撰，趙友林、唐明貴校注：《論語集注補正述疏——附〈讀書堂答問〉》卷一，華東師範大學出版社，2013 年版，第 81 頁。

之〔註 99〕，以《國語》「懷和爲每懷」、《左傳》言和者曰「水火醯鹽梅」釋《詩·皇皇者華》「每懷靡及」之「和」爲異於同而不一，思不一以爲和，則爲每思〔註 100〕。

從鄭玄遍注群經開始，先秦諸子以徵引、記述實現傳經的手段得到極大扭轉，注解經典成爲經學家表達其學術思想的重要途徑，由此形成漢唐經學、宋明理學、清代考證等屬於孔子之道的儒學體系。以孔子之道審視漢唐經學、宋明理學、清代考據學，朱次琦得到「咻之於道中而孔子之道歧」的結論，提出「無漢學，無宋學」的治學目標與鄭玄集漢學大成，朱熹能會通《六經》、權衡《四書》使孔子之道在著於天下的化解途徑。簡朝亮經學著述呈現的「遙宗先秦儒學，中取漢唐經學，近承朱熹理學」內在主線正是對朱次琦這種思想脈絡的實踐，簡朝亮以此經學著述的豐富性、系統性成爲廣東近代乃至中國近代著名的經學家。

三、講學生涯的主要特色

簡朝亮的講學生涯主要由下述 4 期組成：1883～1888 年開館廣州六榕寺，1891～1900 年開館順德簡岸讀書草堂（以下簡稱「讀書草堂」），1900～1908 年開館清遠陽山山堂（以下簡稱「陽山山堂」），1909～1931 年閉門於佛山忠義鄉釋經而偶有與教授族人，「九江學派」第 2 代成員由此形成。無論是借金自築讀書草堂，還是由清遠鄉紳黃賓虁修築陽山山堂，讀書草堂、陽山山堂的書院建築、書院管理、書院教學等都屬於廣東近代民辦書院。簡朝亮在長達半個世紀的講學生涯中，形成注重實踐、提倡讀書報國爲主要內容的教育思想。

1. 主要 4 期

由於家境貧寒，1869～1877 年簡朝亮一邊求學一邊教學。期間，簡朝亮在 1873 年執教順德簡岸莘村曾氏賓館，1876 年再次講學曾氏賓館，講《春秋》，別三傳從違且別其文。1878 年，離開禮山草堂的簡朝亮立刻重返譚氏賓館任教。曾氏賓館、譚氏賓館都是負責族中子弟的啓蒙，這往往是沒有考取科舉功名或社會地位不高的讀書人教授的地方。眞正揭開簡朝亮開館講學序

〔註 99〕 簡朝亮著，簡萊盈、簡萊持筆錄：《毛詩說習傳》，廣州松桂堂，1931 年刻本，第 18 頁。

〔註 100〕 簡朝亮著，簡萊盈、簡萊持筆錄：《毛詩說習傳》，廣州松桂堂，1931 年刻本，第 10 頁。

幕的是開館六榕寺，以後，從廣州到順德，到清遠，到佛山，簡朝亮仍然堅守其教育家的本色，延續其閃亮的講學生涯。

（1）開館六榕寺

1878 年簡朝亮以一等第一補廩生，第二年簡朝亮離開譚氏賓館，開館行省南門，首位門人在簡朝亮《哭黃心臺》一詩中出場。1880 年簡朝亮決定遷館六榕寺，但因父喪未遂，而朱世勳、朱炳勳等遊學簡朝亮，這說明簡朝亮的社會地位有了一定提升。1883～1887 年簡朝亮終可如願開館六榕寺，林祖翊、鄧驥英、黃仲蔚、李竹魁、陳赤甫等從其學。《六榕寺感懷示遊學諸子》《除夕寄六榕寺留館三友黃仲蔚、李竹魁、陳赤甫》《壬戌歲仲冬重遊六榕寺，宗人先河月朋同遊》等即是簡朝亮開館六榕寺的印記。如作於 1922 年的《壬戌歲仲冬重遊六榕寺，宗人先河月朋同遊》詩云：「昔遊六榕寺，我旅五年情。今遊非故我，白首懷平生。我年三十八，臘時去寺行。……先師朱九江，嘗旅斯談經。同人於斯貴，隨地求典型。」〔註101〕

（2）開館讀書草堂

無論是朱次琦開館講學禮山，是康有為開館講學邱氏書室、衛邊街鄺氏祀、廣府學宮仰高祠，還是簡朝亮開館順德簡岸，都凝聚他們對於鄉土文化的深沉眷戀。簡朝亮在《順德簡岸簡氏家譜》中說：「南漢時，析南海縣為常康、咸寧二縣，今順德縣分南海地者，在簡岸則南海時咸寧縣地也，故有咸寧社之名。」〔註102〕1191 年，簡氏先世慕南公始遷南海，開簡岸鄉，今隸順德，為世居焉〔註103〕。在經歷 6 次科試不第而終在 1889 年學政樊恭煦以簡朝亮為一等第一之下，簡朝亮以疾不復試，不僅自此絕意科場，而且在 1890 年12 月撰寫《動土祝文》，「維神賜我讀書草堂」〔註104〕，借金築讀書草堂。1891年春天的一個破日，讀書草堂落成，簡朝亮撰寫《讀書草堂上樑文》，諸學子來讀書草堂，從學者眾，「簡岸先生」之名由是始。源何讀書草堂落成選擇在

〔註101〕簡朝亮著，梁應揚注：《讀書堂集》卷十三，廣州松桂堂，1930 年刻本，第 1頁。

〔註102〕簡朝亮纂修：《順德簡岸簡氏家譜》卷五，1928 年鉛印本，北京圖書館編：《北京圖書館家譜叢刊》閩粵（僑鄉）卷，第 42～44 冊，北京圖書館出版社，2000 年版，第 2601～2602 頁。

〔註103〕簡氏門人編纂：《簡朝亮年譜》，廣州松桂堂，1934 年刻本，第 1～2 頁。

〔註104〕簡朝亮著，梁應揚注：《讀書堂集》卷六，廣州松桂堂，1930 年刻本，第 24頁。

破日,簡朝亮在 1929 年撰寫的《明詩》中有說明:「予嘗以破日開館草堂,人或止之,而予不爲止者,讀書欲破也。」﹝註105﹞1891～1900 年開館讀書草堂期間,簡氏門人有 20 多人,1894～1896 年黃節、鄧實、鄧方、任元熙等遊學簡朝亮,則成爲對廣東近代學術產生較大影響的第一批簡氏門人。1897 年,鄧實、鄧方離開讀書草堂。1898 年春,鄧方、鄧實南歸而居六榕寺,這一年秋天,瘵疾甚重的鄧方歸順德水藤村,不久去世。鄧方《草堂曉望》《簡岸》等留下簡岸鄉土的珍貴記載。1897 年離開讀書草堂的黃節則以《草堂留別簡岸先生》表達師生之情,詩云:「乾坤感高義,小子愧非才。道在斯人與,時危講席開。青山臥龍宅,紫水釣魚臺。別路多風雪,天心數點梅。」﹝註106﹞1899 年 12 月初一夜晚,讀書草堂遭 20 多人盜劫,損失衣物值數十金。1900 年春,又一重要門人梁應揚遊學簡朝亮,這一年六月,簡朝亮決定離開讀書草堂,結束長達 10 年的教學生涯。

(3) 開館陽山山堂

既因讀書草堂遭遇盜劫,亦由於避免受到維新政變的影響,1900 年 6 月,簡朝亮攜妻與 9 歲的兒子簡詠述至陽山縣水口留賢塘村居住,十月初五日,在陽山黃賓夔的資助下陽山山堂落成。無論是「五嶺之南,陽山之東,匯水之內,黃香之宗,舊來學子導我幽蹤,乃式其鄉曰留賢堂,用會其美曰通儒水,乃盧其間曰將軍山」﹝註107﹞的陽山雄奇之美,還是「予今以時議旅於山中,……及遠遊而有裨於讀書者義皆不可動也,敢先以約焉」﹝註108﹞的讀書講學之志,簡朝亮均以此揭開學術人生的嶄新一頁。1900～1908 年簡朝亮開館陽山山堂期間,簡氏門人超過 80 人,其中,劉萼輝、梁竹如、沈焯猷、馮植深、何仲秩、胡民生、黃德鄰等在此期間去世。由於遠離順德簡岸而不受鄉事族事困擾,陽山山堂 9 年簡朝亮不僅創作超過 100 首詩作,而且在 1903 年著畢《尚書集注述疏》,並於 1907 年校刊完畢。1907 年 8 月 21 日,妻子楊氏去世,葬於將軍山。1908 年,禮部尚書溥良奏聘簡朝亮爲禮學顧問

﹝註105﹞ 簡朝亮著:《讀書草堂明詩》卷一,中華書局,1929 年鉛印本,第 9 頁。

﹝註106﹞ 黃節著,馬以君編:《黃節詩集》,中國人民大學出版社,1989 年版,第 3 頁。

﹝註107﹞ 簡朝亮著,梁應揚注:《讀書堂集》卷六,廣州松桂堂,1930 年刻本,第 28 ～29 頁。

﹝註108﹞ 簡朝亮著,梁應揚注:《讀書堂集》卷六,廣州松桂堂,1930 年刻本,第 29 頁。

官，簡朝亮以疾辭。這一年六月，簡朝亮書《告將軍山文》《山深龍》於將軍山石壁上和石穴中，拜別黃賓虹，返佛山忠義鄉，杜門釋經、編纂族譜和與族人講學。

（4）閉門佛山忠義鄉

1908～1931 年，簡朝亮除短暫前往上海，均閉門佛山忠義鄉，完成《論語集注補正述疏》《孝經集注述疏》《禮記子思子言鄭注補正》《順德簡岸簡氏家譜》《粵東簡氏大同譜》。在此期間，簡朝亮偶有講學，如 1920 年族人簡仲舉、簡茱盈、簡茱持從其學，簡朝亮爲簡茱盈、簡茱持主講《毛詩》，二簡將課堂筆記整理爲《毛詩說習傳》，由此成爲簡朝亮最後一種經學著述。1931年，族人簡又文從學簡朝亮，出自簡又文筆下的《追懷簡竹居夫子》留下此珍貴記載，並有鄉人梁均默對簡朝亮的以下評價：「經師難得更人師，眞善原應永弗離。一脈禮山傳聖教，千歌道統見長垂。」〔註 109〕

2. 書院建築、書院管理與書院教學

讀書草堂、陽山山堂屬於廣東近代民辦書院，故無論是其書院建築還是書院管理都難與官辦書院相比的，但就是這種以個體講學形式存在的民辦書院最能彰顯廣東地域學術的特色。

（1）書院建築

據簡朝亮《雪夜時子生六月而亡》《並蒂白蓮花歌光緒二十四年五月二十五日》《雙雙歌》《草堂外有李垂紫寶二，蓋終生也光緒二十有六年正月作》等詩作，讀書草堂既是簡朝亮開館講學之所，也是簡氏一家生活的地方。讀書草堂很有可能前爲書堂，中間是簡朝亮講學之所，左右兩側爲門人住宿之地，後爲簡氏一門的住房、廚房、雜物房等，即爲常見的二進形書舍樣式。值得注意的有二：一是讀書草堂內外景色秀麗。如簡朝亮說：「昔年學子方春會，臨池徒載草堂外。」〔註 110〕「草堂五月餘清華，香風並蒂白蓮花。」〔註 111〕「人日後三日，閒步草堂出。幼子指樹間，未華李紫實。」〔註 112〕由於並蒂白蓮花開，簡朝亮將池塘稱作「雙蓮池」，在讀書草堂南陂。草堂外有

〔註 109〕 許衍董等編纂：《廣東文徵續編》（第三冊），廣東文徵編印委員會，1986 年版，第 567 頁。

〔註 110〕 簡朝亮著：《讀書草堂明詩》卷十，中華書局，1929 年鉛印本，第 8 頁。

〔註 111〕 簡朝亮著：《讀書草堂明詩》卷十，中華書局，1929 年鉛印本，第 9 頁。

〔註 112〕 簡朝亮著：《讀書草堂明詩》卷十，中華書局，1929 年鉛印本，第 9 頁。

池塘、空地等，可以種植蓮花與各種花草，成為簡朝亮及其門人、家人讀書生活的又一樂園。此外據《順德簡岸簡氏家譜》所載，簡朝亮自築讀書草堂，自捐買松 100 株，種於近界湧邊，環繞書堂，日後收成即永歸光裕堂之用〔註113〕。二是讀書草堂建築不太堅固。如 1891 年讀書草堂落成，遇大風而讀書草堂未受其影響，周祝齡作《簡竹居讀書草堂落成，風雨大作卒無害，奉贈》。1908 年 6 月一場大風，讀書草堂傾毀。如今建築於 20 世紀 30 年代的簡岸河邊的兩座亭子，見證著人生的世事蒼桑。

與讀書草堂是簡朝亮借金修築而建築不太牢固很不相同，陽山山堂是清遠陽山鄉紳黃賓夔一人資助而歷時 3 個月建成的，故比較堅固。據梁九勝《讀書山堂與簡朝亮》，陽山山堂為土木結構，佔地面積約二百平方米，位於陽山縣水口鎮留賢堂村將軍山上。水口鎮位於陽山縣東南部，因處連江、七拱河匯合處而得名。將軍山高數百尺，面向連江和通儒水，其勢如城，或如瞭望臺，古時世亂，僅數十人守之，冠不能奪，古來兵家必爭之地。112 年，伏坡將軍出桂陽，下連江，嘗宿此山，遂稱「將軍山」。由於妻兒皆隨簡朝亮而至，故陽山山堂的建築當如讀書草堂相似，為二進形書舍。從水口鎮留賢堂村到陽山山堂，要攀爬六七里崎嶇的山路。因此，陽山山堂環境清幽，學習生活也相當純樸、艱辛，簡朝亮《山居示家人》《山居示諸學子》《甲辰歲元日，題將軍山讀書草堂》等詩作均有集中反映。其中，《山居示家人》詩云：「齔男呼母石林中，追及登高兩姐同。茱把主人恩有備，籃與弟子禮無窮。雲深家室知神聽，山靜詩書即女紅。幸汝時平還故鄉，遠聞先墓嘯松風。」〔註114〕陽山 9 年，簡朝亮與其家人、門人的生活費用多由黃賓夔資助，其辦學資金來源略現官辦書院的特徵，但其選址則大異於一般選址於省會、州縣的廣東官辦書院。1908 年，簡朝亮與兒子簡詠述離開陽山山堂，陽山山堂關閉。解放初年，陽山山堂被毀，但遺址依存。近年，陽山山堂被列入《中國文物地圖冊》，後被劃入文化保護範圍。

（2）書院管理

士子入學讀書草堂、陽山山堂必須交納一定的銀子，名曰「修金」。據

〔註113〕簡朝亮纂修：《順德簡岸簡氏家譜》卷五，北京圖書館編：《北京圖書館藏家譜叢刊》閩粵（僑鄉）卷，第 42～44 冊，北京圖書館出版社，2000 年版，第 2611 頁。

〔註114〕簡朝亮著：《讀書草堂明詩》卷十一，中華書局，1929 年鉛印本，第 4 頁。

《簡朝亮年譜》，簡朝亮是以「修金」償還開館讀書草堂的欠款，因此，師從簡朝亮必須交納一定的「修金」。士子師從簡朝亮是無需進行考試的，但有一定學額限制。

藏書是每一名讀書人必然的喜好，對「家無讀書人」的簡朝亮來說更是如此。據《指使童子葺書丝》《小廁》等詩題，簡朝亮聘請童子照顧簡氏一門的生活與整理讀書草堂的書籍，故讀書草堂肯定是有藏書，但缺乏詳細史載。有的學者指出，讀書草堂是黃節的藏書樓。若情況屬實，那麼最早在 1895 年黃節師從簡朝亮的這一年，私人藏書甚豐的黃節就將書籍置於讀書草堂。開館陽山山堂期間，1900 年簡朝亮在《再寄草堂諸學子書》一文中鼓勵門人購書，「購三二書藏山中以遺後，死非直，今之承乏已也。」〔註115〕為響應此號召，黃節購書千卷至山中，簡朝亮作《學子黃佩文輩購書數千卷至山中》，詩云：「將軍山上赤雲生，飛動文禽萬木聲。使者北來傳載路，丈夫南面擁專城。《六經》不畏咸陽火，三略何忘海表兵。為報讀書岩未遠，秋高韓子司尋盟。」〔註116〕故陽山山堂應當藏書豐富。

（3）書院教學

讀書草堂、陽山山堂都是由簡朝亮一人主講。簡朝亮面容魁偉，聲如洪鐘，個性嚴毅，家貧勵學，志節皎然，一言一動，悉循禮法，接引後進，訓誨不倦。簡朝亮每為講論，原本經史，及於時務。故讀書草堂、陽山山堂倡導讀書報國之旨，以注經明大義為實，屬於廣東近代講經書院。

一是倡行讀書報國。從書齋學堂到走向社會、報效祖國，倡行讀書報國是簡朝亮開館講學的因由，是其書院教學的主要內容。簡朝亮以「詩才生孝子，國事死門人」〔註117〕稱美陳邦彥師徒一門，更以此教育門人。1900 年、1900 年、1901 年，簡朝亮分別撰寫《自陽山寄草堂諸學子書》《再寄草堂諸學子書》《三寄草堂諸學子書》，以衰敗時世發端，增強門人讀書報國的信念。「嗚呼！外國之人，其虐中國人甚矣。數十年來，中國之人皆欲同仇。當事者苟因而用之，何不能強兵以戰之。患而乃託於四海一家，翩翩而習西

〔註115〕簡朝亮著，梁應揚注：《讀書堂集》卷二，廣州松桂堂，1930 年刻本，第 21 頁。

〔註116〕簡朝亮著，梁應揚注：《讀書堂集》卷十一，廣州松桂堂，1930 年刻本，第 10 頁。

〔註117〕簡岸讀書草堂再傳弟子林伯聰、李巽仿等編：《松桂堂集》（第一、二輯），1985 年香港，第 57 頁。

兵，使中國元氣之民至於仇教焚殺，激爲戾氣，豈無其漸乎？」〔註118〕「蓋自曲學方興，中國之籍幾以不亡亡矣。況今北望涕零，銅駝荊棘，斯文將喪，後死如何，文武之道，今夜盡矣。古之人不已悲乎？購三二書藏山中，以遺後，死非直今之承乏已也。」〔註119〕「《易》曰知終。終之諸子，其終焉。致用以責效乎？將來雖可用者或不得用，將以諸子志學。百世公義之在，由是而明，亦山中人之望也。」〔註120〕簡朝亮一方面號召門人保存國粹，實現儒學復興，另一方面，自知保存文獻的努力未必即能實現儒學復興，呈現一絲悲壯之美。

何國漙、李洪鑣、羅嗣榮等門人或以詩作，或以實踐踐履何謂師承之學。離開簡岸讀書草堂，何國漙作《留別簡岸諸君子》，詩云：「《六經》華夏自千秋，巨眼曾無五大洲。白鹿山中方說士，爛羊關內盡封侯。分齋深辨胡先學，報國長懷杜老憂。不斷雞鳴芳草地，蕭蕭風雨別吾儕。」〔註121〕上清遠將軍山，李洪鑣作《登將軍山呈簡夫子》，詩云：「將軍山上望神州，黃海波瀾日夜浮。朝習兵書晚練劍，人生莫負少年頭。」〔註122〕1932年，門人羅嗣榮參加革命，任三軍團戰士，北上後無音訊，時年30歲。與此同時，作爲中國近代國粹運動的主要代表，門人黃節、鄧實將簡朝亮倡行的讀書報國的辦學理念發揚到極致。

二是**重視實踐**。因文以釋義，以注經明大義，使訓詁、補正成爲簡朝亮注經的特色，而首錄經文、次錄各家說、後述自家言，則是簡朝亮經學著述的撰寫形式。因此，抄寫經文、校刊著述、編纂三本《讀書堂答問》等，成爲簡朝亮在講學過程中讓門人參與其中的主要方面。簡朝亮就是以此訓練門人，以期進一步深化經文的精意。

1893年，簡朝亮始著《尚書集注述疏》，筆者以爲，凡於此後師從簡朝亮

〔註118〕 簡朝亮著，梁應揚注：《讀書堂集》卷二，廣州松桂堂，1930年刻本，第20～21頁。

〔註119〕 簡朝亮著，梁應揚注：《讀書堂集》卷二，廣州松桂堂，1930年刻本，第21頁。

〔註120〕 簡朝亮著，梁應揚注：《讀書堂集》卷二，廣州松桂堂，1930年刻本，第22頁。

〔註121〕 簡岸讀書草堂再傳弟子林伯聰、李巽仿等編：《松桂堂集》（第一、二輯），1985年香港，第84頁。

〔註122〕 簡岸讀書草堂再傳弟子林伯聰、李巽仿等編：《松桂堂集》（第一、二輯），1985年香港，第74頁。

的門人，多參與其學術著述的經文抄寫，而且，隨著經學著述的逐漸完成，校訂經文、刊印經學著述等必然成爲門人參與其中的又一方面。門人師從簡朝亮以 3 年爲期，加之除張子沂、梁應揚、簡菉盈、簡菉持等，簡朝亮在學術著述中甚少道出門人的具體分工，因此，現存簡朝亮的經學著述，均由門人參與其中。一般來說，校訂學術著述多出現在著述著畢之後。但是，隨著隨刊是簡朝亮學術著述的特點，因此，簡朝亮學術著述的撰寫與門人抄寫經文、校訂其學術著述三行而進、相伴始終。筆者以爲，《尚書》《論語》《孝經》《禮記》3 篇的經文、朱熹《論語集注》注文、鄭玄《禮記注》相關注文，皆由門人負責抄寫。1903 年，簡朝亮作《尚書集注述疏序》，「久而鄉居草堂，與諸學子辯難，而令抄所屬草者八年。……今草甫畢，諸學子數請校刊之，願得爲禮之肄簡也。」〔註 123〕門人抄寫經文，雖然僅見於《尚書集注述疏序》，但是，以抄寫經文作爲課堂以外門人學術成長的必要延伸，在簡朝亮的經學著述中均有出現。至於校訂、刊印經學著述，則不僅見於《尚書集注述疏序》，而且，在《尚書集注述疏後序》《論語集注補正述疏序》均有出現。「諸學子而校刊《尚書述草》焉，則五年於斯，率僦居廣州城，集同門千金，以資刊者。」〔註 124〕「諸學子校錄而資之以刊。」〔註 125〕

　　1930 年，簡朝亮專門爲簡菉盈、簡菉持講述毛《詩》，二簡遂將簡朝亮的講授內容進行筆錄，成其《毛詩說習傳》，並請簡朝亮酌定與撰寫序言。1931 年，簡朝亮作《毛詩說習傳序》，「自其說既見《論語集注述疏》（按：即《論語集注補正述疏》）及《答問》外，錄爲《毛詩說習傳》一卷。……昔者予年五十，意欲爲《毛詩集注述疏》。旋以詩可斷章取義，董子謂詩無達詁，謂其詁非必一例通之也。前意遂銷。今既矗思之，詩雖無達詁，惟當有正義之歸，且以經考之，毛《傳》猶有失者，則宜爲說以明之。」〔註 126〕從「詩無達詁」之說到詩當正其義，從早期《論語集注補正述疏》到晚年《毛詩說習傳》，即使簡朝亮取消著《毛詩集注述疏》的初衷，但他仍然恪守正毛《詩》之失的

〔註 123〕 簡朝亮著：《尚書集注述疏》序，《續修四庫全書》（第 52 冊），上海古籍出版社，2002 年版，第 6 頁。

〔註 124〕 簡朝亮著：《尚書集注述疏》序《續修四庫全書》（第 52 冊），上海古籍出版社，2002 年版，第 6 頁。

〔註 125〕 簡朝亮著：《論語集注補正述疏》，序北京圖書館出版社，2007 年版，第 3 頁。

〔註 126〕 簡朝亮著，簡菉盈、簡菉持錄：《毛詩說習傳》，1931 年刻本，第 1 頁。

學術理想。

《尚書集注述疏》《論語集注補正述疏》《孝經集注述疏》均附有《讀書堂答問》，成爲簡朝亮經學著述的重要特徵。其中，簡朝亮指出門人張子沂是《尚書答問》的編纂者。「凡答問在校刊時者，及在其先者，張子沂編爲一卷，曰《讀書堂答問》。今以附《尚書述草》之後，俾讀者參焉。」〔註127〕反之，在《論語集注補正述疏序》、《孝經集注述疏序》中，簡朝亮將「編」《讀書堂答問》易作「志」。「諸學子校錄而資之以刊，有答疑問者，群自志之，別爲一卷附於後。」〔註128〕「遂有答諸學子問而辯舊說者，或口答之，或筆答之，群皆志之，編爲《孝經答問》一卷。」〔註129〕綜觀《論語答問》《孝經答問》，其編纂體例皆與《尚書答問》一致，因此，從「編」到「志」之別，既反映簡朝亮用詞嚴謹，也說明三本《讀書堂答問》的編纂、筆錄均源自門人之力。

簡朝亮以經學、兵學爲主，兼及譜學、史學、詩文的學術格局，經學著述形成「遙宗先秦儒學，中取漢唐經學，近承朱熹理學」的內在主線，均體現簡朝亮以學術生涯尤其是以經學生涯實踐朱次琦學說。與簡朝亮經學生涯同步進行的是其講學生涯，簡朝亮以其時分 4 期與富於特色的書院教學培育「九江學派」第 2 代成員，極大推動「九江學派」的發展。

第二節　簡朝亮的專題文章

門人張詠南以「與所纂諸經說相表裏」〔註130〕作爲簡朝亮的文章創作特色，說明簡朝亮的文章即是其表達學術思想的工具，《三言兵書》《朱九江先生講學記》《朱九江先生講學記書後》等更具有簡朝亮講義的性質與作用。由於朱次琦臨終自焚所著，重塑朱次琦的經師人師地位成爲簡朝亮專題文章的內容之一。結合嶄新的社會形勢，朝著朱次琦學說的既定目標、具體路徑，以專題文章接著朱次琦的兵論、學論往下說並爲其輸入新內容，則是簡朝亮

〔註127〕簡朝亮著：《尚書集注述疏》序《續修四庫全書》（第 52 冊），上海古籍出版社，2002 年版，第 11 頁。

〔註128〕簡朝亮撰，趙友林、唐明貴校注：《論語集注補正述疏——附〈讀書堂答問〉》序，華東師範大學出版社，2013 年版，第 6 頁。

〔註129〕簡朝亮撰，周春健校注：《孝經集注述疏——附〈讀書堂答問〉》序，華東師範大學出版社，2011 年版，第 4 頁。

〔註130〕簡朝亮著，梁應揚注：《讀書堂集》，廣州松桂堂，1930 年刻本，第 1 頁。

專題文章的另外兩個內容。簡朝亮就是以此奠定朱次琦的研究基礎，也使獲得了較大發展的朱次琦學說延至民國中後期。簡朝亮在傳承與發展朱次琦學說的同時，其本人的學術思想也全面形成。

一、重塑朱次琦經師人師的地位

朱次琦臨終自焚所著，出自簡朝亮筆下的朱次琦文獻既是簡朝亮重塑朱次琦經師人師地位的過程，也是簡朝亮實踐朱次琦學說的過程。從 1879 年《朱次琦行狀》到 1930 年《朱九江先生傳》以及期間對諸種《朱次琦傳》的不滿，從 1897 年編纂《朱九江先生集》到 1930 年命令門人張啓煌注解《朱九江先生集》，全面、準確重塑朱次琦經師人師的地位體現在簡朝亮早年、中年、晚年的整個生命歷程。

1. 從《朱次琦行狀》及存世諸種《朱次琦傳》到《朱九江先生傳》

朱次琦在生的 1879 年，開館廣州南門的簡朝亮撰寫《朱次琦行狀》，這篇已佚的《朱次琦行狀》〔註131〕很有可能就是首篇《朱次琦傳》。簡朝亮由此與同門梁巨川發生尖銳矛盾，初現簡朝亮傳承師學的決心。梁巨川、何屏山、梁耀樞等為朱次琦早期學生，梁巨川長簡朝亮近 10 年，故簡、梁二人幾乎素昧謀面。由於索觀《朱次琦行狀》，梁巨川在廣州首次見到簡朝亮。當二人再次見面時，就是在 1882 年朱次琦的葬禮上。在葬禮上門人商議由梁巨川撰寫《朱次琦傳》，簡朝亮從旁協助。由於梁巨川並不知曉朱次琦開館禮山中後期的著述撰寫情況，出其筆下的《朱次琦傳》出現重朱次琦吏治政績而輕其學術的不足，雖經簡朝亮指出而三易其稿，有所完善，但二人不僅心生介蒂，而且簡朝亮對此稿仍多有不滿，遂傾訴於何屏山、羅西林。何、羅二人則請來梁耀樞定奪，梁氏找來翰林教習周杏農作決定，周杏農決定沿用出自梁巨川筆下的《朱次琦傳》。朱次琦遂入《清史稿‧儒林傳》，故《清史稿‧儒林傳》中的《朱次琦傳》殊非有的學者所言出自繆荃孫筆下〔註132〕。

1882 年朱次琦去世，康有為撰寫《南海朱先生墓表》，首次以「治身之條」、「治用之章」涵蓋朱次琦的學術思想，成為首篇存世的《朱次琦傳》。

〔註131〕按：筆者在《朱九江先生集》、《讀書堂集》、《康有為全集》等沒有找到《朱次琦行狀》的原文，簡朝亮在 1879 年撰寫《朱次琦行狀》記載於他在 1929年撰寫的《在滬寄粵東諸學子書》。

〔註132〕林輝鋒：《〈清國史〉、〈清史列傳〉、〈清史稿〉朱次琦傳校讀》，《史學史研究》2011 年第 2 期。

1885 年編纂的《是汝師齋遺詩》有以濃彩重墨之筆展現朱次琦官襄陵 190 天十大政績的《朱次琦傳》。由於這 2 種《朱次琦傳》影響不大，簡朝亮不予關注。反之，由梁巨川撰寫的《朱次琦傳》不僅載於《清史稿》，而且載於《九江儒林鄉志》《南海縣志》，影響深廣，故簡朝亮給予高度重視與嚴厲批評。值得注意的有二：一是簡朝亮指出梁巨川《朱次琦傳》的不足既是朱次琦學術人生的重要內容，也是相當細微並極其容易疏忽的地方，說明簡朝亮在如何呈現朱次琦學術思想的這一點上是相當謹慎的。如梁巨川所忽略的朱次琦講學內容即是決定朱次琦能否載入《清史稿‧儒林傳》的關鍵，又如朱次琦講學說：「名節耿介者，有稱《離騷》曰：『彼堯舜之耿介兮。』又有勸學者曰：『寧為其介，無為其通。』」〔註 133〕簡朝亮認為這是兩義，當時非連言，而梁巨川稿即作連言。二是由於經歷梁巨川從拜見到至而不欲改之色，到不至而使人送稿並不復改的變化，簡朝亮懼怕欲奪行狀名主等流言蜚語，遂提出不參與《朱次琦傳》的撰寫並轉而撰寫《朱九江先生講學記》且得到同門的應允。在朱次琦學述著述幾盡焚之下，如何確立朱次琦的經師人師地位顯得尤其重要與困難，故簡朝亮退而求其次的選擇其實是以退為進，難能可貴。

　　由於既對存世諸種《朱次琦傳》均不滿意，也反對何屏山編纂《南海縣志》時將梁巨川撰寫的《朱次琦傳》收入其中，1929 年，在上海完成《順德簡岸簡氏家譜》《粵東簡氏大同譜》的刊印工作後，簡朝亮在 1929 年撰寫的《在滬寄粵東諸學子書》中說：「《朱九江先生傳》不得已也，無可待也。」〔註 134〕1930 年，簡朝亮返鄉，將 1897 年撰寫的《朱九江先生年譜》的若干重要內容摘錄出來，使其連貫成文而置於文章的前部分，將《朱九江先生講學記》一文置於其後，合而為一成《朱九江先生傳》，故《朱九江先生傳》仍然是 1897 年簡朝亮編纂的《朱九江先生集》中的內容。

　　2. 從編纂《朱九江先生集》到下令門人張啟煌注解《朱九江先生集》

　　1895 年黃節、鄧實、鄧方等不僅遊學簡朝亮，而且至九江禮山草堂謁朱次琦祠。即使簡朝亮以「吏治、學術寫盡生平，結意尤出近人尋常見解之

〔註 133〕簡朝亮著，梁應揚注：《讀書堂集》卷四，廣州松桂堂，1930 年刻本，第 25頁。

〔註 134〕簡朝亮著，梁應揚注：《讀書堂集》卷四，廣州松桂堂，1930 年刻本，第 24頁。

外」〔註135〕點評黃節《謁九江朱先生祠》，但詩中所云的「九江儒學派，三晉使君碑。不必遺書在，聞風百世思」〔註136〕極大觸動簡朝亮的神經。正是在黃節離開讀書草堂的 1897 年，簡朝亮編纂《朱九江先生集》，最大限度地化解黃節所說的「遺書」問題。如果說，收錄於《清史稿》《清國史》《九江儒林鄉志》《南海縣志》等的《朱次琦傳》都殊非出自簡朝亮筆下，那麼，由簡朝亮編纂的《朱九江先生集》成爲迄今以來唯一一種朱次琦詩文集〔註137〕，簡朝亮則卓著地完成了奠定朱次琦研究基礎的使命。在朱次琦去世 15 年後編纂《朱九江先生集》既面臨如何全面搜集、正確辨識朱次琦詩文作品的嚴峻問題，也必須化解如何全面認識朱次琦經師人師地位的迫在眉睫的問題。可以說，朱次琦能否在廣東近代儒學史上占其一席之位，就看簡朝亮的編纂之功。

　　1897 年由夏至冬，一方面，簡朝亮由朱次琦家人所得，原略有次，錄朱次琦詩作 4 卷與文章 5 卷，在此基礎上，簡朝亮錄朱次琦事蹟作爲附錄 1 卷，成其 10 卷本《朱九江先生集》。由於詩文兼備，《朱九江先生集》既不同於在此之前由學海堂編纂的《是汝師齋遺詩》，也大異於 1908 年康有爲編纂的《康氏先世遺詩　朱師九江佚文集》。另一方面，簡朝亮撰寫《朱九江先生年譜》，將它置於《朱九江先生集》卷首。《朱九江先生年譜》是迄今以來朱次琦的唯一年譜，摘自其中的《朱九江先生講學記》由於內容的全面性、準確性而成爲朱次琦唯一的講學記〔註138〕，故簡朝亮雖非欲奪行狀名主而實暗渡陳倉大大地超越梁巨川、何屏山等同門。簡朝亮在《朱九江先生年譜》中既突出朱次琦開館講學的內容，也注意點評朱次琦的詩文作品，其意在於彌補朱次琦存世著述嚴重欠缺而遭後學質疑的問題，有利於後人對朱次琦詩文作品的解讀。因爲《朱九江先生年譜》具有「人、學、文」三維一體的文獻價值，簡

〔註135〕黃節著：《蒹葭樓自定詩稿原要》，廣東人民出版社，1998 年版，第 274 頁。

〔註136〕黃節著，馬以君編：《黃節詩集》，中國人民大學出版社，1989 年版，第 2頁。

〔註137〕按：1885 年學海堂叢刊之十二的《是汝師齋遺詩》只收錄朱次琦的詩歌，1908 年由康有爲編纂的《康氏先世遺詩　朱師九江佚文合集》則僅收錄朱次琦的文章。

〔註138〕按：1900 年由邱煒萲校的《朱九江先生論史口說》、1936 年朱傑勤的《朱九江先生經說》、1937 年朱傑勤的《朱九江先生談詩》分別從史學、經學、詩論等方面對朱次琦的學術思想有所擴展，但其重要性遠遠遜色於簡朝亮的《朱九江先生講學記》。

朝亮其實完成了朱次琦去世後力圖使乃師之學爲人正確理解的願望。由包括
講學記在內的年譜、詩文作品、事蹟附錄構成的《朱九江先生集》終於定其
格局，時間意識相當敏銳的簡朝亮選擇在 1897 年冬至日撰寫《朱九江先生集
初刻序》，既追憶恩師之情與表達悔欠之意，也對《朱九江先生集》詩文搜錄、
年譜撰寫等陳述見解。序中所說朱次琦自言其生平著述、《朱九江先生集》中
之詩爲朱次琦 35 歲之前之作，文爲其 40 歲以後之作，以及指出朱次琦相關
詩文作品未能搜錄而待補等，從過去、現在到未來，簡朝亮都在試圖操控朱
次琦傳世文獻的整理。

　　1897 年編纂的《朱九江先生集》隨即成爲簡朝亮開館講學的內容之一，
1896 年離開簡岸讀書草堂的張啓煌也得到該集子，隨讀隨注。1929 年簡朝亮
除了撰寫《在滬寄粵東諸學子書》，還寄書門人劉雪一，提到張啓煌注解《朱
九江先生集》一事，「在昔文選諸詩，旨得李善於注而明固也；惟其先顏延年
沈約爲阮籍諸詩注者，在文選注之前，李善因而採獲耳。今聞筱峰（按：即
張啓煌）於《九江集》錄其出典甚多，盍爲之擇注，附於集後，蓋亦傳習者
義所當然也。」〔註 139〕1929 年冬天，簡朝亮從上海南歸，至香港，簡朝亮下
令張啓煌迅速完成《朱九江先生集注》，「今國文多荒矣，斯集不可無注以釋
之。今予年七十有九，欲及見汝是注之成也。」〔註 140〕1930 年夏秋之間，張
啓煌完成《九江先生集注》，交付簡朝亮，簡朝亮去其誤，刪其繁，命門人關
廉石校注文。1930 年冬天，關廉石的兒子關準翰錄注、發刊《朱九江先生集
注》。旨在以注而明朱次琦創作的主旨，張啓煌主要介紹朱次琦詩文作品的寫
作背景、地理沿革、文字釋義、後世評價等，相當精簡。如在《十六夜復登
忠良山》一詩中，張啓煌指出詩題只言月日，未記年，以年譜按之，當爲道
光七年之作，時先生年方二十一，高華雄朗，吐屬已自不凡〔註 141〕。在《北
行抵清遠縣與季弟宜城書》中，張啓煌指出此九江先生代作〔註 142〕。《朱九江
先生集注》是目前可見的朱次琦集的唯一注本，是簡朝亮奠定朱次琦研究基
礎的最後一項工程。

　　從 1879 年撰寫《朱次琦行狀》到 1930 年撰寫《朱九江先生傳》與下令

〔註 139〕張啓煌著：《朱九江先生集注》，香港，1930 年刻本，第 1 頁。
〔註 140〕張啓煌著：《朱九江先生集注》，香港，1930 年刻本，第 1 頁。
〔註 141〕張啓煌著：《朱九江先生集注》卷五，香港，1930 年刻本，第 32 頁。
〔註 142〕張啓煌著：《朱九江先生集注》卷一，香港，1930 年刻本，第 8 頁。

門人張啓煌著《朱九江先生集注》，一方面，簡朝亮是以他所體會的朱次琦學術思想糾正來自梁巨川、何屏山等同門的誤讀，這種糾正在很大程度上是朱次琦學術思想的復原，簡朝亮排他性而試圖將朱次琦的學術思想永恆定格於其筆下的做法，足以看出簡朝亮要成爲朱次琦最重要門人的決心。另一方面，簡朝亮不僅將年譜、講學記都置於《朱九江先生集》，而且擔心後人不能明瞭朱次琦的學術思想，遂敦促張啓煌在其生前著畢《朱九江先生集注》，以作校正，簡朝亮以完成一名門人的責任而逝也瞑目。簡朝亮去世 30 年後，1962 年、1976 年，旅港南海九江商會先後出版由關殊鈔點校與撰寫的《朱九江先生集》《朱九江先生行誼輯錄》，1995 年，廣東省南海市政協文史和學習委員會主編《紀念朱九江先生誕辰一百八十週年特輯》與張惠雁撰寫碩士學位論文《論朱次琦及其詩文創作》。2005 年，楊翔宇撰寫碩士學位論文《朱次琦學術思想研究》。2007 年、2012 年，《晚清醇儒——朱次琦》《朱次琦研究》的出版。可以毫不誇張地說，半個世紀以來朱次琦研究的上述進展，均離不開簡朝亮奠定的朱次琦研究基礎之功。

二、從早期論兵到《三言兵書》

一方面，朱次琦晚年與門人私下論兵，提出不接受西人拜訪與「西器中源」說，體現朱次琦對於用我之人、用我之器的自信。很有可能由於朱次琦西人、西器論均爲他晚年與門人的私下之論，簡朝亮沒有將它置於《朱九江先生講學記》。另一方面，朱次琦的西人、西器論成爲簡朝亮在 1877～1883 年撰寫若干論兵文的中心內容，由此形成簡朝亮反對西人、西器，重視將才、士兵、義民的早期兵論。由於 1894 年甲午戰爭爆發，體現於《三言兵書》的簡朝亮後期兵論得到豐富與深化，標誌簡朝亮兵學思想全面形成的同時，兵學成爲簡朝亮學術思想的一翼。簡朝亮的兵學思想是以他 43 歲學術人生的深沉積累和對朱次琦兵論的沿承與發展爲內因，1894～1898 年發生在簡朝亮身邊的諸種劇變則是其不可或缺的外因。

1. 早期論兵

1877～1883 年，簡朝亮撰寫《治盜論》《書明史徐貞明傳後》《書洋務篇後》《憂盜寄胡明經書》等論兵文，形成用我之人與器、反對西人與西器的兵學思想，構成簡朝亮的早期兵論。

1877 年，簡朝亮在《治盜論》中提出治盜、治邊、治獄相結合的治盜新

論。其中，最能反映簡朝亮兵學特色的是反對西器，強調忠勇是將才的基本素質。「今天下之邊既未安，和議數更，以逼大臣遠慮招俊稱作機器，所費不貲，日以學藝，師長技爲謀，……然將不忠，士不勇，猶且水陸失守，步騎潰亡，敵人深入，恃機器其何有？」〔註143〕1879 年，簡朝亮撰寫《書明史徐貞明傳後》，以「三不可」全面反對清政府以設釐金、學機器、籌海防作爲擺脫道光、咸同、光緒年間財政危機、軍事危機的做法。「道光以來，中外之變四十年矣。憂餉者設釐抽，憂兵者學機器，憂漕者籌海運。……釐抽其可設乎？曰：『不可。』海防邊屯自治，兵器以守爲戰，敵人之機器失利而虛糜數百萬帑金，爲國工愚弄。機器其可學乎？曰：『不可。』東南有警，若天災不時，海運其可籌乎？曰：『不可。』」〔註144〕與此同時，簡朝亮在《書洋務篇後》中全面指斥從唐代以來實行的對外政策。「自唐榷市舶，明弛海禁，東南之防有漸矣。迄於今，互市往來，中國虛實，外國不詞而知，藉兵齊糧乃脅中國焉。中國又自憂蓄，庶言非外國不養也。不亦舛乎？」〔註145〕在此基礎上，簡朝亮將以西人爲師比作漢奸祖師宦官中行說和匈奴單于。「由是觀之，中行說者，漢之奸也。而教單于棄漢物，所以使自強也。今天下好洋物矣，且學爲之矣。」〔註146〕1883 年簡朝亮撰寫的《憂盜寄胡明經書》是《治盜論》的姐妹篇，簡朝亮將「義民」作爲對付西方列強的主要力量，「今粵人燔洋樓，其事則犯命也，其心則怒敵也。猶昔三元里之困英酋也，猶昔五羊城之不捄西人石室火也，皆制梃義民而使機器失利，西人莫不寒心。」〔註147〕由此，簡朝亮反對西人、西器，重視將才、士兵、義民的兵學思想全面提出。

2.《三言兵書》

1894～1895 年，甲午戰爭急逼，簡朝亮既詩史般地寫下被譽爲「最經意

〔註143〕簡朝亮著，梁應揚注：《讀書堂集》卷一，廣州松桂堂，1930 年刻本，第 38 頁。

〔註144〕簡朝亮著，梁應揚注：《讀書堂集》卷一，廣州松桂堂，1930 年刻本，第 36 頁。

〔註145〕簡朝亮著，梁應揚注：《讀書堂集》卷一，廣州松桂堂，1930 年刻本，第 37 頁。

〔註146〕簡朝亮著，梁應揚注：《讀書堂集》卷一，廣州松桂堂，1930 年刻本，第 37 頁。

〔註147〕簡朝亮著，梁應揚注：《讀書堂集》卷三，廣州松桂堂，1930 年刻本，第 9 頁。

之作」〔註148〕的《甲午歲孟冬十首》，日與門人討論戰事，也撰寫《三言兵書》其一、其二的《寄梁星海言兵書》《寄馮文學言兵書》。1898 年，簡朝亮以《再寄梁星海言兵書》討論這場已經以《中日馬關條約》為代價而暫時平息的戰爭。標誌簡朝亮兵學思想全面形成的上述 3 文合稱《三言兵書》，簡朝亮將它與《朱九江先生講學記》《朱九江先生講學記書後》一起作為開館講學的內容。

（1）《三言兵書》的首個讀者及成因

梁鼎芬是陳澧的得意門生，與黃節、羅瘦公、曾習經合稱「嶺南近代四家」，是廣東近代赫赫有名的學者，馮炳文則是名不見經傳的人物，梁、馮成為簡朝亮後期論兵文的第一個讀者，既源自他們之間的真摯情誼，簡、梁之間彼此錯看，也體現簡朝亮以此排遣愁思與讓更多的人知曉其兵學思想。

一是簡、梁的情誼與彼此錯看。據史載，1886 年簡朝亮受宗人劫盜案牽連而被押至廣州候審，得此消息，梁鼎芬親見廣東按察使於蔭霖，以此事將「大為盛德之累」勸服於蔭霖。於蔭霖遂向兩廣總督張之洞曰：「報可順德廩生簡明亮（按：當作簡朝亮）有學地，緣事繫獄，察其枉，立出之。」梁鼎芬對隨即出獄的簡朝亮有患難相救之恩，故 1888 年簡朝亮鄉試不第，撰寫《揭曉後覆梁星海書》則是自然之舉。簡朝亮在《揭曉後覆梁星海書》中崇宋學抑漢學、指斥西學與以主氣論兵，其宣揚的學術思想顯然大異於追隨張之洞幾近一生的梁鼎芬。1892 年張之洞任湖廣總督，梁鼎芬亦跟隨左右，主講兩湖書院，督辦湖廣學務。梁鼎芬既傳承傳統儒學，也將西方近代科學知識作為他開辦學堂的課程。可以說，亦中亦西的所謂「通學」就是梁鼎芬學術思想的特點。

1894 年甲午戰爭爆發，簡朝亮以《寄梁星海言兵書》接續他對梁鼎芬的錯看。即使簡朝亮將「足下辱賜詩，誘之何勤乎」〔註149〕作為撰寫《寄梁星海言兵書》的原因，但完全將其儒兵結合、儒西對立的兵學思想寫入其中，既與 1894 年 10 月 10 日這獨特的寫作時間緊密相連，也有違梁鼎芬的學術思想。以《寄酬梁星海五首》其二的內容來看，梁鼎芬《寄題簡竹居先生讀書

〔註148〕簡朝亮著，梁應揚注：《讀書堂集》附錄卷一，廣州松桂堂，1930 年刻本，第 4 頁。

〔註149〕簡朝亮著，梁應揚注：《讀書堂集》卷二，廣州松桂堂，1930 年刻本，第 8 頁。

草堂》即是簡朝亮所說的「足下辱賜詩」。《寄題簡竹居先生讀書草堂》詩云：「腹中萬卷可支餓，世上點塵不到門。至念陳（按：指陳慶笙）康（按：指康有為）天下士，一嗟無命一分源。」〔註150〕梁鼎芬以不問世事的「剩儒」錯看簡朝亮，簡朝亮以《寄酬梁星海五首》作出回應，展示其積極入世的初心。《寄酬梁星海五首》其二云：「焦頭上客負前身，曲突累累告徙薪，謂覆書康太學。曾幾太邱車馬會，謂會葬陳慶笙，萬言相折動諸賓。」〔註151〕《寄酬梁星海五首》其四、其五簡朝亮則以唐宋明廣東名臣張九齡、崔與之、陳獻章自勵自許。1897 年，簡朝亮將《朱九江先生講學記》寄贈梁鼎芬，梁鼎芬以「平實博大，不特文字好，性情肫摯，非他人可及也」〔註152〕作評價，梁鼎芬對簡朝亮其人其文的判斷還是有識見的。1898 年，簡朝亮撰寫《再寄梁星海言兵書》，其實就是對《寄梁星海言兵書》兵學思想的再次強調，「今書之言，皆前書之蓄也」〔註153〕。

　　二是簡、馮的情誼與憂時之舉。「馮文學」在簡朝亮詩文作品中出現 2 次：1879 年《復馮文學為籌館服闋書》、1895 年《寄馮文學言兵書》。文章中的「馮文學」即馮炳文，字博之，九江人。馮炳文是朱次琦的密友，朱次琦《馮太學炳文》《登文瀾閣，懷馮太學北行》即是寫贈馮炳文。正因朱、馮關係緊密，1879 年簡朝亮因父親簡金勝去世而籌館服闋引起馮炳文的關注並賜書相問，簡朝亮遂向其傾訴心中不可違之願，「且吾聞先生（按：指朱次琦）有言，蘇軾居喪三年不為詩，今而就館，功令之詩不可三年廢也。」〔註154〕1895 年，聽聞馮炳文南歸九江並築室講學，簡朝亮遂致書足有 6 年未見的馮炳文，以馮氏築室實為憂時之舉與簡朝亮對於日本侵華的震怒引入，撰寫《寄馮文學言兵書》，「足下郭居，今謀鄉舍，因憂時也。……方倭事起，僕每有聞，當食而歎，中夜而興，以為倭人敢背逞志。」〔註155〕簡朝亮將化解時憂的兵學

〔註150〕 王揖唐編纂：《今傳是樓詩話》，遼寧教育出版社，2003 年版，第 54 頁。

〔註151〕 簡朝亮著，梁應揚注：《讀書堂集》卷十，廣州松桂堂，1930 年刻本，第 3 頁。

〔註152〕 簡朝亮著，梁應揚注：《讀書堂集》附錄卷一，廣州松桂堂，1930 年刻本，第 1 頁。

〔註153〕 簡朝亮著，梁應揚注：《讀書堂集》卷二，廣州松桂堂，1930 年刻本，第 18 頁。

〔註154〕 簡朝亮著，梁應揚注：《讀書堂集》卷三，廣州松桂堂，1930 年刻本，第 4 ～5 頁。

〔註155〕 簡朝亮著，梁應揚注：《讀書堂集》卷二，廣州松桂堂，1930 年刻本，第 11 頁。

思想和盤托出，並以「足下憂時，謂僕所言何如」〔註156〕相問，說明「憂時」
是將二人繫於一起的源由。

　　凡是簡朝亮認為關係重大的事件，一般會選擇撰文訴之友人。簡朝亮知
曉梁鼎芬是漢學家陳澧的門人，瞭解梁鼎芬與張之洞的關係，而他將生平第
一篇重要論兵文寫予梁鼎芬，在其「看錯」的背後不僅是相同地緣下的粵人
情結，而且是對梁鼎芬走南闖北中形成的社會威望的肯定。這對於個性內斂
的簡朝亮來說其實是一件頗為冒險的事情。若非甲午戰火刺激其濃烈的書生
報國志，估計簡朝亮不會有此之舉。馮炳文在簡朝亮昔日求學的九江有一定
地位，且與朱次琦關係密切，簡朝亮以期借助馮炳文開館講學九江之機，宣
揚其兵學思想，以集更多的力量保衛家園，故作為《三言兵書》的首個讀者，
梁、馮寄託了簡朝亮的期許。

　　(2)《三言兵書》的兵學思想

　　簡朝亮《治盜論》《書明史徐貞明傳後》《書洋務篇後》《憂盜寄胡明經書》
等早期論兵文均為短篇之作，反之，《三言兵書》不僅均為長篇，而且取名一
致，都以正反對比、古今結合、理論與戰例相結合為寫作手法。將甲午戰
爭前後有序寫進文中，在較短時間內 3 度撰文，體現簡朝亮有意以此實現書
生論兵，故《三言兵書》頗具系統性。作為《三言兵書》的首篇，簡朝亮在
《寄梁星海言兵書》中即明確提出其兵學思想，「古之知兵而思，今之知兵非
知大義者，不能也。今天下之兵，有莫大者焉。以將才得死士，以吏治得義
民，用我所可為之器，而不用外國所借於我之人。今天下之兵莫大於是矣。」
〔註157〕所謂「知兵大義」，即儒兵結合，提倡先秦時期以儒治兵，以將才、死
士、義民、我之器作為戰爭取勝的 4 個要素，反對西人、西器。日後，簡朝
亮在《寄馮文學言兵書》、《再寄梁星海言兵書》中不斷強化其兵學思想，如
在《再寄梁星海言兵書》中說：「前五年，郵書足下，落落言兵，謂夫中國之
兵，不可以外國為也。此今天下之人所謂舊而不新者也，數年以來，僕猶執
之。」〔註158〕

〔註156〕簡朝亮著，梁應揚注：《讀書堂集》卷三，廣州松桂堂，1930 年刻本，第 14
　　　　頁。
〔註157〕簡朝亮著，梁應揚注：《讀書堂集》卷二，廣州松桂堂，1930 年刻本，第 8
　　　　頁。
〔註158〕簡朝亮著，梁應揚注：《讀書堂集》卷二，廣州松桂堂，1930 年刻本，第 15
　　　　頁。

（1）以儒治兵

簡朝亮以儒治兵在很大程度上是對《武經七書》的沿承。李桂生認為，先秦兵家的任何一本著作都吸收了儒家的仁義思想，表現較強的儒家色彩，並指出在先秦兵家的著作中直言「仁」、「義」、「仁義」的不多，但先秦兵家的思想無不貫穿或帶有儒家的仁義精神〔註159〕。與此稍有不同的是，簡朝亮不僅明確提倡以仁、禮治兵，而且將儒家精神內化為對儒將的重視，使兵學與性理之學相結合。簡朝亮引用曾國藩原話：「曾文正曰：『治兵之法，用恩不如用仁，用威不如用禮。』」〔註160〕同時，簡朝亮由《蜀志》認為關羽、張飛皆稱萬人之敵，為世虎臣，然羽剛而自矜，飛暴而無恩，以短取敗，理數之常也，得出「性理之學通於兵學」〔註161〕的結論。

（2）以將才、死士、義民、我之器作為決定戰爭勝負的 4 要素

將才、死士、義民體現簡朝亮對於軍事戰爭中「人」的要求。簡朝亮認為，均為將才的關羽、岳飛深於《左傳》，左宗棠、彭剛直、胡林翼則精於經術〔註162〕。曾國藩不用西人、重視人才〔註163〕亦是簡朝亮心儀的將才。簡朝亮稱許的「死士」，既有姜子牙筆下的「冒刃之士」〔註164〕，岳家軍五百人破兀朮十萬之眾，戚家軍三千、唐睢陽之死士等以身殉道、樂死厭生和致死之禮之人，也有純樸並有軍藝的村夫與本性善良的海盜、山客等。簡朝亮說：「今鄉野壯夫，樸而有土作之色，角獵之伎者，可死士也。海之梟魁，山之豪客，招之而棄惡來歸者，可死士也。」〔註165〕從一般民眾到具有家國大義的平民，是簡朝亮對尉繚子等先秦兵家關於「民」的迥異理解。簡朝亮說：「閩番社而挫倭人，粵三元里而挫英人。」〔註166〕「今在臺灣守以番社，義民憤

〔註159〕李桂生著：《諸子文化與先秦兵家》，嶽麓書社，2009 年版，第 302～306 頁。
〔註160〕簡朝亮著，梁應揚注：《讀書堂集》卷一，廣州松桂堂，1930 年刻本，第 26 頁。
〔註161〕簡朝亮著，梁應揚注：《讀書堂集》卷一，廣州松桂堂，1930 年刻本，第 26 頁。
〔註162〕簡朝亮：《論語集注補正述疏》，北京圖書館，2007 年版，第 660 頁。
〔註163〕簡朝亮著，梁應揚注：《讀書堂集》卷一，廣州松桂堂，1930 年刻本，第 29 頁。
〔註164〕酈達編著：《太公兵法》，中國檔案出版社，2001 年版，第 476 頁。
〔註165〕簡朝亮著，梁應揚注：《讀書堂集》卷二，廣州松桂堂，1930 年刻本，第 10 頁。
〔註166〕簡朝亮著，梁應揚注：《讀書堂集》卷二，廣州松桂堂，1930 年刻本，第 10 頁。

不即去，數月之久，倭未得手，亦足見中國之人大可用也，亦足見中國之人大可用而棄之也。」〔註167〕所謂「番社」，是指臺灣原居民聚集的村舍。將才、死士、義民不僅各有特點，而且是在軍事戰爭中必須作爲一整體出現。簡朝亮說：「宋之未亡也，如李忠定相其內，岳武穆、宗忠簡將其外，反悉索之金幣，鼓兩河三鎮履地怨敵之義民，犒知正出奇之死士，奚不足防禦敵乎？」〔註168〕

我之器屬於簡朝亮兵學思想中對於「物」的要求。屬於石器、青銅、鐵器時代的石、骨、竹、木、皮革、青銅、鋼鐵等作戰裝備即是簡朝亮稱許的「我之器」。以上兵器屬於次兵器時代的產物，與西方列強使用的火藥、炸藥等燃燒物、熱動力機械系統的熱兵器相對立。簡朝亮說：「金人拐子，馬破之者，不以馬矣，劉錡破之以長斧也。岳家軍破之以麻箚刀也。」〔註169〕身處中國近代化進程，簡朝亮對冷兵器的提倡源自其重道輕器論、以樸克巧論，矛頭直指西器。

（3）反對西人、西器

簡朝亮認爲，「僕所謂外國之人皆敵也。夫兵以禦敵，古未有乞敵以治兵者也。」〔註170〕針對今人以西人爲師論，簡朝亮嚴厲揭批，指出學習西人的下述4種危害：一是控我軍權。簡朝亮說：「我謙以師外國之人，則中國之人畏於其師，欲自強而適自弱也。」〔註171〕「生殺予奪之權，自敵操之，是敵不戰而克我也。」〔註172〕二是知我虛實。簡朝亮說：「佈陣待敵，敵先知之，將待敗也。」〔註173〕「一旦有違我之虛實，敵知之矣。我之動靜，敵制之矣。」

〔註167〕簡朝亮著，梁應揚注：《讀書堂集》卷二，廣州松桂堂，1930年刻本，第12頁。

〔註168〕簡朝亮著，梁應揚注：《讀書堂集》卷二，廣州松桂堂，1930年刻本，第22頁。

〔註169〕簡朝亮著，梁應揚注：《讀書堂集》卷二，廣州松桂堂，1930年刻本，第15頁。

〔註170〕簡朝亮著，梁應揚注：《讀書堂集》卷二，廣州松桂堂，1930年刻本，第15頁。

〔註171〕簡朝亮著，梁應揚注：《讀書堂集》卷二，廣州松桂堂，1930年刻本，第15～16頁。

〔註172〕簡朝亮著，梁應揚注：《讀書堂集》卷一，廣州松桂堂，1930年刻本，第31頁。

〔註173〕簡朝亮著，梁應揚注：《讀書堂集》卷二，廣州松桂堂，1930年刻本，第17頁。

〔註174〕三是西匠欺我。簡朝亮說：「夫西學者，不忠既不能也，雖忠亦不能也。左文襄遺牘言：『西匠數欺之者數矣。』文襄非不忠也，戚將軍之佛狼機，此外國之器而明人可爲之者也，非西匠爲之也。若西匠爲之，能免於斯乎？故俄之彼得變姓名遊英，然後窺其船法也。……其明以告人而不靳者，皆其所棄之餘，或我無其物材也，或十告其九而其一之精者靳也。我與倭皆得其所告者，我敗於倭，由兵之苟免也。今人猥倭以倭爲能而益求西學邪。嗚呼！此一誤而再。」〔註175〕以左宗棠之論爲誘導，結合戚家軍的機器、俄彼得到英國暗學船法、日本與中國均師法西人，但中國敗於日本等諸種史實，西匠欺我是簡朝亮得出的結論。四是喪我士氣。簡朝亮說：「用外國人有賞而無罰，無罰驕之，有賞尤驕之也。且微論此就而借才，彼實驕焉。殆非國體也。以外國之驕，將臨我死士義民，不令中國之人俔而喪氣邪？」〔註176〕與片面將西人視作敵人不同，簡朝亮是在道器合一的前提下談「器」之用的。簡朝亮認爲西器是道器分離之「器」，失道之「器」必自敗，「西人之器，機變之巧也，非道之器也。」〔註177〕反之，中國之器是道之「器」，遠勝於西人之「器」，故「兵法與器必求舊而不求新哉！」〔註178〕

　　一方面，由於 1851～1898 年簡朝亮均身處海盜橫行的順德鄉土，深入鄉族世事，加之經歷從中法戰爭到甲午戰火對廣東鄉土政治、經濟、學術文化的諸種衝擊，目睹洋務運動 30 年清政府向西方學習而仍然慘敗於法國、日本等列強的一幕幕，簡朝亮將潛藏於心中達 20 年之久的兵學思想以《三言兵書》的形式表現出來，既是對朱次琦西人、西器論的豐富與深化，也以此教育門徒，由此兵學思想成爲簡朝亮學術思想的主要內容之一。另一方面，簡朝亮將參與民族戰爭的我之人與器分別限制於將才、死士、義民與冷兵器的範圍，在重視人的因素的同時，忽視近代化武器在近代戰爭中的重要性，使中國近

〔註174〕簡朝亮著，梁應揚注：《讀書堂集》卷二，廣州松桂堂，1930 年刻本，第 10 頁。

〔註175〕簡朝亮著，梁應揚注：《讀書堂集》卷二，廣州松桂堂，1930 年刻本，第 16 頁。

〔註176〕簡朝亮著，梁應揚注：《讀書堂集》卷二，廣州松桂堂，1930 年刻本，第 10 頁。

〔註177〕簡朝亮著，梁應揚注：《讀書堂集》卷二，廣州松桂堂，1930 年刻本，第 29 頁。

〔註178〕簡朝亮著，梁應揚注：《讀書堂集》卷二，廣州松桂堂，1930 年刻本，第 16 頁。

代的對敵鬥爭自我弱化，處於必然的劣勢。與此同時，簡朝亮對西人、西方列強欠缺必要的區分，對西器則求全責備，一網打盡，將敵我雙方的矛盾擴大至中西文明的截然對立，並試圖以中國古代傳統文明對抗西方文明。以此為核心內容的簡朝亮的兵學思想，在其產生的光緒年間即顯得落後，後學、後人對此進行諸種質疑實是無可口非。但是，雖然身處中國近代，舊學仍然是簡朝亮追蹤朱次琦學術人生的目標，若以此作審視，簡朝亮的唯我論與反西論，其掬出的依然是一腔愛國心。

三、從早期論學到《病言》《禮說》

與論兵文相比，簡朝亮的論學文特點有二：一是時間比較晚。1895～1897年期間，簡朝亮以「述先生之言而又自述者也」指稱其首本且未完成的經學著述——《述十三經大義》，僅留下的《〈述十三經大義〉序》成為簡朝亮早期論學文。二是有濃重的朱次琦影子。1897年以《朱九江先生講學記》全面、準確總結朱次琦學術思想後，簡朝亮還是習慣性地將其學術思想深藏於朱次琦學說之中，1898年撰寫的其實反映了簡朝亮學術思想的重大發展並初定其格局的《朱九江先生講學記書後》即是如此。一直到1907年、1908年撰寫的《病言》《禮說》，簡朝亮才第一次去掉朱次琦「四行」、「五學」框架的濃烈影響，隨意表達其學術思想。

1. 早期論學

孔子自言「述而不作」，朱次琦講學博採古今，或名，或不名，均曰：「皆述也。」簡朝亮進一步說：「蓋不純採之不名也。」簡朝亮就是以此闡述朱次琦之言而又自述，並傚仿《春秋繁露》《韓詩外傳》《白虎通義》的體例，1895～1897年期間著《十三經大義》。惜僅成《序》，包括述《詩》數十條，述《禮》2條，述《史記》1條。故僅存的《序》在很大程度就是簡朝亮論《詩》。

朱次琦僅論《詩》對後世五、七言詩體的影響，簡朝亮則專論《詩序》。簡朝亮認為，《詩序》是學詩之本。針對朱熹在《詩集傳》中對《詩序》信而又疑的複雜態度，簡朝亮說：「朱子信而疑，疑而不廢，蓋其慎也。」簡朝亮述《詩》數十條就是結合《左傳》《禮記》等對《詩序》進行申述與辨析。如《詩序》云：「《風雨》，思君子也。亂世則思君子，不改其度焉。」簡朝亮以「既見君子，云胡不喜」摘句釋義，指出君子處亂世而不改其度，喜世有君子而憂其將罹難也。云胡者，欲言而不忍也，愛之也。簡朝亮將以經通經、

以史通經的朱次琦論學要旨體現其中。《史記》記載衛侯去世，太子共作餘立為君，共伯弟和襲攻共伯於墓上，共伯自殺，衛人立和為衛侯，簡朝亮以「喪禮小斂，主人脫髦」與《詩》「彼兩髦」指出衛侯未卒，共伯早死，故《史記》的記載不足信。由於 1895～1897 年期間簡朝亮已經述《詩》數十條，故1931 年簡朝亮在《毛詩說習傳序》中說：「昔者予年五十，意欲為《毛詩集注述疏》。」〔註179〕可惜由於董仲舒所言的「詩無達詁」，簡朝亮取消著《毛詩集注述疏》。

2. 從《朱九江先生講學記》到《朱九江先生講學記書後》

從時間與體例而言，1897 年底、1898 年 4 月分別撰寫的《朱九江先生講學記》《朱九江先生講學記書後》均為簡朝亮學術人生漸入成熟之境之作，這2 年亦是廣東政治、學術、文化正在發生翻天覆地變化的時期。表面看來，從《朱九江先生講學記》到《朱九江先生講學記書後》的撰寫不到半年之隔，但其實簡朝亮是將他對朱次琦學術思想的 20 年體認以古人學記之例放在《朱九江先生講學記》，47 歲的簡朝亮其實也到了必須對朱次琦學術思想作一全面總結的時候。所謂古人學記之例，在很大程度上是沿承《論語》《朱子語類》《傳習錄》等以師生對話形式而呈現孔子、朱熹、王陽明學術思想的體例。不過，由於簡朝亮是朱次琦晚年門人，其時，胡景棠、梁耀樞等禮山草堂早期學生已經去世，故純粹的「先生曰」成為簡朝亮撰寫《朱九江先生講學記》的體例。反之，《朱九江先生講學記書後》的體例則如簡朝亮所說：「變後序之例為之也，以一文長言一事，變史家書志之例為之也。」〔註180〕其實「書後」與「後序」之別並不重要，關鍵的是簡朝亮以一長文言一事，這一長文以漢學亂中學而促使西學之風侵入為引子，從孔門「四教」、「四科」到《大學》之「格物致知」，到朱次琦「四行」、「五學」的闡述，簡朝亮以數萬字的篇幅將矛頭對準西學分科之失、西學曲藝之實與西學之清談，表達簡朝亮對光緒中後期中西學相遇的感慨，由此體現他對朱次琦「四行」、「五學」的堅守。

從內容與地位而言，以闡述朱次琦「四行」修身、「五學」治學為內容的《朱九江先生講學記》隻字不及朱次琦對於西人、西學的態度。反之，《朱九

〔註179〕簡菉盈、簡菉持筆錄：《毛詩說習傳》，廣州松桂堂，1931 年刻本，第 1 頁。
〔註180〕簡朝亮著，梁應揚注：《讀書堂集》卷一，廣州松桂堂，1930 年刻本，第 27頁。

江先生講學記書後》自此至終以中西學對立面進行闡述。由於簡朝亮認爲朱次琦之言爲五百年來不可無，故《朱九江先生講學記書後》僅收入《讀書堂集》。若於此意，簡朝亮是清晰知曉《朱九江先生講學記書後》不能取代也不必取代《朱九江先生講學記》的地位，也準確把握了二者之別。一是以「四教」、「四科」指斥西學分科之失。簡朝亮認爲，孔門之學由文、行、忠、信「四教」組成，爲一人而四教，四教成，故名以德行、言語、政事、文學「四科」，非先分科而以一科教一人，合四教成之而名，其尤長者之科，其餘非不能也，故西學分科則先窒矣〔註181〕。二是以《大學》「格物致知」指出西學曲藝之實。簡朝亮不僅以「格物致知」的釋義區分漢宋學，而且以此反對西學，「執於一草一木，一言一器」〔註182〕是鄭玄、王陽明、阮元與西學論格物而失其義的主要表現。簡朝亮說：「昔者王姚江爲心學，以格庭竹不明，遂疵其義，非失之一草一木乎？阮文達爲漢學，其釋格物既立異以爲至止於事也，而仍採鄭說，以屬詁經之士，非失之一言乎？今之西學，凡百之藝皆曰：此格物致知也，非失之一器乎？」〔註183〕與此同時，簡朝亮指出西學是爲偏端之曲藝，中國古代先王雖然善用曲藝，但皆先去其不足，何況外國之曲藝？三是以中學即體即用指斥西學清談。簡朝亮認爲，中國古代儒學是即體即用，西學則爲物，與體、用無由，故不能以中學爲體以西學爲用。

　　尤其必須注意的是，一方面，雖然簡朝亮以中西學對立的態度對待西學，但他只是反對時人拔高西學，並以西學反對中學，簡朝亮其實是視西書爲掌故之學，但具有掌故之學性質的西書雖可求之，然必須作出分辨〔註184〕。另一方面，簡朝亮是將其時他所看到的西書作爲西學的全部，對西學知之甚少，「西書言工言礦言商皆不言其至微者也，……西書紀其物數，若里若權若度，皆不從中國之名。」〔註185〕正是由於對西學瞭解不多，簡朝亮與同時代

〔註181〕簡朝亮著，梁應揚注：《讀書堂集》卷一，廣州松桂堂，1930年刻本，第12頁。

〔註182〕簡朝亮著，梁應揚注：《讀書堂集》卷一，廣州松桂堂，1930年刻本，第16頁。

〔註183〕簡朝亮著，梁應揚注：《讀書堂集》卷一，廣州松桂堂，1930年刻本，第16頁。

〔註184〕簡朝亮著，梁應揚注：《讀書堂集》卷一，廣州松桂堂，1930年刻本，第20頁。

〔註185〕簡朝亮著，梁應揚注：《讀書堂集》卷一，廣州松桂堂，1930年刻本，第22頁。

的學者一樣都是以「西學中源」說看待民主、民議等西方學說。如簡朝亮認為，孟子所說的「民爲貴，君爲輕」是指君主不可以賤民而重己，此即爲西方之民主〔註186〕。

由於 1897 年從夏至冬簡朝亮均在對朱次琦其人其學作一全面、深入的再憶述，故 1897 年簡朝亮並未創作任何詩文作品，1898 年 4 月 28 日簡朝亮撰寫《朱九江先生講學記書後》，則成爲康有爲在 1898 年 6 月 11 日發動維新變法、1899 年 12 月 1 日簡朝亮避免遭受康有爲變法失敗的影響而離開順德簡岸讀書草堂的重要前奏，故《朱九江先生講學記書後》不僅是簡朝亮將朱次琦去世後 16 年的學術新變放於其中而推動朱次琦學術思想的發展的文章，是在獨特的時代學術背景下試圖接著朱次琦學術思想往下說而使朱、康乃至簡、康學術思想分道揚鑣的文章，也是不在身邊的門人熟知乃師學術思想的文章，由此體現從朱次琦學術思想到簡朝亮學術思想的發展軌跡。從總結朱次琦學術思想的《朱九江先生講學記》到初步呈現其學術思想的《朱九江先生講學記書後》，簡朝亮是用 48 年的學術積累達到了實現學術獨立的瞬間跨越。

3.《病言》

1907 年妻子楊氏去世並葬於將軍山，費時 14 年的《尚書集注述疏》亦校刊完畢，簡朝亮開始思考 1898～1907 年發生的政治、軍事、學術劇變，撰寫又一論學之文——《病言》。《病言》殊非簡朝亮自言「凡三十七條」〔註187〕而實爲 36 條，詳者達百字，短則一二十字，每事一議，每議一條或多條，多以「或曰」引出簡朝亮所指斥的內容，故略似於「語錄體」。與此同時，簡朝亮沒有對所言之內容進行分類，故《病言》的內容及其編排頗顯雜亂。如果說，1898 年的《朱九江先生講學記書後》是以闡述朱次琦「四行」、「五學」爲中心而兼論西學，簡朝亮對於西學的指斥是欠缺具體、鮮明的政治、學術環境的，那麼 9 年後簡朝亮撰寫的《病言》，則是以同門康有爲發動的維新變法爲其時代背景的，故全面指斥維新變法，兼論兵學，成爲《病言》的主要內容。

〔註186〕簡朝亮著，梁應揚注：《讀書堂集》卷一，廣州松桂堂，1930 年刻本，第 22 頁。

〔註187〕簡朝亮著，梁應揚注：《讀書堂集》卷一，廣州松桂堂，1930 年刻本，第 27 頁。

　　革新政令，學習西方尤其是向日本學習，發展資本主義，建立君主立憲制，使國家走向富強之路，是康有爲發動維新變法的主旨。簡朝亮在《病言》其一、二、十、三十二、三十五給予全面指斥。《病言》其一云：「今人之言恥也，不以東敗爲國恥而曰恥不如東寇之變法，何其失也！」〔註188〕由於敗於日本而失國體與民氣餒，簡朝亮以此爲國恥。《病言》其二云：「五十年來和議蹙矣，於是乎外國益強，中國益弱，今人不察以爲外國之政既病且備焉，而中國不及也，不忘其禍始哉，如中國卒用林文忠也，奚至斯乎！」〔註189〕簡朝亮將自第一次鴉片戰爭以來中國不斷衰落歸因於和議與未能重用將才。《病言》其十云：「孔子論政，政之精意也。……是故法非不可變也，所變之法，政之精意不存焉者，則不可也。」〔註190〕簡朝亮以儒家政治爲政之精意，萬世不能變。《病言》其三十二云：「中國之君無專制焉，如堯舜禹湯文武是也。中國之君而有專制焉，若桀紂幽厲是也。今日中國之君皆專制焉，則《六經》之文若燼矣。」〔註191〕簡朝亮將當下之政治腐敗歸因爲《六經》之文毀。《病言》其三十五云：「德相俾士麥之言曰：『今安有《萬國公法》乎？惟有鐵血焉而已矣。』斯言也，求西例者何不思之也！」〔註192〕簡朝亮認爲世界只有鐵血政治。未能回歸先秦儒家政治，未能重視我之將才，簡朝亮以完全的「往內看」尋找清政府在中國近代與西方列強一次又一次相遇中慘敗的原由，殊非以中西兩個文明之差異尋找中國近代的出路。

　　由經濟、政治、文化組成的維新變法，簡朝亮亦在《病言》中予以指斥。維新變法主張設立農工商局，路礦總局，提倡開辦實業；修築鐵路，開採礦藏；組織商會，改革財政。《病言》其三十六云：「今之電信航空，信者欲至遠而能察也，而往往不能察者，蔽於至近也。」〔註193〕簡朝亮以《管

〔註188〕簡朝亮著，梁應揚注：《讀書堂集》卷一，廣州松桂堂，1930年刻本，第27頁。

〔註189〕簡朝亮著，梁應揚注：《讀書堂集》卷一，廣州松桂堂，1930年刻本，第27頁。

〔註190〕簡朝亮著，梁應揚注：《讀書堂集》卷一，廣州松桂堂，1930年刻本，第28頁。

〔註191〕簡朝亮著，梁應揚注：《讀書堂集》卷一，廣州松桂堂，1930年刻本，第32頁。

〔註192〕簡朝亮著，梁應揚注：《讀書堂集》卷一，廣州松桂堂，1930年刻本，第32～33頁。

〔註193〕簡朝亮著，梁應揚注：《讀書堂集》卷一，廣州松桂堂，1930年刻本，第33頁。

子》百里、千里、萬里之論看待西方科技。維新變法在政治上提倡廣開言路，允許士民上書言事；裁汰綠營，編練新軍。《病言》其四云：「民心非民權也，勿紊之矣。昔左文襄之爭外務也，時以民心不服爲辭，遂與之固爭，西人懼民心之不服也，卒以不爭。」〔註194〕簡朝亮重視民心。《病言》其二十六云：「或曰國之爲法也，非人人自議之何以能宜民乎？其民議之，其臣行之，其主從之，其國無不宜，民之法則其治永矣。……民將欲奪其主而要其臣以行民議，其主奈何？其臣奈何？臣將欲奪其主而弄其民以成民議，其主奈何？其民奈何？今聞有以黨而爭者，其治之永奈何？」〔註195〕如何在平民、大臣、君主之間獲取一種有效的權力平衡，是簡朝亮對於西方所謂「民主」的質疑。《病言》其十三云：「司馬法雖遇壯者，不校勿敵，敵若傷之，醫藥歸之。兵家之仁道也，智謀也，將收我軍心而使之自敗也。」〔註196〕《病言》其十四云：「曾忠襄之攻金陵之盜也，不用西兵一人而平盜者，曾忠襄也。」〔註197〕《病言》其十五云：「恃險與馬，不足以爲固也。」〔註198〕簡朝亮重視軍事，但他是反對學習西方軍事而提倡以儒治兵。維新變法在文化上主張廢八股，興西學；創辦京師大學堂；設譯書局，派留學生；獎勵科學著作與發明。據《簡朝亮年譜》記載，簡朝亮在 19 歲這一年除夕，「燔所爲八股文。」〔註199〕反對八股文並沒有讓簡朝亮走向學習西學之路。《病言》其八云：「苟譯西書，果其書之盡告我乎？況又爲東蔻所譯者乎？」〔註200〕簡朝亮反對譯西書。《病言》其二十九云：「今之言洋書者，剝《六經》之言而文之，其佞也。」〔註201〕《病言》其三十一云：「今言利者暢：

〔註194〕簡朝亮著，梁應揚注：《讀書堂集》卷一，廣州松桂堂，1930 年刻本，第 28 頁。

〔註195〕簡朝亮著，梁應揚注：《讀書堂集》卷一，廣州松桂堂，1930 年刻本，第 31 頁。

〔註196〕簡朝亮著，梁應揚注：《讀書堂集》卷一，廣州松桂堂，1930 年刻本，第 29 頁。

〔註197〕簡朝亮著，梁應揚注：《讀書堂集》卷一，廣州松桂堂，1930 年刻本，第 29 頁。

〔註198〕簡朝亮著，梁應揚注：《讀書堂集》卷一，廣州松桂堂，1930 年刻本，第 29 頁。

〔註199〕簡氏門人編纂：《簡朝亮年譜》，廣州松桂堂，1934 年刻本，第 2 頁。

〔註200〕簡朝亮著，梁應揚注：《讀書堂集》卷一，廣州松桂堂，1930 年刻本，第 28 頁。

〔註201〕簡朝亮著，梁應揚注：《讀書堂集》卷一，廣州松桂堂，1930 年刻本，第 32 頁。

『今不師英人斯密亞丹乎？』蓋觀其書乎？吾則謂今之觀者不可不察也。其書言利矣而不問之言商矣，而必本之三農言通商矣，而必絕其來而奪我害我者。」〔註202〕簡朝亮反對西書。《病言》其十二云：「以爲西人藝學固格致之書，亡而不亡者也。」〔註203〕簡朝亮反對以西學作爲格物致知。《病言》其七云：「今之遊學外國者，乃欲敵人明援以其國之利也，必非其情也。」〔註204〕簡朝亮反對派遣留學。簡朝亮在《病言》其十七、十九、二十三、二十四、二十八、三十三均反對以西人爲師。如《病言》其十九云：「以敵爲師而欲制敵者，不危且殆也？」〔註205〕《病言》其二十三更將「無財、無兵、無士」作爲師法西人的危害，「以外國之人司財，於是乎中國無財矣。以外之人治兵，於是乎中國無兵矣。以外國之人教士，於是乎中國無士矣。」〔註206〕

　　《病言》是簡朝亮首次不以「朱次琦」命名的論學之文，其「病」殊非指簡朝亮素爲病困，而是簡朝亮對封建社會走向衰世下傳統儒學的一曲悲歌。一方面，由於1900～1907年簡朝亮均在陽山，他對於維新政變後清朝政治、軍事、學術等變化知之甚少，也對康有爲在維新政變後的9年人生軌跡、學術思想變化並不知曉，故撰寫於1907年的《病言》仍然是以維新變法作爲指斥對象，略顯得未能與時俱進。但相較於《朱九江先生講學記書後》，簡朝亮還是試圖追趕這個時代的。如簡朝亮在《病言》其三、五中反對子學，「謂子可以證經則可，謂子可以補經則不可。」〔註207〕在《病言》其二十七中反對「物競天擇」。另一方面，《病言》是簡朝亮將他57年來對於政治、經濟、軍事、學術文化思考的一次集結，故在《病言》中能找到《朱九江先生講學記書後》《三言兵書》的若干內容。如從《三言兵書》的控軍權、知虛實、西

〔註202〕簡朝亮著，梁應揚注：《讀書堂集》卷一，廣州松桂堂，1930年刻本，第32頁。
〔註203〕簡朝亮著，梁應揚注：《讀書堂集》卷一，廣州松桂堂，1930年刻本，第29頁。
〔註204〕簡朝亮著，梁應揚注：《讀書堂集》卷一，廣州松桂堂，1930年刻本，第28頁。
〔註205〕簡朝亮著，梁應揚注：《讀書堂集》卷一，廣州松桂堂，1930年刻本，第30頁。
〔註206〕簡朝亮著，梁應揚注：《讀書堂集》卷一，廣州松桂堂，1930年刻本，第31頁。
〔註207〕簡朝亮著，梁應揚注：《讀書堂集》卷一，廣州松桂堂，1930年刻本，第27頁。

匠欺我、喪士氣到《病言》的使我無財、無兵、無士，簡朝亮對於師法西人的指斥越加尖銳，呈現簡朝亮一致的兵學思想。

4.《禮說》

正當準備離開陽山讀書山堂之際，1908 年 2 月 22 日，簡朝亮受聘禮部禮學館顧問官。2 天後，簡朝亮撰寫《辭禮部禮學館顧問官書》，既將經部作為治學之先，也以悉《禮》例自許其剛剛著畢的《尚書集注述疏》，「學先經部，凡所辨《尚書》偽古文者，纂詳以正，……乃欲成《尚書集注述疏》三十有五卷，悉《禮》例焉。斯於《尚書》家言，去其偽者以今文參古文皆注之而自疏之，將酌言百家，會漢宋之學，探為經術以其裨時務，庶所謂於《書》而國教可知者。」〔註 208〕即使簡朝亮以「素為疾困」〔註 209〕辭禮學顧問官之職，但每懷報國，不敢自逸而忘聖天子養士所期者也〔註 210〕，使簡朝亮將由門人代錄凡十有一節，綴二千三百餘言〔註 211〕的《禮說》附陳於《辭禮部禮學館顧問官書》後，簡朝亮最後一篇論學之文由此產生。《禮說》不同於《朱九江先生講學記書後》、《病言》等語錄式文體，是為傳統的論說文，簡朝亮自言凡十有一節，即如《病言》自言凡三十七條，只是以期讀者明瞭其文章的具體內容，因其所言即「所嘗學而欲言者，其大義已概於斯」。〔註 212〕

《禮說》以討論《禮記》「禮，時為大」之「時」冠其首。簡朝亮指出，「時」者，殊非時俗，謂其時義也；義者，宜也，故禮從其時義之宜，蓋莫大焉〔註 213〕。因此，即使《論語》稱三代之因禮者「所損益可知也」，其禮有宜於變革而新之者，但其變者殊非義，故不能以舊禮為無所用而壞之，否則必有亂患，親親、尊尊、長長、男女有別之人倫不可易。以孔子奠定的禮為

〔註 208〕簡朝亮著，梁應揚注：《讀書堂集》卷二，廣州松桂堂，1930 年刻本，第 28～29 頁。

〔註 209〕簡朝亮著，梁應揚注：《讀書堂集》卷二，廣州松桂堂，1930 年刻本，第 28 頁。

〔註 210〕簡朝亮著，梁應揚注：《讀書堂集》卷二，廣州松桂堂，1930 年刻本，第 29 頁。

〔註 211〕簡朝亮著，梁應揚注：《讀書堂集》卷二，廣州松桂堂，1930 年刻本，第 30 頁。

〔註 212〕簡朝亮著，梁應揚注：《讀書堂集》卷二，廣州松桂堂，1930 年刻本，第 30 頁。

〔註 213〕簡朝亮著，梁應揚注：《讀書堂集》卷二，廣州松桂堂，1930 年刻本，第 30 頁。

萬世不變之義開端，簡朝亮以覲禮、燕朝之禮、鄉飲酒禮、將禮、婚禮、軍禮、喪禮等爲具體內容的《禮說》即說儒家禮學。簡朝亮以禮猶體，猶理，故議禮者相當謹慎。簡朝亮一論周代諸侯覲見周王的大禮——覲禮，強調覲禮乃諸侯之尊君，故天子不下堂而見諸侯。簡朝亮二論天子、諸侯在路寢會見大臣之禮——燕朝之禮，指出君臣燕朝坐論則無不盡言。與此同時，簡朝亮不僅強調事師、事君、事親合之，將忠孝合一，爲人臣者無外交，不敢貳君，而且認爲「致死之禮」是禮所謂臨難毋苟免之道，是天下莫強。與「六藝」相對的小技、末技等以技能取勝的「曲藝」是簡朝亮談論鄉飲酒禮的過渡。簡朝亮將進德、事舉、言揚作爲選士的要求，認爲曲藝雖一不有。無論是鄉大夫向其君舉薦賢能之士，還是鄉大夫以賓禮宴飲國中賢者，簡朝亮三論的鄉飲酒禮均指向選士，進德、事舉、言揚三合一即是簡朝亮所言的「吉士」。「吉士」是立政之基。簡朝亮四論將帥帶兵的法度、禮儀——將禮，簡朝亮以《禮記》「介者不拜爲其拜」引入，強調知將禮而能執禮。在五論婚禮前，簡朝亮以《禮記》《詩・葛覃》《詩・鄭睢》等強調教以婦德、婦言、婦容、婦功的女師的重要性，「禮行乎大夫之家，必禮行乎士之家，而庶人及其風矣。」〔註214〕由於女師之功，簡朝亮筆下守其禮的婦女爲「貞女」，「蓋仲春婚禮之時，吉士於貞女以親迎禮，進而導行也。」〔註215〕從「貞女」到「貞婦」，是簡朝亮婦人的要求。簡朝亮以《左傳》「夫禮樂慈愛，戰所畜也」六論誅不虔的軍禮、七論以哀死亡的喪禮，指出讓事、樂和、愛親、哀喪之民能不忘親、不忘君，故可用，反映簡朝亮以儒家道德作爲軍事戰爭中「民」的要求。旨在強調知禮的重要性，《禮說》以晏子尊俎折衝的故事作結。

　　即使沒有全面論及儒家各種禮制，但將「時義」賦予其中的覲禮、燕朝之禮、鄉飲酒禮、將禮、婚禮、軍禮、喪禮，其涉及面仍然是相當廣泛的，簡朝亮就是以此表達對儒家禮學的堅守。無論是甲午戰爭爆發，妻子去世，還是受聘禮部禮學館顧問官，似乎只有受到外力強烈觸碰時，簡朝亮才會從注解經典中抽離出來，發表他對於政治、軍事、學術的看法，往往在這些論兵、論學之文完成之後，簡朝亮總會由此揭開學術人生的嶄新一頁。1898 年

〔註214〕 簡朝亮著，梁應揚注：《讀書堂集》卷二，廣州松桂堂，1930 年刻本，第 33 頁。

〔註215〕 簡朝亮著，梁應揚注：《讀書堂集》卷二，廣州松桂堂，1930 年刻本，第 34 頁。

《再寄梁星海言兵書》成而離開順德簡岸並開館陽山山堂，1907 年《病言》成而準備離開清遠陽山，1908 年《禮說》成而南下佛山忠義鄉、杜門注經等即是如此。1908 年，簡朝亮離開陽山，經歷清朝覆亡、軍閥混戰、國共從合做到分裂等全過程，目睹「國粹主義」思潮、新文化運動、馬克思主義傳播等時代學術變遷，但簡朝亮再也沒有撰寫任何一篇學術宣言。反之，1908～1933 年，簡朝亮以注解儒家經典、編纂族譜、撰寫詩論等將大勢已去的儒家學說延續於他的學術專著中，正是經學、譜學、詩學的全新格局與厚重內容使簡朝亮在廣東近代學術史上居一席之位。

第三節　簡朝亮的學術專著

　　即使朱次琦分別以鄭玄、朱熹為漢宋學的集大成，且以朱熹即漢學而稽之者，但主張去漢宋學之別而回歸孔子之學的朱次琦並未如鄭玄、朱熹遍注群經，也沒有如陳澧縱論群經，在經學生涯中闡述其學術思想。簡朝亮則以注解《尚書》《論語》《孝經》《禮記》3 篇、《詩經》彌補朱次琦欠缺的經學生涯，以經學專著踐履與鞏固朱次琦的學術思想。傳統儒家經典是維護封建制度的工具，宗法制則是封建制度的組成部分。朱次琦參與編纂的《南海九江朱氏家譜》所體現的譜學是與宗法制共存亡的，簡朝亮在 1911 年、1920～1926 年編纂《順德簡岸簡氏家譜》《粵東簡氏大同譜》，世變修譜的背後反映簡朝亮以譜書留住宗法制。簡朝亮以《讀書草堂明詩》沿承朱次琦的宗經思想，強調非宗經無以明詩。

一、製《尚書》新注新疏

　　簡朝亮豐富與深化朱次琦於《尚書》察治亂之跡〔註216〕與《尚書》偽古文亂經〔註217〕的觀點，以明孔子「疏通知遠」之《書》教為《尚書集注述疏》（以下簡稱《述疏》）的主旨。因此，雖然簡朝亮的《尚書》研究產生於中國近代，但《述疏》既不同於莊存與、宋翔鳳、龔自珍、魏源等主張微言大義與不廢偽《古文尚書》，不同於反對拘守馬、鄭《尚書》古注的今文經學派與

〔註216〕朱次琦著，簡朝亮編，關殊鈔點校：《朱九江先生集》卷首，旅港南海九江商
　　　　會，1962 年版，第 16 頁。
〔註217〕朱次琦著，簡朝亮編，關殊鈔點校：《朱九江先生集》卷首，旅港南海九江商
　　　　會，1962 年版，第 17 頁。

洪良品、謝庭蘭、吳光耀力證梅本爲眞古文的證實派，也不同於吳樾、孫詒讓等運用出土文獻研究《尚書》與曹元弼、姚明輝、李愼儒等以西學詮釋《禹貢》。簡朝亮關注惠棟在《古文尚書考》中以「十六字心傳」的釋義抽去構建理學的根基，沿承《尚書》四大家（以下簡稱四大家）江聲《尚書集注音疏》（以下簡稱《音疏》）、王鳴盛《尚書後案》（以下簡稱《後案》）、段玉裁《古文尚書撰異》（以下簡稱《撰異》）、孫星衍《尚書今古文注疏》（以下簡稱《注疏》）存西漢眞古文的治學主旨，不僅將揭批梅賾本《孔傳古文尚書》（以下簡稱梅本）僞經、僞傳引向四大家輕視、忽視的僞古文有違儒家大義，而且將四大家建立的眞《尚書》的重新認知指向闡明儒家大義。因此，《述疏》殊非陳澧期待的「江、王、段、孫四家之書善矣。既有四家之書，則可刪合爲一書」〔註218〕，簡朝亮也不是梁啓超所說的「現在《尚書》新疏中誠無出孫著之右，但孫著能令我們滿足否？誠不能。……但這一點姑且不管，即以漢注論，馬、鄭注和歐陽、夏侯遺說，孫氏搜集未到再經後人輯出者也很不少。所以我想現在若有位郝蘭皋，倒有一樁買賣可做。……簡竹居（按：即簡朝亮）就是想做這樁買賣的人。」〔註219〕無論是著述主旨與體例內容，是《尚書》文本，還是解讀《尚書》，《述疏》均迥異於四大家的著述，簡朝亮是以《述疏》製《尚書》新注新疏。

首先，著述主旨與體例內容

主張去漢宋學門戶之別，以「叶於經」解讀經典的簡朝亮，其《述疏》的主旨與體例內容自然不同於由捨「十六字心傳」而後可以言《尚書》的惠棟啓引的旨在求西漢《今文尚書》之眞，且由四大家延其路而拓之，續其作而全之，考其誤而正之的《尚書》研究的專門之學。正是尊漢抑宋與以朱熹爲中介復歸先秦孔學的學術對立，促動簡朝亮撰寫《述疏》。

1. 著述主旨

師法是漢代經學門派規矩之一。即使四大家同時分途去著自己的書，但是，江聲以《音疏》搜拾漢儒經注〔註220〕，王鳴盛以《後案》「發鄭氏康成

〔註218〕陳澧著，黃國聲主編：《陳澧集》（二），上海古籍出版社，2008 年版，第 100 頁。

〔註219〕梁啓超著：《中國近三百年學術史》，中國社會科學出版社，2008 年版，第 192 頁。

〔註220〕江聲著：《尚書集注音疏》後述，《清經解》卷 420，齊魯書社，2012 年版，第 948 頁。

一家之學」〔註221〕，段玉裁以《撰異》復原鄭玄注眞古文本〔註222〕，孫星衍以《注疏》遍採漢魏至隋唐諸家舊注，取江、王、段等諸儒之長而補其短〔註223〕，故不獨梁啓超說的江、王、孫三人成爲一部漢儒的新注〔註224〕，段玉裁重在以校勘漢代今文本的異文與搜集漢代今古文經說的《撰異》亦屬於漢儒《尙書》新注，承漢儒之學。

與四大家傳承漢代經注傳統不同，簡朝亮旨在以《述疏》申明《尙書》正義與揭批僞古文亂經賊道，以明孔子《書》教。簡朝亮在《前序》中以「孔子曰：『入其國，其教可知也。疏通知遠，《書》教也。』故《書》之失，誣其爲人也，疏通知遠而不誣，則深於《書》者也」〔註225〕啓其端，且以去《尙書》「三誣」作爲《述疏》的總綱，以「庶幾共明《書》教，將知遠而求之深也」〔註226〕壓其後。孔子注意挖掘經典與現實的關係，強調《書》以道政事。簡朝亮在《後序》中將道在尊君、道在安民作爲人道之本，即指向民生日用與社會現實，簡朝亮不僅以此闡釋《尙書》經文，而且認爲此即治《尙書》之要〔註227〕。因此，簡朝亮是以《述疏》將《尙書》復歸先秦儒學的經世致用，殊非四大家「信古崇漢」甚至是專守鄭玄一家之學。

2. 體例內容

自閻若璩《尙書古文疏證》（以下簡稱《疏證》）宣判梅本死刑，惠棟《古文尙書考》確實梅本罪名後，如何以輯注經文，恢復西漢眞古文成爲四大家研治《尙書》的目標。江聲、王鳴盛皆師從惠棟，惠氏唯漢是從，通漢學。

〔註221〕 王鳴盛著，顧寶田、劉連朋點校：《尚書後案》，北京大學出版社，2012 年版，第 1 頁。
〔註222〕 《段玉裁全書》編委會：《段玉裁全書》，江蘇人民出版社，2015 年版，第 1 頁。
〔註223〕 孫星衍撰，陳抗、盛冬鈴點校：《尚書今古文注疏》序，中華書局，2004 年版，第 3 頁。
〔註224〕 梁啓超著：《中國近三百年學術史》，中國社會科學出版社，2008 年版，第 194 頁。
〔註225〕 簡朝亮著：《尚書集注述疏》前序，《續修四庫全書》（第 52 冊），上海古籍出版社，2002 年版，第 1 頁。
〔註226〕 簡朝亮著：《尚書集注述疏》前序，《續修四庫全書》（第 52 冊），上海古籍出版社，2002 年版，第 6 頁。
〔註227〕 簡朝亮著：《尚書集注述疏》後序，《續修四庫全書》（第 52 冊），上海古籍出版社，2002 年版，第 7 頁。

江聲沿承惠棟《周易述》融會漢儒之說以爲注的體例〔註228〕；王鳴盛亦沿承《周易述》的體例，兼作「案」以釋漢唐注疏，折衷於鄭玄，名曰《後案》〔註229〕；《撰義》不重釋義；《注疏》則仿孔穎達疏解《詩經》兼採毛詩鄭箋之例，旨在辨釋今古文字。故雖然《音疏》《後案》《撰義》《注疏》體例稍異，但均屬於以章句訓詁的漢唐經學的經注傳統。即使均疏釋《今文尚書》全經，四大家網羅的材料、注疏原則與內容都各有不同，故其發掘、詮釋與判斷自然有異。四大家在《音疏》12 卷、《後案》31 卷、《撰異》32 卷、《注疏》30 卷中對待《書序》、逸文、僞古文的態度亦異中有同。如江聲將逸文置於卷 11、12，孫星衍則附於《書序》，但他們注疏逸文均相當簡單；江聲、王鳴盛專論僞古文，尤其是王鳴盛以《尚書後辨》有力推進僞古文的辨析，但都不重視辨析其義。另外，四大家對待僞《孔傳》的態度也各有不同，如江聲存之，段玉裁採之，孫星衍棄之。

　　簡朝亮在《前序》中對《述疏》的體例有清晰的說明。「義之先後貫乎章句外，注或申其義，或總其義，皆與內注相參，而經之脈絡通焉，從朱子《四書注》之例也。古經善文，或句中有圖，今疏後或附圖，《洛誥》以圖及獻卜之義也。」〔註230〕朱熹劃分《大學》經、傳結構，調整文篇序次；以爲判斷 2 注的價值當取合得聖人之本意，兼取漢魏與宋代注家，立足宋學而兼綜漢人古注，此爲由章句、集注兩部分組成的《四書集注》體式均成爲簡朝亮有益的參照。由朱熹奠定的章句、集注經注傳統是對西漢今文經學重視闡明微言大義的沿承，是對東漢古文經學將經學引向歷史研究的經學述古傳統的突破，一言以蔽之即將經學指向歷史與現實的結合。因此，簡朝亮沿承《四書集注》體例不僅反映他宗於宋學，而且說明簡朝亮以兼顧經注傳統與現實創新、闡發義理與民生日用相切、經學與理學成爲一體闡述《尚書》大義。

　　《述疏》35 卷，卷 1 至卷 29 爲《今文尚書》29 篇，一篇一卷，除將《注疏》卷十《泰誓》易作《太誓》以外，29 卷篇名與《注疏》相同。卷 30 至

〔註228〕 江聲著：《尚書集注音疏》，《清經解》卷 402，齊魯書社，2012 年版，第 950頁。

〔註229〕 王鳴盛著，顧寶田、劉邊鵬點校：《尚書後案》，北京大學出版社，2012 年版，第 1 頁。

〔註230〕 簡朝亮著：《尚書集注述疏》前序，《續修四庫全書》（第 52 冊），上海古籍出版社，2002 年版，第 5～6 頁。

32 爲逸文，卷 33～34 爲卷末上、下，分別辨《書序》、僞古文，卷 35 爲《讀書堂答問》。表面看來，由四大家奠定的以《今文尚書》《書序》、逸文與僞古文爲內容的《尚書》專門之學也是《述疏》的內容，但是，簡朝亮以「樸學可觀，其義猶將待發」〔註231〕一言道出《述疏》與四大家著述的迥異之處。其「義」即經典文本、逸文的大義、是梅本僞經、僞傳有違儒家大義，簡朝亮將此漢學待發之義落實於解讀《尚書》的每一個環節，即將四大家著重的考證傳統易作義理之學。簡朝亮不僅將《書序》、逸文與僞古文獨立、完整地置於《述疏》，而且在注疏逸文時給予與經文相同的地位。另外，雖然簡朝亮以僞《孔傳》的危害性低於僞經，但他棄之。

　　《述疏》的主旨、內容都屬於簡朝亮在四大家構建的重新認知眞《尚書》基礎上的另闢蹊徑，而體例則是其支撐。如果說，梁啓超所說的「自《僞古文尚書》定案之後，舊注疏裏頭的《僞孔傳》跟著根本推翻，孔穎達也自然『樹倒猢猻散』了。於是這部經需要疏，比別的經更形急切」〔註232〕的任務由四大家完成，那麼，發掘四大家搜集的注、疏的經典要義，將宋代注家與漢魏注家相結合注釋《尚書》，則是簡朝亮試圖完成的任務。

其次，《尚書》文本

　　經典文本是經學體系的重要組成部分。《尚書》文本由經文、逸文組成。《尚書》伏生本、馬鄭注本、孔安國本等均佚於永嘉年間，孔穎達所依梅本而覽古之傳記，質近代之異同，存其是而去其非，削其煩而增其簡，疏《尚書正義》（以下簡稱《正義》本），西漢《今文尚書》、逸文並存。《正義》本成爲唐以後諸家注疏《尚書》的底本，但諸家參本各有不同，故《尚書》文本亦有差異。江聲注今古文而不重剪裁，王鳴盛不辨今古文，段玉裁僅辨今古文字，孫星衍則疏出今古文來歷，加以引申，故以《注疏》《述疏》考論《尚書》文本最爲恰當。

1.《尚書》經文

　　孫、簡均依《正義》本，兼疏今古文，但由於孫星衍參用唐開成石經，網羅漢魏舊說，簡朝亮則參用蔡沈《書集傳》、漢石經，反對唐開成石經，謹

〔註231〕簡朝亮著：《尚書集注述疏》前序，《續修四庫全書》（第 52 冊），上海古籍出版社，2002 年版，第 6 頁。
〔註232〕梁啓超著：《中國近三百年學術史》，中國社會科學出版社，2008 年版，第 180 頁。

慎對待漢魏舊說，故《注疏》《述疏》經文頗有差異，如有《堯典》9 處、《皋陶謨》2 處、《禹貢》3 處、《盤庚》4 處、《微子》1 處、《牧誓》2 處、《洪範》2 處、《大誥》3 處、《康誥》1 處、《多士》1 處、《無逸》2 處、《君奭》1 處、《顧命》2 處、《呂刑》1 處。與以上 34 處經文差異相比，出現於《大誓》（按：《注疏》作《泰誓》）經文的 14 處差別則更爲明顯。綜觀孫、簡《尚書》經文的上述 48 處差異，有下述 5 種情況：

一是章句同中大異。這集中體現於孫、簡的《大誓》經文。相同有 4 條：「太子發，升舟，……雖休勿休」〔註233〕、「使上附，……王動色變」〔註234〕、「今殷王紂，……不可三」〔註235〕、「八百里諸侯，……不謀同辭」〔註236〕。略異有 6 條，孫、簡或直言出處，或對差異有詳細說明。如《注疏》云「惟九年四月，大子發上祭於畢，下至於孟津之上。」孫星衍指出，此據《周本紀》云「九年」，無「四月」二字；《大傳》引《書》曰「唯四月」無「九年」二字〔註237〕。《述疏》云「惟四月，大子發上祭於畢，下至於孟津。」簡朝亮認爲，此非《大誓》篇首之文，其篇首則亡；此《詩思文疏》所引文也，其疏稱《大誓》而引之；四月者，鄭玄謂周四月〔註238〕。又如《注疏》云「既渡，至於五日，……，武王喜，諸大夫皆喜。周公曰：『茂哉！茂哉！』」孫星衍指出，「既渡」依《周本紀》；「武王喜，諸大夫皆喜。周公曰：『茂哉！茂哉！』」依《大傳》引《書》文〔註239〕。《述疏》云「至於五日，……周公曰：『茂哉！茂哉！』」簡朝亮則認爲，此《周官大祝疏》所引文〔註240〕。大

〔註233〕簡朝亮著：《尚書集注述疏》卷十，《續修四庫全書》（第 52 冊），上海古籍出版社，2002 年版，第 284 頁。

〔註234〕簡朝亮著：《尚書集注述疏》卷十，《續修四庫全書》（第 52 冊），上海古籍出版社，2002 年版，第 286 頁。

〔註235〕簡朝亮著：《尚書集注述疏》卷十，《續修四庫全書》（第 52 冊），上海古籍出版社，2002 年版，第 290 頁。

〔註236〕簡朝亮著：《尚書集注述疏》卷十，《續修四庫全書》（第 52 冊），上海古籍出版社，2002 年版，第 288 頁。

〔註237〕孫星衍撰，陳抗，盛冬鈴點校：《尚書今古文注疏》卷十，中華書局，2004年版，第 266 頁。

〔註238〕簡朝亮著：《尚書集注述疏》卷十，《續修四庫全書》（第 52 冊），上海古籍出版社，2002 年版，第 283 頁。

〔註239〕孫星衍撰，陳抗，盛冬鈴點校：《尚書今古文注疏》卷十，中華書局，2004年版，第 272～274 頁。

〔註240〕簡朝亮著：《尚書集注述疏》卷十，《續修四庫全書》（第 52 冊），上海古籍出版社，2002 年版，第 286 頁。

異 8 條：其中《注疏》的《大誓》經文未見於《述疏》4 條：「天之見此，以勸之也。恐持之」〔註241〕、「皆曰：『帝紂可伐矣』」〔註242〕、「武王曰：『女未知天命，未可知也。』乃還師歸」、「武王乃作《太誓》，告於眾庶」〔註243〕。以上經文，孫星衍輯自馬、鄭注《大誓》《周本紀》。反之，《述疏》的《大誓》經文未見於《注疏》4 條：「周公曰：『都，懋哉！予聞古先哲王之格言』」〔註244〕、「正稽古，……丕天之大律」〔註245〕、「大子發拜手稽首」、〔註246〕「四月觀兵」〔註247〕。以上經文，簡朝亮分別輯自《周官·大祝疏》《漢書·郊祀志》《漢書·郊祀志》、馬、鄭注《大誓》。有必要指出的是，以上 4 條經文見於《注疏》中《書序》的《太誓》逸文，這與孫星衍直言不敢湊集《泰誓》佚文〔註248〕有莫大關係。

伏生本存在是否列《大誓》之爭。孫星衍認為《大誓》後得，然見於《史記》《書大傳》，至唐散佚，但可徵〔註249〕。出自《注疏》的《泰誓》殊非產生於漢武帝末的《泰誓》經文，而是孫星衍用《史記》，參以《書大傳》及後人所引而詞可連屬者綴成文，包括《詩》疏、《詩譜序》疏、《書》疏、《周禮》疏、《漢書律曆志》《漢書谷永傳》等所引的《泰誓》經文〔註250〕，即後得的《大誓》。簡朝亮認為伏生本有《大誓》，其篇今亡，經文已殘闕，不以為偽

〔註241〕 孫星衍撰，陳抗，盛冬鈴點校：《尚書今古文注疏》卷十，中華書局，2004年版，第 274 頁。

〔註242〕 孫星衍撰，陳抗，盛冬鈴點校：《尚書今古文注疏》卷十，中華書局，2004年版，第 276 頁。

〔註243〕 孫星衍撰，陳抗，盛冬鈴點校：《尚書今古文注疏》卷十，中華書局，2004年版，第 279 頁。

〔註244〕 簡朝亮著：《尚書集注述疏》卷十，《續修四庫全書》（第 52 冊），上海古籍出版社，2002 年版，第 283 頁。

〔註245〕 簡朝亮著：《尚書集注述疏》卷十，《續修四庫全書》（第 52 冊），上海古籍出版社，2002 年版，第 284 頁。

〔註246〕 簡朝亮著：《尚書集注述疏》卷十，《續修四庫全書》（第 52 冊），上海古籍出版社，2002 年版，第 284 頁。

〔註247〕 簡朝亮著：《尚書集注述疏》卷十，《續修四庫全書》（第 52 冊），上海古籍出版社，2002 年版，第 287 頁。

〔註248〕 孫星衍撰，陳抗，盛冬鈴點校：《尚書今古文注疏》凡例，中華書局，2004年版，第 1 頁。

〔註249〕 孫星衍撰，陳抗，盛冬鈴點校：《尚書今古文注疏》序，中華書局，2004 年版，第 2 頁。

〔註250〕 孫星衍撰，陳抗，盛冬鈴點校：《尚書今古文注疏》點校說明，中華書局，2004年版，第 2 頁。

〔註251〕。簡朝亮用《史記》，參以《周官・大祝疏》、《詩》疏、《漢書》等輯注《大誓》經文 14 條，重新區劃《大誓》。徵引材料決定孫、簡《大誓》經文同中大異。

　　二是**釋義相同的文字**。孫、簡均釋《尚書》古今字，故這集中反映於通假字、古今字。如《注疏》卷 1《堯典》云「厥民隩」，《述疏》云「厥民奧」，孫星衍指出「隩」、「奧」通字〔註252〕，簡朝亮也有此解〔註253〕。《注疏》卷 1《堯典》云「胤子朱」，《述疏》云「允子朱」，孫星衍指出胤爲嗣，二者同義〔註254〕，簡朝亮也有此解〔註255〕。伏生本漢今文，孔壁本、馬、鄭、王本漢古文，梅本隸古字，唐石經先楷書本後改古文，是《尚書》文字演變的主要過程。一般來說，在漢古今字之間，孫星衍多採用漢今文，如他所說的「若改從古文，便恐驚俗。止注明文字同異，疏其出處。」〔註256〕簡朝亮則沿用漢古文。如《注疏》卷 1《堯典》云「敬授人時」，《述疏》云「敬授民時」，孫星衍指出，「民時」與馬、鄭義異，爲今文說〔註257〕。簡朝亮則認爲，「人時」是衛包改古文〔註258〕。

　　三是**釋義迥異的文字**。這主要有下述 2 種情況：一是文獻相同而觀點針鋒相對。如《注疏》卷 1《堯典》云「平秩南訛」，《述疏》云：「平秩南僞」。孫星衍指出司馬遷「訛」作「僞」；《周禮》馮相氏引注作「僞」，蓋「吪」之誤；《漢書王莽傳》云「南僞」，其「僞」即「爲」；《漢志》注云：爲，成也〔註259〕。

〔註251〕簡朝亮著：《尚書集注述疏》卷十，《續修四庫全書》（第 52 冊），上海古籍出版社，2002 年版，第 280 頁。

〔註252〕孫星衍撰，陳抗，盛冬鈴點校：《尚書今古文注疏》卷一，中華書局，2004年版，第 22 頁。

〔註253〕簡朝亮著：《尚書集注述疏》卷一，《續修四庫全書》（第 52 冊），上海古籍出版社，2002 年版，第 42 頁。

〔註254〕孫星衍撰，陳抗，盛冬鈴點校：《尚書今古文注疏》卷一，中華書局，2004年版，第 24 頁。

〔註255〕簡朝亮著：《尚書集注述疏》卷一，《續修四庫全書》（第 52 冊），上海古籍出版社，2002 年版，第 45 頁。

〔註256〕孫星衍撰，陳抗，盛冬鈴點校：《尚書今古文注疏》凡例，中華書局，2004年版，第 1 頁。

〔註257〕孫星衍撰，陳抗，盛冬鈴點校：《尚書今古文注疏》卷一，中華書局，2004年版，第 12～13 頁。

〔註258〕簡朝亮著：《尚書集注述疏》卷一，《續修四庫全書》（第 52 冊），上海古籍出版社，2002 年版，第 35 頁。

〔註259〕孫星衍撰，陳抗，盛冬鈴點校：《尚書今古文注疏》卷一，中華書局，2004

簡朝亮則認爲，「僞」不作「訛」；《周官》馮相氏注引作「僞」，古通「爲」，謂人爲之，僞不作訛；《漢書王莽傳》作「南僞」；孫星衍謂《漢志》注云：爲，成也。然經言西成，不言南成〔註260〕。二是文獻不同而觀點有別。如《注疏》卷 3《禹貢》云「玄圭」，《述疏》云「元圭」。孫星衍指出司馬遷以爲帝錫禹者，言舜剛禹玄圭，以酬庸也〔註261〕。簡朝亮則認爲圭用元者，蔡沈以爲治水成功，象水之色黑也〔註262〕。《注疏》卷 12《洪範》云「於其無好德」，《述疏》云「於其無好」。孫星衍指出司馬遷無「德」字者，好與咎爲韻。鄭本亦無，是後人妄增「德」字〔註263〕。簡朝亮則認爲，此「德」字是唐石經因僞傳而妄加之爾〔註264〕。

四是不作釋義的文字。這主要體現於「女」與「汝」、「弗」與「不」等字，如《注疏》卷 1《堯典》云「女作士」，《述疏》云「汝作士」，孫、簡均未釋義。

無論是章句同中大異，是知曉經文的通假字、古今字，是徵引相同的文獻，是依不同的文獻，還是釋義相同或不作釋義等，呈現於《注疏》《述疏》之中的就是經文本體的差異，而經文是經學傳統的文字符號。孫、簡在著述中多有說明其經文差異，說明他們對於所堅守的學術分野是心中有數的，是具有學術自信的。

2.《尚書》逸文

在四大家中最關注《尚書》逸文的是孫星衍，他是在撰寫《古文尚書馬鄭王注》10 卷、《逸文》2 卷的基礎上著《注疏》的，但是，除江聲以外，王、段、孫均沒有在《後案》《撰異》《注疏》中將逸文集中一塊，如孫星衍將逸文附於《書序》，且對輯注逸文持以嚴謹的態度。「《尚書》佚名，見於先秦經

年版，第 17～18 頁。

〔註260〕簡朝亮著：《尚書集注述疏》卷一，《續修四庫全書》（第 52 冊），上海古籍出版社，2002 年版，第 39～40 頁。

〔註261〕孫星衍撰，陳抗，盛冬鈴點校：《尚書今古文注疏》卷三，中華書局，2004 年版，第 207 頁。

〔註262〕簡朝亮著：《尚書集注述疏》卷三，《續修四庫全書》（第 52 冊），上海古籍出版社，2002 年版，第 228 頁。

〔註263〕孫星衍撰，陳抗，盛冬鈴點校：《尚書今古文注疏》卷十二，中華書局，2004 年版，第 305 頁。

〔註264〕簡朝亮著：《尚書集注述疏》卷十二，《續修四庫全書》（第 52 冊），上海古籍出版社，2002 年版，第 311 頁。

傳諸子及漢人所引，有篇名可考者，各附《書序》，並存原注。其僅稱《書》曰、《書》云，或不必盡是《尚書》，或是《逸周書》及《周書六弢》，不便採入。惟《孟子》所引，侯是《舜典》，趙注不爲注明，亦不敢據增。」〔註265〕簡朝亮輯注《尚書》逸文亦是態度謹嚴的，但他是旨在將逸文多僞古文中分離出來，如簡朝亮認爲下述 5 種情況殊非《尚書》逸文：一是有古志之書，而非孔子雅言，如《漢志》所說：「周史《六弢》六篇，蓋莊子所謂金版《六弢》者。」〔註266〕二是有逸文而僞者，如《漢志》曰：「唐帝讓天下於虞，使子朱處於丹淵爲諸侯。」〔註267〕三是有異文而僞者，如《酒誥》言王曰：「封我聞惟。」〔註268〕四是有隱栝其經而引之者，如僖三十三年《左傳》引《康誥》曰：「父不慈，子不祗，兄不友，弟不恭，不相及也。」五是有經說而以其經目之者，如《說文》引《虞書》曰：「仁覆閔下，則僞旻天。」〔註269〕

附於《書序》的《注疏》的逸文均是有篇名可考者，而置於《述疏》卷30〜32 的逸文則分爲凡逸文知篇名者 57 條、凡逸文不知篇名而有繫代者 35 條、凡逸文不知篇名亦無繫代者 29 條，這種仔細分辨其實無異於孫星衍撰寫的《逸文》2 卷，但將逸文 121 條置於《集注》，體現簡朝亮是將逸文等同於經文，「惟經義足以生浩然之氣，古之人所以爲無競者，皆至今存也。其完文然也，其逸文猶然也。」〔註270〕以《注疏》的逸文與《述疏》知篇名者 57 條相比較，《注疏》、《述疏》存在下述 3 種情況：

一是逸文相同。如《九共》《五子之歌》《允征》（按：《注疏》作《胤征》）《帝告》《湯征》《湯誥》《咸有一德》《高宗之訓》《畢命》《蔡仲之命》各 1 條，《武成》（按：《注疏》作《牧誓》）《君陳》各 3 條，《伊訓》《大甲》各 4

〔註265〕孫星衍撰，陳抗，盛冬鈴點校：《尚書今古文注疏》凡例，中華書局，2004 年版，第 1〜2 頁。

〔註266〕簡朝亮著：《尚書集注述疏》卷三十，《續修四庫全書》（第 52 冊），上海古籍出版社，2002 年版，第 610 頁。

〔註267〕簡朝亮著：《尚書集注述疏》卷三十，《續修四庫全書》（第 52 冊），上海古籍出版社，2002 年版，第 610 頁。

〔註268〕簡朝亮著：《尚書集注述疏》卷三十，《續修四庫全書》（第 52 冊），上海古籍出版社，2002 年版，第 611 頁。

〔註269〕簡朝亮著：《尚書集注述疏》卷三十，《續修四庫全書》（第 52 冊），上海古籍出版社，2002 年版，第 611 頁。

〔註270〕簡朝亮著：《尚書集注述疏》後序，《續修四庫全書》（第 52 冊），上海古籍出版社，2002 年版，第 6 頁。

條,《說命》8 條、《大誓》13 條。以上逸文,孫、簡多徵引自相同的文獻,如《五子之歌》的逸文徵引自《墨子非樂篇》,《允征》的逸文出自鄭玄注的《禹貢》引《允征》文。

二是逸文有異。如《中虺之誥》3 條、《咸有一德》《君牙》各 1 條,孫、簡或徵引相同的文獻、或僅簡朝亮指明出處。如《注疏》的《中虺之誥》云「我聞於夏,人矯天命,布命於下,帝伐之惡,襲喪厥師。」《述疏》云「我聞於夏人,矯天命,布命於下,帝式是惡,用爽厥師。」孫星衍指出,《墨子非命篇上》、《墨子非命篇下》所引《中虺之誥》之文皆不同〔註271〕,簡朝亮亦有此論〔註272〕。《注疏》的《君牙》云「夏暑雨,小民惟曰怨。資多祈寒,小民亦惟曰怨。」〔註273〕《述疏》云「夏日暑雨,小民惟曰怨。資多祈寒,小民亦惟曰怨。」〔註274〕孫、簡均指出徵引自《緇衣篇》引《君雅》曰。另外有異的 3 條逸文,孫星衍均沒有指明出處,反之,簡朝亮則分別指出《中虺之誥》云「亡者侮之,亂者取之」出自襄十四年《左傳》引文〔註275〕、《中虺之誥》云「諸侯自為得師者,王。得友者,霸。得疑者,存。自為謀而莫己若者,亡」出自《荀子堯問篇》所引之文〔註276〕、《咸有一德》云「惟尹躬天見於西邑夏,自周有終,相亦惟終」出自《禮緇衣》所引《尹吉》文〔註277〕。

三是《注疏》無而《述疏》有。如《禹誓》《湯說》《伊訓》各 1 條、《湯誓》2 條、《武成》(按:《注疏》作《牧誓》) 3 條。

一般來說,經典文本是一個穩定的典範性著作的本體,是不同於傳、注、

〔註271〕孫星衍撰,陳抗,盛冬鈴點校:《尚書今古文注疏》卷三十,中華書局,2004年版,第 569～570 頁。

〔註272〕簡朝亮著:《尚書集注述疏》卷三十,《續修四庫全書》(第 52 冊),上海古籍出版社,2002 年版,第 618 頁。

〔註273〕孫星衍撰,陳抗,盛冬鈴點校:《尚書今古文注疏》卷三十,中華書局,2004年版,第 610 頁。

〔註274〕簡朝亮著:《尚書集注述疏》卷三十,《續修四庫全書》(第 52 冊),上海古籍出版社,2002 年版,第 645 頁。

〔註275〕簡朝亮著:《尚書集注述疏》卷三十,《續修四庫全書》(第 52 冊),上海古籍出版社,2002 年版,第 617 頁。

〔註276〕簡朝亮著:《尚書集注述疏》卷三十,《續修四庫全書》(第 52 冊),上海古籍出版社,2002 年版,第 618 頁。

〔註277〕簡朝亮著:《尚書集注述疏》卷三十,《續修四庫全書》(第 52 冊),上海古籍出版社,2002 年版,第 621 頁。

章句等解釋體式而獨立、率先存在的，後世對其的認識與詮釋即依賴於經典文本。包括《大誓》經文在內的《注疏》《述疏》經文與逸文存在的上述差異，無論具無大小都說明孫、簡對其選擇是有意為之的，這殊非今古文經學的分野如此簡單，而是二人解讀《尚書》的路徑多有不同。正是這種對於文獻認識與詮釋的不同推動文獻的發展，簡朝亮製《尚書》新注新疏的意義亦體現於此。

最後，解讀《尚書》

具有變動性的傳、注、章句制體是中國古代解讀經典的模式，它與經典文本自有的穩定性一起構成了經學的矛盾體，也構成了整個經學體系。如果說，經典文本是簡朝亮與四大家《尚書》研治的深層次區別的淺顯外化，那麼，由《尚書》的總綱與指向、路徑與實質、不足與影響構成的彼此之間的差異性，就是去漢宋學之別與漢學對立的濃重書寫。歸根到底，《述疏》屬於咸同年間廣東理學復興後的重要產物，《音疏》《後案》《撰異》《注疏》則是清初學界肅清理學大潮的延續與漢學大興的代表著述。

1. 總綱與指向

筆者以為的「總綱」是指作者對筆下經典發展的歷時性、整體性把握，並將此不同階段性的判斷體現於其經典注疏之中，與此同時為後人留下一把打開該經典研究的鑰匙。所謂「指向」是指作者梳理的經典的「總綱」具有一定的邏輯性、系統性，均指向作者最核心關注的方面，即反映作者的學術宗尚。《音疏》《後案》《撰異》《注疏》均是內容層次性強且方向性明確的著述，以其總綱指向與《述疏》相比，則可知其大相徑庭。

（1）總綱

江聲、王鳴盛分別在《音疏》《後案》的《前述》《後案辨》中對《尚書》的版本、《尚書大傳》《大誓》與偽古文等進行闡述。如江聲認為，從梅賾呈《孔傳古文尚書》，西漢真古文衰微，至唐孔穎達《正義》本刪除鄭玄所述 24 篇，孔安國本古文亡，鄭氏 34 篇注亦隨之亡〔註278〕。段玉裁以「七厄」勾勒《尚書》發展的 7 個階段：「秦之火，一也；漢博士之抑古文，二也；馬、鄭不注古文逸篇，三也；魏晉之有偽古文，四也；唐正義不用馬、鄭，用偽孔，

〔註278〕江聲著：《尚書集注音疏》前述，《清經解》卷 420，齊魯書社，2012 年版，第 950～954 頁。

五也；天寶之改字，六也；宋開寶之改《釋文》，七也。」〔註279〕沿承段氏對於《尚書》今古文字的重視，孫星衍兼疏今古文時指出，今古文說之不能合一，猶《三家詩》及《三傳》難以折衷〔註280〕，故孫星衍各還其是，不勉強牽合。四大家對《尚書》興廢之由與不同階段造成的糾纏不清的問題的闡述，即是其研治《尚書》的總綱。

四大家從版本、存疑篇目與今古文字等角度闡述《尚書》的發展史，簡朝亮均在《述疏》卷首有集中闡述。如簡朝亮縱論伏生本、孔壁本、梅本，認爲伏生本有《大誓》，指出《尚書大傳》「今亡，其存者輯本也」〔註281〕，反對衛包改字，而且，簡朝亮於此的觀點在很大程度上一致於四大家。只是清理《尚書》發展脈絡殊非簡朝亮的旨歸，他是意在以此提出《尚書》「三誣」。簡朝亮認爲，東晉僞古文，其誣一也；《書序》孔子作，其誣二也；執漢學之失，其誣三也〔註282〕。雖然江、王從內容、分篇、體裁、出處、作者等方面辨析東晉僞古文，而且注疏《書序》，指出《書序》非孔子作，使簡朝亮以爲的《尚書》「二誣」在他們手中已經成爲鐵案，但是，簡朝亮仍然將此挖掘出來，並將此「二誣」落實在解讀《尚書》的整個過程，說明簡朝亮對四大家於此的處理不滿意。簡朝亮其實不僅將矛頭指向四大家疏於注疏逸文、《書序》，而且指向四大家沒有將辨析僞古文深入至其賊經亂道。如簡朝亮指出，即使辨僞如惠棟仍謂僞古文於大義無乖，則不明僞古文之危害〔註283〕，此即執漢學之失，故所謂的《尚書》「三誣」，說到底就是「一誣」。

（2）指向

無論是江聲兼採今古文，是王鳴盛不辨今古文，是段玉裁清理漢代今文本的異文與搜集漢代今古文而不太關注經義探析，是孫星衍今古文疏釋並

〔註279〕《段玉裁全書》編委會：《段玉裁全書》，江蘇人民出版社，2015 年版，第 55 頁。

〔註280〕孫星衍撰，陳抗，盛冬鈴點校：《尚書今古文注疏》序，中華書局，2004 年版，第 1 頁。

〔註281〕簡朝亮著：《尚書集注述疏》卷首，《續修四庫全書》（第 52 冊），上海古籍出版社，2002 年版，第 18 頁。

〔註282〕簡朝亮著：《尚書集注述疏》序，《續修四庫全書》（第 52 冊），上海古籍出版社，2002 年版，第 621 頁。

〔註283〕簡朝亮著：《尚書集注述疏》前序，《續修四庫全書》（第 52 冊），上海古籍出版社，2002 年版，第 1 頁。

重，以小學爲本就是四大家考論《尚書》的基礎，故他們梳理的《尚書》總綱具有客觀性、徵實性，典型體現漢學家求眞崇古的傳統，指向漢人家法。如江聲以音韻、訓詁等考據學曉經大義；王鳴盛指出，「學必以通經爲要，通經必以識字爲基」〔註284〕，以《說文解字》爲「小學之冠」；段玉裁其實是以《撰異》爲《說文解字注》搜集資料，故《撰異》略於義說、文字是詳；孫星衍直言「讀書當先識字」〔註285〕，他認爲文字不同，經說有異，注意在文義上疏釋今古文。四大家均體現東漢古文經學章句訓詁的特色。

　　簡朝亮亦重視章句訓詁，如他大量徵引《說文》《爾雅》《釋文》等著述辨釋音義、文字，但簡朝亮殊非以此作爲解讀《尚書》的歸宿，反之，作爲四大家之後體現理學復興的《尚書》著述，既然《述疏》是以漢學家疏於發挖僞古文的賊經亂道爲中心提出《尚書》「三誣」的，故以此爲總綱的《注疏》自然是以宋代義理之學充實漢唐經注傳統。有必要注意的是，簡朝亮殊非棄漢人家法而不顧，退一步說，西漢今文經學本身即重視明大義，提倡經學與現實相結合。簡朝亮是將漢唐考證傳統與宋代義理之學相結合，此即以「三誣」爲《尚書》總綱的《述疏》的指向。

2. 路徑與實質

　　四大家是以崇漢抑宋的治學理念而存西漢《今文尚書》之眞與復東漢《古文尚書》的原貌，簡朝亮是以申明「疏通知遠」的《書》教而復東漢《古文尚書》。故簡朝亮與四大家解讀《尚書》的路徑與實質自然大異。

（1）路徑

　　即使段玉裁不太關注經義，但如江聲所說「集，三合也。讀若集。注者，著也。集合先儒之解，並己之意並注於經下，所以著明經誼，故曰集注。字有數誼則彼此異音，初學難辨，爲之反切，以發明之。解有微旨而證據不詳，後學莫信，爲之引申以疏通之，故曰《音疏》。」〔註286〕於注中標明音讀、異文、斷句等，注下爲疏，詮釋以詞語訓詁、名物制度的考訂、地理考證與經義的串解爲主，據訓詁而明經義都是四大家解讀《尚書》的基

〔註284〕　王鳴盛著，黃曙輝點校：《十七史商榷》，上海古籍出版社，2013 年版，第 961頁。

〔註285〕　孫星衍撰：《江聲傳》，《清代碑傳全集》卷 134，上海古籍出版社，1987 年版，第 681 頁。

〔註286〕　江聲著：《尚書集注音疏》，《清經解》卷 390，齊魯書社，2012 年版，第 834頁。

本路徑。此即漢唐經學的經注傳統。表面而言，《述疏》也是由「注－述－案」推進的，但是，無論注疏原則，還是釋經特點，簡朝亮均與四大家多有不同。

一是注疏原則。江聲在《音疏》中取注以馬融、鄭玄爲主，而復爲疏，不備者補以《尚書大傳》《說文》《論衡》等所說《尚書》義，兼採王肅及僞《孔傳》，即其自言「融會漢儒之說以爲注」〔註287〕。王鳴盛遍觀群書，收羅鄭玄注，益以馬融、王肅、《孔傳》《孔疏》，獨尊鄭學，即其自言「文字宜《說文》，傳注必宗鄭氏，此說經科律，所宜遵守也」〔註288〕。段玉裁不重釋經義。孫星衍注取五家三科說，「一、司馬氏遷從孔氏安國問故，是古文說。一、《書大傳》伏生所傳歐陽高、大夏侯勝、小夏侯建，是今文說。一、馬氏融、鄭氏康成雖有異同，多本衛氏宏、賈氏逵，是孔壁古文說。」〔註289〕三科即古文說、今文說、孔壁古文說，五家指司馬遷、歐陽氏、大小夏侯氏、馬融、鄭玄。由於認爲今古文難以彌縫，不能折衷，孫星衍均在注文中標以《大傳》曰、歐陽、夏侯曰、馬融曰等，各還其是，分別疏解。

簡朝亮沒有直言注取何家，但他對注、疏的體例有清晰的闡述，「凡要義於注登之，異文異說之要於疏存之，徵引則取其義之著者，義同則取其言之文者。注文宜簡，疏文宜詳。其或徵引詳於注中者，以經之古言古義非此不明，從鄭《禮注》之例也。徵引之字彼此不同則以可通者明之，從《釋文》及諸經疏之例也。……疏原其始，前人之注，後人疏之。其注而自疏，非從唐之《道德經》注疏例也，《易傳》固有其例也。」〔註290〕簡朝亮也沒有揭批孫星衍論及取注時對宋人的主觀評價：「不取宋已來諸人注者，以其時文籍散亡，較今代無異聞，又無師傳，恐滋臆說也。」〔註291〕但是，簡朝亮在《述疏》中注首取朱熹，次取蔡沈，次列鄭玄，述則兼取司馬遷、歐陽氏、大小

〔註287〕 江聲著：《尚書集注音疏》後述，《清經解》卷402，齊魯書社，2012年版，第950頁。

〔註288〕 王鳴盛著，顧寶田、劉連鵬點校：《尚書後案》，北京大學出版社，2012年版，第538頁。

〔註289〕 孫星衍撰，陳抗，盛冬鈴點校：《尚書今古文注疏》凡例，中華書局，2004年版，第1頁。

〔註290〕 簡朝亮著：《尚書集注述疏》前序，《續修四庫全書》（第52冊），上海古籍出版社，2002年版，第5～6頁。

〔註291〕 孫星衍撰，陳抗，盛冬鈴點校：《尚書今古文注疏》序，中華書局，2004年版，第2頁。

夏侯氏、馬融、惠棟、江聲、王鳴盛、段玉裁、孫星衍等釋朱、蔡、鄭注，以「謹案」分辨朱、蔡、鄭注之不同。由取注時對於朱、蔡、鄭的編排次第體現的就是簡朝亮的思想旨趣。簡朝亮從江聲注採馬、王，王鳴盛專疏鄭玄，孫星衍注取三科五家所體現的多不離漢人說經的實質，易作注取朱熹、蔡沈、鄭玄三家，這是對朱熹兼取漢魏與宋代注家的沿承與推動。因此，簡朝亮不同於四大家墨守於搜集漢儒經說，不信古崇漢，以注解《尚書》立足宋學而兼宗漢學，打破陳澧指出的「近儒說《尚書》，考索古籍，罕有道及蔡仲默《集傳》者矣」〔註292〕的《尚書》注疏現狀。

　　二是**釋經特點**。由於注疏原則不同，即使運用注音、釋義、校勘等釋經方法，但四大家釋經經歷從江、王以東漢古文說為主而對於西漢今文說未能予以充分關注，到段玉裁細辨今古文字之異，到孫星衍以今古文兼重釋義的演變過程。與此同時，四大家釋經各有特色。如江聲不僅以「易其字而不變其誼」〔註293〕為指導，據《史記》勘補《尚書》逸文與正孔壁本篇目，據《說文解字》改易《尚書》經文，而且吸納惠棟、戴震、顧炎武、錢大昕、段玉裁、江藩等研究成果，尤以取惠棟20多條之多。史學大家王鳴盛既徵引100多種廣涉經史子集的文獻，也利用古代青銅器、石刻碑碣等金石資料考證史實，如徵引《晉姜鼎》銘文說明嗣、司是古今字，以野史筆記與正史相參糾正偽古文，以方言證經文等。段玉裁徵引 221 種文獻，將互校法運用到極致，不僅校釋《尚書》文字，而且校釋群書訛誤，糾正《廣韻》《集韻》《說文》等辭書的訛誤。孫星衍將江、王、段的文獻徵引拓展至石經、佛經，如漢熹平石經、魏三體石經、唐開成石經與《一切經音義》《華嚴經音義》等，既比較全面地呈現漢魏古訓，也謹慎對待江聲、王鳴盛等時人、前人的研究成果，將網羅舊說、選擇舊說、突破舊說、重組舊說純熟地運用於其中〔註294〕。

　　宋學義理闡發是基於漢學章句訓詁的基礎上的，故注音、釋義、校勘等亦是簡朝亮運用的釋經方法。只是簡朝亮賦予注音、釋義、校勘等有別於四

〔註292〕陳澧著，黃國聲主編：《陳澧集》（二），上海古籍出版社，2008 年版，第 99 頁。

〔註293〕江聲著：《尚書集注音疏》，《清經解》卷 393，齊魯書社，2012 年版，第 876 頁。

〔註294〕焦桂美：《〈尚書今古文注疏〉的詮釋動因、體例與方法》，《孔子研究》2013 年第 1 期。

大家的內涵。如簡朝亮重視反切法，經文云「分命羲仲，宅嵎夷，曰暘谷。寅賓出日，平秩東作。日中星鳥，以殷仲春。厥民析，鳥獸孳尾。」〔註295〕簡朝亮注音曰：「嵎音隅，暘音陽，析星歷反，孳音字。」〔註296〕簡朝亮訓詁文字時，不僅重視經文句法、章法，而且依漢宋經師訓詁。簡朝亮以為，「先生常以《六經》者，古聖賢之文。孔門所由以經學稱文學也。義在文中，故不察其文，無由通其義。故治經者，當深於其文也。而先生於經，恒因文以析義焉。」〔註297〕凡訓詁名物，簡朝亮幾乎不離「蔡氏謂……」、「鄭氏謂……」，並頻繁出現諸如「蔡氏（或鄭氏）……，是也」、「蔡氏（或鄭氏）……，非也」的學術判斷形式，這是迥異於四大家獨守遺經與不參異說的。與以鄭、蔡互釋經文大義不同，簡朝亮徵引江、王、孫、段或旨在探究鄭氏釋義的源頭，或將此作為修正的對象。如，「此江氏之申鄭也。」〔註298〕「此申鄭而尤失也。」〔註299〕因此，簡朝亮不僅使四大家校勘群籍添上新成員，而且將四大家的著述作為校勘對象。

簡朝亮賦予注音、釋義、校勘的上述突破是旨在將四大家止步的解釋文字、串講經文大意、考證名物典章制度的釋經內容往前推進，挖掘經學的微言大義。此即簡朝亮所說的「此《春秋》之志也，蔡義得其宗矣。近世《尚書》家，江、王、孫、段諸儒，於蔡義之大若斯者，猶不採之，而學者又習以近儒為宗。嗚呼！經術之微，非一人一日之故也。」〔註300〕簡朝亮釋經實現訓詁考證與義理闡述相結合，通經注釋發揮經學經世致用的本質，即《書》以道政事，是簡朝亮注釋《尚書》的根本特點。簡朝亮將尊君、安民作為《尚書》之要道，此即他釋經的主導思想。孫星衍在《注疏序》中談及「七觀」之書，「《堯典》可以觀美，《禹貢》可以觀事，《皋陶謨》可以觀治，《鴻範》可以觀度，六《誓》可以觀義，五《誥》可以觀仁，《甫刑》可以觀誡。」

〔註295〕簡朝亮著：《尚書集注述疏》卷一，《續修四庫全書》（第52冊），上海古籍出版社，2002年版，第37頁。

〔註296〕簡朝亮著：《尚書集注述疏》卷一，《續修四庫全書》（第52冊），上海古籍出版社，2002年版，第37頁。

〔註297〕簡氏門人編纂：《簡朝亮年譜》，1934年刻本，第21頁。

〔註298〕簡朝亮著：《尚書集注述疏》卷二十五，《續修四庫全書》（第52冊），上海古籍出版社，2002年版，第546頁。

〔註299〕簡朝亮著：《尚書集注述疏》卷十二，《續修四庫全書》（第52冊），上海古籍出版社，2002年版，第317頁。

〔註300〕簡朝亮著：《尚書集注述疏》卷二十五，《續修四庫全書》（第52冊），上海古籍出版社，2002年版，第544頁。

〔註301〕簡朝亮則不僅以爲皆觀國之光，《尚書》它篇可以推，而且多有豐富，如指出《堯典》柔遠能邇，故以立政，《皋陶謨》知人而安民，《顧命》之訓，言柔遠能邇，《文侯之命》謀六師而立政〔註302〕。與此同時，簡朝亮將此觀點滲透於相關經文的注釋。如簡朝亮以總言堯之德、以德化申言堯、以授時申言堯、以知人申言堯之德、以舉舜讓位申言堯之德、試誠之言、讓舜之決等作爲堯老舜攝之前的章句訓釋的主旨，以舜攝政而先曆象、舜攝政而告祭、舜攝政而見諸侯等著堯之德作爲舜攝政之後的章句主旨，因此，《堯典》可以觀美、可以立政便不到渠成。由於以《書》教繫於國教釋經的，簡朝亮以爲「釋《書》者，不可不愼也。」〔註303〕正是因此，簡朝亮不僅通體注釋《尚書》經文，而且通體訓釋《尚書》逸文。「蓋逸文所存，雖一二微言，而容光之照，於是乎知日月之明矣，且僞古文者，有襲乎逸文而竄之，今僞者既芟，而不勤勤於逸文，則疏也。」〔註304〕簡朝亮自注自疏逸文 121 條，其詳細程度不亞於注解《尚書》經文。

（2）實質

雖然四大家的注疏原則、釋經特點稍有不同，但其注疏範圍不囿於漢魏諸儒，其釋經以章句訓詁爲主而不重視闡發經學的微言大義。退一步說，即使四大家偶有挖掘經文大義亦殊非宋代義理之學，而是漢學經師之義。其根本原因在於四大家注解《尚書》屬於由閻若璩啓引、惠棟奠定的清初學界肅清理學大潮的延續。閻若璩在《尚書古文疏證》中指出僞《大禹謨》的「人心惟危，道心惟微，惟精惟一，允執厥中」即「十六字心傳」（以下簡稱「十六字」）襲用《荀子》，惠棟在此基礎上既論證此十六字殊非閻氏所說的「造語精密」，也全面顛覆由程朱以「十六字」構建的理學基礎。惠棟認爲，《荀子》所言七十子之大誼，推而上之，即聖人之微言也。梅氏用其說以造經，而誼多疏漏，閻氏謂其『造語精密』，殊未然。」〔註305〕程頤以「心」爲道之

〔註301〕孫星衍撰，陳抗，盛冬鈴點校：《尚書今古文注疏》序，中華書局，2004 年版，第 1～2 頁。

〔註302〕簡朝亮著：《尚書集注述疏》序，《續修四庫全書》（第 52 冊），上海古籍出版社，2002 年版，第 4～5 頁。

〔註303〕簡朝亮著：《尚書集注述疏》序，《續修四庫全書》（第 52 冊），上海古籍出版社，2002 年版，第 5 頁。

〔註304〕簡朝亮著：《尚書集注述疏》卷三十，《續修四庫全書》（第 52 冊），上海古籍出版社，2002 年版，第 611 頁。

〔註305〕惠棟著：《古文尚書考》，《清經解》，齊魯書社，2012 年版，第 707 頁。

所在，「微」爲道之本體，故心與道渾然一體；「危」指人心、私欲，其狀態是危殆，「微」指道心、天理，其狀態是精微，清除「危」與「微」的鴻溝在於存天理而滅人慾，即「惟精惟一，允執厥中」。朱熹將「惟精惟一」看作兩段工夫，「惟精」在先，屬於認識過程，「惟一」在後，是個力行過程，由此構建知行合一的認識論。惠棟以《中庸》的「誠」解釋「人心惟危，道心惟微」，認爲「危」即愼獨，「微」即至誠，「誠」是「危」、「微」的本質。與此同時，惠棟將朱熹以兩截工夫釋「惟精惟一」易作以「精」爲「精緻」，以「一」爲專一，爲「惟」，並與漢學家的專門之學相合而重視「一」。惠棟完全破解程、朱以「十六字」構築的「天理人慾」、「知行合一」的宋代理學綱領，具有錢穆所說的趨新、革新特質。

四大家與閻若璩、惠棟多有關係。「艮庭受學於惠氏，又爲之刊正經文，疏明古經，論者謂其足補閻、惠所未及。」〔註306〕王鳴盛問學於惠、江，孫星衍問學於王，且四大家研治《尚書》雖自成一體，但均屬於漢學經注系統。因此，即使四大家未能在惠棟辨析「十六字」基礎上再有深化，但以「十六字」肅清理學就是四大家的不言之學。「人心之危，道心之微」語出《荀子》，「惟精惟一」未見於何典籍，「允執厥中」語出《論語》，都是不爭的事實，程朱以有實無名的「十六字」構建其理學思想，自身即難以服人。面對尷尬形勢，簡朝亮指出，荀子所言道經不是《尚書》，而是古籍，「十六字」是襲《荀子》與道經，古籍如《中庸》即有「十六字」之義，如朱熹在《中庸章句序》中所論即是，反之，由道經言《中庸》亦通，因此朱熹之說，其於文也則誤之乎僞經，其於義也則通之乎道經，朱熹之說亦殊非惠棟所說的「《荀子》之言危、微與俗解異」，而是《荀子》論「誠」與朱熹之說是其義相因而無異者〔註307〕。簡朝亮以道經殊非《尚書》，以道經、《中庸》互通，以朱熹兼宗荀子，以朱熹通「十六字」，既是試圖彌縫「十六字」的有實無名，也是對閻、惠啓引的以「十六字」驅逐宋學的回擊，是回歸宋學之舉。正因如此，簡朝亮注取朱熹、蔡沈，釋經重視微言大義。

3. 不足與影響

四大家的《尚書》著述，時人、後人多有評論。江聲增補、改易《尚書》

〔註306〕徐世昌編：《清儒學案》，中華書局，2008年版，第1119頁。
〔註307〕簡朝亮著：《尚書集注述疏》卷末下，《續修四庫全書》（第52冊），上海古籍出版社，2002年版，第714～715頁。

經文，持經重於史，信馬、鄭而不信《史記》《漢書》。孫星衍說：「江氏篆寫經文，又依《說文》改字，所注《禹貢》，僅有古地名，不便學者循誦。」〔註308〕梁啓超斥其不善剪裁。王鳴盛自言「但當墨守漢人家法，定從一師，而不敢他徒」〔註309〕，其注經逞博煩瑣，缺乏新意；惟漢是從，凡古必是；批評前人過擊，如斥王應麟「不識古」，批孔《疏》、孔《傳》「疏曲附之，終屬詞窮」等；且不辨分古文字。段玉裁僅分今古文字，孫星衍、梁啓超等多有指出。孫星衍注疏體例、網羅舊說、立論謹嚴等在四大家中則最優。「孫淵如算是三家之冠了。他的體例，是自爲注而自疏之。注又簡括明顯，疏文才加詳，疏出注文來歷，加以引申，就組織上論，已經壁壘森嚴，但已知兩派不可強同，各還其是，不勉強牽合，留待讀者判斷從違。這是淵如極精愼的地方，所以優於兩家。」〔註310〕「意在網羅放失舊說，博稽愼擇，大致完美，實遠勝江、王、段三人之說。」〔註311〕但是，孫著不取宋儒注，則體現其思想保守、嚴分學術門戶的不足。

四大家沿承閻、惠漢學家法，通注《尚書》全經，注取漢魏，疏解《尚書》今古文，清除《尚書》閱讀、研治的困難，屬於清代漢學注經的名著。四大家著述獲得後人高度重視，其優劣也大白天下。筆者以爲，略顯武斷、空話太多、表述重複等是《述疏》的主要不足。如凡言及《孔子家語》《孔叢子》，簡朝亮均曰：「僞《家語》云……」、「僞《孔叢子》云……」。其實至今一般認爲，《孔子家語》《孔叢子》並非三國魏王肅僞撰，其作者是孔子後裔。或未能抓住問題的主要方面，或小題大作，或無中生有問題，是簡朝亮注經空話太多的主要方面。如論「十六字」時，簡朝亮未能抓住惠棟對於天理人慾、知行合一的化解，而是將矛頭指向「十六字」襲道經、《荀子》，故程、朱論道名符其實。解釋大題與闡述小題、著述正文與附錄《讀書堂答問》使簡朝亮的注經在具有系統性的同時，比較容易出現表述重複的問題。如「此僖公五年《左傳》所引《周書》文也，蓋承上文《周書》，稱又曰而引之」出

〔註308〕孫星衍撰，陳抗，盛冬鈴點校：《尚書今古文注疏》序，中華書局，2004 年版，第 3 頁。

〔註309〕王鳴盛著，黃曙輝點校：《十七史商榷》，上海古籍出版社，2013 年版，第 3 頁。

〔註310〕梁啓超：《中國近三百年學術史》，中國社會科學出版社，2008 年版，第 169 頁。

〔註311〕中國科學院圖書館整理：《續修四庫全書總目提要》，齊魯書社，1996 年版，第 238 頁。

現於《述疏》第 658、659 頁，類似情況幾乎貫穿於《述疏》之中。除梁啓超以外，後人甚少關注《述疏》。梁啓超以作爲四大家之後的漢唐經注體系看待《述疏》，以爲簡朝亮是取馬、鄭注、歐陽、夏侯遺說與孫星衍搜集未到而經後人輯出者，其實孫星衍殊非朱熹、蔡沈注搜集未到，而是有意爲之，簡朝亮補之則是與包括孫星衍在內的四大家的學術對立。正是從注取朱、蔡、鄭，以漢唐宋清諸儒說疏之，闡發微言大義，強調《書》教即國教等層面，彰顯《述疏》的學術史地位。

二、疏《論語集注》

　　無論是疏《論語集注》（以下簡稱《集注》）的主客觀原因，是其詮釋體例，還是詮釋方法，簡朝亮完成於 1918 年的《論語集注補正述疏》（以下簡稱《述疏》）既與下述 4 支清代《論語》學稍有關連：清初顏元、王夫之、孫奇逢提倡的經世致用的《論語》學，正統理學家呂留良、陸隴其尊朱辟王的《論語》學，漢學家閻若璩、崔述、馮登府以訓釋古注異同、考訂典章制度爲內容的《論語》學，焦循、劉寶楠考證、義理兼備的《論語》學，但簡朝亮殊非梁啓超所說的「志在溝通漢宋」〔註312〕、「折衷漢宋精粹」〔註313〕，也與宣統年間清政府廢經有緊密關係。可以說，處於社會轉捩點上的《述疏》與前述之《尚書》研究一起都屬於簡朝亮製經典新注新疏的組成部分。

　　首先，疏《集注》的原因

　　1908 年簡朝亮開始疏《集注》的原因有下述 4 方面：

1. 時代之需要

　　一方面，調和漢宋學是晚清經學的重要取向。作爲同治以前《論語》學之集大成的劉寶楠《論語正義》（以下簡稱《正義》）即是如此。但《正義》「漢人解義，存者無幾，必當詳載。至皇氏《疏》、陸氏《音義》所載魏晉人以後說，精駁互見，不敢備引。唐宋後著述益多，尤宜擇取」〔註314〕的取擇標準是以漢學本位而兼取宋學的。簡朝亮是廣東近代宋學復興的集大成人物，他提出以「叶於經」平漢宋學之爭是以宋學爲本位的，「而或平之曰：『漢學長

〔註312〕梁啓超撰，朱維錚導讀：《清代學術概論》，上海古籍出版社，1998 年版，第50 頁。

〔註313〕梁啓超著：《梁啓超全集》，北京出版社，1999 年版，第 4274 頁。

〔註314〕劉寶楠著：《論語正義》，中華書局，1990 年版。

訓詁，宋學長義理，斯不爭矣。』是未知叶於經者之爲長，其長不以漢宋分也。明經之志，君子無所爭也。」〔註315〕「叶於經」是簡朝亮解讀經典的原則，此即朱熹提倡的依經明理。「自漢迄宋而至於今也，爲《論語》之學者，明經以師孔子也，惟求其學之叶於經而已，烏可立漢學、宋學之名而自畫哉？」〔註316〕由於鄭玄、朱熹分別是漢宋學之集大成，故簡朝亮的整個經學生涯其實更多的是平鄭、朱學術之別，如其所說「凡光不緝續則不明，鄭與朱義相生也，皆古訓也。」〔註317〕

　　另一方面，廢經與否是宣統至民國初年 2 種對抗性的學術思潮。簡朝亮不僅以《論語》爲六經之精，百氏之要，萬世之師〔註318〕，而且以《論語》能強吾中國〔註319〕。正是將廢經視爲世變，簡朝亮不僅疏《集注》，而且對於《述疏》的「述」、「疏」與「補正」之名有下述特殊安排：一是以《樂記》云：「作者之謂聖，述者之謂明。」蓋賢者明乎聖人之作而述之爲「述」〔註320〕。二是注音不列於注後，而見於疏中。簡朝亮指出，《述疏》初欲爲單疏本，既而世變不同，懼注亡也，乃定合刊本。其疏中寓《釋文》而有注音者，先已爲之，遂仍之爾。世變既不同，乃思注雖有音，如疏無音，亦難讀也，故亦相次爲疏音，以絕廢經者議焉〔註321〕。三是不得已而疏文多長。簡朝亮認爲，若夫釋經而惟舉其要，其文自簡，而考證不備，後人必有翻其說，則經術奚由而明？今且議廢經，於《注》何有，於《疏》亦何有？惟《疏》之辨《注》所以長者，方欲別諸家得失，而明經術，以見經之不能廢〔註322〕。

〔註315〕簡朝亮撰，趙友林、唐明貴校注：《論語集注補正述疏——附〈讀書堂答問〉》序，華東師範大學出版社，2013 年版，第 4 頁。

〔註316〕簡朝亮撰，趙友林、唐明貴校注：《論語集注補正述疏——附〈讀書堂答問〉》序，華東師範大學出版社，2013 年版，第 3 頁。

〔註317〕簡朝亮撰，趙友林、唐明貴校注：《論語集注補正述疏——附〈讀書堂答問〉》卷首，華東師範大學出版社，2013 年版，第 30 頁。

〔註318〕簡朝亮撰，趙友林、唐明貴校注：《論語集注補正述疏——附〈讀書堂答問〉》序，華東師範大學出版社，2013 年版，第 3 頁。

〔註319〕簡朝亮撰，趙友林、唐明貴校注：《論語集注補正述疏——附〈讀書堂答問〉》卷首，華東師範大學出版社，2013 年版，第 53 頁。

〔註320〕簡朝亮撰，趙友林、唐明貴校注：《論語集注補正述疏——附〈讀書堂答問〉》卷四，華東師範大學出版社，2013 年版，第 382 頁。

〔註321〕簡朝亮撰，趙友林、唐明貴校注：《論語集注補正述疏——附〈讀書堂答問〉》讀書堂答問，華東師範大學出版社，2013 年版，第 1369 頁。

〔註322〕簡朝亮撰，趙友林、唐明貴校注：《論語集注補正述疏——附〈讀書堂答問〉》讀書堂答問，華東師範大學出版社，2013 年版，第 1370 頁。

《集注》無注而簡朝亮有疏，《集注》其注簡約而簡朝亮疏文長，是《述疏》疏文的 2 種情況。如疏「曰：『既富矣，又何加焉？』曰：『教之。』」簡朝亮的疏文超過 5 萬字，他本人也說：「此述疏言之長矣，蓋有不得不言之長者，以非此則無以明爾。」〔註 323〕故其疏殊非梁啓超所說的「我總嫌他空話太多一點」〔註 324〕如此簡單。四是《述疏》不得已而取「補正」之名。簡朝亮指出，古之事師雖有補正，未嘗以補正名，今之人不知補正而言義之公，不樂補正而成人之美，故爲補正求叶於經者，其初心本不欲以補正名，其世變不能不以補正名〔註 325〕。

2.《集注》之不足與注宜有疏

朱熹在著《集注》之前，已經著《論語集義》《論語或問》（以下簡稱《或問》），而《集注》乃《論語集義》之精，並與《或問》前後不相應。雖然朱熹自 30 歲下工夫研治《論語》，且臨終前對其修證仍猶未了，但是，簡朝亮認爲《集注》仍存在下述 3 方面不足：一是朱熹說既叶而當有申者，如蘧伯玉未仕；二是朱熹說未叶而當有別者，如朱熹嘗疑僞古文，而猶引之，則未及修之爾，如僞《武成》之文〔註 326〕；三是未修的《或問》仍存朱熹初意，《集注》有不如《或問》之處，如《泰伯篇》「三讓」章讓周說、「才難」章周之德統文武說〔註 327〕。另外，自朱熹以來，《論語》諸家異說日多。正是基於以上的主客觀原因，簡朝亮沿承朱熹一生對《集注》修正不斷的精神，疏《集注》。

簡朝亮認爲，漢人釋經，或謂之傳，或謂之故，或謂之章句，或謂之說，鄭玄則謂之注，注始稱也。注，如水之注，其於經文曲以達也。疏，如水之疏，其於注文分以利。故注宜有疏，釋經才備。六朝以來，釋注以明經者則謂之疏，如皇侃爲《論語集解》作疏、孔穎達疏解鄭玄《禮注》、邢昺取皇《疏》

〔註 323〕簡朝亮撰，趙友林、唐明貴校注：《論語集注補正述疏——附〈讀書堂答問〉》卷七，華東師範大學出版社，2013 年版，第 884 頁。

〔註 324〕梁啓超著：《中國近三百年學術史》，中國社會科學出版社，2008 年版，第 195 頁。

〔註 325〕簡朝亮撰，趙友林、唐明貴校注：《論語集注補正述疏——附〈讀書堂答問〉》卷首，華東師範大學出版社，2013 年版，第 44 頁。

〔註 326〕簡朝亮撰，趙友林、唐明貴校注：《論語集注補正述疏——附〈讀書堂答問〉》序，華東師範大學出版社，2013 年版，第 5～8 頁。

〔註 327〕簡朝亮撰，趙友林、唐明貴校注：《論語集注補正述疏——附〈讀書堂答問〉》卷首，華東師範大學出版社，2013 年版，第 43 頁。

約而修之等。從注到疏，簡朝亮以「事師無犯無隱」為原則，提倡如有不同，即下己意，指出孔穎達疏《禮注》則有隱〔註328〕。簡朝亮以疏《集注》為師事朱熹，只是鑒於世人不明古之事師之禮，故取以「補正」之名。

3. 自身積累

簡朝亮師從朱次琦，朱次琦為學以孔子為宗。「古之言異學者，畔之於道外，而孔子之道隱。今之言漢學、宋學者，咻之於道中，而孔子之道歧，何天下之不幸也。」〔註329〕師從之學使簡朝亮「今念斯言，道中既不安，豈不由道外而他求歟？則道中咻者過矣。」〔註330〕雖然《述疏》是簡朝亮唯一一種《論語》著述，但是，六經之學本是一個整體，簡朝亮在其首本經學著述的《尚書集注述疏》中，已經大量徵引《論語》且關注朱熹的《尚書》觀點，為其疏《集注》奠定必要基礎，故《述疏》有「詳《尚書集注述疏》」之語。如疏「三分天下有其二」時，簡朝亮述《禹貢》九州後云「詳《尚書集注述疏　禹貢篇》」〔註331〕，疏「河不出圖」時，簡朝亮述洛書文本後云「詳《尚書集注述疏》」〔註332〕，簡朝亮對於偽《大禹謨》16 字的解釋亦源自《尚書集注述疏》〔註333〕。完成於清政府廢止讀經前後的《述疏》，簡朝亮屢次以世變稱之，而《述疏》本身的遭遇頗為曲折，「先後兵燹間，以金合於韞述草而舊薶土中者三。」〔註334〕

其次，詮釋體例

與何晏《論語集解》（以下簡稱《集解》）、皇侃《論語義疏》（以下簡稱皇《疏》）、邢昺《論語義疏》（以下簡稱邢《疏》）等漢宋時期疏解《論語》

〔註328〕簡朝亮撰，趙友林、唐明貴校注：《論語集注補正述疏——附〈讀書堂答問〉》論語序說，華東師範大學出版社，2013 年版，第 43 頁。

〔註329〕簡朝亮撰，趙友林、唐明貴校注：《論語集注補正述疏——附〈讀書堂答問〉》序，華東師範大學出版社，2013 年版，第 2 頁。

〔註330〕簡朝亮撰，趙友林、唐明貴校注：《論語集注補正述疏——附〈讀書堂答問〉》序，華東師範大學出版社，2013 年版，第 4 頁。

〔註331〕簡朝亮撰，趙友林、唐明貴校注：《論語集注補正述疏——附〈讀書堂答問〉》卷四，華東師範大學出版社，2013 年版，第 510 頁。

〔註332〕簡朝亮撰，趙友林、唐明貴校注：《論語集注補正述疏——附〈讀書堂答問〉》卷五，華東師範大學出版社，2013 年版，第 534 頁。

〔註333〕簡朝亮撰，趙友林、唐明貴校注：《論語集注補正述疏——附〈讀書堂答問〉》卷七，華東師範大學出版社，2013 年版，第 829 頁。

〔註334〕簡朝亮撰，趙友林、唐明貴校注：《論語集注補正述疏——附〈讀書堂答問〉》序，華東師範大學出版社，2013 年版，第 9 頁。

著述的詮釋體例相比，簡朝亮既「改動」《集注》經文分章，設置《讀書堂答問》（以下簡稱《答問》），也注分 3 稱、疏分 3 類，期以資初學者與全面、深入疏解《集注》。

1.「改動」分章與設置《答問》

邢昺、朱熹均據何晏《論語集解》，但邢氏改動其《論語》經文分章，朱熹則不輕加改動。表面而言，簡朝亮先錄《集注》本《論語》文字，但他對《集注》分章進行大刀闊斧的改動，如朱熹將《學而第一》《爲政第二》《八佾第三》分別爲 16 章、24 章、26 章，簡朝亮則均朝著從章到句甚至是字的方向將其細分爲 26 章、39 章、36 章，但是，除下述 3 處以外，一是《泰伯第八》「君子篤於親，則民興於仁；故舊不遺，則民不偷」，簡朝亮指出當自爲一章〔註335〕，二是《先進第十一》「唯赤則非邦也與？」「宗廟會同，非諸侯而何？赤也爲之小，孰能爲之大？」簡朝亮認爲，由今考之，孔子自爲問答，唯求唯赤，比而言之，其辭氣宜合之也，其文勢宜連之也，說在上文〔註336〕，三是「克、伐、怨、欲不行焉，可以爲仁矣」，簡朝亮指出，《集注》於此分章則其文失所承矣，當如邢本因皇者合章而分節焉〔註337〕，簡朝亮並沒有指出《集注》經文分章之誤，故簡朝亮「改動」經文分章是由於其疏文多長，以便於初學者研閱所致。如簡朝亮將原 1 章的「子曰：『視其所以，觀其所由，察其所安。人焉瘦哉？人焉瘦哉？』」〔註338〕分爲「子曰：視其所以、觀其所由、察其所安、人焉瘦哉、人焉瘦哉？」5 章，分別以定十年《左傳》、隱五年《穀梁傳》、《易·繫辭傳》等疏解《集注》，且重點疏解「人焉瘦哉？人焉瘦哉」，將本來合起來一千多言的疏文平分幾部分，有一目了然與重點突出的閱讀效果。有必要指出的是，由於「改動」《集注》分章，致《集注》於「子曰：『君子病無能焉，不病人之不已知也』」、「子曰：』君子不以言舉人，不以人廢言」、「子曰：『不降其志，不辱其身，伯夷、叔齊與」〔註339〕

〔註335〕簡朝亮撰，趙友林、唐明貴校注：《論語集注補正述疏——附〈讀書堂答問〉》卷四，華東師範大學出版社，2013 年版，第 465 頁。

〔註336〕簡朝亮撰，趙友林、唐明貴校注：《論語集注補正述疏——附〈讀書堂答問〉》卷六，華東師範大學出版社，2013 年版，第 696 頁。

〔註337〕簡朝亮撰，趙友林、唐明貴校注：《論語集注補正述疏——附〈讀書堂答問〉》卷七，華東師範大學出版社，2013 年版，第 924 頁。

〔註338〕朱熹注：《四書集注》，鳳凰出版社，2005 年版，第 58 頁。

〔註339〕簡朝亮撰，趙友林、唐明貴校注：《論語集注補正述疏——附〈讀書堂答問〉》卷八、卷九，華東師範大學出版社，2013 年版，第 1077、1083、1247 頁。

等無說。

朱熹在《與潘端叔書》中說：「《論語或問》，此書久無工夫修得。只《集注》屢更不定，卻與《或問》前後不相應。」〔註340〕爲了避免朱熹著述中存在的遺憾，簡朝亮以《論語序說》（以下簡稱《序說》）、《論語》20 篇爲目，將其與門人就此的問答合 256 條作爲 1 卷，附於《述疏》，此即《答問》。以《述疏》爲中心，《答問》或深化、拓展簡朝亮的疏，或彌補簡朝亮未作疏之不足，由此與《述疏》構成一個主次分明、互爲關聯、互有生發的有機詮釋體系。如《答問》中《序說》部分有 23 條，除《述疏》引《集注》之稱謂、《述疏》疏中注音與注疏合刊、《述疏》疏文多長 3 條爲《述疏》中《序說》未及的內容以外，餘下 20 條如張子沂問孔子之言不盡見於《論語》、何猷問《孔叢子》之書、沈維松問《樂經》、張子沂問孔子誅少正卯之事等均是門人圍繞《序說》而發問的，簡朝亮於此的回答也遠較在《序說》中詳盡。如簡朝亮在《序說》中重點論「少正」爲官名，對司馬遷本《荀子》敘孔子誅少正卯與《論語》、子思、孟子均無書、朱熹疑之而不削等一筆帶過，而在《答問》中簡朝亮則詳細論述陳幾亭、閻若璩等皆辨孔子誅少正卯一事的源由，指出是《論語》詳於記言而略於記事所致，並與《答問》首條門人未能一時盡記互有關係，由此孔子誅少正卯一事即比較完整地呈現在讀者面前。《答問》與《述疏》內容互補，各有側重，簡朝亮既可以彌補在《述疏》中不便多作闡述的不足，也可以利用門人之問，申明《集注》的重點、難點內容，以期最大限度地肅清《論語》諸家異說。

2. 注分 3 稱與疏分 3 類

《述疏》次列《集注》內容。雖然《集注》爲朱熹一人集之，但簡朝亮徵引其「注」則有「集注」、「朱注」、「朱子云」3 稱。在回答門人黎煥然的時，簡朝亮對此有下述說明：「自《論語》全書而統言之，《集注》可稱曰『朱注』，以朱子集之也。自各章注而分言之，其明用程子及某氏者可稱曰『集注』，不可以『朱注』稱矣。其稱曰『朱注』，則必朱子自爲注也。而又稱『朱子云』者，則或因上下文而變文爲辨別之辭，且有在《論語集注》外者焉。」〔註341〕將集注、朱注與以朱子云區別於殊非出現於《集注》的朱注，有利於

〔註340〕簡朝亮撰，趙友林、唐明貴校注：《論語集注補正述疏——附〈讀書堂答問〉》卷首，華東師範大學出版社，2013 年版，第 43 頁。

〔註341〕簡朝亮撰，趙友林、唐明貴校注：《論語集注補正述疏——附〈讀書堂答問〉》讀書堂答問，華東師範大學出版社，2013 年版，第 1369 頁。

簡朝亮申明朱注與指斥僞古文。如簡朝亮指出《集注》於有子，言名不言字者，與何《注》同，據《史記》也，並以此指斥王肅《孔子家語》云「有若字子有，一云子若」有僞〔註342〕。如簡朝亮以皇侃《論語義疏》云：「學有三時，一爲身中時，二爲年中時，三爲日中時」申明朱注言時時者，謂時其時也〔註343〕。

《述疏》以「述曰」疏《集注》。朱熹據何晏《集解》，不廢古注、多取宋人之說。簡朝亮疏《集注》自然沿承朱熹疏以採漢魏宋爲主的特點，如簡朝亮所說：何氏《集解》、皇氏、邢氏《疏》、陸氏《釋文》錄之皆詳〔註344〕。與此同時，簡朝亮是以疏《集注》去漢宋學之別，凡與朱子異而不迷於經者辨焉，其異而有叶者採焉，故閻若璩、惠棟、江聲、紀昀、劉台拱、阮元等不採宋學的漢學家多成爲簡朝亮疏《集注》時的指斥對象。由於將漢唐宋明清《論語》諸家專書與散見者都作爲疏《集注》的文獻，簡朝亮疏取諸家的範圍必然大於在此之前的任何一種《論語》著述，因此，簡朝亮以下述 3 名分述其疏取諸家：一是諸家說純採者名，如有「皇《疏》云」、「邢《疏》云」；二是諸家說不純採者會二三說爲約言，或爲公言，則統之曰「論說家」；三是不純採者不名，而稱之「或曰」。「論說家」之名語出《論衡》，殊非儒家古例，簡朝亮以「《漢志》云：『凡六藝一百三家。』又云：『凡《論語》十二家。』皆經之名家也。《史記・自序》云：『成一家之言。』則史家又於是乎始」〔註345〕而執意取之，體現其以此體例成一家之言的魄力。「或曰」則是簡朝亮對《集注》詮釋體例的沿承。總體來說，簡朝亮對「論說家」之言較爲愼重，多以之申明《集注》的釋義，反之，雖然「或曰」出現遠多於「論說家」，但簡朝亮一般將其作爲「非之」的對象，偶有亦「是之」。

《述疏》凡述而修之爲注文者，皆存疏中，加「謹案」語，其內容不僅簡朝亮修正《集注》，而且是兼下己意。或簡要陳述己見，或詳細道出己見，是簡朝亮「謹案」的內容，相對而言，後者往往成爲簡朝亮闡述其學術思想

〔註342〕 簡朝亮撰，趙友林、唐明貴校注：《論語集注補正述疏——附〈讀書堂答問〉》卷一，華東師範大學出版社，2013 年版，第 63 頁。

〔註343〕 簡朝亮撰，趙友林、唐明貴校注：《論語集注補正述疏——附〈讀書堂答問〉》卷一，華東師範大學出版社，2013 年版，第 58 頁。

〔註344〕 簡朝亮撰，趙友林、唐明貴校注：《論語集注補正述疏——附〈讀書堂答問〉》序，華東師範大學出版社，2013 年版，第 8 頁。

〔註345〕 簡朝亮撰，趙友林、唐明貴校注：《論語集注補正述疏——附〈讀書堂答問〉》讀書堂答問，華東師範大學出版社，2013 年版，第 1369 頁。

的地方，故更爲重要。如簡朝亮是以正學術、存古義而開啓經學生涯的，他對於何謂「學」自然甚爲重視，因此，在《學而第一》中出現的 4 次「謹案」，其中 2 次簡朝亮均以長達千言討論何謂「學」。其一出現於「學而時習之，不亦說乎」後，簡朝亮強調孔學知行合一的踐履性，以知行合一即程朱之學，反對以朱熹學術爲空言與非實學的指斥〔註346〕。其二出現於「賢賢易色，事父母能竭其力，事君能致其身，與朋友交言而有信。雖曰未學，吾必謂之學矣」後，簡朝亮立足於春秋學失其本的社會背景與以《後漢書》茅容未學而孝的史實，指出《集注》以「未學」非爲論學正辭宜有修正，子夏所論爲當時人而發〔註347〕。簡朝亮既以「述曰」比較客觀地疏《集注》，也將在《集注》中自認爲必須釐清的問題置於「謹案」，以存己見，且「謹案」從屬於「述曰」。這種不僅兼顧《集注》整體，而且關注其某部分內容的做法，使「述曰」與「謹案」成爲一個有機整體，互爲關聯，層層推進。

最後，詮釋方法

既要申明與修正《集注》自有的或既叶而當有申者，或未叶而當有別者，或朱熹其善者未能存於《集注》的 3 種不足，也要肅清自朱熹以後漢宋學家對於朱熹與其《集注》的諸種誤解，最大限度地使《集注》「叶於經」，是簡朝亮詮釋《集注》的主旨。博稽諸家、經史互通、兼存己意等是簡朝亮迫近此著述主旨的詮釋方法。

1. 博稽諸家

《集解》彙集漢魏衛咸、周氏、孔安國、馬融、鄭玄、陳群、王肅、周生烈等諸家之善，《集注》依何晏《集解》，不僅存古注，而且取二程及其門弟子謝良佐、尹焞、游酢等與楊時、胡寅、洪興祖、吳棫、黃震、黃祖舜、張栻等宋人之論。簡朝亮則不僅將朱熹博稽諸家拓展至鄭樵、韓愈、陸贄、陸九淵、馬端臨、周敦頤、蔡沈、呂大臨、葉夢德、方愨、楊倞、范祖禹、朱公遷、何楷、顧炎武、錢大昕、金鶚、汪中、王夫之、劉台拱、阮元、閻若璩、江永、勞潼、程瑤田、全祖望、方觀旭等，而且以《詩經》《尚書》《易》《禮》《春秋》《呂氏春秋》《晏子春秋》《三國志》《漢書》《後漢書》《國語》

〔註346〕簡朝亮撰，趙友林、唐明貴校注：《論語集注補正述疏——附〈讀書堂答問〉》卷一，華東師範大學出版社，2013 年版，第 56～57 頁。

〔註347〕簡朝亮撰，趙友林、唐明貴校注：《論語集注補正述疏——附〈讀書堂答問〉》卷一，華東師範大學出版社，2013 年版，第 89 頁。

《戰國策》《新唐書》《南史》《宋史》《明史》《荀子》《老子》《說苑》《文子》《莊子》《管子》《朱文公文集》《朱子語類》《楚辭》《文選》等四部之學申明與修正《集注》，以漢石經、唐石經、《釋文》《爾雅》等分辨《集注》未能充分關注的《論語》文字與典章制度。簡朝亮以義理、訓詁 2 途使《述疏》既體現焦循、劉寶楠考證、義理兼備的《論語》學，也以經明理去漢宋學門戶之別而不同於焦、劉的漢學本位。

（1）申明《集注》

《集注》內容簡約，簡朝亮申明《集注》主要有下述 2 方面內容：

一是申明《集注》取義之由。《集注》之義多屬於朱熹本人，亦有來自程子及其門弟子，其義則或直接取自前人，或在前人基礎上稍作整理，或程門之內彼此沿承，或不取前人，簡朝亮均分別有申明。如，朱熹以「習，鳥數飛也」，程子以「習，重習也」，簡朝亮指出分別取自《說文》《易·象傳》〔註 348〕；朱熹論孝悌與仁的關係是因包咸「先能事父兄，然後仁道可成也」而修之〔註 349〕；疏「夫子之道，忠恕而已矣」時，簡朝亮指出曾之程子而皆同，其於義雖同，其於文尤洽，故自爲注焉，求叶於《經》〔註 350〕；疏「如切如磋，如琢如磨」時，簡朝亮指出朱熹不從《爾雅》，是由於《爾雅》有漢人添之〔註 351〕。

二是申明《集注》的釋義。或博取諸家說，或以朱熹其他著述，或以論說家之言，是簡朝亮申明《集注》釋義的 3 種方法，尤以前者爲主。如疏「敬事而信」時，簡朝亮徵引《釋文》《尚書》《詩經》《易》釋「敬事」，指出古之言敬，凡事皆其主焉；以《大戴禮》《左傳》《史記》釋「信」，指出民無信不立；以楊時、程子之論進一步指出，《經》統稱之曰事，即禮樂刑政之事，《經》曰信，其事之信也；曰用，其事之用也；曰人曰民，其事之人之民也。其敬事，而行其信、其節、其愛、其時者，皆實心存實事中也，非特論其所存而已。……昔嘗有以問朱子者，則辨之云「此亦政事也」，蓋《朱子語類》

〔註 348〕簡朝亮撰，趙友林、唐明貴校注：《論語集注補正述疏——附〈讀書堂答問〉》卷一，華東師範大學出版社，2013 年版，第 57 頁。

〔註 349〕簡朝亮撰，趙友林、唐明貴校注：《論語集注補正述疏——附〈讀書堂答問〉》卷一，華東師範大學出版社，2013 年版，第 65 頁。

〔註 350〕簡朝亮撰，趙友林、唐明貴校注：《論語集注補正述疏——附〈讀書堂答問〉》卷二，華東師範大學出版社，2013 年版，第 266～267 頁。

〔註 351〕簡朝亮撰，趙友林、唐明貴校注：《論語集注補正述疏——附〈讀書堂答問〉》卷一，華東師範大學出版社，2013 年版，第 120 頁。

詳焉〔註 352〕。有必要指出的是，由於以爲江永考朱熹而通鄭氏，故於近代諸家中簡朝亮在《述疏》中多徵引江著。朱熹釋「父在，觀其志；父沒，觀其行」時，在《集注》中舍范祖禹「爲人子者，父在則觀其父之志而承之，父沒則觀其父　行而述之」之說，在《或問》中有下述說明：「蓋觀志行而承述之，乃可爲孝，此特曰觀而已，恐未遽以孝許之。且以『三年無改』者推之，則父之志行亦容有未盡善者，使實能承述，亦豈得稱孝哉？」簡朝亮指出，此朱子改定由也〔註 353〕。疏「苟志於仁矣，無惡也」時，簡朝亮直接以論說家云：「若誠志於忠孝之仁者，則無不忠不孝之惡焉。若誠志於愛人之仁者，則無不愛而害人之惡焉。此聖人慾人速得爲善之利也」〔註 354〕申明《集注》。有必要指出的是，簡朝亮不僅具體申明《集注》釋義，而且對其表述方式多有總結。如簡朝亮指出，《集注》言孔子諸弟子者，多從《史記・仲尼弟子列傳》〔註 355〕；朱《注》言人慾者，用《樂記》文也。言本心者，用《孟子》文也〔註 356〕。

無論是申明《集注》取義之由，還是申明《集注》的釋義，都體現簡朝亮尊朱注，但簡朝亮尊朱注是基於以《集注》「叶於經」，故與王夫之《四書訓義》尊朱注、陸隴其《四書講義困勉錄》篤信朱注是不同的。

（2）修正《集注》

來自《集注》的朱熹說、程門弟子說等是簡朝亮修正《集注》的主要方面，尤以朱熹說爲主。或不知其誤，或知而未及修者，是朱熹致誤的 2 種情況，簡朝亮均一一指明。如朱熹釋「生，事之以禮；死，葬之以禮，祭之以禮」時云：「是時三家僭禮，故夫子以是警之」，簡朝亮認爲，此未免以私意窺聖人，且是三言者，曾子述之而孟子稱之矣，其又何所警哉？〔註 357〕朱熹

〔註 352〕簡朝亮撰，趙友林、唐明貴校注：《論語集注補正述疏——附〈讀書堂答問〉》卷一，華東師範大學出版社，2013 年版，第 78 頁。

〔註 353〕簡朝亮撰，趙友林、唐明貴校注：《論語集注補正述疏——附〈讀書堂答問〉》卷一，華東師範大學出版社，2013 年版，第 100 頁。

〔註 354〕簡朝亮撰，趙友林、唐明貴校注：《論語集注補正述疏——附〈讀書堂答問〉》卷二，華東師範大學出版社，2013 年版，第 252 頁。

〔註 355〕簡朝亮撰，趙友林、唐明貴校注：《論語集注補正述疏——附〈讀書堂答問〉》卷一，華東師範大學出版社，2013 年版，第 63 頁。

〔註 356〕簡朝亮撰，趙友林、唐明貴校注：《論語集注補正述疏——附〈讀書堂答問〉》卷一，華東師範大學出版社，2013 年版，第 68 頁。

〔註 357〕簡朝亮撰，趙友林、唐明貴校注：《論語集注補正述疏——附〈讀書堂答問〉》卷二，華東師範大學出版社，2013 年版，第 147 頁。

釋「道之以德，齊之以禮，有恥且格」時，將襲孟子而為之的偽《古文尚書》「格其非心」置於其中，但朱熹嘗云：「《尚書》，凡易讀者皆古文，伏生今文則難讀，此可疑也」，故簡朝亮認為，朱子猶有引之者，則以未暇專考之深也〔註358〕。朱熹釋「子使漆雕開仕」時將《孔子家語》云「開習《尚書》，不樂仕」等內容置於其中，簡朝亮認為《集注》誤從偽《家語》。有必要指出的是，因襲偽《古文尚書》《孔子家語》致誤是簡朝亮修正朱熹的最主要方面，以朱熹其他著述指出其誤則是簡朝亮修正朱熹說的較有意義的做法。或自身致誤，或未取朱熹其他著述之義而誤，是程門弟子致誤的 2 種情況。前者如尹焞以「君子求在我者，故不患人之不已知。不知人，則是非邪正或不能辨，故以為患也」釋「不患人不之不已知，患不知人」，簡朝亮指出其義是矣，然於上下文交相發者，猶未叶焉〔註359〕。後者如謝良佐曰：「獨曾子之學，專用心於內」，簡朝亮指出「用心於內，不求於外」語出《漢書揚雄傳贊》，非謂禪也，朱熹為《集注》時刊其稿者，言其先後屢不同，蓋修定也，此其未及修者〔註360〕。

試圖將《集注》從偽古文、偽《家語》中分離出來，將朱熹其他著述中善者置於《集注》，使《集注》「叶於經」，是簡朝亮修正《集注》迥異於顏元《四書正誤》、王夫之《四書稗疏》《四書考異》《四書箋解》《讀四書大全說》、崔述《論語餘說》等糾正朱注的主要方面。

（3）辨《論語》文字與典章制度

無論是漢學家閻若璩、崔述、馮登府，還是稍重義理的焦循、劉寶楠，均以訓釋古今注、考訂典章制度為其《論語》研究的內容之一。簡朝亮則將此本來《集注》沒有予以充分關注的內容置於《述疏》，即是對清代考證學的沿承，以經明理是簡朝亮有此之舉的原因，也是他有別於漢學家重視訓詁而疏於義理的地方。

一是辨《論語》文字。異文、今古文是簡朝亮辨《論語》文字的主要方面，《史記》、漢石經、唐石經等是簡朝亮徵引的文獻。如釋「可謂好學也已」，

〔註358〕簡朝亮撰，趙友林、唐明貴校注：《論語集注補正述疏——附〈讀書堂答問〉》卷二，華東師範大學出版社，2013 年版，第 135 頁。

〔註359〕簡朝亮撰，趙友林、唐明貴校注：《論語集注補正述疏——附〈讀書堂答問〉》卷一，華東師範大學出版社，2013 年版，第 123 頁。

〔註360〕簡朝亮撰，趙友林、唐明貴校注：《論語集注補正述疏——附〈讀書堂答問〉》卷一，華東師範大學出版社，2013 年版，第 71 頁。

簡朝亮指出，皇本作「也已矣」，此多「矣」字，蓋異文而亦叶者；漢石經作「已矣」，此無「也」字，蓋異文而不迭者，皆別於其辭氣而知之。雖語助爾，奚可苟邪？〔註361〕釋「子張學干祿」，簡朝亮指出，《史記》作「問」，蓋《古論》也〔註362〕。釋「未若貧而樂」，簡朝亮指出，《史記》作「不如」，《史記》「樂」下有「道」字，而鄭本無，故《集解》錄鄭《注》，皇《疏》本有「道」字，非《集解》原文。邢本則無，是也。《史記》錄諸經者，或損益之，而以訓詁代焉，必執是爲《古論》，而謂孔安國所傳者則固也，此惑於僞孔《注》爾〔註363〕。

　　二是辨《論語》典章制度。《鄉黨第十》保存古代大量的禮制，體現聖人之道不離日用，簡朝亮對其疏解亦側重於禮制。如疏「揖所與立，左右手。衣前後，襜如也」，簡朝亮以「謹案」指出此孔子爲承擯而傳命；徵引《周官典命》、《大行人》指出擯用命數之強半也，謙也；徵引《漢書叔孫通傳》「九賓臚傳」之文與劉台拱謂「旅擯亦傳辭」者，指出交擯者，以諸公敵體而言，諸侯、諸伯、諸子、諸男從可知也，旅擯者，以諸公之臣降等而言，亦傳辭也；以「謹案」指出《春秋》之義凡君及卿朝聘往來者必書，大夫聘不書。孔子仕魯時，《春秋》無書來朝聘者，則《鄉黨篇》所言蓋大夫來聘者，故賓退而君不關於大門外，知其非賓君來朝矣。《春秋》不書，知其非使卿來聘矣。而聘皆傳辭，禮也〔註364〕。以上疏文出現的前後 2 次「謹案」，其中後一次最能顯示簡朝亮辨《論語》典章制度是旨在闡述經文古義，這是簡朝亮迥異於漢學家疏於古義、失於古義的地方。

　　2. 經史互通

　　簡朝亮經史互通的思想源自朱次琦。「朱先生曰：『以經通經則經解正，以史通經則經術行』。今所述者敢忘乎？疏中旁及諸經，推孔子博文也。引史可節，今亦或詳，須事明爾。」〔註365〕朱次琦提倡經史互通，簡朝亮則在此基礎

〔註361〕簡朝亮撰，趙友林、唐明貴校注：《論語集注補正述疏──附〈讀書堂答問〉》卷一，華東師範大學出版社，2013 年版，第 117 頁。

〔註362〕簡朝亮撰，趙友林、唐明貴校注：《論語集注補正述疏──附〈讀書堂答問〉》卷一，華東師範大學出版社，2013 年版，第 174 頁。

〔註363〕簡朝亮撰，趙友林、唐明貴校注：《論語集注補正述疏──附〈讀書堂答問〉》卷一，華東師範大學出版社，2013 年版，第 119 頁。

〔註364〕簡朝亮撰，趙友林、唐明貴校注：《論語集注補正述疏──附〈讀書堂答問〉》卷五，華東師範大學出版社，2013 年版，第 570～571 頁。

〔註365〕簡朝亮撰，趙友林、唐明貴校注：《論語集注補正述疏──附〈讀書堂答問〉》

上以孔門之學皆經學〔註366〕，以經學即文學，非辨文法則不明〔註367〕。

（1）以經學即文學

既重視疏文的章法，也以經文章法詮釋《論語》，是簡朝亮以經學即文學的主要表現。簡朝亮談到《述疏》的章法，「《易·象傳》《文言》《詩序》，其體皆文斷而連，可通以爲疏文之法，庶不至於野言無章。今將勉之，而歉然也。」〔註368〕簡朝亮是以此疏文逼近孔子的「文質彬彬」。簡朝亮注重分析經文章法則是旨在分析經文大義，並以此辨駁《論語》諸家異說。如疏「賜也，女以予爲多學而識之者與」時，簡朝亮指出，經有「者」之爲文，蓋形容其人之學之辭。《經》下文孔子稱「予」，是自言其學若斯也。如曰「女以予爲多學而識之與」，則無「者」之爲文而失其義矣〔註369〕。疏「躬自厚而薄責於人，則遠怨矣」時，簡朝亮指出，厚與薄並言，薄言責，則厚言責可知也，蓋《經》之省文也。簡朝亮以此認爲皇《疏》云：「厚者，謂厚其德也」乃未察《經》之省文〔註370〕。

（2）以經通經

以經通經是經學家注疏經典的習用手法，簡朝亮亦是。簡朝亮與一般經學家以經通經不同的有三：一是以《四書》疏《集注》。簡朝亮認爲，道學者，非他也，經學也。孔子之道存乎經，今曰五經，曰四書，皆經學也〔註371〕，經之四書不可緩也〔註372〕。如疏「君子務本，本立而道生。孝悌也者，其爲仁之本與」時，簡朝亮以《中庸》云：「仁者，人也，親親而仁民」與《孟子》

序，華東師範大學出版社，2013 年版，第 9 頁。

〔註366〕簡朝亮撰，趙友林、唐明貴校注：《論語集注補正述疏——附〈讀書堂答問〉》卷十，華東師範大學出版社，2013 年版，第 1293 頁。

〔註367〕簡朝亮撰，趙友林、唐明貴校注：《論語集注補正述疏——附〈讀書堂答問〉》卷七，華東師範大學出版社，2013 年版，第 764 頁。

〔註368〕簡朝亮撰，趙友林、唐明貴校注：《論語集注補正述疏——附〈讀書堂答問〉》序，華東師範大學出版社，2013 年版，第 9 頁。

〔註369〕簡朝亮撰，趙友林、唐明貴校注：《論語集注補正述疏——附〈讀書堂答問〉》卷八，華東師範大學出版社，2013 年版，第 1031 頁。

〔註370〕簡朝亮撰，趙友林、唐明貴校注：《論語集注補正述疏——附〈讀書堂答問〉》卷八，華東師範大學出版社，2013 年版，第 1073 頁。

〔註371〕簡朝亮撰，趙友林、唐明貴校注：《論語集注補正述疏——附〈讀書堂答問〉》卷四，華東師範大學出版社，2013 年版，第 484 頁。

〔註372〕簡朝亮撰，趙友林、唐明貴校注：《論語集注補正述疏——附〈讀書堂答問〉》卷三，華東師範大學出版社，2013 年版，第 367 頁。

云：「仁之實，事親是也；義之實，從兄是也」釋「仁」〔註373〕，疏「主忠信」時，簡朝亮以《大學》云：「君子有大道，必忠信以得之」說明得主而後能得，由此申明程子之義〔註374〕。二是以《易》疏《集注》。簡朝亮認爲，《易》是諸經之原也，程子《易傳》而參之漢宋諸家也〔註375〕。疏「父在，觀其志；父沒，觀其行」時，簡朝亮指出，《衛靈公篇》《釋文》引鄭本重出經文，其記孔子此言，又有不以無改言者，蓋與《易》幹蠱之義通矣。簡朝亮還強調說：「故釋此《經》者必通《易》而言，則無可託矣。」〔註376〕疏凡與《易》有關的內容時，簡朝亮均以《易》通《論語》。如疏「赦小過」時，簡朝亮以《易·解·象》所以言君子赦過也，以《易》曰「大者過也」，言罪雖大亦赦，而「赦小過」不及大者，是由於家宰位卑，故《集注》云：「大者於事或有所害，不得不懲。」非古義，孔子未及修〔註377〕。三是注重經文古義。簡朝亮所謂的經文古義即朱熹格致之義，殊非漢學家所宗的鄭玄古說。如其所說：「朱子格致之義，大義也，古義也。今稽之諸經，驗之世變，籌之時務，皆歸之要道而不可易也，明其有學之始事也。言漢學者奚不思也？夫釋經家有古說而非古義，其執古說而以爲古義也，罔然失吾身與天下國家之要道而不明也。朱子說叶於經者，棄之而已。紀文達昀、阮文達元先後乎漢學而皆力也。阮文達勸學，刊《經解》千四百卷，凡述宋者不採，其爲格物說，豈不違朱子乎？紀文達詆宋而巧矣，其爲四庫書《提要》者，格於令甲不敢矚言攻之，惟巧爲深文不足之辭，頻有動焉。」〔註378〕

（3）以史通經

相對於以經通經來說，經學家詮釋經典時往往將以史通經置於其次的位置，簡朝亮則將經史互通都運用到了極致。更爲重要的是，簡朝亮是旨在通

〔註373〕 簡朝亮撰，趙友林、唐明貴校注：《論語集注補正述疏——附〈讀書堂答問〉》卷一，華東師範大學出版社，2013 年版，第 65 頁。

〔註374〕 簡朝亮撰，趙友林、唐明貴校注：《論語集注補正述疏——附〈讀書堂答問〉》卷一，華東師範大學出版社，2013 年版，第 92 頁。

〔註375〕 簡朝亮撰，趙友林、唐明貴校注：《論語集注補正述疏——附〈讀書堂答問〉》卷三，華東師範大學出版社，2013 年版，第 367 頁。

〔註376〕 簡朝亮撰，趙友林、唐明貴校注：《論語集注補正述疏——附〈讀書堂答問〉》卷一，華東師範大學出版社，2013 年版，第 102 頁。

〔註377〕 簡朝亮撰，趙友林、唐明貴校注：《論語集注補正述疏——附〈讀書堂答問〉》卷七，華東師範大學出版社，2013 年版，第 767 頁。

〔註378〕 簡朝亮撰，趙友林、唐明貴校注：《論語集注補正述疏——附〈讀書堂答問〉》卷首，華東師範大學出版社，2013 年版，第 52 頁。

過以史通經詮釋經文古義，使後人更好地理解經文大義。如疏「不患人之不已知，患不知人也」時，簡朝亮以《魏志》魏太祖曹操與荀彧的史實說明知人之難，「太祖知彧，而彧不知太祖，若是乎知己非難，知人之難也。」〔註379〕疏「德不孤，必有鄰」時，簡朝亮以「宋禁僞學以錮朱子，而朱子講學武夷山中，則蔡沈等隨以居焉。蘇軾謫居嶺南，亦開德有鄰堂」〔註380〕深化經文釋義。管仲是《論語》中頗受爭議的人物之一，朱熹注「管仲之器小哉」時，本《大學》言之，以管仲不知聖賢之王道，簡朝亮以《通鑒·唐紀》中姚崇、齊瀚對話，說明姚崇以救時之相而喜，則爲器小〔註381〕，由此管仲即如姚崇一類。

3. 兼存己意

與王夫之以一系列《四書》著述構建其以理氣觀、理情觀、理欲觀爲內容的哲學思想不同，簡朝亮在《述疏》中以斥異端與異學、尊朱斥王與尊宋抑漢、經世致用與經學即理學爲內容的兼存己意難以企及其哲學高度，但是，正是於此簡朝亮不僅表達其學術思想，而且使《述疏》在某些方面可以與清初正統理學家呂留良、陸隴其尊朱辟王和顧炎武、顏元、孫奇逢提倡的經世致用的《論語》學互相對接。

（1）斥異端與異學

以經明孔子聖人之道是簡朝亮疏《集注》的根本原因，異端、異學均有違孔學聖道，故凡遇《論語》論學時，簡朝亮均將其清理出孔學之門。這是《述疏》迥異於在此之前任何一種《論語》著述的一個方面。如疏「攻乎異端，其害也已」時，簡朝亮將孔子時代的非聖人之道的楊墨之學稱爲異端，將後人參雜楊墨之學於儒學稱爲異學。簡朝亮認爲，孔子時，先王之道衰，異端作矣，天下猶未知其害也，則漸攻治焉。孔子以知微而知彰也。夫孟子時，楊氏爲我，墨氏兼愛，其害彰矣。後世異學群言，參楊墨者多，豈惟程子憂佛氏與？彼異學爲者，通楊、墨而爲一人，其視中原之利也，陽以兼愛公之，陰以爲我私之，其懷利而自爲無等也，皆毀乎天地間名分立人之

〔註379〕 簡朝亮撰，趙友林、唐明貴校注：《論語集注補正述疏——附〈讀書堂答問〉》卷一，華東師範大學出版社，2013年版，第123頁。
〔註380〕 簡朝亮撰，趙友林、唐明貴校注：《論語集注補正述疏——附〈讀書堂答問〉》卷二，華東師範大學出版社，2013年版，第275頁。
〔註381〕 簡朝亮撰，趙友林、唐明貴校注：《論語集注補正述疏——附〈讀書堂答問〉》卷二，華東師範大學出版社，2013年版，第237頁。

大節，故其害中於人心，將使中國人倫蕩然而滅，則以其異端也，非聖人之道也〔註382〕。由於異端、異學危害性大，簡朝亮對其鞭闢入裏。如疏「學而時習之」時，簡朝亮指出，學不知性，有趨異學而野心者矣〔註383〕。疏「朝聞道，夕死可矣」時，簡朝亮指出莊子「死生亦大矣，而不得與之變」，此寓仲尼之言而妄也，此異端虛無者之視死生一也，非有所得於實理也，今程子用其文而反焉〔註384〕，疏「天之將喪斯文也」時，簡朝亮指出秦之滅學，將以愚天下也，知孔子之聖也。異學者他求而自聖也，自聖而違天，可乎哉〔註385〕？

（2）尊朱斥王與尊宋斥漢

與正統理學家呂留良、陸隴其尊朱辟王不同，簡朝亮是基於《集注》「叶於經」而尊朱，是由於漢學未能如宋學存古義而斥漢學。如疏「學而不思則罔，思而不學則殆」時，簡朝亮指出，明講學家若王守仁者，以致良知爲宗，曰「不讀書而可致也」，此所稱姚江心學也，以爲思則得之也，而不讀書者乃妄思矣，是豈孔門讀書爲學之宗乎？《大學》言明德豈不言明明德乎？夫以其明德或昏而明之，百由讀書如朱子格致致知之義不可也。姚江心學是思而不學也，天下之士從之者殆也〔註386〕。與此同時，簡朝亮指出，乾隆中葉以來，漢學家以鄭、許爲宗，其從鄭學焉，雖鄭言周公稱天子王也，雖鄭以讖緯亂經也，曰「此古義也」，不思故也。許氏慎《說文》安能盡六經之文乎？今《說文》所遺者，以爲古無其文也，曰「非許學也。」《說文》云：「儒，柔也。」其失也。儒文從需。由是言之，儒者人所須也，所須者剛也，非柔也。今必從《說文》，是漢宣帝患太子柔仁好儒之意也，何其不思之甚乎？故其日言經學也，而經之大義皆罔然矣，終惑於異學而不自知也〔註387〕。

〔註382〕 簡朝亮撰，趙友林、唐明貴校注：《論語集注補正述疏——附〈讀書堂答問〉》卷二，華東師範大學出版社，2013 年版，第 168～169 頁。

〔註383〕 簡朝亮撰，趙友林、唐明貴校注：《論語集注補正述疏——附〈讀書堂答問〉》卷一，華東師範大學出版社，2013 年版，第 57 頁。

〔註384〕 簡朝亮撰，趙友林、唐明貴校注：《論語集注補正述疏——附〈讀書堂答問〉》卷二，華東師範大學出版社，2013 年版，第 258 頁。

〔註385〕 簡朝亮撰，趙友林、唐明貴校注：《論語集注補正述疏——附〈讀書堂答問〉》卷五，華東師範大學出版社，2013 年版，第 525 頁。

〔註386〕 簡朝亮撰，趙友林、唐明貴校注：《論語集注補正述疏——附〈讀書堂答問〉》卷二，華東師範大學出版社，2013 年版，第 167 頁。

〔註387〕 簡朝亮撰，趙友林、唐明貴校注：《論語集注補正述疏——附〈讀書堂答問〉》卷二，華東師範大學出版社，2013 年版，第 166 頁。

　　失於古義的漢學在清代大有市場，陸王心學則已成明日黃花，故簡朝亮對漢學的指斥遠多於心學。如疏「禮者，天理之節文，人事之儀則」時，簡朝亮指出，漢學家攻宋學者，執莊子云：「庖丁解牛，依乎天理」，而忘《樂記》所謂天理之義，乃曰：「宋學言天理，意言之爾，非古言也。」漢學家誣矣哉，此經學之亂也。《易》不云「性命之理」乎？皆天理也〔註388〕。疏「五十而知天命」時，簡朝亮指出，或曰：「此孔子知受天命而爲素王也。」蓋漢學家稱焉，何其誣也，是釋經而亂經也。夫自號素王則孔子作《春秋》而先自爲亂臣賊子也〔註389〕。

　　雖然閻若璩、紀昀、惠棟、阮元等都是簡朝亮指斥的對象，如朱熹稱鄭玄以人也，讀如相人偶之人，得字義焉。簡朝亮以此爲一端之義，但阮元執之，以謂仁從二人，是相人偶，於是乎概以釋仁〔註390〕；如朱熹以「農隙之時」釋「使民以時」之「時」，閻若璩易之曰「農畢之時」，簡朝亮認爲，言農畢則三時之隙不見也。言農隙，則農畢在其中矣〔註391〕。但是，與劉寶楠有緊密關係的劉台拱無疑是簡朝亮指斥最爲用力之人。劉台拱解經專注訓詁，不雜以宋儒理學之說。簡朝亮認爲，朱熹釋「如切如磋，如琢如磨」已經申明經義，劉台拱不察焉，執一言文之，諸家和之，烏知乎古說之非古義哉〔註392〕？劉台拱引詩言學爲「知來」，簡朝亮指出，如其說則子貢處貧富者亦有年矣，竟未學乎〔註393〕？劉台拱「以天子告朔，此餼羊以供王使也」釋「子貢欲云告朔之餼羊」，簡朝亮認爲劉氏是執先鄭之說而違後鄭焉，《春秋》無書王不告朔者，則宜有餼王使之羊矣，子貢何爲欲去是邪〔註394〕？

〔註388〕簡朝亮撰，趙友林、唐明貴校注：《論語集注補正述疏——附〈讀書堂答問〉》卷一，華東師範大學出版社，2013年版，第107頁。

〔註389〕簡朝亮撰，趙友林、唐明貴校注：《論語集注補正述疏——附〈讀書堂答問〉》卷二，華東師範大學出版社，2013年版，第140頁。

〔註390〕簡朝亮撰，趙友林、唐明貴校注：《論語集注補正述疏——附〈讀書堂答問〉》卷一，華東師範大學出版社，2013年版，第66頁。

〔註391〕簡朝亮撰，趙友林、唐明貴校注：《論語集注補正述疏——附〈讀書堂答問〉》卷一，華東師範大學出版社，2013年版，第77頁。

〔註392〕簡朝亮撰，趙友林、唐明貴校注：《論語集注補正述疏——附〈讀書堂答問〉》卷一，華東師範大學出版社，2013年版，第122頁。

〔註393〕簡朝亮撰，趙友林、唐明貴校注：《論語集注補正述疏——附〈讀書堂答問〉》卷一，華東師範大學出版社，2013年版，第122頁。

〔註394〕簡朝亮撰，趙友林、唐明貴校注：《論語集注補正述疏——附〈讀書堂答問〉》卷二，華東師範大學出版社，2013年版，第226頁。

（3）經世致用與經學即理學

孫奇逢、顏元、王夫之、陸隴其均爲學主實用，力倡實學，簡朝亮亦是。簡朝亮沒有專門論述經學思想的著述，他是以注疏經典闡述其經學思想的。如疏「『既富矣，又何加焉？』曰：『教之。』」時，簡朝亮指出，夫古之制度，其龘跡有不宜於今者，古之經術，其精意無不宜於今者。經術有天下莫強之用，天下以不明經術而大亂生也，而他求者，乃謂以經爲國教而誤天下乎〔註395〕？體現簡朝亮以經學爲用的思想。針對時人、後人對宋學空談義理的指斥，簡朝亮強調理學即實學。如或曰：「《論語》首言學，蓋不言性焉。今朱子言性而釋之，是空言也，非實學也。」〔註396〕簡朝亮認爲，彼烏知不言必性，則無以明實學之原乎？實學，則以天性踐形，何空言之有？夫講學家言性而空言者，患之乎無實踐爾。孟子道性善，言必稱堯舜，其實學何如也？學不知性，有趨異學而野心者矣〔註397〕。疏「夫子之道，忠恕而已矣」時，簡朝亮指出，老子之言一也，虛也；孔子之言一也，實也。朱子由是申之，自體而用焉，其實理也，行之皆實事也。今誣以清談，不妄甚乎〔註398〕？

與顧炎武提倡「經學即理學」的經學本位與以經學代替理學的實質不同，簡朝亮是以孔學爲本位而重視理學的。一方面，簡朝亮認爲，孔學即經學。「孔門四教，以文居先。文者，六經之書也。」〔註399〕「古之言學，經學也，至於九年大成，知類通達，無非自經學而推焉。故孔門之言學也，皆經學也。四教先六經之文，其學也燦然明矣。」〔註400〕另一方面，簡朝亮指出，程朱理學以明孔學爲己任，是爲正學。「程、朱均以經學明孔子之道，《宋史》別《儒林傳》而關《道學傳》以尊程朱諸賢，而矜其名者，以爲道

〔註395〕簡朝亮撰，趙友林、唐明貴校注：《論語集注補正述疏——附〈讀書堂答問〉》卷七，華東師範大學出版社，2013年版，第798頁。

〔註396〕簡朝亮撰，趙友林、唐明貴校注：《論語集注補正述疏——附〈讀書堂答問〉》卷一，華東師範大學出版社，2013年版，第57頁。

〔註397〕簡朝亮撰，趙友林、唐明貴校注：《論語集注補正述疏——附〈讀書堂答問〉》卷一，華東師範大學出版社，2013年版，第57頁。

〔註398〕簡朝亮撰，趙友林、唐明貴校注：《論語集注補正述疏——附〈讀書堂答問〉》卷二，華東師範大學出版社，2013年版，第268頁。

〔註399〕簡朝亮撰，趙友林、唐明貴校注：《論語集注補正述疏——附〈讀書堂答問〉》卷六，華東師範大學出版社，2013年版，第682頁。

〔註400〕簡朝亮撰，趙友林、唐明貴校注：《論語集注補正述疏——附〈讀書堂答問〉》卷十，華東師範大學出版社，2013年版，第1283頁。

學非儒林之經學。乃爭理學之空談，而亡經學之實用，於是乎世以道學爲疵，此元、明之弊也。程、朱以經學明孔子之道，歷世尊之而爲學者師，當其道之行於天下，學者之成材眾矣，將易而不難矣，國勢由是強矣，奈之何其皆侵以剝也？言正學者，如非以辨經學之正爲先，豈不爲天下人才惜哉？」〔註401〕

劉寶楠之學多源自劉台拱，故雖然簡朝亮並無隻字提及其《論語正義》，但對劉台拱的多有指斥則在很大程度上體現簡朝亮對劉寶楠的態度。從簡朝亮疏《集注》的成因、《述疏》的詮釋體例與詮釋方法來說，《述疏》與《論義正義》其實正如梁啓超所說的「竹居疏晦翁《集注》，當然與漢學家不同調。」〔註402〕

三、自注自疏《孝經》

即使有清一代《孝經》注解尚多，僅輯佚鄭玄《孝經注》（以下簡稱鄭《注》）即不下 10 家，但如有的學者指出，除毛奇齡《孝經問》專門批評朱熹，阮福據邢昺《孝經注疏》（以下簡稱邢《疏》）作《孝經義疏補》，發明唐玄宗之舊義，臧庸、嚴可輯佚鄭《注》，皮錫瑞《孝經鄭注疏》集漢學家治《孝經》之大成而可以稱道者外，大多並無新見〔註403〕。反之，雖歷經經學凌遲，但清末民初《孝經》新注迭出，以自注自疏重新發明《孝經》之義的簡朝亮《孝經集注述疏》（以下簡稱《述疏》）即是其中一種。無論是簡朝亮自注自疏《孝經》的動因，還是其體例與方法，《述疏》不僅恪下鮮明的時代特色，而且體現簡朝亮獨具特色的學術思想。

第一，自注自疏《孝經》的動因

1918 年簡朝亮開始並著畢《述疏》的原因有下述 3 個方面：

1. 時代之需要

清末民初，正是經學廢馳之際，卻形成經學研究的一股熱潮，《孝經》屢現新注即是其中一例。其間出現如曹弼元以《孝經學》《孝經集注》《孝經鄭氏注箋釋》重建《孝經》學基礎，陳伯陶以《孝經說》闡述忠孝之義與反對

〔註401〕簡朝亮撰，趙友林、唐明貴校注：《論語集注補正述疏——附〈讀書堂答問〉》卷四，華東師範大學出版社，2013 年版，第 484 頁。

〔註402〕梁啓超著：《中國近三百年學術史》，中國社會科學出版社，2008 年版，第 195 頁。

〔註403〕陳壁生著：《孝經學史》，華東師範大學出版社，2015 年版，第 350 頁。

共和政體，宋育仁以《講義》既發明《孝經》大義，也與西學相溝通，以上著述體現中國《孝經》學近代轉型的足跡。簡朝亮是在著畢《尚書集注述疏》《論語集注補正述疏》後自注自疏《孝經》的，故《述疏》既是其以遍注群經而重建經學之基礎的組成部分，也是簡朝亮驚聞清政府廢經而加促其經學生涯進程的重要體現。與曹、陳、宋等《孝經》諸家異中有同，簡朝亮既關注鄭《注》，也重視《孝經》的忠孝大義，以體現他對中國古代《孝經》學傳統的堅守，但簡朝亮是旨在以司馬光《古文孝經指解》（以下簡稱光《指解》）、范祖禹《古文孝經說》（以下簡稱范《經說》）與「或曰」等申明與修正唐玄宗《孝經注》（以下簡稱唐《御注》）、邢《疏》，以此考察《孝經》本義，酌於今時〔註 404〕，使《孝經》「叶於經」而重建其經學基礎，故簡朝亮的《述疏》從其產生的背景來說具有強烈的時代氣息，從著述本身而言其自注自疏、漢宋學兼採的學術特點顯然不同於曹弼元宗於鄭《注》、陳伯陶非注釋《孝經》經文與宋仁育多參雜西學，反之，簡朝亮的《孝經》學屬於純粹的舊學。無論是新舊雜糅的曹、陳、宋的《孝經》研究，還是簡朝亮純粹的舊學，思想混亂之際的六朝、晚明與清末民初就是《孝經》研究的黃金歲月，故簡朝亮《述疏》即是時代需要之產物。

2.《孝經》研究之不足

《述疏》是繼《尚書集注述疏》後簡朝亮又一種自注自疏的經學著述，顯然簡朝亮對在此之前任何一種《孝經》著述均不滿意，但除指出朱熹《孝經刊誤》（以下簡稱《刊誤》）為未定之書與反對朱熹於《孝經》分經傳以外，簡朝亮沒有分析《孝經》諸本。反之，簡朝亮指出《孝經》諸家舊說有「六失」：一是舊說釋《孝經·開宗明義章第一》「孝無始終」多異，且以「中於事君」之始終而言，皆失之片面。簡朝亮以「無論」釋「孝無始終」之「無」〔註 405〕。二是《孝經》稱「先王」未溯古之以孝治天下而稱者，如帝亦是先王〔註 406〕。三是《孝經·喪親章第十八》「生事愛敬，死事哀感，生民之本盡矣」未及天子之事，簡朝亮認為生民即生人，統貴賤尊卑，自天言之，即皆

〔註 404〕　簡朝亮撰，周春健校注：《孝經集注述疏——附〈讀書堂答問〉》，華東師範大學出版社，2011 年版，第 5 頁。

〔註 405〕　簡朝亮撰，周春健校注：《孝經集注述疏——附〈讀書堂答問〉》，華東師範大學出版社，2011 年版，第 4 頁。

〔註 406〕　簡朝亮撰，周春健校注：《孝經集注述疏——附〈讀書堂答問〉》，華東師範大學出版社，2011 年版，第 4 頁。

生民〔註407〕。四是舊說以《孝經・孝治章第八》「雖天子必有尊也，言有父也；必有先也，言有兄也」言天子者，惟以親沒言之，惟以諸父諸兄言之。簡朝亮以舜爲天子而生事其父爲例，強調雖尊爲天子，亦必事親〔註408〕。五是舊說甚少考察《孝經》文字，且多疑其誤。簡朝亮指出，《孝經》之行是其德行，《孝經》之文是其文學〔註409〕。六是舊說將《孝經・庶人章第六》分爲《庶人章》《閨門章》，以《閨門章》「閨門之內，具禮矣乎。嚴父嚴兄，妻子臣妾，猶百姓徒役也」〔註410〕爲「閨門之內有禮，故三族和也」〔註411〕，簡朝亮認爲女子居內，男子居外，故閨門之內不及臣妾之臣〔註412〕。

　　簡朝亮強調庶民、天子之孝，將古之以孝治天下者稱「先王」，重視《孝經》文字，強調不能由於混淆禮制誤解《閨門章》，表面來說是比較瑣碎，但都關係到後人對於《孝經》的理解。尤其重要的是，孔子以「先王有至德要道以順天下」始釋「孝」，而「先王」是否包括舜不僅關涉是以舜還是以禹作爲社會制度的分水嶺，而且關係到是否遵循《孟子》《中庸》《尚書》等先秦儒家典籍以「孝」作爲堯舜之道。與此同時，上述「六失」可以分爲未明《孝經》古義、未察《孝經》文字與《孝經》僞古文3類，其中，《孝經》古義、辨《孝經》僞古文是簡朝亮申明與修正《孝經》的主要方面，察《孝經》文字則是簡朝亮詮釋《孝經》的方法之一。故「六失」可以視爲簡朝亮《述疏》的總綱。

3. 自身積累

　　《孝經》作爲由小學而通大學之書，簡朝亮幼而讀之。如其年譜所載：「七歲，父布席於地以《孝經》教之，先生依膝下讀焉。」〔註413〕簡朝亮亦

〔註407〕簡朝亮撰，周春健校注：《孝經集注述疏——附〈讀書堂答問〉》，華東師範大學出版社，2011年版，第4頁。

〔註408〕簡朝亮撰，周春健校注：《孝經集注述疏——附〈讀書堂答問〉》，華東師範大學出版社，2011年版，第4～5頁。

〔註409〕簡朝亮撰，周春健校注：《孝經集注述疏——附〈讀書堂答問〉》，華東師範大學出版社，2011年版，第5頁。

〔註410〕簡朝亮撰，周春健校注：《孝經集注述疏——附〈讀書堂答問〉》，華東師範大學出版社，2011年版，第5頁。

〔註411〕簡朝亮撰，周春健校注：《孝經集注述疏——附〈讀書堂答問〉》，華東師範大學出版社，2011年版，第134頁。

〔註412〕簡朝亮撰，周春健校注：《孝經集注述疏——附〈讀書堂答問〉》，華東師範大學出版社，2011年版，第5頁。

〔註413〕簡氏門人編纂：《簡朝亮年譜》，廣州松桂堂，1934年刻本，第1頁。

自言：「自念童時，家君以《孝經》命之讀，布席於地，執書策而坐，在膝下讀焉。」〔註414〕「敦行孝悌」居朱次琦講學禮山「四行」修身條之首，故簡朝亮長而聞九江朱先生講學，以孝爲先，則於此經不敢荒矣〔註415〕。《述疏》是簡朝亮唯一一種《孝經》著述，但作爲諸經之先導的《孝經》，簡朝亮在著《尚書集注述疏》《論語集注補正述疏》時即屢及於此，故在《述疏》中出現「詳《尚書集注述疏》」、「詳《論語集注補正述疏》」之語。如疏「昔者周公郊祀后稷以配天，宗祀文王於明堂以配上帝」時，簡朝亮認爲阮元引《召誥》「周公攝郊」、《洛誥》「功宗元祀」言以經文，並不恰當，後有「詳《尚書集注述疏》」〔註416〕。簡朝亮否認今文《孝經》襲《左傳》，指出其有與《左傳》同者，則述古之公言而非襲也，猶《論語》答顏淵、仲弓之問仁，與《左傳》同，後有「詳《論語集注述疏》」〔註417〕（按：即《論語集注補正述疏》）。疏「上下治」時，簡朝亮指出《釋詁》云：「亂，治也。」今謂有治才也，詳《論語述疏・泰伯篇》〔註418〕。疏「生事愛敬，死事哀慼」時，簡朝亮指出此《論語》敘王政者，惟所重民食喪祭也，其義皆通於《孝經》矣〔註419〕。

第二，詮釋體例與詮釋方法

在著畢《尚書集注述疏》《論語集注補正述疏》後，簡朝亮經學著述的詮釋體例與詮釋方法已經成其固定體系。作爲在此之後的又一種經學著述，簡朝亮結合《孝經》實際，既分章注疏、各章互詳與經文、《讀書堂答問》（以下簡稱《答問》）互詳，注取漢唐宋諸家與兼疏今古文，也經文、疏文兼音義、考於古義與酌於今時、重視經文文法且以「或曰」兼指《孝經》諸家說。

〔註414〕簡朝亮撰，周春健校注：《孝經集注述疏——附〈讀書堂答問〉》，華東師範大學出版社，2011 年版，第 5～6 頁。

〔註415〕簡朝亮撰，周春健校注：《孝經集注述疏——附〈讀書堂答問〉》，華東師範大學出版社，2011 年版，第 5 頁。

〔註416〕簡朝亮撰，周春健校注：《孝經集注述疏——附〈讀書堂答問〉》，華東師範大學出版社，2011 年版，第 69 頁。

〔註417〕簡朝亮撰，周春健校注：《孝經集注述疏——附〈讀書堂答問〉》，華東師範大學出版社，2011 年版，第 2 頁。

〔註418〕簡朝亮撰，周春健校注：《孝經集注述疏——附〈讀書堂答問〉》，華東師範大學出版社，2011 年版，第 108 頁。

〔註419〕簡朝亮撰，周春健校注：《孝經集注述疏——附〈讀書堂答問〉》，華東師範大學出版社，2011 年版，第 125 頁。

1. 詮釋體例

《述疏》1卷，簡朝亮將《孝經》分爲18章，附以《答問》1卷88條。《述疏》在首列經文之前以「述曰」釋《孝經》該章的主旨，次列經文，次注經文，最後以「述曰」疏經文，條分縷析。

（1）分章注疏、各章互詳與經文、《答問》互詳

簡朝亮認爲，《漢志》言《孝經》十八章，不列章名，鄭《注》見章名，陸德明《釋文》從鄭《注》，邢《疏》皆別而名之，朱熹本分章而刊去章名〔註420〕。由於章名無違於《孝經》，而小學易知，故簡朝亮從邢《疏》。簡朝亮以「述曰」釋其各章主旨。其中，除《開宗明義章第一》兼取陳伯陶《孝經說》釋其主旨，《三才章第七》以《易·說卦》釋其主旨以外，簡朝亮釋《孝經》各章主旨均取邢《疏》，體現他對邢《疏》的高度重視。或申明邢《疏》，或直接徵引邢《疏》，是簡朝亮取邢《疏》作爲《孝經》各章主旨的2種形式。如釋《開宗明義章第一》的主旨，邢氏云：「宗，本也。」簡朝亮申言曰：「言此章開一經之宗本，而明孝義也。」〔註421〕釋《聖治章第九》的主旨，簡朝亮直接徵引邢《疏》云：「此言聖人之治，故以名章。」〔註422〕

《孝經》18章自身即成其一個嚴密的體系。其中，《開宗明義章第一》是全經的主旨，2～6章分述天子、諸侯、卿大夫、士、庶人不同身份的5類人行孝的不同表現形式，7～11章主要講述孝與治國的關係，12～14章是對《開宗明義章》中提及的至德、要道、揚名的申明，15～18章內在關係不算緊密，但分別以諫諍、感應、事君補充與發揮1～14章的相關內容，《喪親章第十八》則可視作經文全篇的總結。因此，《孝經》18章各章互詳亦成爲《述疏》的詮釋體例之一。如疏《卿大夫章第四》「然後能守其宗廟」時，簡朝亮指出，《釋文》，廟或庿。三廟，詳《喪親章》〔註423〕。簡朝亮在《喪親章》指出，《祭法》云：「王立七廟，諸侯立五廟，大夫立三廟，適士二廟，

〔註420〕簡朝亮撰，周春健校注：《孝經集注述疏——附〈讀書堂答問〉》，華東師範大學出版社，2011年版，第142頁。

〔註421〕簡朝亮撰，周春健校注：《孝經集注述疏——附〈讀書堂答問〉》，華東師範大學出版社，2011年版，第4頁。

〔註422〕簡朝亮撰，周春健校注：《孝經集注述疏——附〈讀書堂答問〉》，華東師範大學出版社，2011年版，第62頁。

〔註423〕簡朝亮撰，周春健校注：《孝經集注述疏——附〈讀書堂答問〉》，華東師範大學出版社，2011年版，第35頁。

官師一廟，庶人無廟。」〔註424〕疏「喪則致其哀」時，簡朝亮指出，《禮·問傳》云：父母之喪，居倚廬，寢苫枕塊。」此哀之發於居處者也。蓋三年寢不處內焉，故《檀弓》云：「致喪三年。」詳下文《喪親章》〔註425〕。簡朝亮在《喪親章》中指出，孝子三年，不忍死其親，故特祀於主焉，非以鬼禮享之也〔註426〕。

　　從《論語集注補正述疏》開始，簡朝亮已經使注疏經文與《答問》成其一個詮釋體系，但是，《論語集注補正述疏》較少出現「詳《答問》」之語。反之，「詳《答問》」頻繁出現於《述疏》之中。如簡朝亮指出，《前漢書》稱河間獻王修學好古，《後漢書》稱東平憲王爲善最樂，皆古諸侯之如《孝經》者。今詳《答問》〔註427〕。在《諸侯章》中《答問》其二即是沈維松問願聞諸侯之如《孝經》者〔註428〕。如疏「先王見教之可以化民也」時，簡朝亮指出，此節首句，光《指解》改「教」爲「孝」，朱子謂此句與上文不相屬，皆未察此獨承言教者爾。今詳《答問》〔註429〕。在《三才章》中《答問》其三即是蘇祖敬問其因，簡朝亮以「以政爲教之輔，言教則政可知也」作概要〔註430〕。

　　各章互詳、經文與《答問》互詳，既有效化解簡朝亮由於疏文多長而極其容易出現的表述重複的問題，有利於突出重點與難點問題，也使《述疏》的詮釋體例頗爲嚴謹。

（2）注取漢唐宋諸家與兼疏今古文

　　簡朝亮是以下述注與疏的關係注疏《孝經》的：注者，宜如水之注也，

〔註424〕簡朝亮撰，周春健校注：《孝經集注述疏——附〈讀書堂答問〉》，華東師範大學出版社，2011年版，第123頁。
〔註425〕簡朝亮撰，周春健校注：《孝經集注述疏——附〈讀書堂答問〉》，華東師範大學出版社，2011年版，第82頁。
〔註426〕簡朝亮撰，周春健校注：《孝經集注述疏——附〈讀書堂答問〉》，華東師範大學出版社，2011年版，第123頁。
〔註427〕簡朝亮撰，周春健校注：《孝經集注述疏——附〈讀書堂答問〉》，華東師範大學出版社，2011年版，第29頁。
〔註428〕簡朝亮撰，周春健校注：《孝經集注述疏——附〈讀書堂答問〉》，華東師範大學出版社，2011年版，第156頁。
〔註429〕簡朝亮撰，周春健校注：《孝經集注述疏——附〈讀書堂答問〉》，華東師範大學出版社，2011年版，第53頁。
〔註430〕簡朝亮撰，周春健校注：《孝經集注述疏——附〈讀書堂答問〉》，華東師範大學出版社，2011年版，第177頁。

欲其於經文曲以達也；疏者，宜如水之疏也，欲其於注文分以利也〔註431〕。因此，簡朝亮之注與疏均能成其文。鄭《注》、孔傳是在唐《御注》以前最普及、最權威的《孝經》注本。唐玄宗用《今文孝經》本，兼取鄭《注》、孔傳與漢唐諸家說，使唐《御注》逐漸取代鄭、孔二著的地位，並致其亡佚。同時，元行沖奉命著《孝經疏》（以下簡稱元《疏》），與唐《御注》配合而行。元行沖去世後，元《疏》經歷 2 次重注與訂正，並在北宋初年由邢昺、杜鎬等校訂、增刪，最終使邢《疏》與唐《御注》一起，成為《十三經注疏》中的《孝經》注本。簡朝亮在《述疏》中不僅注取鄭玄、孔穎達、邢昺、司馬光、范祖禹等漢唐宋諸家，而且在很大程度上就是以鄭、孔、司、范修正唐《御注》、邢《疏》，這源於簡朝亮對諸家的下述體認：唐《御注》本所因是鄭玄《注本》而非鄭小同注；由於唐《御注》再修，邢《疏》旋再修，故《御注》、邢《疏》與今注疏本惟題曰「宋邢昺校」〔註432〕；邢昺奉召修《疏》，其注垂至於今，而注疏猶有未皆叶者；疏「愛親者，不敢惡於人」時，唐《御注》云：「博愛也，廣敬也。」〔註433〕邢《疏》云：「博愛，廣敬，依魏《注》也。」〔註434〕簡朝亮指出，這是邢《疏》增損元《疏》舊文之失。同時，簡朝亮認為，以德教化天下是唐《御注》的本意，邢《疏》引孔傳，則未能通其義。故《天子章》當因唐《御注》而修正，以光《指解》、范《經說》作參。因此，申明與修正唐《御注》、邢《疏》就是簡朝亮訓詁成文的對象，也是《述疏》的主要內容。

簡朝亮認為古文《孝經》皆偽，但除偽《閨門章》以外，偽《孝經》異文者無多，因此，簡朝亮既從今文本，而唐《御注》、邢《疏》即為今文本，也指出除偽《閨門章》以外，其從古文為注者，可通乎今文說，可兼採〔註435〕。因此，簡朝亮兼疏今古文。如疏「各以其職來祭」時，簡朝亮指出，或曰：「來

〔註431〕 簡朝亮撰，周春健校注：《孝經集注述疏——附〈讀書堂答問〉》，華東師範大學出版社，2011 年版，第 1 頁。

〔註432〕 簡朝亮撰，周春健校注：《孝經集注述疏——附〈讀書堂答問〉》，華東師範大學出版社，2011 年版，第 137～138 頁。

〔註433〕 簡朝亮撰，周春健校注：《孝經集注述疏——附〈讀書堂答問〉》，華東師範大學出版社，2011 年版，第 154 頁。

〔註434〕 簡朝亮撰，周春健校注：《孝經集注述疏——附〈讀書堂答問〉》，華東師範大學出版社，2011 年版，第 154 頁。

〔註435〕 簡朝亮撰，周春健校注：《孝經集注述疏——附〈讀書堂答問〉》，華東師範大學出版社，2011 年版，第 2 頁。

祭，古文作來助祭，曷僞乎？」今考《詩・商頌》云：「莫敢不來享。」猶來祭也。言來祭，則其爲助可知也。此今文之善也〔註436〕。疏「夫孝，德之本也，教之所由生也」時，簡朝亮指出，古文《孝經》無兩「也」字，其義與今文同，其文則今文善〔註437〕。

2. 詮釋方法

《孝經》引《詩》《書》，以經通經自然成爲簡朝亮的詮釋方法，而作爲繼《尙書集注述疏》《論語集注補正述疏》後又一種且成書於民國初期的經學著述，筆者以爲，經文、疏文兼音義、考於古義與酌於今時和重視《孝經》文法，既最能反映經學凌遲的大背景下簡朝亮試圖留住經學的用心，也是《述疏》有別於簡朝亮前 2 種經學著述的詮釋方法的主要方面。以「或曰」兼指《孝經》諸家說則是簡朝亮對《論語集注補正述疏》詮釋方法的沿承。

（1）經文、疏文兼音義

有學者指出，鄭《注》、孔傳屬於儒者以訓詁、義理爲主的學術著述，唐《御注》則屬於普及性讀物，在訓詁、義理方面略顯單薄〔註438〕。簡朝亮則以《述疏》補其不足。簡朝亮在《述疏》中均在經文後附注音，其注音不僅以反切爲主，而且殊非僻字注音，而是普遍注音。如簡朝亮在經文「仲尼居，曾子侍。子曰：『先王有至德要道以順天下，民用和睦，上下無怨。汝知之乎？』曾子避席曰：『參不敏，何足以知之？』子曰：『夫孝，德之本也，教之所由生也。』復坐，吾語汝」後注音云：「尼，年題反。侍，音嗜。道，上聲。睦，音目。參，七南反。敏，音憫。夫，音扶，下同。復，音服。語，去聲。」〔註439〕在上述經文中，簡朝亮對仲尼、曾子、侍、子、子曰、先王、德、道、順、民、睦、避席、參、敏、夫、本、由、語等均有釋義，體現普遍釋義的原則。簡朝亮不僅對上述注文一一有疏，而且疏文均注音，並將疏文的注音集中置於疏文之後。簡朝亮將經文、疏文普遍音義的詮釋方

〔註436〕簡朝亮撰，周春健校注：《孝經集注述疏——附〈讀書堂答問〉》，華東師範大學出版社，2011 年版，第 67 頁。

〔註437〕簡朝亮撰，周春健校注：《孝經集注述疏——附〈讀書堂答問〉》，華東師範大學出版社，2011 年版，第 149 頁。

〔註438〕陳一鳳：《唐玄宗〈孝經御注〉的內容特點——兼與鄭注、孔傳比較》，《南都學壇》2005 年第 2 期。

〔註439〕簡朝亮撰，周春健校注：《孝經集注述疏——附〈讀書堂答問〉》，華東師範大學出版社，2011 年版，第 4 頁。

法貫穿於《述疏》的整個過程。有必要指出的是，雖然簡朝亮自言「夫，音扶，下同」，但在經文「夫孝，天之經也」、「夫然，故生則親安之」、「夫聖人之德」等中，簡朝亮均有「夫，音扶」之語〔註440〕。

（2）考於古義，酌於今時

唐《御注》以理說經；簡朝亮認爲，邢《疏》據鄭《注》，多引時事講經，並非釋經；朱熹《刊誤》分別經傳，錯落經文；元之吳澄、董鼎沿朱子其波，削經文而亂其序，棄典禮而用空言；清代毛奇齡《孝經問》專批朱熹及吳澄《孝經定本》，阮元之子阮福本邢《疏》發明唐《御注》而未能挖掘古義、闡述義理，皮錫瑞以《孝經》出孔子，注自鄭玄爲定位，以今文制度解經，使其《孝經鄭注疏》不只是學術性，而且具有以孔子「一王大法」改革現實的政治性。作爲民國初年的《孝經》著述，簡朝亮則旨在彌補邢《疏》、阮福本疏於注疏《孝經》古義與皮本的過度詮釋而不合《孝經》本義等不足，「叶於經」是簡朝亮注疏經典的不變主旨，在《述疏》中亦屢有提及。如疏「在上不驕」時，簡朝亮指出，唐《御注》、光《指解》、范《經說》，皆以驕與奢分言，與《經》文未叶。疏「是故先之以博愛」時，簡朝亮指出，唐《御注》於此未詳矣，邢《疏》亦未叶〔註441〕。

以「叶於經」爲歸宿，簡朝亮尋求《孝經》古義，本文、本義等字眼自然在《述疏》中屢見不鮮。如疏「故得萬國之歡心」時，簡朝亮指出，《經》於下文言之，唐《御注》以言萬國，非本文也〔註442〕。疏「因親以教愛」時，邢《疏》以《樂記》云：「樂者爲同，禮者爲異，同則相親，異則相敬，樂勝則流，禮勝則離。」以爲言先敬而後愛，簡朝亮指出，此非《樂記》之本義〔註443〕。簡朝亮認爲，邢《疏》云：「父子之道，慈孝本天性，則生愛敬之心，是常道也。」此邢《疏》言慈，非《孝經》尊與人子言孝之德〔註444〕。因此，

〔註440〕簡朝亮撰，周春健校注：《孝經集注述疏——附〈讀書堂答問〉》，華東師範大學出版社，2011年版，第47、57、62頁。
〔註441〕簡朝亮撰，周春健校注：《孝經集注述疏——附〈讀書堂答問〉》，華東師範大學出版社，2011年版，第53頁。
〔註442〕簡朝亮撰，周春健校注：《孝經集注述疏——附〈讀書堂答問〉》，華東師範大學出版社，2011年版，第60頁。
〔註443〕簡朝亮撰，周春健校注：《孝經集注述疏——附〈讀書堂答問〉》，華東師範大學出版社，2011年版，第71頁。
〔註444〕簡朝亮撰，周春健校注：《孝經集注述疏——附〈讀書堂答問〉》，華東師範大學出版社，2011年版，第73頁。

簡朝亮是以回歸經典本身尋找其儒家大義。

　　簡朝亮是以兼漢宋學訓詁、義理之長注疏經典的，故其尋找《孝經》古義不僅是名物訓詁，而且重視義理闡述，這成爲簡朝亮申明與修正唐《御注》、邢《疏》的 2 個方面。如唐《御注》以「蓋，猶略也。孝道廣大，此略言之」釋「蓋天子之孝也」中的「蓋」，簡朝亮認爲仍需斟酌，蓋者，大略之辭，不可謂「蓋，猶略」也〔註445〕。唐《御注》以「言行孝以事親爲始，事君爲中，忠孝道著，乃能揚名榮親，故曰終於立身也」釋「夫孝，始於事親，中於事君，終於立身」，簡朝亮認爲，唐《御注》的釋義是以仕宦言之，對於先王禪讓與征誅者則並未言及。邢《疏》據文十八年《左傳》釋「五教」，簡朝亮徵引《尚書·堯典》《孟子》等後指出，「五教」即五典，即孟子所云父子有親、君臣有義、夫婦有別，長幼有序、朋友有信，「五教」當以父子有親爲先。

　　尤其值得注意的是，簡朝亮不僅探求《孝經》古義，而且酌於今時，且其「今時」又殊非邢昺雖多引時事解經而非釋經。簡朝亮以《孝經》爲導善救亂之書，將以「孝」爲至德要道與以「孝」順天下作爲注疏《孝經》的 2 條主線，體現簡朝亮對《孝經》思想的整體把握，亦是簡朝亮以《孝經》經世致用的反映。一方面，無論是以「德與道，實一理也」〔註446〕，還是以法即道〔註447〕，簡朝亮筆下的道既是人倫之常，也是人倫之變，但其至德要道都指向了「孝」，而至德要道來自舜、堯等先王。另一方面，以「孝」順天下包括順而順之、不順而順之 2 個方面。簡朝亮沿承孟子「性善說」，以舜、堯、禹、啓、周成王等先王通過禪讓、征誅等途徑順天下稱作「順而順之」，以《五刑章》「非孝者無親，此大亂之道也」作爲天下之不順〔註448〕。無論順而順之還是不順而順之，都歸因於可以使民用和睦、上下無怨的「孝」。簡朝亮正是以「惟《經》則教以孝，而大亂消焉」〔註449〕應對經學凌遲、人倫喪失的民

〔註445〕簡朝亮撰，周春健校注：《孝經集注述疏——附〈讀書堂答問〉》，華東師範大學出版社，2011 年版，第 21 頁。

〔註446〕簡朝亮撰，周春健校注：《孝經集注述疏——附〈讀書堂答問〉》，華東師範大學出版社，2011 年版，第 5 頁。

〔註447〕簡朝亮撰，周春健校注：《孝經集注述疏——附〈讀書堂答問〉》，華東師範大學出版社，2011 年版，第 35 頁。

〔註448〕簡朝亮撰，周春健校注：《孝經集注述疏——附〈讀書堂答問〉》，華東師範大學出版社，2011 年版，第 7 頁。

〔註449〕簡朝亮撰，周春健校注：《孝經集注述疏——附〈讀書堂答問〉》，華東師範大學出版社，2011 年版，第 3 頁。

國初年。

（3）重視《孝經》文法

簡朝亮以「未察《孝經》文字」作爲《孝經》研究「六失」之一，指出研治《孝經》必須注意其有互文、變文、省文、分應之文、回顧之文、主孝而遞推之文、重教而獨承之文、言政而微及之文等〔註450〕。其中，互文、變文、省文是簡朝亮詮釋《孝經》尤其重視的文法。

一是互文。如疏「在上不驕」時，簡朝亮指出，邢《疏》引皇侃說，謂其云在上不驕以戒貴，應云不奢以戒富。此不例者，互文也。今考互文之體，《尙書》《論語》諸經皆有之矣〔註451〕。疏「擗踊哭泣」時，簡朝亮指出，唐玄宗《注》云：「男踊女擗」於未析，邢《疏》以爲互文，亦曲爲之說〔註452〕。疏「則天之明，因地之利」時，簡朝亮指出，此則之以爲因者，互文也。亦曰因天之明，則地之利，故曰天地之經而民是則之，蓋有則必有因矣〔註453〕。

二是變文。如疏「富貴不離其身」時，簡朝亮指出，故言不離者以「富貴」爲序，斯變文者〔註454〕。疏「昔者明王」時，簡朝亮指出，其爲先王變文〔註455〕。

三是省文。如疏「仲尼居，曾子侍」時，簡朝亮指出，於孔子著其字而未稱氏，於曾子著其氏而未稱字，蓋既有所著，則未稱者從可知也。省文也，以曾子固自稱其名也〔註456〕。疏「如臨深淵，如履薄冰」時，簡朝亮指出，《論語》朱《注》、《易》鄭《注》，「臨深」爲「臨淵」，「履薄」爲「履冰」，以徒

〔註450〕簡朝亮撰，周春健校注：《孝經集注述疏——附〈讀書堂答問〉》，華東師範大學出版社，2011年版，第5頁。

〔註451〕簡朝亮撰，周春健校注：《孝經集注述疏——附〈讀書堂答問〉》，華東師範大學出版社，2011年版，第24頁。

〔註452〕簡朝亮撰，周春健校注：《孝經集注述疏——附〈讀書堂答問〉》，華東師範大學出版社，2011年版，第122頁。

〔註453〕簡朝亮撰，周春健校注：《孝經集注述疏——附〈讀書堂答問〉》，華東師範大學出版社，2011年版，第51頁。

〔註454〕簡朝亮撰，周春健校注：《孝經集注述疏——附〈讀書堂答問〉》，華東師範大學出版社，2011年版，第24頁。

〔註455〕簡朝亮撰，周春健校注：《孝經集注述疏——附〈讀書堂答問〉》，華東師範大學出版社，2011年版，第59頁。

〔註456〕簡朝亮撰，周春健校注：《孝經集注述疏——附〈讀書堂答問〉》，華東師範大學出版社，2011年版，第5頁。

言臨深可也，徒言履薄，則不知所履云何。然臨淵則無不深者，而薄冰又豈無堅厚非薄乎？皆省文而不如毛《傳》也〔註457〕。疏「夫孝，天之經也，地之義也」時，簡朝亮指出，《禮器》云：「因天事天，因地事地。」皆考上下而各有當也。今《孝經》以省文而互見焉〔註458〕。

　　簡朝亮在《述疏》中還提及對文、散文與倒文等。如疏「民之行也」時，簡朝亮指出，《經》（按：指《孝經》）民人，其對文則異焉。今散文則通者，猶《論語》民義說云，民，人也〔註459〕。疏「是以其教不肅而成，其政不嚴而治」時，簡朝亮指出，唐《御注》言政教，言嚴肅，皆倒經文。且若嚴肅義同，司馬《注》亦嚴肅云也，范《注》順經文而無訓焉〔註460〕。另外，簡朝亮重視《孝經》「也」字與上下文關係。簡朝亮指出，凡「也」之為文，今文有而古文無者多。其於文皆有善於無，豈可得其義而失其文乎？簡朝亮以「也」分辨《孝經》今古文〔註461〕。疏「非先王之德行不敢行」時，簡朝亮指出，邢《疏》申以《論語》云：「志於道，據於德。」邢通其實與？然以《經》上下文別之，其文未析也，當析而別之矣〔註462〕。

（4）以「或曰」兼指《孝經》諸家說

　　與《論語集注補正述疏》以不純採者為「或曰」一樣，簡朝亮在《述疏》中亦頻繁以「或曰」展現《孝經》家的諸種觀點。故「或曰」與簡朝亮注取漢唐宋諸家、兼疏今古文一起，體現簡朝亮對於《孝經》學史的整體把握。或肯定，或否定，是簡朝亮對「或曰」的 2 種態度，且「或曰」廣涉《孝經》諸種問題，簡朝亮就是將此作為豐富與深化《孝經》注疏的重要途徑。如簡朝亮以徵引「或曰」《經》言事親，何以引《詩》言「念祖」乎？指出此極先

〔註457〕簡朝亮撰，周春健校注：《孝經集注述疏——附〈讀書堂答問〉》，華東師範大學出版社，2011 年版，第 29 頁。

〔註458〕簡朝亮撰，周春健校注：《孝經集注述疏——附〈讀書堂答問〉》，華東師範大學出版社，2011 年版，第 51 頁。

〔註459〕簡朝亮撰，周春健校注：《孝經集注述疏——附〈讀書堂答問〉》，華東師範大學出版社，2011 年版，第 47 頁。

〔註460〕簡朝亮撰，周春健校注：《孝經集注述疏——附〈讀書堂答問〉》，華東師範大學出版社，2011 年版，第 51 頁。

〔註461〕簡朝亮撰，周春健校注：《孝經集注述疏——附〈讀書堂答問〉》，華東師範大學出版社，2011 年版，第 149 頁。

〔註462〕簡朝亮撰，周春健校注：《孝經集注述疏——附〈讀書堂答問〉》，華東師範大學出版社，2011 年版，第 35 頁。

王本孝之義，以盡其心也〔註463〕；以徵引「或曰」：「今之非孝者云，孝知有家，不知有國也。《韓非子》云：『魯人從君戰，三戰三北，仲尼問其故，對曰：「吾有老父，身死莫之養也。」仲尼以為孝，舉而上之。』以上觀之，夫父之孝子，君之背臣也。今之非孝者，乃若斯乎？」指斥韓非之誣論〔註464〕。簡朝亮反對「或曰」：「周以攝政則攝祀，故《孝經》以二祀屬之周公」，指出周公攝政時，則當以成王命祀而言〔註465〕。正因為將「或曰」置於其中，簡朝亮可以最大限度地申明與修正《孝經》諸家說。

一方面，無論是經文、疏文兼音義，還是重視《孝經》文法，都說明簡朝亮注重以《爾雅》《釋文》等小學之書訓釋《孝經》，反映簡朝亮經學即文學的學術思想。「今《疏》則明言孝者，欲易明爾」〔註466〕，是簡朝亮有此選擇的根本原因。另一方面，簡朝亮以《孝經》中的「子曰」指「孔子曰」，沿承晁公武、胡寅論為《孝經》為曾子門人所記之論，故《孝經》反映的當是曾子以《孝經》為導善救亂之書的思想。簡朝亮就是以《述疏》考於古義，酌於今時，正人心，挽世風。

四、世變修譜

1858～1869 年由朱次琦等修，朱宗琦纂的《南海九江朱氏家譜》（按：以下簡稱《朱氏家譜》），除手書《南海九江朱氏家譜序》《南海九江朱氏家譜序例》以外，其時旨在開館講學的朱次琦實際參與其中的並不多，故《朱氏家譜》不在朱次琦臨終自焚的著述之列，收藏於省會尊經閣〔註467〕。《朱氏家譜》體現的朱次琦的譜學思想與半個世紀以來廣東社會發生的諸種風雲變幻相碰撞，成為簡朝亮在 1911 年、1921～1926 年以編纂《順德簡岸簡氏家譜》（按：以下簡稱《簡氏家譜》）《粵東簡氏大同譜》（按：以下簡稱《大同譜》）堅守

〔註463〕 簡朝亮撰，周春健校注：《孝經集注述疏——附〈讀書堂答問〉》，華東師範大學出版社，2011 年版，第 17 頁。

〔註464〕 簡朝亮撰，周春健校注：《孝經集注述疏——附〈讀書堂答問〉》，華東師範大學出版社，2011 年版，第 87 頁。

〔註465〕 簡朝亮撰，周春健校注：《孝經集注述疏——附〈讀書堂答問〉》，華東師範大學出版社，2011 年版，第 64 頁。

〔註466〕 簡朝亮撰，周春健校注：《孝經集注述疏——附〈讀書堂答問〉》，華東師範大學出版社，2011 年版，第 5 頁。

〔註467〕 按：據《粵東簡氏大同譜》卷二第 420 頁，「今有《南海九江朱氏譜》購存省會」。

封建宗法制的思想支撐，但是，世易時移下，由於譜書編纂的外在環境已經發生劃時代的變化，這 2 本積累了簡朝亮心血的族譜不僅在纂例上有別於《朱氏家譜》，而且其相關內容在某種程度上已經體現宗法亡與譜學絕。

第一，譜學思想

作爲一門學問的譜學關涉宗法、史學、纂例、簿籍、選舉等內容。朱次琦在《南海九江朱氏家譜序》《南海九江朱氏家譜序例》中殊非有意構建其譜學思想，但他對於譜學之宗法、史學與纂例的闡述，不僅屬於譜學的主要內容，而且在《朱氏家譜》的具體撰寫中有充分體現。簡朝亮即以《簡氏家譜》《大同譜》實踐朱次琦的譜學思想。

1. 譜學之宗法與史學

源於史官的譜學與封建宗法制的存亡息息相關。朱次琦說：「蓋先王譜學之設，實與宗法相維而表裏乎國史。宗法立而士大夫家收族合食，至於百世不遷，……世祿廢，宗法亡，譜學乃曠絕不可考。」〔註468〕首列宗支譜以顯世系源流，成爲稍講纂例的譜書的內容，《朱氏家譜》《簡氏族譜》《大同譜》均以宗支譜居其首。正是對宗法制厚親親之義的重視，在鄉土經歷咸豐寇亂而風俗日弊、親情日衰之際，正式南返的朱次琦在 1858～1869 年協助朱宗琦、朱士仁、朱士報等朱氏族人歷 11 年編纂《朱氏家譜》。由於目睹封建宗法制即將消亡，1911 年，簡朝亮中斷《論語集注補正述疏》的撰寫，在 1408年、1436 年、1529 年、1643 年、1694 年族人 5 次編纂族譜的基礎上，在兒子簡詠述、門人張夢熊、李禮興協助下迅速重修《簡氏家譜》。簡朝亮以重修族譜爲變，續修爲其常，「非事變有大不得已者，烏用重修乎？」〔註469〕其所謂「世變」，即封建宗制覆亡，「世雖變也，而世系無變焉」，「斯世變何如哉」，「斯世變何如哉」，「孰使世變如斯」〔註470〕。1926 年，簡朝亮在《大同譜·

〔註468〕 朱次琦等修，朱宗琦纂：《南海九江朱氏家譜》序，1869 年南海朱氏刻本，北京圖書館編：《北京圖書館藏家譜叢刊》閩粵（僑鄉）卷，第 21～23 冊，北京圖書館出版社，2000 年版，第 1～8 頁。

〔註469〕 簡寶侯、簡朝亮等纂修：《粵東簡氏大同譜》卷首之三，北京圖書館編：《北京圖書館藏家譜叢刊》閩粵（僑鄉）卷，第 42～44 冊，北京圖書館出版社，2000 年版，第 22 頁。

〔註470〕 簡朝亮纂修：《順德簡岸簡氏家譜》卷首，北京圖書館編：《北京圖書館藏家譜叢刊》閩粵（僑鄉）卷，第 42～44 冊，北京圖書館出版社，2000 年版，第 2253～2257 頁。

修譜答問》中既再次強調此譜爲重修，也指出《大同譜》之宗支譜例強調始遷者，以著大宗之所自出，則其下百世爲宗，由本而支，可即列房分譜，更以「時變」指稱修譜的 1920～1926 年〔註471〕。即使舟車失常，郵書屢斷，採訪多艱，簡朝亮猶思譜事，無稍休〔註472〕，即是以期宗人所傳，世世親睦之世系不可自其而失，即是以修譜留住宗法制。

　　周代《世本》有掌於史官的《帝系篇》《諸侯世系篇》《卿大夫世系篇》《氏姓篇》《諡法篇》等，故家之有譜，猶國之有史。以譜學爲史學，是修譜者一致的看法，紀昀《河間孔氏族譜序》、姚鼐《族譜序》等即是。朱次琦認爲，「譜牒之學，史學也。」〔註473〕秉筆直書是史家的精神，朱次琦將「直而不污，信而有徵，不侈前人，勿廢後觀」〔註474〕作爲《朱氏家譜》的撰寫要求。《朱氏家譜》卷一宗支譜的「姓族源流」，編纂者運用近 20 種文獻探究朱氏家族的姓氏由來。爲了修正 1577 年朱學懋編纂《朱氏家譜》1 卷本、1696 年朱瑤編纂《朱氏族譜》2 卷本的失誤，《朱氏家譜》出現「謹案」之語 358 次，其中，宗支譜 5 卷 136 次，關涉對舊譜人物的名、號、字等補正；恩榮譜 1 卷 66 次，多關於人物官階的修正；祠宇譜 1 卷 32 次，墳塋譜 2 卷 39 次，藝文譜 1 卷 25 次，家傳譜 1 卷 20 次，雜錄譜 1 卷 40 次，主要關於人物官階、生卒年、世次、人名、史實等修正，充分體現何謂辨正誤，著信史。故楊殿珣認爲，「(《朱氏家譜》) 異於前人」，「純以考證之態度書之，斯爲一家之信史也。」〔註475〕

　　簡朝亮不僅以譜學爲史學，而且譜學必須遵守《春秋》大義。「譜者，家史也。從來公例，修史者本《春秋》大義，據實而書，執簡而爭，知我罪我，

〔註471〕簡寶侯、簡朝亮等纂修：《粵東簡氏大同譜》序，北京圖書館編：《北京圖書館藏家譜叢刊》閩粵（僑鄉）卷，第 42～44 冊，北京圖書館出版社，2000年版，第 3 頁。

〔註472〕簡寶侯、簡朝亮等纂修：《粵東簡氏大同譜》卷首之三，北京圖書館編：《北京圖書館藏家譜叢刊》閩粵（僑鄉）卷，第 42～44 冊，北京圖書館出版社，2000 年版，第 23 頁。

〔註473〕朱次琦等修，朱宗琦纂：《南海九江朱氏家譜》序，1869 年南海朱氏刻本，北京圖書館編：《北京圖書館藏家譜叢刊》閩粵（僑鄉）卷，第 21～23 冊，北京圖書館出版社，2000 年版，第 1 頁。

〔註474〕朱次琦等修，朱宗琦纂：《南海九江朱氏家譜》序，1869 年南海朱氏刻本，北京圖書館編：《北京圖書館藏家譜叢刊》閩粵（僑鄉）卷，第 21～23 冊，北京圖書館出版社，2000 年版，第 2 頁。

〔註475〕楊殿珣：《中國家譜通論》，《圖書季刊》1946 年第 3 卷第 1、2 期合刊。

準之公義。」〔註476〕簡朝亮將「凡譜事辨誤，據公義而書實事」〔註477〕的原則體現於《大同譜》各譜之例。如宗支譜房系之名有事實由來當著者，則以字及號酌其稱〔註478〕；榮顯譜存亡俱錄而生人不立傳〔註479〕；祠宇譜列祖始遷者，必書其祠，以祠見其始遷之實也，非有祠無以實，始遷之地也，遷地未實，何以稱始遷祖乎〔註480〕；墳塋譜欲章其事而不湮〔註481〕；家傳譜反對其先祖無美而稱之，……有善而弗知，……知而弗傳〔註482〕；藝文譜四部存佚俱收而不注其佚者，如《唐志》焉。古書佚而復出，蓋有之矣。安知佚者非存邪，錄其序跋，或附詩文評，《文獻通考》類焉也〔註483〕；雜錄譜將其無遺也，……將有待也〔註484〕，均體現簡朝亮力著信史。與此同時，作爲粵東簡氏首本族譜，簡朝亮不僅運用 10 多種文獻考證簡氏源流，糾正鄭樵《通志・氏族略》、宋修本《廣韻》《三國志》等著錄的「簡氏」的諸種失誤，考

〔註476〕簡寶侯、簡朝亮等纂修：《粵東簡氏大同譜》序，北京圖書館編：《北京圖書館藏家譜叢刊》閩粵（僑鄉）卷，第 42～44 冊，北京圖書館出版社，2000 年版，第 4 頁。

〔註477〕簡寶侯、簡朝亮等纂修：《粵東簡氏大同譜》序，北京圖書館編：《北京圖書館藏家譜叢刊》閩粵（僑鄉）卷，第 42～44 冊，北京圖書館出版社，2000 年版，第 4 頁。

〔註478〕簡寶侯、簡朝亮等纂修：《粵東簡氏大同譜》卷首之三，北京圖書館編：《北京圖書館藏家譜叢刊》閩粵（僑鄉）卷，第 42～44 冊，北京圖書館出版社，2000 年版，第 19 頁。

〔註479〕簡寶侯、簡朝亮等纂修：《粵東簡氏大同譜》卷首之三，北京圖書館編：《北京圖書館藏家譜叢刊》閩粵（僑鄉）卷，第 42～44 冊，北京圖書館出版社，2000 年版，第 19 頁。

〔註480〕簡寶侯、簡朝亮等纂修：《粵東簡氏大同譜》卷六，北京圖書館編：《北京圖書館藏家譜叢刊》閩粵（僑鄉）卷，第 42～44 冊，北京圖書館出版社，2000 年版，第 1018 頁。

〔註481〕簡寶侯、簡朝亮等纂修：《粵東簡氏大同譜》卷七，北京圖書館編：《北京圖書館藏家譜叢刊》閩粵（僑鄉）卷，第 42～44 冊，北京圖書館出版社，2000 年版，第 1127 頁。

〔註482〕簡寶侯、簡朝亮等纂修：《粵東簡氏大同譜》卷九，北京圖書館編：《北京圖書館藏家譜叢刊》閩粵（僑鄉）卷，第 42～44 冊，北京圖書館出版社，2000 年版，第 1291 頁。

〔註483〕簡寶侯、簡朝亮等纂修：《粵東簡氏大同譜》卷十二，北京圖書館編：《北京圖書館藏家譜叢刊》閩粵（僑鄉）卷，第 42～44 冊，北京圖書館出版社，2000 年版，第 1969 頁。

〔註484〕簡寶侯、簡朝亮等纂修：《粵東簡氏大同譜》卷十三，北京圖書館編：《北京圖書館藏家譜叢刊》閩粵（僑鄉）卷，第 42～44 冊，北京圖書館出版社，2000 年版，第 2061 頁。

證南雄府、珠璣巷等地名源流，而且，《大同譜》的榮顯譜、家傳譜、藝文譜等均以「按語」形式對在此之前的諸種族譜的相關記載進行大量補正，占《大同譜》篇幅近一半。正是每事俱核與考證紮實，簡朝亮以《大同譜》爲族人不可任意改寫的譜書，「夫《大同譜》察核修成之後，敢有懷私者，或飾非，或受賄，詭說多端，妄添冒認者，族眾當斥而罪之。」〔註485〕

2. 譜學之纂例

尊古例是中國譜書的一般特點，重纂例則是宋以後譜書的撰寫特色。朱次琦兼重古例與纂例，故《朱氏家譜》成爲廣東近代譜書的典範。簡朝亮將譜書的纂例稱作義例〔註486〕，其義即「宜」，即必須符合儒家大義，亦是《春秋》大義。簡朝亮既重古例，也在《朱氏家譜》纂例的基礎上，結合《大同譜》自身的特點而稍作改動。

（1）尊古例

一方面，《世本》《史記》《漢書》等是宋代譜書纂例的源頭。中國最早的譜書《世本》雖毀於秦火，但《史記》「三代世表」採用「旁行斜上」的撰寫模式即源於它。《新唐書》「宗室表」仿《漢書》「諸侯王表」、「王子侯表」之式，歐陽修《歐陽氏譜圖》仿《史記》、《漢書》的表例。另一方面，歐陽修《歐陽氏譜圖》、蘇洵《蘇氏譜圖》等宋代譜書奠定宋以後譜書纂例的基礎。陶宗儀、張雲義、魏禧、錢大昕等編修譜書均沿用歐、蘇之例，故從司馬遷、歐陽修、蘇洵到陶、張、魏、錢，尊古例是中國古代譜學史的傳統。

朱次琦將以上譜書纂例靈活運用於《朱氏家譜》，即是尊古例。朱次琦以古人自序，如屈子《離騷》、馬班二史，罔不上溯姓原，譜牒亦然而以首辨族姓源流作爲《朱氏家譜》宗支譜之首，且宗支譜沿用譜必有圖、旁行斜上之《周譜》例，圖必分房、圖皆有書名之《新唐書》例，圖以四世爲一部、格盡別起之《歐陽氏譜圖》例，圖皆書名、臨文不諱之《蘇氏族譜》例，名記原名，更名一名別徵，使後有考之鄭氏《譜》例，名闕者代以方空之《逸周

〔註485〕簡寶侯、簡朝亮等纂修：《粵東簡氏大同譜》卷首之三，北京圖書館編：《北京圖書館藏家譜叢刊》閩粵（僑鄉）卷，第42～44冊，北京圖書館出版社，2000年版，第23頁。

〔註486〕簡寶侯、簡朝亮等纂修：《粵東簡氏大同譜》卷首之三，北京圖書館編：《北京圖書館藏家譜叢刊》閩粵（僑鄉）卷，第42～44冊，北京圖書館出版社，2000年版，第22頁。

書》例，名後書字與爵之諸家譜例，雖別字亦載之《後漢書》例〔註487〕；恩
榮譜以《世說新語注》歷引諸家譜，著錄之人無靡不詳其起家歷官者之例，
強調有一官者無弗書官，有一資者無弗書資，正古法〔註488〕；以《隋志》有
《楊氏家譜狀》並《墓記》一卷而《朱氏家譜》有墳塋譜；以《世說新語注》
爲家譜詳著述之始而《朱氏家譜》有藝文譜，其譜從《新唐書》紀其實之例，
《文獻通考》不復注、標目後揭原書序跋、附騭評之例〔註489〕；家傳譜沿承
《百越先賢志》、《國史儒林傳》傳末必注所據書，示信之例〔註490〕。

　　簡朝亮重視譜法，「朝亮於鄉居，暇日嘗與宗人言譜法矣。」〔註491〕「且
朝亮昔聞譜法，君子忠信當爲家傳焉。」〔註492〕簡朝亮研習的譜法不僅是一
般譜書纂例，而且將儒家經典的大義置於譜法。1911 年編纂的《簡氏家譜》5
卷，其中宗支譜 4 卷，簡朝亮在《簡氏家譜序》中詳論宗支譜纂例。簡朝亮
以旁行斜上爲《周譜》例；以譜之宗圖，四世居一部爲《禮》「四世而緦，服之
窮」；以其部列而格盡別起者重書一世爲《歐陽氏譜》《詢書》之例；以圖皆書
名爲《禮》「臨文不諱」；以有闕者代以方空若《逸周書》例；以各下書字、書
號、書謚、書爵、書配、書繼配、書妾曰庶皆義〔註493〕。簡朝亮以尊古例、

〔註487〕朱次琦等修，朱宗琦纂：《南海九江朱氏家譜》序例，1869 年南海朱氏刻本，
　　　　　北京圖書館編：《北京圖書館藏家譜叢刊》閩粵（僑鄉）卷，第 21～23 冊，
　　　　　北京圖書館出版社，2000 年版，第 36～38 頁。

〔註488〕朱次琦等修，朱宗琦纂：《南海九江朱氏家譜》序例，1869 年南海朱氏刻本，
　　　　　北京圖書館編：《北京圖書館藏家譜叢刊》閩粵（僑鄉）卷，第 21～23 冊，
　　　　　北京圖書館出版社，2000 年版，第 39～40 頁。

〔註489〕朱次琦等修，朱宗琦纂：《南海九江朱氏家譜》序例，1869 年南海朱氏刻本，
　　　　　北京圖書館編：《北京圖書館藏家譜叢刊》閩粵（僑鄉）卷，第 21～23 冊，
　　　　　北京圖書館出版社，2000 年版，第 42 頁。

〔註490〕朱次琦等修，朱宗琦纂：《南海九江朱氏家譜》序例，1869 年南海朱氏刻本，
　　　　　北京圖書館編：《北京圖書館藏家譜叢刊》閩粵（僑鄉）卷，第 21～23 冊，
　　　　　北京圖書館出版社，2000 年版，第 44 頁。

〔註491〕簡朝亮纂修：《順德簡岸簡氏家譜》卷首，北京圖書館編：《北京圖書館藏家
　　　　　譜叢刊》閩粵（僑鄉）卷，第 42～44 冊，北京圖書館出版社，2000 年版，
　　　　　第 2254 頁。

〔註492〕簡朝亮纂修：《順德簡岸簡氏家譜》卷首，北京圖書館編：《北京圖書館藏家
　　　　　譜叢刊》閩粵（僑鄉）卷，第 42～44 冊，北京圖書館出版社，2000 年版，
　　　　　第 2256 頁。

〔註493〕簡朝亮纂修：《順德簡岸簡氏家譜》卷首，北京圖書館編：《北京圖書館藏家
　　　　　譜叢刊》閩粵（僑鄉）卷，第 42～44 冊，北京圖書館出版社，2000 年版，
　　　　　第 2254 頁。

守大義爲《簡氏家譜》宗支譜纂例，不僅一致於朱次琦，「蓋此譜法皆參乎九江先生所爲《朱氏譜》」〔註494〕，而且《大同譜》宗支譜亦嚴守此例。

　　與《簡氏家譜》以宗支譜爲主且宗圖未備不同，《大同譜》由 8 譜 13 卷組成，其譜之義例分見諸譜敍論之中。簡朝亮以《世說新語注》引諸家譜，凡敍述其人，有一官必書其官，有一資必書其資，《唐史》括氏族書爲世系表，自大僚至末，秩其官資皆書爲榮顯譜其例〔註495〕；以祠堂之名，週末有焉，……《朱子家禮》責立祠堂而列祠宇譜〔註496〕；以《周官》大司徒以本俗六安萬民二日族墳墓，《大同譜》爲之譜而錄其墳塋〔註497〕；以《書·鴻範》「皇極之敷言，是彝是訓，於帝其訓，凡厥庶民，極之敷言，是訓是行，以近天子之光。曰：天子作民父母，以爲天下王」釋訓則國民宜聽〔註498〕，故《大同譜》宗家訓譜，例同於龐尙德《龐氏家訓》；以《十三章經》《大戴禮》、劉向《列女傳》爲家傳譜的敍事法〔註499〕；以《裴氏家傳》錄《裴子語林》與《文獻通考》錄其序跋，或附詩文評爲藝文譜例〔註500〕；以《春秋》採毫毛之善，故以雜錄譜將無遺〔註501〕。以上簡朝亮自敍的《大同譜》8 譜

〔註494〕簡朝亮纂修：《順德簡岸簡氏家譜》卷首，北京圖書館編：《北京圖書館藏家譜叢刊》閩粵（僑鄉）卷，第 42～44 冊，北京圖書館出版社，2000 年版，第 2257 頁。

〔註495〕簡寶侯、簡朝亮等纂修：《粵東簡氏大同譜》卷三，北京圖書館編：《北京圖書館藏家譜叢刊》閩粵（僑鄉）卷，第 42～44 冊，北京圖書館出版社，2000 年版，第 428 頁。

〔註496〕簡寶侯、簡朝亮等纂修：《粵東簡氏大同譜》卷六，北京圖書館編：《北京圖書館藏家譜叢刊》閩粵（僑鄉）卷，第 42～44 冊，北京圖書館出版社，2000 年版，第 1017 頁。

〔註497〕簡寶侯、簡朝亮等纂修：《粵東簡氏大同譜》卷七，北京圖書館編：《北京圖書館藏家譜叢刊》閩粵（僑鄉）卷，第 42～44 冊，北京圖書館出版社，2000 年版，第 1127 頁。

〔註498〕簡寶侯、簡朝亮等纂修：《粵東簡氏大同譜》卷八，北京圖書館編：《北京圖書館藏家譜叢刊》閩粵（僑鄉）卷，第 42～44 冊，北京圖書館出版社，2000 年版，第 1127 頁。

〔註499〕簡寶侯、簡朝亮等纂修：《粵東簡氏大同譜》卷九，北京圖書館編：《北京圖書館藏家譜叢刊》閩粵（僑鄉）卷，第 42～44 冊，北京圖書館出版社，2000 年版，第 1298 頁。

〔註500〕簡寶侯、簡朝亮等纂修：《粵東簡氏大同譜》卷十二，北京圖書館編：《北京圖書館藏家譜叢刊》閩粵（僑鄉）卷，第 42～44 冊，北京圖書館出版社，2000 年版，第 1969 頁。

〔註501〕簡寶侯、簡朝亮等纂修：《粵東簡氏大同譜》卷十三，北京圖書館編：《北京圖書館藏家譜叢刊》閩粵（僑鄉）卷，第 42～44 冊，北京圖書館出版社，2000

之例，均尊古例。

（2）重纂例

宋代以後，譜書只存纂例，只講纂例，歐陽修《歐陽氏譜圖》、蘇洵《蘇氏族譜》等即是，《朱氏家譜》就是對歐、蘇譜書纂例的傳承與發展。《朱氏家譜》7 譜 12 卷：宗支譜 5 卷，恩榮譜、祠宇譜、墳塋譜、藝文譜、家傳譜、雜錄譜分別爲 1 卷、1 卷、2 卷、1 卷、1 卷、1 卷。關於 7 譜排序，朱次琦說：「譜以合宗，且有世系支派，然後諸譜中諱字有可稽，昭穆有可考，故首列宗支譜。鄭漁洋仲謂三代之後，氏族合而爲一，則以地望明貴賤，使貴有常尊，賤有等威，漢有《鄧氏官譜》，唐有《衣冠譜》，又有《官族傳》，氏族書第門閥，有自來矣，故恩榮譜次之。譜所以明孝愛作一本之思也，故祠宇譜、墳塋譜次之。譜所以守文獻，備一家之故也，故藝文譜、家傳譜次之。其餘遺聞逸事，不列於諸譜者，散碎爬羅，亦述家風，修世錄者所不廢，故以雜錄譜終之也。」〔註 502〕朱次琦不僅清晰指出 7 譜排序的原委，而且具體至各譜纂例，《朱氏家譜》是各有要求的。如首辨族姓源流、譜必有圖與旁行斜上、圖必分房與圖皆有書名就是宗支譜的纂例；恩榮譜下設 18 個條目；祠宇譜首重祠，次述坊表、第宅、園亭樓閣等；墳塋譜不從金石例爲圖，用羅經甲乙，分正隅之例；藝文譜以經、史、子、集四部作著錄，著述紀其實，不著錄亡篇；家傳譜則人物稱謂皆從《禮》。

《簡氏家譜》宗支譜 4 卷、雜錄譜 1 卷，不僅獨重世系，而且卷 4 的宗支譜由於詳見於省會眾賢堂《大同譜》內而未錄其內容。不論是四世一圖、圖必有文與臨文不諱、書與不書，還是不執於禮等宗支譜的纂例，《簡氏家譜》均取法《朱氏家譜》。與《朱氏家譜》纂例相比，《大同譜》變化有二：一是從 7 譜 12 卷到 8 譜 13 卷及其排序的變化。《大同譜》將《朱氏家譜》「宗支譜、恩榮譜、祀宇譜、墳塋譜、藝文譜、家傳譜、雜錄譜」的排序易作「宗支譜、榮顯譜、祀宇譜、墳塋譜、家訓譜、家傳譜、藝文譜、雜錄譜」，增加家訓譜，將「恩榮譜」易作「榮顯譜」。對此排序變化，簡朝亮說：「《國語注》云：『以德榮顯者，可爲國光華也。』《詩·常棣》箋云：『兄弟相求，故

〔註 502〕 朱次琦等修，朱宗琦纂：《南海九江朱氏家譜》序例，1869 年南海朱氏刻本，北京圖書館編：《北京圖書館藏家譜叢刊》閩粵（僑鄉）卷，第 21～23 冊，北京圖書館出版社，2000 年版，第 36～37 頁。

年版，第 2061 頁。

能立榮顯之名。』今榮顯譜當採之其人矣。《唐志》家傳在譜中，家傳譜必求有古之文章，其敘事乃神也。《通志》史類以家傳兼家訓，今欲專聰聽，當開家訓譜而致其專也。《論語》四教，文、行、忠、信，以文導忠信之行。蓋藝文譜宜在家傳先矣。《論語》四科，德行、言語、政事，其後稱文學，且未學而忠孝友賢者，子夏必謂之學，蓋家傳譜可在藝文先矣。今先家傳後藝文，庶幾於行事見空文之實者。省郡邑志有雜錄譜亦志吾宗，當以雜錄譜終焉。」〔註503〕與此同時，《大同譜》8譜各有其纂例，如榮顯譜以生人不立傳、人之存亡俱錄與譜主職名隨原譜原文為例，墳塋譜沿襲梁唐之法，墓域難著者略用墓圖，藝文譜採用四部著錄之法。

二是「要而不繁」的撰寫原則。與《朱氏家譜》專門記載南海九江朱氏一系不同，《大同譜》是將自宋元以來簡氏宗人來粵後分遷諸邑均記載其中，為避免記載紊亂、繁富等情況，《大同譜》宗支譜、祠宇譜、墳塋譜等均特詳係始遷者，「《大同譜》例，宗支譜特詳列係始遷者。以著大宗之所自出，則其下百世為宗。由本而支，可即列房分譜，自詳之矣。《大同譜》欲其要而不繁也。若祠宇譜，若墳塋譜，其特詳列係始遷者，皆然。」〔註504〕

第二，宗法亡，譜學絕

晚清民國時期是廣東譜書編纂的輝煌時期，產生超過200種譜書，《朱氏家譜》《簡氏家譜》《大同譜》即是其中3種。1869年朱次琦在《朱氏家譜序》中仍然對以譜書鞏固世系滿懷信心，「宗譜相維遺意而使內外有別，長幼親疏有序，有無相酬，吉凶患難相恤遇臘祭饗，飲食相周旋，毋以財失義，毋以忿廢親，則吾家世德，作求安見不如浦江鄭氏、江州陳氏諸義門？」〔註505〕1911～1926年，正是簡朝亮的頑強固守，無論是譜書的編纂者，還是譜書的撰寫、纂例與內容，《簡氏家譜》《大同譜》發生的悄然變化都詮釋著一個不

〔註503〕簡寶侯、簡朝亮等纂修：《粵東簡氏大同譜》卷首，北京圖書館編：《北京圖書館藏家譜叢刊》閩粵（僑鄉）卷，第42～44冊，北京圖書館出版社，2000年版，第3～4頁。

〔註504〕簡寶侯、簡朝亮等纂修：《粵東簡氏大同譜》卷首，北京圖書館編：《北京圖書館藏家譜叢刊》閩粵（僑鄉）卷，第42～44冊，北京圖書館出版社，2000年版，第3～4頁。

〔註505〕朱次琦等修，朱宗琦纂：《南海九江朱氏家譜》序，1869年南海朱氏刻本，北京圖書館編：《北京圖書館藏家譜叢刊》閩粵（僑鄉）卷，第21～23冊，北京圖書館出版社，2000年版，第26～27頁。

可逆轉的史實——封建宗法制的覆亡。這即是朱次琦在半個世紀前所說「宗法亡，譜學乃曠絕不可考」。

1.《簡氏家譜》《大同譜》的編纂者

《朱氏家譜》是由朱氏族人朱奎元出資，朱宗琦任主纂，朱士仁、朱士報、朱景熙等南海九江朱氏族人佐之，朱次琦等修。由於「宗人宜共事者阻兵燹而徒思之，旅人親寡待變」〔註506〕，《簡氏家譜》是簡朝亮在門人張夢熊、李禮興的協助下完成其錄入與校對的。雖然門人往往參與簡朝亮學術著述的撰寫，但族譜一般由族人編纂。「世變」恐慌極大觸動簡朝亮以不變世系維護宗法制的神經，是簡朝亮有此選擇的根本原因，而簡朝亮此舉暴露出宗法制生存的嚴峻危機。

《朱氏家譜》編纂 11 年，朱宗琦、朱次琦與朱氏族人之間彼此相處融洽。反之，編纂、刊刻《大同譜》前後 8 年，簡朝亮、簡詠述、簡寶侯等簡氏族人之間矛盾嚴重，其導火線就是廣東近代政治產物——廣東家族自治社的建立。1909 年廣東簡氏宗人立書院，以書院結社為廣東家族自治社，是 1906 年廣東一些熱衷憲政的新派士紳與省法政學堂教習發起的廣東地方自治研究社影響的產物，由上層士紳組成、控制的廣東家族自治社受清末廢科舉、興學堂等影響不同於維護封建統治的傳統士大夫，而是轉向君主立憲的新式學人。

據 1920 年家族自治社議決，由鄉紳簡寶侯任《大同譜》正社長，簡朝亮與其兒子簡詠述任總纂、分纂。其實，簡寶侯不僅沒有參與《大同譜》的具體編纂工作，反之，據簡朝亮載於《大同譜》的下述 4 文可知他對族譜編纂、刊印多有破壞。1928 年簡朝亮旅滬南園前夕，撰寫《民國十七年舊曆二月十八日總纂再布告全族書》，簡朝亮力斥簡寶侯延誤修譜事、以全族三次公函為兒戲、虧空修譜公款、隱報孔昭四千捐款和冒充簡朝亮之名撰寫壽文、誣衊簡朝亮試印族譜的數量等。2 周後，簡朝亮撰寫《戊辰歲閏二月併案交家族自治社書》，簡朝亮首論家族自治社社長選舉人的資格，並提出必須將此載入章程，以約束社長權力。同時，選舉社長一事再次引發簡朝亮對前任社長簡寶侯的不滿，力批其以「蛇」自稱、壓制族中反對者，並誣以散社之名等種種

〔註506〕簡朝亮纂修：《順德簡岸簡氏家譜》卷首，北京圖書館編：《北京圖書館藏家譜叢刊》閩粵（僑鄉）卷，第 42～44 冊，北京圖書館出版社，2000 年版，第 2257 頁。

惡行。正是撰寫《戊辰歲閏二月併案交家族自治社書》的同一天，簡朝亮撰寫《閏二月總纂交具修譜事務所書》，闡述修譜捐冊與進支簿的區別，並將核數者據實出數等作為社長職責之一，認為若出現虧空，社長應責無旁貸。同時，簡寶侯再次成為簡朝亮筆下的反面人物。不及一個月後，簡朝亮離開順德簡岸，簡寶侯藉此良機密謀召集宗人召開談話會，誇耀自治社 20 年來各房無事等政績，嚴格規定向自治社提議的程序，提出必須先公閱，《大同譜》方能刊印等要求，將矛頭直指簡朝亮。面對簡寶侯惡言相向，旅滬南園刊印《大同譜》的簡朝亮撰寫《戊辰歲三月由滬寄書》以作回應。包括簡寶侯在內的家族自治社正副社長均是宗人之官僚，簡朝亮將以上文章 4 篇收入《大同譜》，不僅在於揭批簡寶侯的險惡用心，以進行自我辨析與團結族人，而且是由於簡朝亮以其深廣的宗族影響力最終利用家族自治社表決的方式免去簡寶侯正社長之職。但筆者以為，與其說這是「二簡」之間的矛盾，不如說這是簡朝亮旨在堅守的宗法制與屬於近代意義的政治團體——家族自治社的嚴峻矛盾。

此外，編纂《大同譜》期間發生一起「宗支正義案」本不為新鮮，前所未有的巨變是該案是由廣州地方檢察廳審理的。針對族人以匿主滅宗的污蔑，1923 年簡詠述撰寫《簡師韓辨訴訟》並訴諸廣州地方檢察廳。經廣州地方檢察廳核實，此案屬於民事範圍而不予起訴。無論是簡寶侯、簡朝亮之間的矛盾，還是簡詠述遭到匿主滅宗的罪名，都說明簡朝亮旨在以族譜維繫的親親之愛已經隨著宗法制一去不復返而變得四面受敵了，此即簡朝亮以《大同譜》客觀詮釋的廣東社會近代轉型。

2.《簡氏家譜》《大同譜》的撰寫、纂例與內容新變

產生於封建宗法制覆亡的邊緣，劉勰所說的：「譜也者，普也」〔註 507〕更具時代意義。一方面，簡朝亮將注經方法用於譜書撰寫，譜而有音、義，也以「非通譜」看待《大同譜》。另一方面，迄至 1920 年前後的《大同譜》不可避免地將顯示廣東近代新變的人物、事件置於其中，內容新變即是其承載的時代使命。

（1）譜而有音、義

《朱氏家譜》並無注音、釋義，反之，《簡氏家譜》《大同譜》則有。「凡

〔註 507〕劉勰著：《文心雕龍》，中華書局，1986 年版，第 113 頁。

譜中音義，欲其有資於初學宗人也。」〔註508〕「譜文之義，本諸經史，或出以古文，初學者非音釋不明，此爲吾宗初學者計也。……每見名家譜有文章，其後人子弟竟多誤讀，無音釋之患也。」〔註509〕由於《簡氏家譜》成書倉促，相對於《大同譜》來說，注音、釋義並不多。但凡一件事物雖要集諸種力量作精心保護，就說明其難以自我生存，那麼，距離其滅亡就不遠，與宗法制共存亡的族譜乃至音、義兼及的簡朝亮經學生涯即是如此。

（2）「非通譜」

《朱氏家譜》、《簡氏家譜》等僅記載一族之譜爲通譜。《大同譜》將廣東簡氏凡有族譜的 100 多個簡氏房系合族記載，即爲合族譜，也就是簡朝亮自言的「非通譜」。「《大同譜》，非通譜也。……《大同譜》者，以古之氏同姓同而今皆大同也。」〔註510〕一方面，合族譜有助於廣東簡氏宗族的整合，有利於廣東基層社會穩定與發展，另一方面，將源出中原而於宋從珠璣巷入嶺表的簡氏族人共冶一爐的《大同譜》，無疑是有的學者指出的屬於觀念上的譜書。即使簡朝亮秉筆直書，力著信史，但共收錄 100 多種簡氏族譜資料的《大同譜》，其價值與其說是爲一個個獨立的簡氏房系的發展找到了理由，不如說爲廣東簡氏房系的落幕留下後世可以研究的文獻。

（3）內容新變

與宗法制相伴始終的譜書，即使其纂例不同，但其內容都是封建制度的產物，因此，一般來說，作爲封建宗法制服務工具的譜書是不能看出時代蛻變的。簡朝亮的主觀願望是以譜書維護宗法制，故貞女、節婦、孝子等是簡朝亮強調必須入譜的人物，以儒家經典詮釋譜學思想亦是簡朝亮慣有之舉，但是，由於處於宗法制覆亡之際，加之明敏的時代劇變意識，簡朝亮在《簡氏家譜》雜錄譜中還是即時性地記載了一場時代劇變。「辛亥歲世變以

〔註508〕簡朝亮纂修：《順德簡岸簡氏家譜》卷首，北京圖書館編：《北京圖書館藏家譜叢刊》閩粵（僑鄉）卷，第 42～44 冊，北京圖書館出版社，2000 年版，第 2261 頁。

〔註509〕簡寶侯、簡朝亮等纂修：《粵東簡氏大同譜》卷首，北京圖書館編：《北京圖書館藏家譜叢刊》閩粵（僑鄉）卷，第 42～44 冊，北京圖書館出版社，2000 年版，第 21 頁。

〔註510〕簡寶侯、簡朝亮等纂修：《粵東簡氏大同譜》序，北京圖書館編：《北京圖書館藏家譜叢刊》閩粵（僑鄉）卷，第 42～44 冊，北京圖書館出版社，2000 年版，第 2 頁。

來，盜皆毀焉，後之人宜何如補復也。」〔註511〕產生於宗法制覆亡 10 多年的 1920～1926 年的《大同譜》，其以人物爲中心反映的時代新變則更爲具體、豐富。

1904 年癸卯學制、1905 年廢除科舉制度，《大同譜》有以下記載：「光緒政要二十九年癸卯十一月，命定學堂新章，由管學大臣張百熙、榮慶張之洞等奏定，章程自大學堂以至高等小學堂學生畢業之後，皆按其所學之淺深分別獎以進士、舉人、優拔、歲貢、廩、增附生有差。三十四年戊申學部奏議，凡各學堂畢業，請獎得有進士、舉人、貢生出身者，皆由學部發給執照，其僅得有廩、增附生出身者，由學部發給執照式樣，在北由督學局，各省由提學使司衙門照式印發。」〔註512〕「光緒三十一年乙巳八月詔停科舉而學堂遂興，則有畢業年例，天下稱曰新學。」〔註513〕由貢生、學業、選舉、仕宦等組成的《大同譜》榮顯譜留下一份厚重的名單，反映廣東第一批新式知識分子順勢而生。簡文昭、簡宗藩、簡桂芬等成爲癸卯學制後簡氏族人中首批貢生，《大同譜》中「學業」所記載的簡炳開、簡嘉興、簡家聰等就是新學制下簡氏族人的第一批畢業生，這無疑就是一個劃時代來臨的標誌。與歷代封建王朝的選舉制度都很不相同，辛亥革命後的選舉是以得票多者爲勝，簡耀葵、簡冊貽、簡經綸等簡氏族人就是民國時期在選舉中的勝出者。廢除科舉制度對廣東傳統知識分子的仕宦產生巨大衝擊，簡縣茂、簡應廣、簡彰林等簡氏族人是由於任職民國辛亥大軍而踏入仕途的，簡丙熾、簡宗儀、簡文昌等即是由於畢業於新式學堂而授予職務的。從新式學堂中產生的畢業生，雖然仍然賦以進士、舉人、貢生之舊名，但時代已經在嬗變，由新學制、新社會培育出來的學人群體，佔據《大同譜》榮顯譜三分之一強，此即《大同譜》記載內容之新變。當孝子、貞女、節婦遇上新式學人，《大同譜》具有的時代轉型意義則是無須置疑的，此必然後果即宗法亡，譜學絕。

〔註511〕 簡朝亮纂修：《順德簡岸簡氏家譜》卷五，北京圖書館編：《北京圖書館藏家譜叢刊》閩粵（僑鄉）卷，第 42～44 冊，北京圖書館出版社，2000 年版，第 2599 頁。

〔註512〕 簡寶侯、簡朝亮等纂修：《粵東簡氏大同譜》卷三，北京圖書館編：《北京圖書館藏家譜叢刊》閩粵（僑鄉）卷，第 42～44 冊，北京圖書館出版社，2000年版，第 489～490 頁。

〔註513〕 簡寶侯、簡朝亮等纂修：《粵東簡氏大同譜》卷四，北京圖書館編：《北京圖書館藏家譜叢刊》閩粵（僑鄉）卷，第 42～44 冊，北京圖書館出版社，2000年版，第 712 頁。

在 1858～1869 年朱宗琦、朱次琦編纂《朱氏家譜》的半個世紀以來，廣東社會經歷諸種風雲變幻，不論是 1912 年 2 月 12 月清王朝覆亡，是 1912～1925 年軍閥割據，還是 1925～1927 年第一次國共合作及其徹底破裂，都是對宗法制的致命打擊。譜書屬於傳統文化，是封建政治的產物，但文化的產生、興亡不會與政治同步，文化具有更爲頑強的生命力，分別產生於 1911 年、1920～1926 年的《簡氏家譜》《大同譜》即是如此，它所體現的既是宗法亡，譜學興，也是宗法亡，譜學絕。

五、非宗經無以明詩

從 1892 年著重點評周祝齡關注時艱的近 30 首詩做到 1893 年欲爲《毛詩集注述疏》，從 1929 年有意選取涵蓋其門人的 40 名詩人的詩作呈現其詩論，且將「周祝齡」條收入其中，到 1931 年以《毛詩說習傳》（以下簡稱《習傳》）在某種程度上彌補未能著《毛詩集注述疏》的遺憾，以《讀書草堂明詩》（以下簡稱《明詩》）《習傳》爲文本支撐的簡朝亮詩論極大扭轉朱次琦詩論欠缺文獻遺傳的局面。一方面，《明詩》殊非有學者指出的隨意爲之，或有或無，漫無宗旨，漫無義例〔註514〕，而是體例鮮明，且體雖各分，義實相連〔註515〕，其「義」兼及源自《尚書》的「在治忽」、杜甫《論詩六絕句》中的「別裁僞體親風雅」以及朱次琦、簡朝亮所言以「知大義」爲內容的「性情」，均指向先秦儒家詩論，故《明詩》有其系統性、邏輯性。另一方面，由簡籙盈、簡籙持筆錄的《習傳》不僅首錄《詩大序》，而且重點選擇體現風雅、美刺精神的詩作進行摘句釋義，故《明詩》《習傳》是簡朝亮以詩論宗尚《詩經》的姐妹篇，簡朝亮就是以此實踐朱次琦的儒家詩論。

第一，論詩人

朱次琦以李白、杜甫、韓愈、蘇軾爲「詩之四維」，簡朝亮則不僅將此易作李、杜、韓、白（白居易）、陸（陸游），在《明詩》中重點評述以上諸人的詩作，而且將虞舜、周公、召公等君臣都作爲詩人。詩人、非一般意義上的詩人齊集於《明詩》，構成簡朝亮詩論的底色；詩人該風雅頌而言，則是簡朝亮有此論斷的根本原因。

〔註514〕蔣寅撰：《清詩話考》（民國卷），中華書局，2004 年版，第 678 頁。
〔註515〕廣東省順德區北滘鎮人民政府等主編：《簡朝亮學術研討會論文集》，2008 年印行，第 99 頁。

1.2 類詩人

簡朝亮在《明詩》中以如將「杜子美」置於段首的形式收錄 40 人的詩作，呈現詩人與非傳統意義上的詩人的群體特徵。與此同時，部分詩人具有較強的鄉土特色，使《明詩》在某種程度上反映廣東近代詩話的特徵，具有一定的文獻價值。

（1）詩人與非詩人

由於朱次琦批評「明七子，學古文而未能無古誼也」〔註516〕，出自《明詩》的 40 名詩人，先秦有虞舜、祭公謀父、荊軻 3 人，漢魏六朝有諸葛亮、漢高祖、韋孟、曹植、王粲、張華、潘岳、陶淵明、謝靈運、謝朓 10 人，唐宋有王昌齡、王之渙、張九齡、王維、李白、杜甫、元結、白居易、元稹、韓愈、孟郊、韋應物、杜牧、李商隱、歐陽修、陸游、文天祥 17 人，清代有顧炎武、姚鼐、陳恭尹、洪亮吉、朱次琦、周祝齡、陶子政、胡民生、伍蘭清 10 人，即使簡朝亮的收錄不以朝代更迭為序，但以上詩人並無明代詩人。有必要指出的是，雖然虞舜、荊軻、韋孟、諸葛亮、漢高祖分別有詩作《南風歌》《渡易水歌》《諷諫詩》《梁父吟》《大風歌》，簡朝亮亦將其收錄其中，但以上諸人都不以詩留其名，不屬於傳統意義上的詩人，何況《祈招詩》殊非簡朝亮所說的出自祭公謀父筆下。

（2）詩人的鄉土特色

除唐相張九齡聞名遐邇以外，陳恭尹、朱次琦、周祝齡、陶子政、胡民生、伍蘭清均為清代廣東寂寂無聞的詩人。由於鄉人、友人、師長、門人的關係，簡朝亮將以上諸人置於《明詩》，使《明詩》具有與梁啓超《飲冰室詩話》、屈向邦《粵東詩話》等廣東近代詩話一致的特色，呈現下述文獻價值：一是朱次琦詩論研究的深化。朱次琦以性情、學籍、興致為詩之善〔註517〕，未見於《是汝齋遺詩》《朱九江先生集》《朱九江先生談詩》等文獻，簡朝亮則於《明詩》述焉。二是清代廣東詩人存錄的豐富。周祝齡、陶子政、胡民生、伍蘭清等詩人，在很大程度上是由於簡朝亮的輯錄而得以進入研究者的視野，由此有助於清代廣東詩人研究。

〔註516〕朱次琦著，簡朝亮編，關殊鈔點校：《朱九江先生集》卷首，旅港南海九江商會，1962 年版，第 18 頁。

〔註517〕簡朝亮著：《讀書草堂明詩》卷四，中華書局，1929 年鉛印本，第 6 頁。

2. 詩人應知大義

朱次琦以性情、學籍、興致三者備爲詩之善，簡朝亮則獨重性情，且明確以「知大義」爲「性情」，「詩人知大義，是之謂性情。」〔註518〕「知大義」即知時義、古義，均指向儒家人倫之治。「知大義」又即叶於古詩人，「杜甫子美，其叶古詩人者乎？《離騷》軒翥詩人之後，其曰詩人該風雅頌而言也。」〔註519〕《詩經》存乎大義，故叶於古詩人之心必宗於《詩經》，反之，存乎大義者即爲詩人。簡朝亮認爲，虞舜、荊軻、韋孟、諸葛亮、漢高祖分別以《南風歌》《渡易水歌》《梁父吟》《大風歌》「志養民」、「刺客救亂而不知大道君子之強」、「諷其察所忽」、「憂讒」、「初得天下心，守之」，是爲知大義，故以上諸人即爲詩人。周公、召公、衛武公、尹吉甫均言天子之政，亦即詩人，「若周公，若召公，若衛武公，若尹吉甫，皆詩人也。」〔註520〕

詩人該風雅頌而言，既是詩人之心存家國天下，亦是詩人以詩察天下之治忽，即是詩人知大義。「詩人覽一國之意以爲己心，所言者諸侯之政，故謂之風。詩人總天下之心以爲己意，所言者天下之政，故謂之雅。」〔註521〕「子美之志欲效《虞書》納言時歌詠言之詩人也，非徒以制試也。……夫虞舜爲察治忽之詩人。」〔註522〕簡朝亮在評價詩人時尤重「知大義」，可以說，就是「知大義」讓簡朝亮筆下40名詩人、非詩人拴在了一起。朱次琦有集杜詩，簡朝亮在《明詩》中不僅以杜甫「別裁僞體親風雅，轉益多師是汝師。不薄今人愛古人，清詞麗句必爲鄰」冠其首，而且收錄杜詩17首，倚重的即是杜甫叶於古詩人，是其知大義。簡朝亮以「夫詩人所作有似閑情而實見厚人倫之至情者」〔註523〕點評韋應物《寄李儋元錫詩》，以「先生（按：指周祝齡）從事於斯，瀕死不忘。蓋天下之詩人，非一邑一鄉之詩人」〔註524〕與「《書》曰：『詩言志，歌永言。』古之爲詩者必先有志於天下，迨不得已然，後文言而歌之。祝齡之詩有焉」〔註525〕點評周祝齡其人其詩，更以杜甫比照周祝

〔註518〕簡朝亮著：《讀書草堂明詩》卷四，中華書局，1929年鉛印本，第6頁。
〔註519〕簡朝亮著：《讀書草堂明詩》卷一，中華書局，1929年鉛印本，第7頁。
〔註520〕簡朝亮著：《讀書草堂明詩》卷一，中華書局，1929年鉛印本，第7頁。
〔註521〕簡朝亮著：《讀書草堂明詩》卷一，中華書局，1929年鉛印本，第6頁。
〔註522〕簡朝亮著：《讀書草堂明詩》卷一，中華書局，1929年鉛印本，第7頁。
〔註523〕簡朝亮著：《讀書草堂明詩》卷三，中華書局，1929年鉛印本，第6頁。
〔註524〕周祝齡著，簡朝亮編纂：《所託山房詩集》卷首之二，1892年刻本，第1頁。
〔註525〕簡朝亮著：《讀書草堂明詩》卷四，中華書局，1929年鉛印本，第6頁。

齡，「杜子美四十布衣，一飯不忘君，大義明也。先友周遐桃祝齡四十不赴試而託大義於詩。」〔註526〕

有必要指出的是，在簡朝亮的視界裏，「知大義」、「親風雅」、「在治忽」均指向出自《詩大序》的儒家詩論，如其在《習傳》中所說的「義繫詩人」〔註527〕。「在治忽」更成爲簡朝亮論詩的中心內容。

第二，論詩作

簡朝亮在《明詩》中以如將「杜子美《北征》」置於段首的形式點評先秦、漢魏六朝、唐宋、清代詩作 78 首，其中，杜甫、李白、韓愈、白居易、李商隱、陸游分別占 17 首、4 首、4 首、3 首、2 首、4 首，此爲筆者以爲的「主詩」。爲了強化主詩的主旨，或與之進行聯繫比較，簡朝亮以較小字體的形式徵引大量詩作，此爲筆者以爲的「副詩」。主詩、副詩或爲同一詩人的詩作，或反之。簡朝亮對於主詩、副詩是否全錄是有考究的，「採其詩而錄全文者，凡義當然也。採其詩而多未錄全文者，欲省約簡篇，亦以見斯舉要也，其全文可自求矣。」〔註528〕總體來說，《明詩》以摘錄爲主，以全錄爲次，主詩不一定全錄，副詩不一定摘錄。簡朝亮在《習傳》中以如將「《關雎》」置於段首的形式點評《詩經》詩作 32 首，其中國風、雅、頌分別 6 首、19 首、7 首，以上詩作以摘錄爲主，全錄爲次。

1. 本於宗經，詩即文

本於宗經，亦受朱次琦「詩即文」的影響，簡朝亮以爲詩亦文。「蓋文宗之，斯詩皆宗之也，詩亦文也。……逐陳曰《明詩》，以此見非宗經無以明詩也。」〔註529〕「《論語》學文，詩在其中也。」〔註530〕以詩明經是簡朝亮著《明詩》的因由，與此同時，雖然《明詩》以收錄詩作爲主，但簡朝亮在《明詩》中將《桃花源記》收入其中，體現其詩即文的觀點。詩文皆宗經是其有此選擇的原因，「《桃花源記》託言避秦亂而怡然自樂也。凡陶詩皆以此志而明矣。」〔註531〕

由於詩即文，雖然簡朝亮甚少分析詩歌的創作手法，但若他關注時就呈

〔註526〕周祝齡著，簡朝亮編纂：《所託山房詩集》卷首之二，1892 年刻本，第 1 頁。

〔註527〕簡朝亮，簡鑅盈、簡鑅持筆錄：《毛詩說習傳》，1931 年版，第 3 頁。

〔註528〕簡朝亮著：《讀書草堂明詩》卷一，中華書局，1929 年鉛印本，第 8 頁。

〔註529〕簡朝亮著：《讀書草堂明詩》卷一，中華書局，1929 年鉛印本，第 2 頁。

〔註530〕簡朝亮著：《讀書草堂明詩》卷一，中華書局，1929 年鉛印本，第 2 頁。

〔註531〕簡朝亮著：《讀書草堂明詩》卷二，中華書局，1929 年鉛印本，第 8 頁。

現以文法、章法分析詩作的特點。如以「其詩之文脫而接，接而脫」〔註532〕點評杜甫《自京赴奉先縣詠懷》，以「多連章矣」〔註533〕點評曹植《贈白馬王彪》，以「蓋自始至終篇皆對句也」〔註534〕點評謝靈運《登池上樓》，以「其辭乃樸而能秀者」〔註535〕點評《木蘭辭》，以「貫三章而通言」〔註536〕點評《詩經‧考槃》。有必要指出的是，簡朝亮亦以「其為文也，接而脫，脫而接」〔註537〕點評《關睢序》。與此同時，簡朝亮在《習傳》中亦注意分析詩作的賦、比、興手法，但多旨在進一步深化鄭玄、朱熹等觀點。

2. 古律相生，詩體各分

杜甫以「轉益多師是汝師，……不薄今人愛古人，清詞麗句必為鄰」，朱次琦認為「古近體詩同源各委」，反對姚鉉在《唐文粹》中不收近體詩，故簡朝亮既將古詩、近體詩有序地置於《明詩》，也提出絕在律中、古近體一本相生的詩體論。「《明詩》卷一古詩，卷二亦古詩，卷三律詩，絕在律中，以其由律而絕焉。古詩採自《尚書》以來，律詩採自《唐書》以後，欲多師也。……《明詩》卷四古詩參律詩，採自近世以來誠不薄也，於此相參者，古與律皆一本所生」〔註538〕。

雖然簡朝亮認為古與律相生，但他尤重古詩，反對刻意用律。「古之為詩者，書文初開，因性情而漸著於文，未有韻書。惟知之以天成之聲，音其為詩也。順而易，故國風女子皆有成章。」〔註539〕因此，簡朝亮重視古詩。「人聲天定，自然而然，人莫不同，然其出於同然者，即不以律求之，而音節皆得其自然。」〔註540〕嚴守音律是律詩產生和發展的關鍵，簡朝亮認為近世律詩先防聲病，非由性情而生，因此成之勉強且艱難。「勉而艱，故士人詩學勤今體而疏古體，如欲得詩歌之正，非子瞻言思之通子夏《詩序》而為詩，何

〔註532〕簡朝亮著：《讀書草堂明詩》卷一，中華書局，1929年鉛印本，第8頁。
〔註533〕簡朝亮著：《讀書草堂明詩》卷一，中華書局，1929年鉛印本，第17頁。
〔註534〕簡朝亮著：《讀書草堂明詩》卷二，中華書局，1929年鉛印本，第6頁。
〔註535〕簡朝亮著：《讀書草堂明詩》卷二，中華書局，1929年鉛印本，第18頁。
〔註536〕簡朝亮著，簡鑅盈、簡鑅持筆錄：《毛詩說習傳》，廣州松桂堂，1931年版，第9頁。
〔註537〕簡朝亮著，簡鑅盈、簡鑅持筆錄：《毛詩說習傳》，廣州松桂堂，1931年版，第2頁。
〔註538〕簡朝亮著：《讀書草堂明詩》卷一，中華書局，1929年鉛印本，第1頁。
〔註539〕簡朝亮著：《讀書草堂明詩》卷一，中華書局，1929年鉛印本，第6頁。
〔註540〕簡朝亮著：《讀書草堂明詩》卷二，中華書局，1929年鉛印本，第13頁。

以得詩義哉？」〔註541〕簡朝亮在《明詩》中選律詩 26 首，古律相參 10 首，占其選詩數量的三分之一，因此，簡朝亮並非從一般意義上反對律詩，而是反對刻意用律。

3. 本於風騷，詩義相參

「體雖各分，義實相參」〔註542〕是簡朝亮對《明詩》所錄詩作的要求，其「義」即誼，是儒家大義、時義。由於「詩之誼不明於天下，患習三百而不知也」〔註543〕，簡朝亮以風騷爲詩之要道，以在治忽爲詩教，重視題解，成爲簡朝亮以《明詩》實踐「義實相參」的 3 種途徑，構成《明詩》的主體內容。重視題解亦是《習傳》的主要特徵。

（1）以風騷爲詩之要道

與一般學者以音樂區分風雅頌不同，簡朝亮沿承《詩序》所云：「一國之事繫一人之本，謂之風。言天下之事，形四方之風謂之雅。雅者正也，言王政所由廢興也。……頌則以風之美者陳告焉。」〔註544〕故風雅頌即是以詩表達王政之廢興，是孔子所說的事君、事父，即《詩經》之大義。無論是漢樂府緣事而發，是建安詩人慷慨悲歌，還是李白「大雅久不作，吾衰竟誰陳」，是杜甫「別裁僞體親風雅」，是元稹以「上薄風雅，下應沈宋」稱許杜甫，他們所傳承的就是存乎詩三百篇的詩義，此義具體而言就是關注現實的熱情、濃烈的政治與道德意識、眞誠積極的人生態度，此即所謂「風雅」精神。雖然朱次琦推崇《詩經》隻字不及風雅，但他對明七子偏離詩家大義的指斥，看重的就是《詩經》的風雅精神。簡朝亮自言「非宗經無以明詩」，既是詩人「以詩經世」，也是詩論家「以詩明經」，體現的就是親「風雅」。

由於「風騷」並稱，爲詩之要道又指向《離騷》。簡朝亮既以蘇軾「熟讀《詩》國風、《離騷》」爲詩之要道，也認爲蘇軾「惟言國風，舉易明者以該之爾」〔註545〕，將風雅頌騷均置於詩之道。「是以爲詩者求詩三百之序，性情中節，懿乎主文，而聲成文者，於以推諸《離騷》，耿介其性情而芳潔皆素蓄也。」〔註546〕《離騷》兼國風好色而不淫、小雅怨誹而不亂，簡朝亮遂以「性

〔註541〕簡朝亮著：《讀書草堂明詩》卷一，中華書局，1929 年鉛印本，第 6 頁。
〔註542〕簡朝亮：《讀書草堂明詩》卷一，中華書局，1929 年鉛印本，第 1 頁。
〔註543〕周祝齡著，簡朝亮編纂：《所託山房詩集》卷首之一，1892 年刻本，第 1 頁。
〔註544〕簡朝亮著：《讀書草堂明詩》卷一，中華書局，1929 年鉛印本，第 6 頁。
〔註545〕簡朝亮著：《讀書草堂明詩》卷一，中華書局，1929 年鉛印本，第 6 頁。
〔註546〕簡朝亮著：《讀書草堂明詩》卷一，中華書局，1929 年鉛印本，第 5～6 頁。

情之本無思兼」〔註547〕爲由，以爲後世曰學李學杜學韓學某派爲詩之末，反映簡朝亮本於「性情」論詩，而其「性情」即是前述之知大義。故簡朝亮尤重「風騷」，是旨在取其儒家大義，並不涉及於「風騷」以降而求其辭。

（2）以在治忽爲詩教

孔子以「詩無邪」，朱次琦提出「於詩辨邪正之介」，簡朝亮則以出自《尚書》的「在治忽」爲詩教之大用。「又稱舜與禹言曰：『予欲聞六律五聲八音在治忽，以出納五言。』汝聽故曰：『工以納言，時而揚之。』此《虞書》言詩教之大用也。」〔註548〕簡朝亮認爲，在即察，忽即治之反也，此即孔子以詩興、觀、群、怨與事父事君，是《詩大序》「治世之音安以樂，其政和；亂世之音怨以怒，其政乖」，亦是朱次琦所說的「於詩辨邪正之介」。簡朝亮將「在治忽」作爲詩教，詩教之大關係國之興亡，而詩之衰往往由於不明詩義，故「在治忽」即知大義。

「在治忽」是簡朝亮論詩的中心內容，其中，虞舜、祭公謀父、荊軻、漢高帝、諸葛亮等均爲簡朝亮所言「在治忽」的詩人，虞舜《南風歌》、韋孟《諷諫詩》、古樂府《飲馬長城窟行》、張華《勵志》、謝靈運《登池上樓》、謝朓《酬王晉安》、李白《蜀道難》《古風》其十四、杜甫《自京赴奉先縣詠懷》、歐陽修《明妃曲》等被賦予「在治忽」的創作主旨，體現簡朝亮有意強調的「蓋君臣一體，其相應皆然，自此以往，當於詩歌而以察治忽焉」〔註549〕。以詩歌反映時代盛衰和民生疾苦，無疑是以上詩作的一個主要方面，尤以《自京赴奉先縣詠懷》《諷諫詩》《飲馬長城窟行》爲明顯，但是，《虞書》稱帝庸作歌曰：「敕天之命，惟時惟幾。」乃歌曰：「股肱喜哉，元首起哉，百工熙哉。」即殊非簡朝亮所說的「此《虞書》言舜與皋陶君臣爲詩歌以察也」〔註550〕，簡朝亮在很大程度上將「在治忽」作爲一個既定的詩論審視筆下的作品，既忽視、無視詩作表達情感的豐富性、多義性，也混淆詩與非詩、詩人與非詩人的區別。

以是否在治忽審視筆下的詩作，詩歌的實用性、社會屬性與倫理屬性成爲簡朝亮關注的重點內容。無論是李白《古風》的「尚志」，《蜀道難》的「以

〔註547〕簡朝亮著：《讀書草堂明詩》卷一，中華書局，1929年鉛印本，第6頁。
〔註548〕簡朝亮著：《讀書草堂明詩》卷一，中華書局，1929年鉛印本，第2頁。
〔註549〕簡朝亮著：《讀書草堂明詩》卷一，中華書局，1929年鉛印本，第4頁。
〔註550〕簡朝亮著：《讀書草堂明詩》卷一，中華書局，1929年鉛印本，第3頁。

所危告宦遊者」,《古風》「有託於秦亡者」,還是杜甫《自京赴奉先縣詠懷》的「憂亂」,《北征》的「望中興」,《哀王孫》的「哀幸蜀而遺王孫」,《哀江頭》的「哀侍君側者」,《蜀相》的「閔老臣」,《秋興》八首的「感始治終亂」,《諸將》的「望治」等,簡朝亮均有意在李杜存世詩作中進行體現在治忽的挑選。簡朝亮更以詩史結合評論周祝齡《駱文忠公》《胡文忠公薦士》《左侯相綏定回疆,奉詔還朝拜樞密二首》《包村義民包立身》《癸感事二首》《輪船火》《讀皇朝通典,詔取士薦吏毋襲師生之號感賦》《藤蘿》等詩作。簡朝亮在《習傳》中亦是重點選擇體現風雅、美刺精神之詩作進行摘句釋義,如《關雎》《葛覃》《卷耳》《騶虞》《靜女》《考槃》等國風 6 首即是。

朱次琦認為樂雖亡,但樂章存於詩,故不亡。簡朝亮則將此嬗變爲由於義寄於詩,詩之大義不可刪,故反對司馬遷首倡的孔子刪詩說,「是故先王時,詩列樂章者,義無可刪。《史記》謂孔子刪詩,非也。其有刪者,豈不在將納與未出之間乎?如其詩非察治忽爲可聽也,必刪而不採也。……自孔子迄於今之詩,其足以察治忽者,宜納而出之以正詩教,其不足以察治忽者皆刪而不採可也。如此而乃可爲詩教。」﹝註551﹞簡朝亮將「在治忽」作爲詩歌是否存在的根本因由,不僅以此肯定詩三百,而且將《古詩十九首》分爲「在治忽」12 首、不能「在治忽」7 首。其中,前者 12 首或以詩頌揚婦節,或記寫史實,或抒發儒者守窮重德之志,後者 7 首則將虛妄之言、醉生夢死和享樂思想等寫進詩行,且詩歌創作手法外露。簡朝亮認爲,不能「在治忽」的《古詩十九首》其二《菁菁河畔草》、其三《菁菁陵上柏》、其四《今日良宴會》、其十《迢迢牽牛星》、其十三《驅車上東門》、其十五《生年不滿百》、其十九《明月何皎皎》必須刪除。此外,簡朝亮認爲李離隱「無題」詩「麗以淫也」﹝註552﹞,也應該刪除。

(3)重視題解

《明詩》不僅「體雖各分,義實相參」,而且撰寫體例清晰、合理。「此《明詩》之體,由《韓詩外傳》及《列女傳》之體爲之也,亦由子夏《詩序》而變通之者也。」﹝註553﹞旨在「易尋檢」﹝註554﹞,簡朝亮均以一個簡明扼要

﹝註551﹞ 簡朝亮著:《讀書草堂明詩》卷一,中華書局,1929 年鉛印本,第 4 頁。
﹝註552﹞ 簡朝亮著:《讀書草堂明詩》卷三,中華書局,1929 年鉛印本,第 2 頁。
﹝註553﹞ 簡朝亮著:《讀書草堂明詩》卷四,中華書局,1929 年鉛印本,第 17 頁。
﹝註554﹞ 簡朝亮著:《讀書草堂明詩》卷一,中華書局,1929 年鉛印本,第 7 頁。

的句子申明出自《明詩》的 78 首詩作的主旨，此為筆者以為的「題解」。如以「閔西京亂」解題王粲《七哀詩》，以「明不得已而贈別」解題曹植《贈白馬王彪》，以「以忽焉」解題張華《勵志詩》，以「思治邑」解題潘仁《河陽縣作》、以「謫遊覽」解題謝靈運《登池上樓》等，簡朝亮對於筆下詩作的題解均與詩人詩作知大義、親風雅、在治忽一脈相連，說明從詩論到論詩《明詩》所具有的嚴謹性。為了解決詩作全錄、摘錄與題解仍然不能體現在治忽的詩教，簡朝亮不僅指出元結《舂陵行》、元稹《遣悲》、白居易《秦中吟》、《新樂府》的題解，而且將《秦中吟》、《新樂府》的詩序全文錄入，反映簡朝亮對於中唐現實主義詩風的高度重視。

與在《明詩》中自言詩作主旨不同，簡朝亮在《習傳》中均沿襲《詩小序》題解《詩經》32 首，如以「樂得淑女以配君子，憂在進賢，不淫其色，哀窈窕，思賢才而無傷善之心焉」〔註555〕為《關雎》之義，以「后妃之本也，又當輔佐君子、求賢審官，知臣下之勤勞，內有進賢之志，而夫除詖私謁之心，朝夕思念，至於憂勤也」〔註556〕為《卷耳》之旨。簡朝亮以總論《詩經》全體的《詩大序》冠《習傳》之首，以詩窺見「治世之音」、「亂世之音」，以詩經夫婦、成孝敬、厚人倫、移風俗以及重視詩之風雅頌、賦比興六義等皆首倡於《詩大序》的詩論亦即簡朝亮宗尚的詩論，與在《明詩》中宣揚的親風雅、知大義、在治忽完全一致，《詩大序》也成為簡朝亮縱論在治忽徵引的內容之一。解說各詩主旨的《詩小序》與《詩大序》互為發揮，故《習傳》以《詩小序》題解《詩經》32 首實是宣揚詩與詩人之親風雅、知大義與在治忽。

朱次琦以《詩經》為後世詩歌之源，以辨正邪為詩之用，以性情、學籍、興致三者備為詩之善，顯得相當通達。簡朝亮則忽視、無視先秦儒家詩論本有的豐富性，片面強調詩歌的實用性、社會屬性、倫理屬性，恪守親風雅、知大義、在治忽等先秦儒家詩論，並以此檢閱後世詩人與詩作，遂在詩人與非詩人、詩作與非詩作之間陷入困境，以不能在治忽刪除《古詩十九首》中的 7 首等即顯武斷，以在治忽評詩是為自立疆界，故以親風雅、知大義、在治忽為出發與歸宿的簡朝亮的儒家詩論，顯得相當迂腐。

〔註555〕簡朝亮著，簡鑅盈、簡鑅持筆錄：《毛詩說習傳》，廣州松桂堂，1931 年版，第 2 頁。
〔註556〕簡朝亮著，簡鑅盈、簡鑅持筆錄：《毛詩說習傳》，廣州松桂堂，1931 年版，第 4 頁。